本套丛书由中国逻辑学会符号学专业委员会、中国语言与符号学研究会、北京大学出版社、天津外国语大学语言符号应用传播研究中心共同策划。

中国当代符号学名家学术文库

总主编 王铭玉

法国符号学研究论集

怀宇 著

北京大学出版社
PEKING UNIVERSITY PRESS

图书在版编目 (CIP) 数据

法国符号学研究论集 / 怀宇著 . —北京：北京大学出版社，2019.1
ISBN 978-7-301-29934-0

Ⅰ.①法⋯ Ⅱ.①怀⋯ Ⅲ.①符号学 – 研究 – 法国 Ⅳ.① H0

中国版本图书馆 CIP 数据核字 (2018) 第 220319 号

书　　　名	法国符号学研究论集 FAGUO FUHAOXUE YANJIU LUNJI
著作责任者	怀　宇　著
责 任 编 辑	李　娜
标 准 书 号	ISBN 978-7-301-29934-0
出 版 发 行	北京大学出版社
地　　　址	北京市海淀区成府路 205 号　100871
网　　　址	http://www.pup.cn　新浪微博：@ 北京大学出版社
电 子 信 箱	345014015@qq.com
电　　　话	邮购部 010-62752015　发行部 010-62750672　编辑部 010-62759634
印 刷 者	北京大学印刷厂
经 销 者	新华书店 720 毫米 ×1020 毫米　16 开本　28.5 印张　685 千字 2019 年 1 月第 1 版　2019 年 1 月第 1 次印刷
定　　　价	78.00 元

未经许可，不得以任何方式复制或抄袭本书之部分或全部内容。
版权所有，侵权必究
举报电话：010-62752024　电子信箱：fd@pup.pku.edu.cn
图书如有印装质量问题，请与出版部联系，电话：010-62756370

总　序

"中国当代符号学名家学术文库"即将问世了，这是中国符号学界的大事，甚至对世界符号学界也是一件值得关注的大事，因为毕竟集中为多位符号学家结集出版符号学专论恐怕在世界范围内也是首次。

符号学在20世纪上半叶并不被人看好，许多人甚至称其为"玄学"，但时至今日情形大变，得到诸多学科青睐。符号学作为一门认识论和方法论学科逐渐热络起来，成为大家喜爱的"显学"。

认识符号学首先应从符号概念谈起。

20世纪德国哲学家卡西尔（E. Cassirer）在《人论》中明确指出，从人类文化的角度来看，"符号化的思维和符号化的行为是人类生活最富有代表性的特征"①，可以把人定义为符号的动物。的确如此，人类从远古时代起就努力寻找能够帮助他们协同行动的手段，为此人类在发展的早期阶段就想出了交换各种符号的方法。初民最先使用的是手势、表情、含糊不清的叫声等最简单的符号，然后依次出现了口头言语和书面语。由于符号媒质的介入，人类对外界刺激的反应就不再是本能的、被动的，而是积极的、自觉的、主动的。原因在于，符号系统可以使人从已有的情景中解放出来，与现实保持一定的距离，主动地进行思考，

---

① 卡西尔：《人论》，甘阳译：上海：上海译文出版社，2004年，第38页。

延迟做出反应。这样，人就不但可以根据经验和直接需要来生活，而且可以根据想象与希望来生活。借助符号系统，转瞬即逝的感觉印象被组织化和条理化，思维中的操作才有依托，才能在操作中渗入以往的经验和对未来的想象。① 无论从整个人类的文化进化来看，还是从个体的成长来看，能够意识到任何事物不仅是自身而且可以是潜在的符号，符号所代表的是不同于本身的他物含义，确实是一个了不起的进步，也是一件相当困难的事情。可以说，人类经过了漫长的岁月才自觉地摆脱了实物性操作的束缚，进展到用符号思维的符号操作。②

那么，究竟什么是符号呢？古往今来，众多学者对符号给出了各自不同的定义。古罗马哲学家圣·奥古斯丁（St. Augustine）认为，符号是这样一种东西，它使我们想到在这个东西加诸感觉的印象之外的某种东西。美国哲学家、符号学家皮尔斯（C. S. Peirce）认为，符号是在某些方面或某种能力上相对于某人而代表某物的东西。美国哲学家、符号学家莫里斯（C. W. Morris）认为，一个符号代表它以外的某个事物，并从行为科学的角度，对符号做过更为精确的表述：如果任何事物 A 是一个预备刺激，这个预备刺激在发端属于某一行为族的诸反应序列的那些刺激-对象不在场的情况下，引起了某个机体中倾向于在某些条件下应用这个行为族的诸反应序列做出反应，那么，A 就是一个符号。意大利符号学家艾柯（U. Eco）认为："我建议将以下每种事物都界定为符号，它们依据事先确立的社会规范，可以视为代表其他某物的某物。"法国符号学家巴尔特（R. Barthes）对符号的看法较为特殊：自有社会以来，对实物的任何使用都会变为这种使用的符号。日本符号学家池上嘉彦（Yoshihiko Ikegami）认为，当某事物作为另一事物的替代而代表另一事物时，它的功能被称之为"符号功能"，承担这种功能的事物被称之为"符号"。苏联语言符号学家季诺维耶夫（А. А. Зиновьев）认为，符号是处于特殊关系中的事物，其中没有、而且也不可能有任何思

---

① 王铭玉：《语言符号学》，北京：高等教育出版社，2004年，第4页。
② 同上书，第3—4页。

想的东西……符号的意义因而并不表现在它本身上,而是在符号之外。苏联心理学家列昂季耶夫(А. Н. Леонтьев)认为,符号既不是真实的事物,也不是现实的形象,而是概括了该事物功能特征的一种模式。

可见,符号的定义是多种多样的,不同学术背景的学者定义符号时虽关注的角度并不相同,但总体而言大同小异。我们认为,所谓符号,是指对等的共有信息的物质载体。符号成其为符号,必然具备4个方面的重要特征。其一,符号具有物质性。任何符号只有成为一种物质符号,才能作为信息的载体被人所感知,为人的感官所接受。当然,物质符号可以是有声符号,如古战场上的击鼓与鸣金、欢迎国宾时的礼炮、各种有声语言等;物质符号也可以是光学符号,如各种体系的文字、手势语、哑语以及各种书面语言的替代符号(数码、电报、速记、信号、标记、公式等)。其二,符号具有替代性。任何符号都能传递一种本质上不同于载体本身的信息,代表其他东西,从而使自身得到更充分的展开,否则就没有意义,不成其为符号。这种新的信息,可能是另外的事物或抽象的概念,如用镰刀和锤子表示工农政党力量,用V字形代表胜利。这样就可以用符号代替看不见、听不到的事物、思想,从而超越时间、空间的限制,使抽象的概念能以具体事物作为依托。其三,符号具有约定性,传递一种共有信息。符号是人类彼此之间的一种约定,只有当它为社会所共有时,它才能代表其他事物。至于约定的范围,可以是全人类的,也可以是一个国家或一个民族、一个团体,甚至只限于两个人之间;这种约定的时效,则可以通过继承人、中继人的传递,跨越一个相当漫长的时期。其四,符号具有对等性。任何符号都由符号形式与符号内容构成,形式与内容之间是"对等"的关系。在这种关系中,形式与内容不是前后相随,而是联合起来,同时呈现给人们。举一束梅花为例。可以用梅花表示坚贞,这时,这束梅花就是符号形式,坚贞就是符号内容,梅花当然不等于坚贞,用梅花表示坚贞,绝不能解释为先有梅花,而后引起坚贞,恰恰相反,两者被联合起来,同时呈现给人们。符号形式与符号内容之间对等、联合、同时呈现的关系,就使这束梅花变成了一个符号。[①]

[①] 王铭玉:《语言符号学》,北京:高等教育出版社,2004年,第14—15页。

从符号到符号学经历了一个漫长的历史时期。

符号一词,最早出自古希腊语 semeion,该词的词义与医学有关。据说,当时人们认为各种病症都是符号。医生诊病时,只要掌握这些符号,便可推断出病因。因此古希腊名医希波克拉底(Hippocrates)被公认是"符号学之父"。① 对符号问题的研究最早始于哲学领域,如柏拉图(Plato)、亚里士多德(Aristotle)都曾论及符号问题。在柏拉图的各种对话录中就包括一些有关语词和符号问题的片段,如《克拉底鲁篇》就反映了关于事物与名称之间相互关系问题的争论。这里柏拉图介绍了两派观点,一派认为名称是由事物的本质决定的,另一派则认为是约定俗成的结果。例如,赫拉克利特(Heraclitus)认为,词是大自然创造的;他的学生克拉底鲁(Cratylus)说,每一个事物,大自然都赋予它一个专门的名字,就像把专门的知觉赋予每一个被感知的物体一样。德谟克利特(Demokritos)则持相反观点,认为词和事物之间没有"自然的"联系,名称是根据人们的习惯规定的,并根据现实中存在的同音词、同义词以及专有名词的改名现象来论证自己的看法。②

古希腊哲学的集大成者亚里士多德也探讨了语言符号问题。他在《诗学》《修辞学》中提出区分有意义符号和无意义符号的主张。在其逻辑著作《工具论》中以较大篇幅讨论语言问题。例如《范畴篇》讨论了同音异义词、同义词、引申词以及各种范畴问题;《解释篇》讨论名词、动词、句子的定义以及各种命题之间的关系,等等。后人是这样评价亚里士多德在语言符号问题上的贡献的:"亚里士多德在他的逻辑中分析了语言形式,分析了与它们的内容无关的判断和推理的形式结构。这样,他所达到的抽象和准确的程度,是希腊哲学在他之前所未曾知道的,他对我们的思想方法的阐明和建立思想方法的秩序做出了巨大贡献。他实际上创造了科学语言的基础。"③

---

① 苟志效:《符号学的由来及其发展》,《宝鸡师院学报(哲社版)》1993年第1期,第55页。
② 肖峰:《从哲学看符号》,北京:中国人民大学出版社,1989年,第13页。
③ 同上。

亚里士多德之后，斯多葛学派、伊壁鸠鲁学派以及怀疑论者都在各自的学科中，对符号问题做过大量的描述性研究。如斯多葛学派明确指出要区分对象、符号、意义三者的不同。他们主张对象和符号都是可感知的具体存在物，而意义则是纯主观性的东西。① 伊壁鸠鲁学派的《论符号》也是这方面的专著。

罗马时期对符号的讨论主要是在修辞学框架内进行的。这一时期符号研究的特点是偏于技术性和科学性。李幼蒸先生指出，这一倾向正是自然科学逻辑的前身。② 当罗马时代修辞学和记号逻辑学与基督教神学结合后，对符号的讨论大幅度转向语义学方向。这一时期，即中世纪前期，奥古斯丁在符号方面的研究对后人的影响是非常重要的。他认为"符号（signum）是这样一种东西，它使我们想到这个东西加之于感觉而产生的印象之外的某种东西。"③ 由此可知，符号既是物质对象，也是心理效果。李幼蒸先生指出，这一区分直接影响了索绪尔的符号观。④ 虽然奥古斯丁的绝对真理论、信仰论、善恶论和认识论在现代西方思想界均为批评的对象，但是他的思想方式对于符号学思想的进步却具有特殊意义。他在向内思考的过程中，对心理对象和价值对象意义关系问题，首次做了较彻底的探讨，并第一次将语言问题与时间意指问题相连。

在经院哲学时期，一些学者围绕唯名论与唯实论展开了争论，语词符号问题便成为两派论争的焦点之一。唯实论者认为，名称即一般概念都是实在的、客观的，并且是先于物质的，先于事物的思想是神的内在语言。而唯名论则认为，只有具有独特品质的事物才是实在的，名称是事物的一般概念。作为事物的概念永远产生于事物之后。例如唯名论者奥卡姆（Occam）认为，存在于人心之外的是个别事物，存在于"心灵

---

① 苟志效：《符号学的由来及其发展》，《宝鸡师院学报（哲社版）》1993年第1期，第55页。
② 李幼蒸：《理论符号学导论》，北京：社会科学文献出版社，1999年，第65页。
③ 何欣："索绪尔符号理论对跨文化交际研究的启示"，《语言与符号学在中国的进展》，成都：四川科学技术出版社，1999年，第172页。
④ 李幼蒸：《理论符号学导论》，北京：社会科学文献出版社，1999年，第67页。

和语词中"的是关于这些事物的"符号",不能把它们看作在个体之外或先于个体事物而独立存在的东西。这里唯名论对符号与事物的关系做出了本体论上的正确回答。

在近代西方思想史上,培根（R. Bacon）、洛克（J. Locke）、霍布斯（T. Hobbes）、贝克莱（G. Berkeley）、莱布尼茨（G. Leibniz）等人都曾论及符号问题。这其中成果较为突出的当推洛克和莱布尼茨。洛克在其著名的《人类理解论》中将人类知识分为自然学、伦理学和符号学3类,并用专门1卷共11章的篇幅,论述了作为符号的语词。对语言符号的本性进行了分析,对语言符号的类型及其与不同类型观念的关系问题进行了阐发,还对语言文字的缺陷及其滥用进行了论述。尤其是他提出了关于符号意义的"观念论",成为时至今日仍为欧美分析哲学所十分关心的意义论研究的先导。洛克之所以对语言问题如此关心,是因为他认识到,在深入考察认识论问题时,必然要涉及符号问题。

继洛克之后,莱布尼茨也对符号问题给予了极大关注。一方面,他在《人类理智新论》中用同样的篇幅逐章逐节地对洛克在《人类理解论》中的观点一一进行了反驳。另一方面,莱布尼茨还潜心于数理逻辑的开创性研究,力图创造一种比自然语言"更精确""更合理的"通用语言,将其引入逻辑推理中,从而消除自然语言的局限性和不规则性。因此,莱布尼茨被公认为数理逻辑的创始人,这也是他在符号研究中一个崭新领域的突破性贡献。

莱布尼茨之后,康德（I. Kant）在他的《实用人类学》中提出了符号的分类这一研究课题。按照康德的观点,符号可以划分为艺术符号、自然符号、奇迹符号。康德对这几种符号进行了详尽的探讨。黑格尔（G. W. Hegel）在他的《美学》中则认为,建筑是用建筑材料造成的一种象征性符号,诗是用声音造成的一种起暗示作用的符号。

符号学思想并非西方文化所独有,我国对符号现象的关注也由来已久。
春秋战国时期各派哲学家围绕"名实之争"所形成的名辩思潮,是中国哲学史上对符号问题进行哲学探讨的高峰时期。当时的一些重要哲学家、思想家几乎都参与了名实之争,从各自的立场和观点提出了所谓

"正名"的要求。这里,名就是名称,与今天意义的"符号"大致相同。对"名实关系"的争论往往成为对于概念与事物(即思想与存在)的关系的争论,成为对于哲学基本问题的回答。① 孔子是最先提出"正名"主张的。当时旧制度(礼)正加速崩溃,"实"越来越不符合周礼之"名",出现了"名"存"实"亡或"名"存"实"变的局面。孔子认为"实"的变化是不应该的,因而要用"名"去纠正已经改变或正在改变的"实"。因此孔子说:"名不正则言不顺,言不顺则事不成,事不成则礼乐不兴,礼乐不兴则刑罚不中,刑罚不中则民无所措手足。"我们看到,孔子的"正名"观点带有较浓重的政治和社会伦理色彩。

参与"名实"讨论的先秦诸子中能够称得上"名"家(即符号学家)的有邓析、尹文、惠施和公孙龙。其中对"名"的问题讨论得最深入的当属公孙龙,他的许多著作中都含有丰富的符号学思想。李先焜认为,其著作的价值不亚于某些古希腊符号学家的著作。② 公孙龙在著名的《名实论》中对"名"下了这样的定义:"夫名,实谓也。"就是说,名是对实的称谓或指谓。换言之,名就是表述、称谓事物的名称,也就是一种符号。公孙龙认为,名的使用也存在一个行不行、可不可、当不当的问题。如果一个符号只能称谓某个特定的对象,这样使用名是可行的,反之则不可行。用今天的话说,公孙龙所谓的"名正",就是要求"名"的精确性。名必须与实相符的这个观点体现了一定的唯物主义因素。但是,名实如何相符呢?在公孙龙看来,不是以实来正名,而是用名来纠实。这样他又倒向了唯心主义一边。

对名实关系做出唯物主义阐发的,首推后期墨家。《墨经》首先肯定"实"是第一性的,"名"是第二性的,名说明实,主张以名举实,要求所运用的名词概念必须正确反映客观事物。《墨经》还把名分为三类:"名:达、类、私。"达名是最高的类概念或名词,如"物"这个词,包括了所有的物;类名是一般的类概念或名词,如"马",所有的

---

① 肖峰:《从哲学看符号》,北京:中国人民大学出版社,1989年,第8页。
② 李先焜:《公孙龙〈名实论〉中的符号学理论》,《哲学研究》1993年第6期,第62页。

马都包括在"马"这个词里;私名是指个别事物的概念或名词,专指某一事物,相当于专名。

作为战国时期杰出的思想家,荀子在名实关系问题以及符号的其他一般问题上,做出了相当深刻的分析。荀子积极参加了当时的名辩争论,并建立了自己正名论的逻辑思想体系。他首先提出了正名的必要性,认为人们在交流思想、区别事物时,必须有适当的名词概念作为工具,否则会造成语言和思想上的隔阂和混乱,分不清事物之间的贵贱同异等差别。因此,必须使名实相符。特别值得关注的是荀子关于名词"约定俗成"的思想,即什么名代表什么实,并非一开始就是固定的,而是"约定俗成"的,是人们在长期交流思想的习惯中形成的。而一经约定,习俗已成,什么名指什么实,什么实用什么名,就能为社会成员所接受和通晓,这时名就不是个人所能任意改动的了。荀子对名实关系的精辟阐述,几乎可以说是中国哲学史上对符号本质认识上所达到的最高水平。

尤其值得一提的是,我们的祖先早在东周时期便开始了对汉民族独特的语言符号系统——汉语、汉字的研究,并在两汉时期达到了空前的繁荣,产生了《说文解字》这部解释古汉语文字的不朽之作。[①] 从现代符号学观点看,《说文解字》中蕴藏着丰厚的符号学思想:把汉字作为一个符号系统来理解和阐释是《说文解字》中体现的语言文字思想的核心。《说文解字·叙》是许慎的汉字符号学理论纲领。其中,对汉字的符号性质、汉字符号的来源与演变、汉字的形体结构特点及其发展变化、字形与字义的关系以及构字写词的方法与条例,等等都有明确的阐述。可见,符号,尤其是语言文字符号的重要特征和意义,也早已被我们中华民族的先哲们所认识。

那么符号学到底是什么?符号学的边界究竟在哪里?

客观地讲,从现代符号学的角度看,符号学作为一门科学,主要还

---

① 高乐田:《〈说文解字〉中的符号学思想初探》,《湖北大学学报(哲社版)》1997年第2期,第53页。

是西方学术思想的产物。符号学通常有两种表示法：semiotics 和 semiology，前者是美国逻辑学家、哲学家、自然科学家皮尔斯在19世纪60年代提出来，后者则源于现代语言学奠基人、瑞士语言学家索绪尔（F. de Saussure）在19世纪末20世纪初提出的 sémiologie。这两位学者在该领域的相关研究和相关思想随之成为现代符号学思想发展的源头。

皮尔斯和索绪尔先后独立地提出了符号学的构想，两人各自不同的哲学和文化背景使两人在符号学术语的使用、符号学基本概念的理解方面处于对立的状态。索绪尔设想的符号学是"研究社会生活中符号生命的科学；它将构成社会心理学的一部分，因而也是普通心理学的一部分；我们管它叫符号学。它将告诉我们，符号是由什么构成的，受什么规律支配。因为这门科学还不存在，我们说不出它将会是什么样子，但是它有存在的权利，它的地位是预先确定了的。语言学不过是这门一般科学的一部分，将来符号学发现的规律也可以应用于语言学，所以后者将属于全部人文事实中一个非常确定的领域"①。皮尔斯理解的符号学是"关于潜在符号化过程所具有的根本性质及其基础变体的学问"，这里的符号化过程是指"一种行为，一种影响，它相当于或包括三项主体的合作，诸如符号、客体及其解释因素，这种三相影响，无论如何，不能分解为偶对因素之间的行为"②。皮尔斯在《皮尔斯哲学著作》中认为："逻辑学，我认为我曾指出过，就其一般意义而论，只不过是符号学的另一种说法而已，符号学是关于符号的几乎是必然的和形式的学说。在把这门学科描述成'几乎是必然'或形式的学科的时候，我注意到，我们是尽了我们之所能来观察这些特征的，而且，根据这些观察，并借助我愿称之为抽象活动的一种过程，我们已经到了可以对由科学才智使用的各类符号的特征进行十分必要的判断的时候了。"③ 显然，索绪尔注重符号的社会功能和语言功能，而皮尔斯注重符号的逻辑功能。

---

① 索绪尔：《普通语言学教程》，高名凯译，北京：商务印书馆，1996年，第37—38页。
② 艾柯：《符号学理论》，卢德平译，北京：中国人民大学出版社，1990年，第17页。
③ 向容宪：《符号学与语言学和逻辑学》，《贵阳师专学报（社会科学版）》1998年第1期，第13页。

索绪尔的符号学定义认为能指和所指间的关系奠定在规则系统的基础之上,这种规则系统相当于"语言",换言之,一般认为索绪尔大体上只把背后有明确代码的符号体系看作符号学的对象,就此而言,索绪尔的符号学似乎是一种刻板的意指符号学。然而将符号学视为交流理论的人基本上仰仗于索绪尔的语言学,这一点绝非偶然。那些赞同索绪尔的符号学概念的人,严格区分开有意图的人工措施(他们称之为"符号")和其他自然或无意的表现形式,后者严格讲不适用这样一种名称。而皮尔斯认为,符号就是"在某些方面或某种能力上相对于某人而代表某物的东西",与索绪尔不同的是,作为符号定义的组成部分,它并不要求具备那些有意发送和人为产生的属性。① 一般认为,索绪尔的符号学定义看重符号的社会性,而皮尔斯则看重符号一般意义的逻辑。② 按照穆南(G. Mounin)的说法,索绪尔的符号学是以基于代码的传达为对象的"传达符号学",皮尔斯的符号学则是以语义作用本身为对象的"语义作用符号学",而"有效的传达"和"创造性的语义作用"被认为是语言符号两个方面的典型特征。俄罗斯语言学家乌斯宾斯基(Б. А. Успенский)认为,索绪尔和皮尔斯的符号学理论体系分别归属于作为符号系统的语言的符号学(семиотика языка как знаковой системы)和符号的符号学(семиотика знака),两者确定了符号学的两个主流方向:语言学方向和逻辑学方向。

由于对"什么是符号学?"这一本源性问题的模糊认识,符号学在现阶段正承受着本体论上的巨大压力:综观符号学家的研究,符号学几乎渗透到了人文科学和社会科学,甚至自然科学的所有领域。斯捷潘诺夫(Ю. С. Степанов)指出:"符号学的对象遍布各处:语言、数学、文学、个别文学作品、建筑学、住房设计、家庭组织、无意识过程、动物交际和植物生命中。"③ 而研究对象的无限扩张对于一门学科来说则是一种致命的打击。在这方面,美国逻辑学家和符号学家莫里斯认为符

---

① 艾柯:《符号学理论》,卢德平译,北京:中国人民大学出版社,1990年,第17页。
② 乐眉云:《索绪尔的符号学语言观》,《外国语》1994年第6期,第15页。
③ Степанов Ю. С. : Семиотика. Радуга, 1983, c: 5.

号学是关于所有符号的科学，认为符号学不仅提供了一种丰富的语言来统一关于某个主题领域的知识，而该领域的现象一直是多种特殊的学科片面地加以研究的；还提供了一种工具来分析所有特殊科学的语言之间的关系。在此意义上，莫里斯甚至赋予了符号学以统一科学的使命，认为符号学既是科学统一中的一个方面，又是描述和推进科学统一的工具。[①] 意大利当代符号学家艾柯基于其一般符号学立场，认为符号学所关心的是可以视为符号（即从能指角度替代他物的东西）的万事万物，并根据符号学所涉对象的广泛性确定了符号学研究的政治疆界、自然疆界和认识论疆界，符号学研究因而面向整个社会文化领域、自然现象领域和人类思维领域。这样看来，"由于我们在社会生活最为广泛的领域，在认知过程、技术研究、国民经济，甚至在生物界的现象中都能接触到符号系统，因此符号学的对象及其作用的范围是足够宽泛的。"对于这种现象，尼基京（М. В. Никитин）不无忧虑地指出："符号学试图将下述所有领域都扣上符号性的帽子：心理学和心理分析，精神病学和性学理论，知觉、暗示、愉悦理论；女权论和男性化理论；个性、交往和个体相互作用理论，交际理论和意义理论；通灵术和占卜术（意识形态、神话学和宗教），语言学，文学批评，艺术理论（电影、戏剧、绘画、音乐等），诗学，结构主义，相对主义，形式主义，象征主义和其他一般性或个别性的不同层级上的众多现象。……以此各不相同的广阔领域为学科覆盖的范围，符号学的意义最终只能归于使用能指和所指的术语来对所有这些现象进行无谓的范畴化。"[②] 正是看到了符号学理论繁多而学科地位不明的现状，杰米扬延科（А. Ф. Демьяненко）指出，对符号学对象研究的态度的多样性和符号本身的多面性是理论多样性和繁杂性的原因。要想避免这种繁杂性的局面，只有进一步弄清符号学科学的特征、它在学科体系中的位置及其理论基础。

虽然也有学者试图为符号学建立合理的边界，为其作为一门正式学

[①] 莫里斯：《指号，语言和行为》，罗兰、周易译，上海：上海人民出版社，1989年，第268—269页。

[②] Никитин М. В.: Предел семиотики. ВЯ, 1997 (1), с: 3.

科的地位正名，但到目前为止，这些努力收效甚微。莫里斯认为，符号在符号系统中的生命是由三个向度确定的：符号体是如何构成的以及由何种实体表现；意思指的是什么；最后，产生了何种影响（符号的使用引起了什么样的效果）。莫里斯认为存在着关于符号的完整的科学，它有清晰确定的研究范围。但事实上，莫里斯将所有的符号均纳入符号学的疆域，而不管它是动物的或人的、语言的或非语言的、真的或假的、恰当的或不恰当的、健康的或病态的。此外，他看到了符号学对于科学知识的统一（系统化）的特殊的重要性，并甚至试图赋予符号学以统一科学的使命。因此，我们很难说他已达到了清晰界定符号学研究范围的目标。艾柯把符号定义为基于业已成立的社会习惯，能够解释为代替其他东西的所有东西，认为符号学与其说有自己的对象，不如说具有自己的研究领域；符号学的中心问题是符号关系、符号替代某种其他事物的能力，因为这与交际和认知的认识论重要问题密切相关。他认为，符号学的研究对象是人类社会各个领域内使用的符号系统，它研究这些符号系统构成和使用的共性规律、为解决确定的认知和实践任务而编制人工符号系统的途径和方法。列兹尼科夫（Л. О. Резников）从认识论角度出发，认为（一般）符号学的实际任务应包括：符号的本质；符号在认知和交际过程中的角色；符号的种类；符号与意义、符号与事物、符号与形象间的相互关系；语言符号的特点；符号在科学知识形式化过程中的作用，等等。苏联科学院控制论科学理事会的符号学研究室致力于从控制论和信息论角度为符号学研究设定清晰的边界，其理解的符号学大致体现在以下几个方面：为数字机器创建抽象的程序语言；构建、研究和运用科学和技术的人工语言；研究从一种自然语言到另一种自然语言的机器翻译问题；研究作为符号系统的自然语言，特别是数理语言学和结构语言学。但很显然，符号学的这些分支方向除了表现出莫斯科学派一贯的科学传统外，符号学的边界问题仍然没有得到有效的解决，人工语言的无限广泛性是不言而喻的。尼基京面对这种状况，认为符号学是有关符号和符号系统，符号系统的功能和相互作用，事物、事件符号化及其意义规约化、词典化的科学，并从寻找符号的科学定义入手来限定符号学的疆域。他认为符号应包括三个方面的构件：意图（интенция）、发出者（отправитель）、从发出者到接收者规约性的意义转换器（конвенциональный транслятор значения от отправителя к получателю），缺一不可。但即使这样，符号和符号学的范围仍然广大得无法把握。

与此同时，许多研究者认为，符号学更多的是一种体现一定思维风格和提出及解决问题方式的研究方向。如斯捷潘诺夫就认为："很可能，符号学路径（семиологический подход）的特点更多的是体现在方法，而不是对象上。"① 事实上，尽管符号学边界问题时至今日仍然是一个无法精确把握的问题，但符号学的方法论和认识论彰显出独特的魅力，在各个学科的研究中发挥着重要的作用，如文学批评、建筑、音乐、电影、民俗文化等。"无论是在以科学性为己任的结构主义这条线索中，还是在唤起读者的阐释主体意识为特征的现象学、阐释学和接受美学这一线索中，甚至在马克思主义的意识形态生产理论这条线索中，符号学都可以作为一门无所不及的边缘学科扮演其他学派所无法扮演的角色。"② 将符号学的一般原理应用于各个具体的符号域的研究中产生了社会符号学、法律符号学、电影符号学、音乐符号学、宗教符号学、心理符号学、建筑符号学、服装符号学、广告符号学等多个部门符号学，显示出应用符号学研究的勃勃生机。格雷马斯（A. J. Greimas）20世纪70年代"在语义学和叙事学研究的基础上提出了将符号学作为人文科学认识论和方法论基础的宏伟构想"③。

针对这种情况，李幼蒸教授指出："符号学作为专门科学领域的较弱地位和符号学作为人文科学分析方法的较高功效间的对比，不仅反映了符号学本身的内在学术张力的存在，而且反映了它所从属的人文科学全体构成的特点，从学术思想史上看，符号学也有着类似的处境，学科

---

① Степанов Ю. С.: Методы и принципы современной лингвистики（2-е изд.）. М.: Эдиториал УРСС. 2001：15
② 王宁：《走向文学的符号学研究》，《文学自由谈》1995年第3期，第137页。
③ 张光明：《关于中外符号学研究现状的思考》，《外语与外语教学》1995年第5期，第4页。

身份的不明与实质影响的深刻互不一致。"① 看到了符号学对于科学的双重身份之后，莫里斯强调："如果符号学——它研究那些起着符号作用的事物或事物的性质——是一门和其他的诸科学并列的科学，那么，符号学也是所有科学的工具，因为每一门科学都要应用指号并且通过指号来表达它的研究成果。因此，元科学（关于科学的科学）必须应用符号学作为一种工具科学。"②

虽说现代符号学在西方得到了更充分的研究，但中国学者对现代符号学的贡献同样值得书写。

纵观国内符号学相关史料与文献，中国现代符号学的萌芽期应确定在中华民国期间，在西学东渐浪潮的推动下，中国学界逐渐自觉地建立了现代学科意识，主动地引进和结合国外语言学思想，开展相对自主的符号研究。③ 较早关注符号学研究的是胡以鲁先生，他于 1912 年写作《国语学草创》，阐述语言符号观、符号任意性、符号的能指与所指关系等语言符号问题；之后有乐嗣炳先生，他于 1923 年出版了《语言学大意》，认为语言的结构由"内部底意义、外部底符号"构成；但真正提出"符号学"这个中文词的是赵元任先生，他于 1926 年在他自己参与创刊的上海《科学》杂志上发表了一篇题为《符号学大纲》的长文，他指出："符号这东西是很老的了，但拿一切的符号当一种题目来研究它的种种性质跟用法的原则，这事情还没有人做过。"④ 在文章中他大胆地厘定了符号之本质与界限，提出了符号学称谓——symbolics 或 symbology（或 symbolology），阐述了符号指称关系和构成要素，并试图确立符号学之研究框架。可惜，赵元任之后，此词在中文中消失了几十年。"符号学"的再次出现由于政治生态问题而呈现出了断续的情况，先是周煕良在 1959 年翻译的波亨斯基（I. M. Bohenski）《论数理逻

---

① 李幼蒸：《理论符号学导论》，北京：社会科学文献出版社，1999 年，第 3 页。
② 杨习良：《修辞符号学》，哈尔滨：黑龙江教育出版社，1993 年，第 23 页。
③ 贾洪伟："1949 年以前中国的符号学研究"，《语言与符号》第 1 辑，北京：高等教育出版社，2016 年。
④ 吴宗济、赵新那编：《赵元任语言文学论集》，北京：商务印书馆，2002 年，第 178 页。

辑》中提及了符号学问题，接着是1963年贾彦德、吴棠在《苏联科学院文学与语言学部关于苏联语言学的迫切理论问题和发展前景的全体会议》翻译文章中固化了"符号学"一词。而真正把符号学当作一门单独的学科来讨论，是我国著名东方学家金克木1963年在《读书》第五期上发表的《谈符号学》。

中国现代符号学研究的春天来自改革开放。从此时起到21世纪初，中国符号学研究大致可以分为以下三个阶段：一、1980—1986年——起步阶段（发表论文约45篇，年均不足7篇）。自20世纪80年代初起，中国学者开始参与国际符号学学术活动，及时地向国内传达、介绍国际符号学研究动态。从研究内容上看，这个阶段的研究重点是对国外各符号学家主要思想的引介、对符号学基本理论的总体论述以及文艺理论及其研究方法。如赵毅衡的《文学符号学》、俞建章与叶舒宽的《符号：语言与艺术》、肖峰的《从哲学看符号》、杨春时的《艺术符号与解释》等。此外，我国在这一时期也引进并翻译了一些关于符号学、语言符号学、经典文艺理论符号学方面的著作，如索绪尔的《普通语言学教程》、池上嘉彦的《符号学入门》、霍克斯的《结构主义与符号学》、卡西尔的《人论》、朗格的《情感与形式》、巴尔特的《符号学美学》等。二、1987—1993年——增步阶段（发表论文约87篇，年均12余篇）。从1987年开始，我国的符号学研究重心逐渐发生转移。第一，从对符号学、语言符号学基本理论的总体的、粗线条的论述转而开始对符号学具体理论的更细致、更深入的分析研究。例如，对符号的线性、任意性的讨论，对各符号学家理论的比较研究。第二，符号学作为一门方法论及崭新的学说开始被应用于具体的语言学研究中，如语义学和语用学的研究。第三，符号学研究开始涉及语言学以外的如文学、翻译和艺术等领域，如从符号学角度看翻译、用符号学观点来阐释文学作品的语言艺术。第四，有一些学者开始挖掘中国传统文化中的符号学思想，例如对公孙龙、荀子等名家著作中符号学思想的论述。在此阶段，具有重要影响的中国学者著作有：王德胜的《科学符号学》、李幼蒸的《理论符号学导论》、杨习良的《修辞符号学》、丁尔苏的《超越本体》、荀志效的

《意义与符号》、陈治安等的《论哲学的符号维度》等；译作有艾柯的《符号学理论》、巴尔特的《符号帝国》《神话——大众文化诠释》《符号学原理》、格雷马斯的《结构语义学——方法研究》等。可以说，中国的符号学研究渐成气候，尤其值得一提的是1988年，中国社会科学院首次召开了京津地区部分学者参加的符号研讨会，会后，中国逻辑学会和现代外国哲学研究会分别成立了符号学研究会。三、1994年—21世纪初——全面展开阶段（至2000年发表论文约280篇，年均40余篇）。1994年之后，符号学的研究明显地上了一个台阶，符号学的探索在各个领域全面展开。这一阶段的符号学研究有以下几个特点：（1）除了继续对一般符号学和语言符号学理论进行深入的探讨外，还注重引进诸如叙述符号学、社会符号学、电影符号学、话语符号学和主体符义学等其他部门符号学思想。（2）对语言符号学的研究进入了一个更高的层次，问世了丁尔苏的《语言的符号性》、王铭玉的《语言符号学》等重要论著。（3）符号学向各个学科的渗透进一步加强，符号学作为一门方法论已被应用于越来越多的领域和学科的具体研究中，符号学的应用范围进一步扩大。可以说，符号学研究在语言学、哲学、文学、文化、艺术、传播学、民俗学等各个领域已全面展开。（4）对非语言符号的地位、功能开始予以关注，如对体语符号交际功能的探讨和研究。（5）对中国传统文化、历史典籍中符号学思想的挖掘和研究工作进一步深化，尝试用符号学方法阐释中国的历史文化现象。在这个阶段，学术研讨蔚然成风。1994年在苏州大学召开了首届全国语言与符号学研讨会，并成立了对中国符号学研究起到重要推动作用的"中国语言与符号学研究会"，1996年在山东大学、1998年在西南师范大学、2000年在解放军外国语学院、2002年在南京师范大学分别召开了第二、三、四、五届全国语言与符号学研讨会，这标志着中国的符号学研究已步入正轨。

研究表明，中国的符号学研究历史虽短，但进步较快，到了新旧世纪交替之时，在符号学的诸多领域里我们已经基本上追赶上了国际研究潮流。而且可以说，中国符号学运动，就规模而言，已经达到世界之最：中国已经成为符号学运动最为活跃的国家，符号学在中国已经成为一门跨学科的显学。

当代中国符号学正在把西学与东学结合起来，一个新兴的符号学第四王国逐渐走进世界符号学的中心。

相当长的一段时间内，在世界符号学界法国、美国、俄罗斯被誉为"符号学三大王国"。法国是世界符号学研究的滥觞之地，以巴尔特、格雷马斯为代表的巴黎学派对符号学的启蒙与发展做出了很大贡献，其研究有三大主要特点：一是鲜明的语言方向；二是极强的文学性倾向；三是跨学科和应用符号学研究趋向。美国是目前世界上符号学研究最活跃的国度，其研究起源于皮尔斯的符号研究、莫里斯的行为主义研究和古典语言学研究，以卡尔纳普（Rudolf Cornap）的逻辑实证结构研究、米德（George Herbert Mead）的社会学研究和华生（J. B. Watson）的行为心理学研究、卡西尔的象征主义研究、雅各布森（Roman Jakobson）带有语言符号学倾向的诗学研究、西比奥克（Thomas A. Sebeok）带有生物符号学倾向的全面符号学研究等为典型代表。而俄罗斯符号学走过了理论准备期（19世纪后半叶至20世纪初）、发展期（20世纪初至十月革命前）、成型期（十月革命至20世纪中叶）、过渡期——雅各布森与巴赫金（М. М. Бахтин）的研究（20世纪中叶前后）、成熟期——莫斯科-塔尔图符号学派的研究（20世纪60年代至1993年）和后洛特曼时期（1993年至今）等6个阶段。100多年来，各种专业背景、各个研究方向的俄罗斯符号学学者对语言、文学、建筑、绘画、音乐、电影、戏剧、文化、历史等符号域纷繁复杂的符号/文本现象进行了深入的分析和探索，并能时刻将符号学的历史对象研究与现实对象研究紧密联系起来、将符号学一般理论研究与具体领域的应用符号学研究有机结合起来，形成了形式主义学派、功能主义学派、莫斯科-塔尔图学派等各种流派和方向，发掘出了大量具有共性的符号学规律，这些规律涉及符号/文本的生成、理解、功用等各个领域，涵盖了社会思想、民族文化、人文精神等各个方面。

从前述可以看出，中国学者对符号学进行有意识研究的历史并不算长。但伴随着国家的飞速发展，中国符号学高点起步，换挡加速，成果不断,一个符号学第四王国的雏形展现在世人的面前。仅以最具标志性的论文为例,如果以2010年为限前推三十年,"我们可以看到第一个十年总共有符号学论文约2000篇,第二个十年大约发表论文近6000篇,而且每一年都在加速,到第三个十年终了的2010年,中国一年发表以'符号学'为主题的就有近1000篇,而题目中有'符号'两字的有近万篇,这也就是说,目前中国学界每天刊出讨论符号学的论文近3篇,每天涉及符号讨论的论文近30篇。"① 符号学在中国的迅猛发展已经引起国际符号学界的高度关注,他们已有预感:符号学的重心有可能向东方迁移。

此时,我们应该想哪些问题?做哪些事情?已然构成了中国当代符号学的首要任务。著名学者金克木曾说过:"为什么不可以有中国的,在辩证唯物主义指导下的符号学和诠释学研究呢?我看我们不是不具备突破西方人出不来的循环圈子的可能。20世纪的世界思潮已经显出西方大受东方的影响。……21世纪为什么不可以是中国思想对世界思潮更有贡献的世纪呢?"②

首先,中国符号学者应该理性融合中外。毋庸置疑,中国符号学的出现对世界人文科学合理化和现代化构想带来了新的思考方向。中国符号学问题的科学意涵远远超出了一般比较文化研究而涉及了符号学、哲学、人文学术传统和世界人文科学理论等各个重要方面。③ 中国符号学的重要意义,当然还不能仅仅从尚处于发展阶段的中国符号学研究成果中体现出来,但是我们已可从上述多个相关方面分析其理论潜力。中国知识界有两大优良传统。一是学者乐于对本国学术传统进行批评性的研究,对封建时代学术成果进行科学性检讨,自"五四"以来在中国即具有当然之义,学者们勇于对本民族文化学术传统进行改造,促其进步,而非对其进行功利性的利用和膜拜。二是拥有日益丰富的西学知识的当代中国学者没有西方学术中心主义的历史局限,从而能够更有效地、更客观地对西方人文学术进行批评性的研究,并参与和促进其变革。符号

---

① 赵毅衡:《中国符号学六十年》,《四川大学学报(哲学社会科学版)》2012年第1期,第4页。
② 金克木:《比较文化论集》,北京:生活·读书·新知三联书店,1984年。
③ 李幼蒸:《略论中国符号学的意义》,《哲学研究》2001年第3期,第47—53页。

学作为意识形态色彩最少的语义结构和学术制度的分析工具，在创造性的比较学术研究中可发挥有力的推动作用。而中国符号学在新的世界学术格局中将成为世界新人文知识的客观评价者、共同组织者和认真推动者。按照跨学科和跨文化方向，这一努力将既包括对西方学术的更广泛深入的学习和研究，也包括对本国学术的更富科学性的探讨。中国符号学的努力虽然只是全体学术世界的一小部分，但由于其特殊的观察角度和知识背景，将在世界人文科学结构调整的全球事业中，对认识论和方法论起到关键性的推动作用。

其次，我们要对中国人文学术传统充满自信。李幼蒸先生认识到："总体而言，西方人文科学的主流和理论方向绝对是西方中心主义的，西方理论一般也被认为是研究非西方人文学术的方法论基础。然而，在人文学术跨学科发展的新时代，未来世界人文科学整合与合理化的趋势不能简单地理解为将西方理论直接扩充应用于一切非西方学术界。非西方人文科学传统，特别是内容丰富和历史悠久的中国人文学术传统，将在全球人文科学交流中扮演越来越重要的和独立批评的角色。"① 的确，在文学、艺术、思想史、宗教史诸领域内，中国文化传统在比较文化研究中的不可替代的作用已渐趋明显。就理论层次的研究而言，在一些当代重要的人文科学领域里，中国学术的积极参与将有可能实质上改变人类人文科学整体的构成。当然，中国人文学术传统参与世界学术交流，不是指将中国传统人文学术机械地纳入现代人文科学理论系统，而是指在中国学术积极参与国际学术对话之后，有关学术理论将不可避免地发生相应的变化或调整。在此同一过程中，中国传统学术也会因而自然地经受现代化的改革。为了推进这一对话过程，比较研究学者必须对两个学术传统同时进行深入的探索，以形成科学性更高一级的学术理论综合。中国学者的长期任务将不再只是弘扬本国历史文化学术，同时也会自然地包括推动世界文化学术。

再次，只有中国学者才能担起中国符号学研究的大任。近些年来，

---

① 李幼蒸：《略论中国符号学的意义》，《哲学研究》2001年第3期，第47—53页。

已有越来越多的中青年学者对符号学产生兴趣，这充分反映了新一代中国学者，特别是研究中国古典的学者热心追求人文科学现代化、理论化和科学化的兴趣。与此同时，国外一些学者和研究者有关中国语言和文化的先天知识不足，这就是西方的中国文史哲研究，尤其是中国符号学研究难以提升到现代化层次的历史社会性原因。反之，中国学者过去三四十年来对现代西方文史哲理论的了解日益深入，加上他们在掌握本国文史哲知识上具有的先天优势，今后中国传统人文学术现代化的工作必将以中国为中心。同理，中国符号学研究自然也会首先兴起于中国，而非兴起于一般来说学术较先进的西方。与西方的中国人文科学研究不同，中国符号学的任务是双向的：促进中国传统人文学术现代化和中外人文理论交流，继而丰富世界人文科学的理论构成。今日的中国人文学术的任务已不只是借助西方科学方法来改造中国传统学术，而且是进而参与世界人文科学现代化的全球努力。这就是说，中国学术界的任务将不会仅以发展本国人文学术传统为满足；作为世界一分子，其任务还将包括参与人类共同的社会科学和人文科学的建设。中国人已经成功地在世界科技领域积极参与人类知识创造，中国人更应有资格在本民族历史上原本擅长的人文领域中对全人类做出创造性的贡献。[①]

最后，创建适合东方思想的"合治"观。西方现代符号学看似流派纷繁杂呈，实则归属于两大派别：索绪尔符号学和皮尔斯符号学。前者与现代西方哲学的人本主义思潮相近，以康德先验主义哲学和结构主义思想为基础，其显著特点是人本主义倾向和社会交流性，符号学的主旨在于意指和交流；后者与现代西方哲学的科学主义思潮接近，以实用主义哲学、范畴论和逻辑学为基础，其显著特点是科学主义倾向、经验主义、生物行为主义、认知性和互动性，符号学的主旨在于认知和思维。[②] 中国符号学者在多样化的符号学观念面前往往彷徨不定，对两大流派也多是偏执于一端，这对中国符号学独立地位的确定是不利的。

---

① 李幼蒸：《略论中国符号学的意义》，《哲学研究》2001年第3期，第47—53页。
② 郭鸿：《现代西方符号学纲要》，上海：复旦大学出版社，2008年，第41—55页。

我们认为，中华文化的特质需要一种"合治"的符号学学术观，借此可以彰显中国符号学的主体尊严和人文精神。"合治"观是中国学者应该选择的第三条路线，它并不是对西方两大学派的模糊折中或简单综合，而是一种在汲取西学营养基础上针对中国传统文化特点提出的符号观。其核心思想有：一、在符号本体问题上，坚持以理据性为主，兼顾约定性；二、在符号主客体关系问题上，坚持以符号主体的"动机理据"为基础，强调主体对客体的阐释力和创造力；三、在研究态度方面，坚持修辞理性和实践理性原则，避开符号学意识形态批判和求真意志的理论冲动，专注于各种符号事物的创意和阐释活动；四、在理论指向方面，坚持语言形式论传统和真值逻辑实用主义传统，即形式化加实体化；五、在思维取向方面，坚持类符号思维加意象性原则。

现代符号学在经过近百年的历史发展之后，已经成为一门比较成熟而系统的学科，受到学界的高度关注和推广。虽然西方符号学界成绩斐然，但当代中国符号学界并不甘于落后，而且在学习的同时走了一条智慧之路：摒弃"鹦鹉学舌"，大胆批评与探索，勇于用中国传统的符号学遗产补充符号学理论体系，在符号学发展前沿上提出新的体系。正因为如此，中国符号学充满了希望，中国符号学应该充分尊重自己学者的成果与贡献，世界符号学也会期待着倾听中国符号学的声音，把它纳入世界符号学的大家庭之中。

创建"中国当代符号学名家学术文库"的初衷就在于此，让我们共同期待和珍视它！

中国逻辑学会符号学专业委员会　主任委员
中国语言与符号学研究会　会长
王铭玉
2018年国庆节于天津

前　言

这里汇编在一起的，是我学习符号学、初步研究符号学所写文章、译后记或译序的大部分。它们代表了我对于符号学的认识和理解过程。

我学习符号学，除了得益于早先积累的一点普通语言学基础知识外，主要是从翻译和阅读法国符号学著述起步的。至今，我也没有离开法国符号学这一领域的研究和这种基本学习办法。所以，这里的文章，均是谈论法国符号学和应用法国符号学理论来做点初步分析实践的。

法国符号学理论的渊源，是瑞士语言学家索绪尔的结构语言学，以及丹麦语言学家叶姆斯列夫和法国语言学家本维尼斯特对于这种结构语言学理论的发展。不过，美籍俄裔语言学家雅各布森则是法国符号学研究起步时的"总指挥"，因为正是他在美国与法国学者列维-斯特劳斯的相遇和成为好朋友，以及在巴黎与精神分析学家拉康的相识与交流，推动了早期法国符号学研究。

法国符号学研究可分为两个阶段，它们不是断然分开的。第一个阶段出现在 20 世纪 50 年代，被认为是与结构主义同一的 sémiologie 的研究，这是沿用索绪尔的用名。这一阶段的研究，其主要特征是研究符号、符号性质和符号系统。这一阶段出现过多种探索方向，其主要代表学者是列维-斯特劳斯、拉康、罗兰·巴特和福柯等人，而以罗兰·巴特的研究工作和成果最为突出。托多罗夫和热奈特两人坚持和发展的

"叙述学"，同样是结构主义发展的一个分支。《结构主义史》一书的作者多斯将 sémiologie 明确为"结构论符号学"（sémiotique structurale），这一称谓也是本书中的用名。作为"运动"或"活动"，原本意义上的结构主义到了 1968 年后便偃旗息鼓，之后的情况被称为"后结构主义"。在"后结构主义"时期，也出现了像德里达的"解构论"、阿尔都塞的"马克思主义符号学"和克里斯蒂娃的"符义分析"等有影响的重要研究成果。在第一个阶段中已经出现的格雷马斯的符号学研究，在 1970 年以后得到了发展，并形成了以他为代表的"巴黎符号学学派"（École de Paris），该学派采用了 sémiotique 来定名自己的研究。该学派不再以符号、符号性质及符号系统作为自己的研究对象，而是倾心于探讨符号之间的关系，即"意义赖以得到表达的各种形式"（库尔泰斯语），从而开启了法国符号学以研究"叙述语法"或"陈述活动"为主要内容的新的阶段，即第二个阶段，并建立起了"话语符号学"。当前，巴黎符号学学派已经成为法国符号学研究的主流。不过，在 2017 年 5 月 30 日至 6 月 2 日于巴黎联合国教科文组织（UNESCO）总部举办的"今天的格雷马斯：结构的未来——纪念格雷马斯 100 周年诞辰（1917—1992）"国际研讨会的宣传材料中，巴黎符号学学派承认在现时的 sémiotique 研究中，仍然有 sémiologie 的研究内容，而且该学派也以"结构论符号学"自居，并称今天的巴黎符号学学派是对当年"结构主义"的真正继承。这是法国符号学研究在认识上的一种"趋同"变化。应该说，巴黎符号学学派的理论基础也是"结构论的"，但这并不妨碍我们继续把在两个名称下进行的研究看作是在研究对象和研究方法上明显有别的两个不同阶段。至于法国符号学的未来，我在后面的文字中将会谈到，在我看来，法国符号学将会是在统一的 sémiotique 名下，对于包括符号、符号性质、符号系统和符号之间关系的一种总体研究，就像我们汉语对符号学这一学科的理解那样。

格雷马斯曾经认为，符号学研究很可能是一种只有三年热度的"时髦问题"，但他后来更正了这一说法。现在，符号学正在成为一门独立学科，其在各个领域的应用成果已经显示出它具有广阔的发展前景。符号学越来越成为人们认识和分析社会及各种文化对象的一种有用工具，并在继续完善着自己的理论和方法。

总的说来，本书所收文章，主要还是介绍性的、认识性的。我已开始尝试采用法国符号学概念和方法来做一些具体分析，并在分析中也放进了些许个人对某些概念的理解和阐释，这便是这本书最后的"符号学分析实践"部分。其中的文章发表后，受到了一定的肯定。因此，我打算在继续深入学习和研究符号学理论的同时，尽力做点普及符号学的工作，这是我今后的努力方向。

需要说明的一点是，Roland Barthes 这一法语姓名在我国现有两个译名，我都使用过。一个是这位学者最早被介绍到我国时译者使用的"罗兰·巴特"，另一个是有的出版社（比如北京的几家出版社）使用的、在《法语姓名译名手册》中也找得到的"罗兰·巴尔特"。但是，我在以往投寄文章时，包括我不久前交付的《罗兰·巴特传》译稿，编辑均要求我使用前者，给我的理解是似乎前者更为通用一些。鉴于这主要是一部论文结集（其中"法国符号学概论"部分是为一部集体撰稿的专著而写），所以，除了已有的书名（例如《罗兰·巴尔特自述》《罗兰·巴尔特最后的日子》）外，我采用了"罗兰·巴特"这一译名。

感谢中国语言符号学研究会的信任与支持，感谢北京大学出版社的领导和责任编辑的付出。我希望这本书能向我国符号学研究者和广大读者提供法国符号学研究的基本情况，也更希望我国符号学研究者在借鉴国外符号学研究成果的基础上，努力开展对于我国传统符号学思想的深入挖掘，并逐步建立起我们自己的符号学研究理论和体系。

怀宇

2018 年 3 月 31 日，于南开大学西南村宅内

目 录

第一编 语言学与普通符号学

巴黎符号学学派的语言学基础 …………………………………… 3
罗兰·巴特、格雷马斯与我们 …………………………………… 19
关于法国当今符号学研究
　　——访安娜·埃诺和德尼·贝特朗 …………………………… 30
人物的符号学探讨 ……………………………………………… 34
法国诗歌的符号学分析 ………………………………………… 44
谈激情符号学 …………………………………………………… 70

第二编 法国符号学概论

第一章　绪论 …………………………………………………… 85
第二章　结构论符号学 ………………………………………… 94
　　第一节　概念及简史 …………………………………… 94
　　第二节　重要代表人物 ………………………………… 102
　　第三节　小　结 ………………………………………… 158

第三章　巴黎符号学学派……………………………………… 162
　　第一节　先驱者及研究领域…………………………………… 162
　　第二节　格雷马斯的研究及贡献……………………………… 167
　　第三节　其他重要学者的思想………………………………… 186
　　第四节　小　　结……………………………………………… 227
第四章　展　　望………………………………………………… 231

第三编　解读罗兰·巴特

谈罗兰·巴特著述的翻译…………………………………………… 237
巴特文艺符号学观
　　——谈其《文艺批评文集》……………………………………… 242
巴特互文性理论及实践
　　——谈《如何共同生活》………………………………………… 259
对于巴特"哀痛"的浅析
　　——对于巴特《哀痛日记》的激情分析………………………… 266
主体、主体情感性与巴特的激情
　　——续谈罗兰·巴特《哀痛日记》……………………………… 273
巴特的"中性"思想与中国………………………………………… 285
罗兰·巴特谈音乐符号学…………………………………………… 304
我看巴特的生命之末………………………………………………… 310
瞻仰巴特的墓………………………………………………………… 316

第四编　符号学分析实践

《赵氏孤儿》与《中国孤儿》的人物分析………………………… 321
解读"罗马柱"……………………………………………………… 331
莫言闪小说《狼》的符号学解读…………………………………… 347
对于微小说《病》的解读…………………………………………… 361
解读父亲《给女儿的一封信》……………………………………… 373
一只板鸭的故事……………………………………………………… 392

访谈录:法国符号学面面观 …………………………………… 400

怀宇(张智庭)著述、译作表 ………………………………… 422

第一编
语言学与普通符号学

巴黎符号学学派的语言学基础[①]

一、引言

巴黎符号学学派（École de Paris），作为法国当今符号学研究的主流，在其萌生之初，曾经是结构论符号学（sémiologie）研究中受到争议的一个方向。与其他方向不同的是，这一方向把注意力集中在意指系统及其方式上，并从 1970 年开始采用 sémiotique 一词来定名其研究工作，从而在名称和方法上与前者做了相对明确的区分。如果我们以 20 世纪 60 年代中期格雷马斯（A. J. Greimas）出版的《结构语义学》（*Sémantique structurale*）（1966）一书为该学派确立之起点的话，那么，今天巴黎符号学学派已经在此基础上逐步建立起自己完备的理论体系和操作方法，极大地强化了符号学作为一门新学科的自立地位。像结构论符号学一样，结构语言学传统也是这一学派的根本理论基础。具体说来，巴黎符号学学派依据的就是瑞士语言学家索绪尔（F. de Saussure）有关"语言"与"言语"、"能指"与"所指"两个连对的论述和丹麦语言学家叶姆斯列夫（L. Hjelmslev）有关"系统"与"过程"连对的论述。按照巴黎符号学学派著名学者科凯（J.-C. Coquet，又译高

[①] 本文原载于北京大学《语言学研究》2015 年 7 月，总第十八期。

概)在其《符号学：巴黎学派》(*Sémiotique：l'École de Paris*)（1982）一书中的说法，这是因为这些连对"显示了全部意指过程中互补性的、聚合性的和组合性的组织机制。"① 后来的法国语言学家本维尼斯特（É. Benveniste）发展了索绪尔和叶姆斯列夫的学说的相关论述，在有关"主体性"（subjectivité）及"陈述活动"（énonciation）理论的研究方面颇具建树，并从 20 世纪 70 年代中期开始影响巴黎符号学学派在这两方面的研究工作。下面，我们分别看一下他们的相关理论与巴黎符号学学派研究工作之间的联系。

二、索绪尔语言学理论的贡献

格雷马斯早在其 1956 年发表的《索绪尔主义之现状》(«L'actualité du saussurisme»)一文中就指出："索绪尔贡献的新颖之处，在于将其个人所特有的对于世界的看法（这种看法把世界理解为一种广泛的关系网，理解为带有意义的诸多形式的一种建筑术，而这些形式本身还有着自己的意指）转换成一种认识理论和一种语言学方法论。"② 索绪尔有关语言和语言符号的理论，其重要突破点在于把在 19 世纪中叶才从法语"言语活动"（langage）一词的意义中分离出来的"语言"（langue）作为一种独立系统来对待，并使之与"言语"（parole）组成连对，在于把语言符号确定为"能指"（声音形象）与"所指"（概念）的结合；由此，产生了一系列相关理论，这便是汇聚在其《普通语言学教程》(*Le cours de linguistique générale*) 与《普通语言学札记》(*Écrits de linguistique générale*) 中的那些光辉思想。我们在此仅举与巴黎符号学学派的理论与实践相关的几个方面。

索绪尔在他的理论中，一反传统的历史比较语法学依据经验将"语

---

① J.-C. Coquet，1982：*Sémiotique：l'École de Paris*，Paris：Hachette, p. 9.

② 这篇文章的全名为：«L'actualité du saussurisme (à l'occasion du 40ᵉ anniversaire de la publication du *Cours de linguistique générale*)». *Le français moderne*, 24, pp. 191—203, repris dans *La mode en 1830*, Paris: PUF, 2000, pp. 371—380. 其译文是：《索绪尔主义之现状》（为纪念《普通语言学教程》发表 40 周年而作），原载《现代法语》第 24 期，第 191—203 页，后收入《1830 年时尚》，巴黎：PUF 出版社，2000 年，第 371—380 页。

言"看作"实质"(substance)的观念,而是将其看作"形式",看作由一些最小单位,即那些脱离任何语言现实的语言符号的各种关系组织起来的一种"系统"(système)。索绪尔说:"言语活动是异质的,而这样规定下来的语言却是同质的:它是一种符号系统;在这系统里,只有意义和音响形象的结合是主要的"[1];索绪尔进一步论述道:"语言学是在这两类要素相结合的边缘地区进行工作的;这种结合产生的是形式(forme),而不是实质。"[2] 这一论点对于语言学理论和符号学理论意义重大。在西方传统哲学思想中,"实质"对立于"偶性"(accident),后者是一种外在表现;实质指在一个可能变化的主题中那种稳定不变的东西。亚里士多德(Aristotle)就将实质看成生命存在的内在原因。但是,在《普通语言学教程》中,索绪尔却从否定意义上引入了"实质"概念,并将其与"形式"对立,这显然是对西方文化传统和索绪尔之前的历史比较语法学在相关概念使用上的一种颠覆。但是,我们的着眼点却是想要强调:这种"形式"是与两种"要素"即"意义"和"音响形象"相关的,或者说是有"连带关系的"。在一段时间里,即在法国结构主义(与这个时期的结构论符号学具有同一性)的鼎盛时期,人们只注重探讨符号的"形式系统"或"词语表现"之结构,而较少自觉地进行形式与意义之间相关性的探索,有的学者甚至说,列维-斯特劳斯(C. Lévi-Strauss)和罗兰·巴特(R. Barthes)在这方面的尝试并不属于真正的结构论符号学。[3] 索绪尔在《普通语言学札记》中对于"形式"有着更为深入的论述,他讲道:"一、说形式,首先是指形式多样性;换句话说,甚至不再有某种正确的或不正确的、足够的或不足够的基础来推导有关形式的唯一时刻;二、因此,说形式,即是说形式多元性;没有多元性,位于一种形式之存在基础上的区别性便不再可能;三、说形式,即是说一种多元性中的区别性……形式涉及区别性、多元

---

[1] [瑞士]索绪尔:《普通语言学教程》第二版,高明凯译,北京:商务印书馆,1982年,第36页。

[2] 同上书,第158页。

[3] G. Mounin, 1970: *Introduction à la sémiologie*, Paris: Les Éditions de Minuit, p.189.

性、(系统?)①、同时性、有意味的价值。概言之：形式，不等于任何秩序或一种简单秩序的某种正面实体（entité）；它等于既是否定的又是复合的实体。它取决于（无任何实际基础）与其他形式的区别性，而这种区别性又与其他形式的意指区别性相结合。"② 我们结合前面的内容做这种引述，是想强调：（1）语言是具有多元性、多样性的形式系统，语言本身就是"一个分类的原则"③，因此语言系统充满着多种聚合关系；（2）形式带有"有意味的价值"，而由于"我们在价值、意义、意指、功能或对于一种形式的使用上，甚至在与作为内容的一种形式之观念之间不做任何严格的区分，这些术语都是同义词"④，所以，形式是与意义（或意指）相关的，反之亦然。但是，"一种形式并不是意味着什么，而是关联着什么：这一点是基本的。它关联着什么，因此它以其他价值的存在为前提。"⑤ 显然，索绪尔的这些论述都在提醒和预示着，语言就是我们上面所引格雷马斯总结的"带有意义的诸多形式的一种建筑术"，巴黎符号学学派后来进行的全部工作，实际上就是从意指出发去寻找和确立这种"建筑术"。正是在此意义上，巴黎符号学学派的理论从根本上讲仍然是"结构论的"。

我们再来看"语言"与"言语"之间的关系。索绪尔在《普通语言学教程》中已经对两者之间的关系做了清楚、明确的阐述："我们把语言与言语分开，我们一下子就把（1）什么是社会的，什么是个人的；（2）什么是从属的和多少是偶然的分开来了"⑥，他又说："要言语为人所理解，并产生它的一切效果，必须有语言；但是要使语言能够建立，也必须有言语。从历史上看，言语的事实总是在前的……促使语言演变

---

① 原文如此。在语言学和符号学概念中，"系统"指具有相同、相近或对立有关系的一种形式集合，它与"过程"相对立，具有"聚合关系"特征，而非"组合关系"特征。
② F. de. Saussure, 2002: *Écrits de linguistique générale*, Paris: Gallimard, pp. 35—36.
③ ［瑞士］索绪尔：《普通语言学教程》第二版，高明凯译，北京：商务印书馆，1982年，第30页。
④ F. de. Saussure, 2002: *Écrits de linguistique générale*, Paris: Gallimard, p. 28.
⑤ Ibid.
⑥ ［瑞士］索绪尔：《普通语言学教程》第二版，高明凯译，北京：商务印书馆，1982年，第35页。

的是言语。"① 既然"语言"是"形式",那么与之相对应的"言语"就该是"实质",这一点已被多位语言学家或符号学家所论证,例如现任国际符号学学会副会长的埃诺(A. Hénault)在其《符号学简史》(*Histoire de la sémiotique*)一书中就说道:"形式更属于语言,实质更属于言语,因为形式是'语言'建构的固定成分,就像它是被社会所结晶化了那样,而实质更属于言语的个体变化成分,即由个别的或集体的参与者所选定的具体的和特殊的品质。"② 索绪尔在《普通语言学教程》中没有对"实质"给出明确的定义,但其《普通语言学札记》一书对此有一定的论述:"我们一直倾向于借助思考而将言语活动所需要的各种动作(action)看作实质。似乎有必要将这种概念纳入理论自身。将有四种语言'实质',它们将与四种语言的存在形式相对应。"③ 遗憾的是,我们没有看到索绪尔对于这四种"形式"和四种"实质"做出进一步的阐述。不过,我们似乎可以做这样的理解,即"实质"并非仅指言语活动的语音或书写等外在材料。英国语言学家戴维·克里斯特尔(David Crystal)的《现代语言学词典》(*A Dictionary of Linguistics and Phonetics*)对于索绪尔的"实质"概念做了这样的总结:"在索绪尔的理论中,意义也被视为具有实体(即本文作者使用的'实质'一词),即独立于语言存在的思想、感情等内容概念。"④ 这就是说,"实质"也包括非物质性的东西。明确这一点,对于我们理解丹麦语言学家叶姆斯列夫的进一步推导是很有帮助的。

最后,我们来看索绪尔有关符号"能指"与"所指"的论述。首先,我们要指出,巴黎符号学学派的学者们并不看重符号及其系统,他们认为"符号首先是一种可观察之物……符号首先是一种已建对象。"⑤

---

① [瑞士]索绪尔:《普通语言学教程》第二版,高明凯译,北京:商务印书馆,1982年,第41页。

② A. Hénault, 1997: *Histoire de la sémiotique*, Paris: PUF, p. 66.

③ F. de. Saussure, 2002: *Écrits de linguistique générale*, Paris: Gallimard, p. 81.

④ [英]克里斯特尔(D. Crystal)编:《现代语言学词典》第一版,沈家煊译,北京:商务印书馆,2000年,第344页。

⑤ J.-C. Coquet, 1982: *Sémiotique: l'École de Paris*, Paris: Hachette, p. 5.

尽管如此，他们还是关注"能指"与"所指"之间的结合过程即意指过程。《普通语言学教程》中对于这种结合过程有过简单论述，认为意指"只是听觉形象的对立面，一切都是在听觉形象和概念之间"[①]，并用箭头把从能指到所指和从所指到能指的意指过程标示了出来。不仅如此，"语言是一个系统，它的各项要素都有连带关系。"[②] 对此，我们的理解是：语言的各个要素之间不仅存在着形式上的连带性，也存在着意指（意义）上的连带性。对于这两种连带性相互间的关系，索绪尔在《普通语言学札记》中也有一定的阐述："各种意指的一般区别只根据各种形式的区别而存在……一种意指总是与一种形式有关的……各种形式的一般区别只根据各种形式的区别而存在……不存在特定形式和与之相对应的一种观念；更不存在特定意指和与之相对应的一种符号；存在着一些形式和一些可能的意指；甚至实际上只存在着一些形式区别和一些意指区别；另一方面，这些区别范畴（或这些本身已经是否定的事物范畴）的每一种都只借助于与另一种进行结合才作为区别而存在。"[③] 这些论述的重要性，在于为巴黎符号学学派通过意指过程来探讨各种形式关系提供了理论根据。

三、叶姆斯列夫："系统"与"过程"、"表达"与"内容"

叶姆斯列夫关于索绪尔语言学理论的阐述和他自己创立的语符学（glossématique）理论对于巴黎符号学学派的形成与发展可以说是关键性的，也是其理论建构链上的重要一环。"在格雷马斯于1958年将叶姆斯列夫的被翻译成英文的《言语活动理论导论》（*Prolégomènes à une théorie du langage*）传播到埃及亚历山大之前，他已经完成了他的《结构语义学》第一稿。阅读《言语活动理论导论》一书所带来的冲击波，

[①] [瑞士] 索绪尔：《普通语言学教程》第二版，高明凯译，北京：商务印书馆，1982年，第160页。
[②] 同上。
[③] F. de. Saussure, 2002: *Écrits de linguistique générale*, Paris: Gallimard, p. 42.

使他立即毁掉了自己大约 200 页纸的手稿"①，可见叶姆斯列夫的理论对格雷马斯的影响之大。

后人至今不清楚，叶姆斯列夫和他的合作者们是如何接触到索绪尔的著作的，但是，他于 1943 年出版的这本《言语活动理论导论》（实际上是与乌达尔合作完成的）②，完全以他们个人的认识与方式重述了索绪尔研究过的大部分论题，而且某些重述则是对于很晚才发现的索绪尔部分手稿内容的回应。例如："一种理论正借助于一种完全形式的前提系统试图达到言语活动的一种特定结构的水平，这种理论必须在考虑言语变化的同时拒绝赋予其一种支配权的角色，而寻求并不扎根于语言之外的一种现实中的不变内容；这种不变内容可以使不论什么语言都成为一种语言，可以使一种语言在其最多样的表面现实之中仍然是其自身。"③ 这显然是在论述"语言"的主导地位和其与"言语"之间的关系，并明确指出"语言"是不变内容，而"言语"是可变内容。这与索绪尔的相关论述没有太大差异。

不过，有些重述无疑是对于索绪尔思想的进一步推演与突破。叶姆斯列夫在索绪尔"语言是一种符号系统"的论述基础上，提出"任何语言都是一种符号系统，也就是说是一种由与诸多内容联系在一起的诸多表达单位构成的一个系统……语言是一种开放的和富有创造性的符号学系统"④，"它是借助某些规则而相互结合的各种要素的一种系统"⑤，而与这种"系统"概念相对应的则是"实施"（exécution）和"使用"（usage），即叶姆斯列夫后来归一为"过程"（procès）的概念，它是通过应用各种功能来实现的。叶姆斯列夫在 1947 年于伦敦大学执教时写的，后来作为最后一部分被加到法文版《言语活动理论导论》中的《言

---

① A. Hénault, 1997：*Histoire de la sémiotique*, Paris：PUF, p. 102.
② 这本书的法文译本只注明作者是 Louis Hjelmslev，但实际上是他与 Udall（乌达尔）合作完成的。该书法文版在"作者介绍"中说："他从 1935 年与 Udal 合作创立语言学理论，其成果是 *Omkring sprogteoriens grundlægglse*（1943，其法文名为：*Prolégomènes à une théorie du langage*）……"
③ L. Hjelmslev, 1971：*Prolégomènes à une théorie du langage*, Paris：Minuit, p. 15.
④ L. Hjelmslev, 1985：*Nouveaux essais*, Paris：PUF, p. 81.
⑤ Ibid., p. 82.

语活动的基本结构》（«La structure fondamentale du langage»）一文，首次提到了"系统"与"过程"的划分："我现在来谈……两个新的不同的方面，人们将其称为<u>过程</u>与<u>系统</u>。我把这两个方面叫作言语活动的两个<u>轴</u>：在任何言语活动和任何相似结构中，有一个过程轴——用一条向右延伸的横向线来表示是恰当的，还有一条系统轴——我们可以用一条与前者相切的纵向线来表示。……在接受言语活动具有一个系统的情况下，我们不应该忘记，可直接观察到的东西不是系统，而是过程，或者有必要说明，当涉及语言的时候，这便是文本。因此，在语言的情况下，过程即文本就是我们应该分析的对象。分析将依靠把文本分离成其构成成分来进行；文本的每一个构成成分，不论长短，都将被叫作<u>语链</u>（chaîne）。"① 由此，叶姆斯列夫建立起了"系统"与"过程"的连对，而这一连对正好与索绪尔的"聚合关系"与"组合关系"概念相重合。这无疑是对索绪尔"语言"与"言语"的连对、"共时性"与"历时性"的连对的推演，而这种推演所带来的结果则是对分析对象的明确和分析的可操作性。其实，他早在1939年就提出了"分析的对象当然是文本"② 这样的主张。格雷马斯曾对叶姆斯列夫的"文本"概念做过明确概括："叶姆斯列夫使用文本一词来指一种语言链的整体，这种整体因系统的能产性而成为无限的"③，这就说明，叶姆斯列夫的"文本"概念已经是一种动态概念，后来人们把这样的文本看作与"行动中的话语"是同义词，应该就是源自叶姆斯列夫的观念。可以说，是叶姆斯列夫首先提出了"文本分析"的概念。由于文本是由"言语"发展而成的或者它就是言语的表现形式，所以，叶姆斯列夫的文本分析已经属于有关"言语的语言学"。那么，如何来分析一个文本呢？按照叶姆斯列夫的主张，那就是将文本分为两个平面，即"内容平面"和"表达平面"，而与这两个平面密切相关的概念则是"实质"和"形式"。这两个概念

---

① L. Hjelmslev, 1971：*Prolégomènes à une théorie du langage*，Paris：Minuit, p. 191.
② L. Hjelmslev, 1985：*Nouveaux essais*，Paris：PUF, p. 77.
③ A. J. Greimas et J. Courtés, 1993：*Sémiotique-dictionnaire raisonné de la théorie du langage* (1979)，Paris：Hachette livre, p. 390.

在叶姆斯列夫那里变成了基本概念：实质被确定为不进入结构系统的所有东西，而语符学的目的就是具体展现语言学形式与实质之间的关系。这与索绪尔把语言学的研究对象仅限于作为形式的"语言"相比，显然是一种突破。叶姆斯列夫曾经花费多年时间来研究"实质"与"形式"，并在与"内容平面"和"表达平面"相结合的情况下最终形成了一整套关于语言的理论构架，即建立起一种严密的、相互确定的元语言。我们顺便指出，叶姆斯列夫有关"实质"与"形式"之间的关系，较之索绪尔的论述深入了许多：在叶姆斯列夫看来，"形式"独立于"实质"，但后者却不能独立于前者；一种语言形式可以不被一种语言实质表现出来，但是，一种语言实质必然表现一种语言形式。他的结论是："实质仅仅取决于形式，人们在任何情况下都不能赋予它独立的存在方式。"① 他的这一思想，在格雷马斯的《结构语义学》中以如下的表述得到了进一步肯定："内容实体（即本文使用的'实质'一词）不应被视为一种语言外的心理或物理实在……形式与实体一样能表达意义。"② 更需要指出的是，叶姆斯列夫将自己的"实质"概念之外延明确地划定为"语音、字体和语义"③，这对于我们把握这一概念和在"表达平面"与"内容平面"中正确区分"形式"与"实质"至关重要。

叶姆斯列夫认为，"内容与表达完全是根据相同原理组织起来的，它们有着完全相同的功能，并包含着可能相同的范畴。"④ 根据这种观念来看待语言符号，"符号既是内容实质的符号，也是表达实质的符号……符号这个词将指取决于意蕴功能的那种单位，并包括内容之形式与表达之形式。"⑤ 于是，表达平面和内容平面，便与形式和实质建立了关系。叶姆斯列夫将这两个范畴中的四个术语写成了三个连对：内容之实质和内容之形式，内容之形式与表达之形式，表达之形式与内容之

---

① L. Hjelmslev, 1971: *Prolégomènes à une théorie du langage*, Paris: Minuit, p. 68.
② [法]格雷马斯:《结构语义学》第一版，蒋梓骅译，天津：百花文艺出版社，2001年，第34页.
③ L. Hjelmslev, 1985: *Nouveaux essais*, Paris: PUF, p. 68.
④ Ibid., p. 8.
⑤ Ibid., p. 184.

实质。他也把这三个连对称作三个层次,指出内容之实质、表达之形式、表达之实质之间存在着一种类比关系,并认定这种类比关系每一次都源自表现的各种关系:表达之实质表现表达之形式、内容之实质表现内容之形式,最后是内容之形式与表达之形式之间的关系。对于这最后一层关系,"这一次,是一种可逆的关系:人们更习惯于在'表达之形式表现内容之形式'这样的意义中考虑表现关系。"① 在叶姆斯列夫看来,这三个连对构成了文本表现的等级化或层级化。他还告诉我们,表达对立于内容比形式对立于实质意义更为重大,因为前者通过多种因素决定着后者。在所有这些关系中,对于巴黎符号学学派的理论与实践最具指导作用的,是文本具有实质层次表现特征和"内容之形式"两个方面:层次概念使巴黎符号学学派探讨文本的层级结构有了理论依据,"内容之形式"概念的确立使符号学研究从意指入手在各个层次上来探知这种意指赖以产生的形式(结构)成为可能,因为巴黎符号学学派的"符号学计划就在于制定有关意指系统的一般理论"②,而巴黎符号学学派最终在这些方面为符号学自立地位的确立做出了历史性贡献。

此外,叶姆斯列夫有关符号学等级的划分,也已被巴黎符号学学派所接受。这种等级也是建立在有关过程与系统、表达平面与内容平面的划分基础上的,从而把符号学分为外延符号学(sémiotique dénotative)与非外延符号学(non-sémiotique dénotative),而非外延符号学又被分为元符号学(métasémiotique)与内涵符号学(sémiotique connotative)。

四、本维尼斯特:"主体性"与"陈述活动"

本维尼斯特是 20 世纪法国著名语言学家。他继承了自索绪尔以来的结构语言学传统,在阐述索绪尔的语言学观念、发展结构语言学和构建符号学基础理论方面做出了自己的努力。笔者注意到,他的影响显然还没有出现在格雷马斯的《结构语义学》中,但他有关"主体性"和

---

① A. Hénault, 1997: *Histoire de la sémiotique*, Paris: PUF, pp. 65—66.
② J.-C. Coquet, 1982: *Sémiotique: l'École de Paris*, Paris: Hachette, p. 5.

"陈述活动"的论述，从 20 世纪 70 年代中期开始已经成为巴黎符号学学派对于"文本"或"行动中的话语"（discours en acte）[①]进行分析的重要理论参照。格雷马斯指出："我们把第一次将陈述活动表述为索绪尔语言概念中的'话语建立'（mise en discours）阶段的功劳归功于本维尼斯特……本维尼斯特的革新贡献，已经引起许多属于形而上学或精神分析学方面的诠释，这些注释都在激发不为人所希望的主体的重现，并使人拒绝把言语活动看作——和不看作——一种集体制约系统的'无个性'概念。"[②]与格雷马斯共同撰写《符号学：言语活动理论的系统思考词典》（*Sémiotique—dictionnaire raisonné de la théorie du langage*）（1993）一书的库尔泰斯（J. Courtés）在其专著《话语的符号学分析——从陈述到陈述活动》（*Analyse sémiotique du discours：De l'énoncé à l'énonciation*）（1991）中也说："……陈述活动就像是'语言'的'话语建立'（本维尼斯特），并由此引起主体间交流的全部基本问题。"[③]

人们公认，言语活动是交流的工具。但是，索绪尔和叶姆斯列夫都没有对交流活动的主体投入更多的注意。而在他们权威理论的影响之下，于 20 世纪 50 年代兴起的法国结构主义则把谈论"主体"和"主体性"看作是大忌，巴特后来甚至宣布了作为主体之一的"作者的死亡"[④]。正是在这个时期，本维尼斯特发表了《论语言中的主体性》（«De la subjectivité dans le langage»）（1958）一文。该文首先论证了言语活动与"说话主体"之间的关系，指出："人在语言中并且通过语言自立为主体。因为，实际上，唯有语言在其作为存在的现实中，奠定了'自我'的概念。我们在这里论述的'主体性'，是指说话人自立为主体的能力"[⑤]，"但是，我们坚持认为，尽管我们可以随心所欲地把这一主

[①] J. Fontanille, 2000：*Sémiotique du discours*，Limoges：PULIM, p. 4.

[②] A. J. Greimas et J. Courtés, 1993：*Sémiotique-dictionnaire raisonné de la théorie du langage*（1979），Paris：Hachette livre，p. 126.

[③] J. Courtés, 1991：*Analyse sémiotique du discours：De l'énoncé à l'énonciation*，Paris：Hachette livre，p. 11.

[④] R. Barthes, 1994：*Œuvres complètes*，2，Paris：Seuil，p. 491.

[⑤] ［法］本维尼斯特：《普通语言学问题》，王东亮等译，北京：生活·读书·新知三联书店，2008 年，第 293 页。

体性放到现象学和心理学范畴，那只不过是语言的一个基本特性在人身上的体现。言说的'自我'即存在的'自我'（Est '*ego*' qui *dit* '*ego*'）。我们由此可以发现'主体性'的根本所在，它是由'人称'的语言学地位确定的。"①。这就是说，主体性不能脱离言语活动，同时"语言之所以成为可能，正是因为每一个说话人都自立为主体。"② 他继续说道："'主体性'在语言中的建立，在语言之中并且——我们认为——也在语言之外，创设出人称的范畴。"③ 而在《语言结构与社会结构》(«Structure de la langue et structure de la société») (1970) 一文中，他认为"语言工具确保了话语的主体性和指涉性两种运作：这便是在任何语言、任何社会或任何时代都表现出我与非-我之间必不可少的区分"④，该文遂论述了"我-你"和"他"（"它"）之间的对立关系，指出两者之间是"人称与非-人称之间的对立"。这些论述及本维尼斯特在其他文章中的相关表述，在科凯的专著《话语与其主体》（*Le discours et son sujet*）(1984) 中被引用18次并得到进一步的阐释。在这部专著中，科凯结合自己的论题，以心理色彩更浓的 ego et non-ego 代替了本维尼斯特的"人称与非-人称"（personne et non-personne）和"我与非-我（le moi et le non-moi）。在此基础上，他更参照符号学家克里斯蒂娃（J. Kristeva）有关"零度逻辑主体"（sujet zérologique）⑤ 的思想和格雷马斯的符号学矩阵的相关词项概念首次确立了"非-主体"（non-sujet）概念，指出"我们在建立组合观念的四种基本关系的同时……我们并没有不去考虑我们有关行动元类型学的命题，这种类型学把包含三个或四个谓语的一种结构的一种主体与依靠一个零度谓语、一个单一的谓语甚至两个有序的或无序的谓语的一种非-主体结合在了一起。"⑥ 我们在科凯

---

① [法]本维尼斯特：《普通语言学问题》，王东亮等译，北京：生活·读书·新知三联书店，2008年，第293—294页。
② 同上书，第294页。
③ 同上书，第298页。
④ É. Benveniste, 1974: *Problème de linguistique générale*, 2, Paris: Gallimard, p. 99.
⑤ J. Kristeva, 1969: *Sémiotiké: Recherches pour une sémanalyse*, Paris: Seuil, p. 274.
⑥ J.-C. Coquet, 1984: *Le discours et son sujet*, Paris: Klincksieck, p. 104.

于北京大学所做的讲演"话语符号学"中,更为清楚地了解到引入"非-主体"的依据:"在'我知''我思'之前,还有某种属于能力的东西,即'我能',因而,在主体一旁,应该引入'非-主体'的概念。这是显示身体在构成意义方面作用的唯一办法。"① 在科凯的主体性理论中,他是将两种主体与格雷马斯当时阐述的各种"模态"放在一起加以阐述的,指出了"主体"与"非-主体"的各种模态表现。他在后来出版的《寻找意义》(La quête du sens)(1997)一书中继续对于两者之间的关系做了论述,指出"非-主体"就是"激情"主体,"身体即非-主体以最佳形象化展示自主性,因此也是自由性的堡垒"②。

本维尼斯特有关"陈述活动"(énonciation)(即下面章节题目和引文中采用的"陈述"译名)的论述,是与他的"主体性"观念分不开的。他于1970年发表了《陈述的形式配置》(«L'appareil formel de l'énonciation»)一文,在他看来,陈述活动"就是通过个体使用行为实现的语言的实际运用。……这一行为是说话者依自身需要发动语言的事实。说话者与语言之间的关系决定着陈述的语言特征。"③ 而对于这种行为的研究,主要可以从三个方面来进行。第一,借助"语言的声音之实现",因为发送的和感知的声音总是源于个体的行为。不过,即便是同一主体,也不会产生完全相同的声音,同一性也只能是近似的,这是由产生陈述活动的情景的多样性所致。第二,陈述活动产生的机制,则是以个体将语言转换成话语为前提,这便涉及了如何理解"意义"形成"单词"、如何在这两个概念之间做出区分和如何描述它们之间相互作用的问题。这个问题尚缺少研究而且很难研究。可见,陈述活动仍然脱离不开语言的语义过程,而这种语义过程又涉及有关符号的理论和有关意指活动(signifiance)的分析。第三,是根据陈述活动的形式范围

---

① [法]高概(J.-C. Coquet):《话语符号学》,王东亮译,北京:北京大学出版社,1997年,第4页。

② J.-C. Coquet, 1997: La quête du sens, Paris: PUF, p.18.

③ [法]本维尼斯特:《普通语言学问题》,王东亮等译,北京:生活·读书·新知三联书店,2008年,第159页。

来确定陈述活动。对于第三点，本维尼斯特用了大量篇幅给予阐述。他坚持在语言内部和根据陈述活动所显示的个体表现来概述陈述活动的形式特征。这些特征有些是必要的和常在的，有些是偶然的且与所选择的习惯语的特殊性相联系的。在陈述活动中，"我们将依次考察陈述的行为本身，这一行为实现的情境，以及完成这一行为所借助的工具"①。关于行为本身，他认为，"人们使用语言所借助的个体行为首先引出了说话者，作为陈述的必要条件中的一个参数。……陈述之后，语言就在话语时位（instance de discours）被实现了，它来自一个说话者，以声响的形式到达受话者，并引发另一个陈述作为回应"②，这显然是说陈述活动具有交流功能，并且"主体"概念也在扩大。他继续明确指出，作为个体的实现过程，"陈述可被定义为将语言占为己有（appropriation）的一个过程。说话者把语言的形式配置占为己有，通过一些特定的标志并借助某些辅助手段，来陈述自己作为说话者的立场。但是，一旦他标明自己为说话者，并承担起语言，他立刻就在自己对面树立了一个他者，不管他授予这个他者的在场程度如何。任何陈述都是一次明显或隐含的交谈，它预设了一个受话者。"③ 显然，这里出现的"说话者"和"受话者"，就是后来巴黎符号学学派称为"陈述发送者"和"陈述接收者"的两种"行为者"（actant，又译"行动元"）。最后，"在陈述中，语言被用于表达与世界的某种关系。动用和占有语言的前提条件，在说话者那里是通过话语进行指涉的需要；而在另一方，则是在使每个说话者都成为会话者的语用协调中，同时进行共同指涉的可能。指涉参照是陈述不可或缺的组成部分。"④ 这些论述，无疑为巴黎符号学学派将话语或文本分析作为其符号学分析的对象和把"语境"作为重要参照要素提供了理论依据，并且也在后来的研究中得到了拓展。格雷马斯的弟子——著名符号学家丰塔尼耶

---

① ［法］本维尼斯特：《普通语言学问题》，王东亮等译，北京：生活·读书·新知三联书店，2008年，第161页。
② 同上。
③ 同上。
④ 同上书，第161—162页。

(J. Fontanille)——在其《话语符号学》(*Sémiotique du discours*)(2000)一书中就这样说过:"根据一种动态和辨证的观点重新考虑陈述活动……就可以管理话语中所有陈述的出现方式。在陈述活动实践中,行动中的话语和潜在的系统处于相互作用之中……借助陈述活动实践,话语既可以使系统的各种潜在性得以现时化,也可以在使用中恢复一些固定的和可能的形式,或者是发明新的形式。"①

与本维尼斯特的主体性和陈述活动理论有直接联系的,则是其有关"模态"(modalités)的论述。法国语言学对于"模态"的研究由来已久,传统上将其理解为"改变一个陈述之谓语的东西"②。

这自然首先让人想到修饰动词的各种"副词",但这只是一个方面。在法语和许多西方语言中,有一类动词叫"助动词"。在法语中,除了表明动词时间性的相关助动词之外,还有一些助动词被称为"半-助动词",它们直接与现代的"模态"概念有关,甚至被称为"模态动词"。我们似乎可以说,本维尼斯特是对于这类"模态动词"进行研究的先驱。他的研究成果最早见于他 1965 年发表,后收入《普通语言学问题》第二卷中的《助动词关系之结构》(«Structure des relations d'auxiliarité»)一文。他首先把"模态"定义为"对于某种关系之陈述的一种补充性肯定"③。他认为,作为逻辑范畴,模态包含着"可能性""不可能性"和"必然性",而从语言学观点来看,这三种"方式"可归为两种,即"可能性"与"必然性",因为"不可能性"可看作是对于"可能性"的否定。他指出,"有关模态的语言学范畴首先包括 pouvoir(能够)和 devoir(应该)两个动词。此外,语言通过相同的助动词结构已经将模态功能扩展到了其他动词的部分使用之中。主要有:aller(作为半-助动词,表示'即将'之意)、vouloir(想要)、falloir(必须)、désirer(意欲)、espérer(希望)。"④ 这些动词,基本上等同于我们

---

① J. Fontanille, 2000: *Sémiotique du discours*, Limoges: PULIM, p. 185.
② A. J. Greimas et J. Courtés, 1993: *Sémiotique-dictionnaire raisonné de la théorie du langage* (1979), Paris: Hachette livre, p. 230.
③ É. Benveniste, 1974: *Problème de linguistique générale*, 2, Paris: Gallimard, p. 187.
④ Ibid., p. 188.

汉语中的"能愿动词"。他继续分析道，在"过分模态化"的情况下，还应该考虑动词 croire（认为，相信）。我们注意到，这其中已经包括格雷马斯后来深入阐述的"能够""应该""想要"和"认为"四个动词，唯一没有加进去的是动词 savoir（懂得）。"模态理论"是格雷马斯从 20 世纪 70 年代中期开始倾注大量心血研究和建立起来的理论系统，它涉及以"应该"为谓语来主导状态陈述的"真势模态"（modalité aléthique）、以"应该"为谓语来主导作为陈述的"道义模态"（modalité déontique）、以一个状态陈述来主导另一个状态陈述的"诚信模态"（modalité véridictoire）以及位于陈述接收者一侧的"认识论模态"（modalité épistémique）等，它是巴黎符号学学派理论体系的重要组成部分，它直接与后来有关激情符号学（sémiotique des passions）和张力符号学（sémiotique tensive）的探讨相联系。而这一切，我们似乎可以说，与本维尼斯特的开拓性研究有着直接的联系。

五、结束语

自然，对于巴黎符号学学派的形成与发展产生过作用的，还有其他语言学家的研究成果：例如雅各布森（R. Jakobson）的语言功能学说、马蒂内（A. Martinet，又译马丁内）的"双重分节"和"相关性"理论、乔姆斯基（N. Chomsky）的"转换生成"语法，甚至还有俄国形式主义文论家普洛普（V. Propp）的民间故事形态理论以及克里斯蒂娃以"文本"为对象的"符义分析"理论等。巴黎符号学学派围绕着建立意指系统的目标而博采众说之长，最终使符号学研究呈现出色彩斑斓、蔚为壮观的景象。再就是，除了格雷马斯个人的重大历史性贡献外，巴黎符号学学派其他成员的研究成果也在该学派的发展中功不可没，如科凯的"主体性"研究、丰塔尼耶的"激情符号学"和"张力符号学"研究、拉斯捷（F. Rastier）的认知符号学研究、朗多夫斯基（E. Landowski）的社会符号学研究等。他们的探索进一步丰富了巴黎符号学学派研究之理论，拓展了符号学研究之领域。但是应该说，这些研究都没有脱离从索绪尔到叶姆斯列夫，再到本维尼斯特和格雷马斯这条承袭有序的语言学主线。

罗兰·巴特、格雷马斯与我们[①]

罗兰·巴特（1915—1980）与格雷马斯（1917—1992），是法国符号学发展史上两位重要人物，他们的经历很不相同，但两人相遇相知在一段时间里并成为好朋友。他们对于符号学探索的起点不同，但在不同时期对于法国符号学的发展都起到了重大推动作用。2015年是罗兰·巴特100周年诞辰的纪念年份，2017年是格雷马斯100周年诞辰的纪念年份。本文拟结合两个人的不同学业背景，概述他们各自对符号学理论建设和实践的贡献，并结合中国符号学发展的需要，就中国符号学研究学者当前的任务提出自己的看法。

一、罗兰·巴特的知识积累与贡献

我们现在知道，罗兰·巴特在18岁参加高中会考之前就因咳血而被查出患肺结核病，随后断断续续地有7年多时间在疗养院度过，他只勉强地获得过索邦大学本科学士的证书。但是他甚至在住进疗养院期间仍继续关注文学及相关社会科学知识，所以，他早期的文学批评文章里就包含着文学与其他人文科学相结合的成分。他后来于1947—1948年在罗马尼亚布加勒斯特法语学院执教期间阅读过哥本哈根语言学学派创

[①] 本文原载于《语言与符号》2017年10月第3期。

始人之一的维戈·布龙达尔（Viggo Brøndal）用法文出版的《普通语言学论集》（*Essais de linguistique générale*）及其他一些语言学家的书籍；1949—1950 年，他在埃及亚历山大大学与格雷马斯相遇，《罗兰·巴特传》（*Roland Barthes*）一书的作者说"实际上，在亚历山大，一次对于巴特的生命具有决定性影响的相遇，是结识阿勒吉尔达·朱利安·格雷马斯。"① 正是在与格雷马斯知遇的那一段时间，巴特阅读了索绪尔的《普通语言学教程》。巴特早在 1947 年 10 月就注册上了第三阶段（即博士阶段）的学业，课题是研究法国历史学家兼文学家米舍莱（J. Michelet）的著述与思想，但他在与格雷马斯接触以后，便想转向词汇学方向。他在 1950 年 4 月 7 日写给一位好友的信中这样说："在这里从教的一位年轻的立陶宛人格雷马斯，他具有博士学位，他强调我必须将我的博士课题改换为（他说这并不困难）词汇学研究——依靠词汇学，我就会应对我想进行的所有研究工作，并至少可以确保我很快就能在法国有一个讲座职位。"② 他随后注册了乔治·马托雷（Georges Matoré）教授的词汇学博士学位。从此，巴特阅读了大量语言学著作，从而他最初的文论结集《写作的零度》（*Le degré zéro de l'écriture*）充满了早期的符号学思想，在这本书中，他参照索绪尔的"语言"与"言语"之对立，把作家的写作与个人写作风格对立了起来，显然这既是继承，也是发展。在以后的时间里，他大量阅读了雅各布森、本维尼斯特的语言学著述，从而他对于社会神话的符号学探讨具有了较为丰富的语言学参照。虽然他因生活需要必须去做一点有收入的工作且忙于满足约稿而未能完成他的博士学业，但是，他连续几年在语言学上的苦读和在服饰词汇学搜集与整理方面的付出，使他进一步夯实了语言学基础。正是由于他在语言学上的准备，他于 1957 年出版的《神话》（*Mythologies*）和 1964 年发表的长文《符号学基础》（«Éléments de sémiologie»），成为他在符号学探索道路上的重要里程碑。

---

① T. Samoyault, 2015: *Roland Barthes*, Paris: Seuil, p. 235.
② Ibid., p. 235.

概括说来，罗兰·巴特对符号学研究的贡献主要在于以下几个方面：

（一）在早期的法国结构主义运动（或称结构论符号学阶段）中，罗兰·巴特把从索绪尔到叶姆斯列夫再到本维尼斯特的结构语言学理论应用到了他对于社会神话、文学艺术即总体上被称为文化的研究之中，以探讨对象的"二级意义"即内涵为目的，从而深化了人们对于相关领域的认识，具有开拓性的意义。

（二）罗兰·巴特首次将索绪尔、叶姆斯列夫的符号学理论进行了系统的综合与扩展，初步建立了结构论符号学（sémiologie）的框架，他写于1964年的长文《符号学基础》是这种努力的成果。概括说来，他对于符号的理解是"三维"的，即能指、所指与意指，他特别强调意指（或意指过程），这种探索也使他与列维-斯特劳斯一起被称为格雷马斯后来建立的巴黎符号学学派的先驱者。今天我们看到，罗兰·巴特的符号"三维"思想，很像是美国符号学家皮尔斯（C. S. Peirce）的"表象、对象、解释"的"符号三角形"。关于"意指"，索绪尔在其《普通语言学教程》中曾把它确定为"能指"与"所指"之间的"连带关系"[1]，但作为符号的一个维度来进行明确的探讨，这不能不说是罗兰·巴特的独到贡献。

（三）罗兰·巴特从年轻时就谈及"中性"或"零度"，到了晚年专门开设了"中性"课程，他在几十年的符号学探索中对于"中性"概念给予了扩充与发展，成为这一领域集大成的学者。从总体上来说，他的"中性"思想是动态的、积极的，具有巨大的思想启迪作用。

罗兰·巴特出生于1915年11月12日，2015年是他100周年诞辰，也是他去世25周年。为追念这位20世纪法国最为重要的文艺理论家和符号学研究的先行者之一，法国组织了多种形式的纪念活动。首先是年初——大大早于他出生的月份——就出版了迄今最具权威的《罗兰·巴

---

[1] ［瑞士］索绪尔：《普通语言学教程》第二版，高明凯译，北京：商务印书馆，1982年，第160页。

特传》一书，从此拉开了纪念活动的序幕。7月7—10日在著名的法国"阿尔勒国际摄影展"期间，在以"罗兰·巴特回来了"为题的研讨会上，来自世界各地的学者就罗兰·巴特的摄影理论在世界上的传播、运用和发展做了交流。在法国极富影响的《世界报》以"一个生命、一种创作"为题出版了2015年7—8月合刊"罗兰·巴特专号"，封面是全幅的罗兰·巴特惯有的吸雪茄的照片。"专号"在社论中指出他是一位作家、一位批评家、一位符号学家、一位神话学家后，明确地告诉我们"他尤其是一位形式创造者"。"专号"收录了多篇纪念文章，从不同方面探讨了罗兰·巴特思想对于当前和今后不同领域继续存在的影响。其宗旨就是告诉我们，"罗兰·巴特，以其100周年诞辰是今年被隆重纪念的名字"。在中国，法国驻华使馆文化处很早就筹划和安排了纪念活动，"中国罗兰·巴特周"于5月份"第十届中法文化之春"期间举办。5月8日—10日，受法国驻华使馆文化处的邀请，罗兰·巴特《全集》（Œuvres complètes）的编辑者埃里克·马蒂（Eric Marty）、"罗兰·巴特网站"的创建者马蒂厄·梅萨热（Mathieu Messager）和《罗兰·巴特传》一书的作者蒂费娜·萨莫瓦约（Tiphaine Samoyault）三位专家来到北京，并在中国专家的参与下，对由使馆文化处在互联网上组织的中国大学法语专业学生以"罗兰·巴特15句经典语录"为源泉创作的摄影作品做了评奖。5月11—13日，使馆文化处还在北京法国文化中心组织了"罗兰·巴特作品翻译培训班"。6月27—28日，北京外国语大学举办了"法国当代文学暨纪念罗兰·巴特100周年诞辰研讨会"。的的确确，2015年是罗兰·巴特这一姓名大放异彩的年份。需要指出的是，法国国内有关罗兰·巴特的研究著述，这些年来一直不断涌现，根据笔者的初步统计，已近20种。

二、格雷马斯的知识准备与贡献

格雷马斯1917年3月9日出生于当时属于苏联的立陶宛，他曾获得法国政府奖学金，于1936—1939年在法国格勒诺布尔大学学习，获得文学学士学位。他返回立陶宛后，曾在一所大学担任过助教。1944

年,他的父母被当时的苏联政府驱逐,他便重新回到了法国。他于第二年注册上了巴黎索邦大学的博士学位,在著名语言学家布吕诺(Ch. Bruneau)的指导下,主攻服饰词汇研究,并于1948年进行了答辩。他的博士论文的核心内容是共时词汇学分析,题目为《1830年时尚》(«La mode en 1830»),这一论文于52年后的2000年才由法国大学出版社(PUF)正式出版。他曾在1949年受聘于埃及亚历山大大学,担任讲师,主讲法语史,后又在土耳其安卡拉大学和伊斯坦布尔大学主讲法语和语法。1962年,他成了法国普瓦捷大学的语言学教授。从此,他开始了真正的语言学教学与研究工作。在此期间,他于1960年加入了由迪布瓦(J. Dubois)和谢瓦利耶(J.-C. Chevalier)创立的法语研究学会(Société d'étude de la langue française)。从1966年开始,他在列维-斯特劳斯的支持下,在由高等研究实践学院(EPHE)(后来该学院一部分院系独立出来,名为"巴黎社会科学高等研究院",即EHESS)和法兰西公学(Collège de France)联合设立的人类学研究室内成立了"语言符号学研究小组"(GRSL),并开设符号学"研讨班",该研讨班持续了许多年。他在1947年到1965年期间发表过26篇语言学专论文章(不包括他的博士论文和辅助论文),我们从中看出,他在这一段时间的研究,集中在词汇学、普通语言学理论和语义学三个方面,而他1956年为纪念索绪尔《普通语言学教程》发表40周年而写的《索绪尔主义之现状》一文,则被认为是他转向符号学研究的标志文献。格雷马斯在这篇文章中,认为索绪尔的思想"超出了语言学的范围,现在已被人文科学的总体认识论所采用"[①],而且"正是根据语言(这种事物具有两个面,被构想为是'一种形式而非一种实质')观念的与所指(它只因为有能指才被认识)密不可分的能指的语言学概念,从语言学过渡到其他人文科学才得以进行——这便是对于索绪尔主义的方法论的推演,而且也正是据此,索绪尔有关可以根据其意指来进行理解的一

---

① A. J. Greimas, 2000: *La mode en 1830*, Paris: PUF, p.372.

个被结构化了的世界的假设，才得到肯定。"① 文章肯定了叶姆斯列夫对于发展索绪尔的理论所做出的贡献，"索绪尔在语言与言语之间所做的著名区分——这种区分假设相对于在实践上延续的言语，对应着一种先前的和唯一使交流成为可能的一种语言学系统。这种区分由叶姆斯列夫以更为一般的术语加以了表述，他从一开始就假设支撑且一直要求一种系统。"② 该文还介绍了列维-斯特劳斯和罗兰·巴特在各自领域对于索绪尔理论应用的实践。不难看出，这是一篇堪称介绍巴黎符号学学派产生之背景和研究之大体方向的文章，同时说明格雷马斯是结构语言学的忠实继承者。至此，格雷马斯的大体研究轮廓与方向，"我们可以用三句话将其概述如下：1) 语言是一种形式对象，因为它是'形式'而不是'实质'，它便具有均质特征，并可以承受分析；2) 语言是一种语义对象，它是'一种带有意义的形式建筑术'；3) 语言是一种社会对象，用索绪尔的话来说，语言的'社会机制'特征，通过'它只是根据在社会成员之间确立的某种契约来存在'而被证实。"③ 格雷马斯 1966 年出版了他积多年心血写成的《结构语义学》，可以说，这本书奠定了巴黎符号学学派的理论基础。他的研究成果被认为在当时的结构主义运动中是"最具科学性的符号学"④。从 20 世纪 70 年代初开始，格雷马斯又以其多部里程碑式的著述开辟了巴黎符号学学派在 sémiotique 名下从事研究的广阔领域。

格雷马斯的主要贡献在于：

（一）成功地将俄国学者普洛普的民间故事叙事研究与列维-斯特劳斯的叙事研究在语言学上进行了概括，并把对于"结构"概念的继承引入符号学领域。格雷马斯的符号学研究始终不脱离语言学，而在与文化对象结合的同时，又发展了语言学，所以，他的符号学研究亦被称为"符号-语言学"（sémio-linguistique）。他的学生、国际符号学学会副

---

① A. J. Greimas, 2000: *La mode en 1830*, Paris: PUF, p. 372.
② A. J. Greimas, 2000: *La mode en 1830*, Paris: PUF, p. 374.
③ J.-C. Coquet, 1982: *Sémiotique: l'École de paris*, Paris: Hachette, p. 10.
④ F. Dosse, 1992: *Histoire du structuralisme*, 2, Paris: Éditions la Découverte, p. 139.

会长埃诺女士对于他的研究做了这样的概括:"他一生都是语言学家,把符号学等同于语言学。"①

(二)格雷马斯的理论思考始终没有脱离对于"意义"和其出现形式的思考,他的符号学研究始终坚持"确定意义出现的各种形式和其存在的各种方式、将它们解释成意指的横向的各个方面和纵向的各个方面、描述内容的移动和转换行程,这便是在今天已不再是乌托邦式的任务。在可预见的未来,唯独这样的有关形式的符号学可以出现,可以像谈论意义的言语活动。因为符号学只不过是意义之意义。"②

(三)在方法学上,格雷马斯采用了结构主义的观点,认为是概念之间的结构关系网在起决定作用,因为正是这种关系网在创造意义,正是这种关系网是意指出现的各种条件和理解符号学对象的机制。依据这种方法学思考,格雷马斯创立了一系列可操作的符号学模式和理论:行为者模式、符号学矩阵、模态理论、激情理论等,从而构成了现在被称为"话语符号学"的主要理论构架。格雷马斯的贡献极大地推动了符号学地位的确定,其自立性已开始显现。

2017年,是格雷马斯100周年诞辰和去世25周年。笔者特意向出版他著述的主要出版商和埃诺女士做了了解。出版商告诉我,到目前为止,尚无确定的出版计划。笔者有幸因为修改《罗兰•巴特传》译稿而受邀于法国进行学术访问期间会见了埃诺女士和法国符号学学会会长贝特朗(D. Bertrand)先生。埃诺女士说,有一本从立陶宛文翻译成英文的《格雷马斯传》正处在从英文到法文的翻译过程中,但能否出版尚不清楚;贝特朗先生让笔者看了法国符号学学会结合学会年会而准备的名为"今天的格雷马斯:结构的未来"的国际研讨会文字材料,其副标题是"纪念格雷马斯100周年诞辰(1917—1992)",时间是2017年5月30—6月2日,地点为设在巴黎的联合国教科文组织的一个报告厅。贝特朗先生说,该学会正式会员约有150人,加上有兴趣者,预计出席研

---

① 天津外国语大学语言符号应用传播研究中心电子刊物《语言符号学通讯》,2015年,第40页。
② A. J. Greimas, 1970: *Du sens*, I, Paris: Seuil, p. 17.

讨会的人数在 200 人左右。笔者看了那份材料，它在重新肯定结构主义的前提下介绍了格雷马斯的理论贡献并明确了研讨会的几项讨论主题。**毋庸置疑**，这是一次重要的、内容丰富的研讨会，所论内容无疑是对于格雷马斯理论的新贡献和他本人初衷的满意慰藉。笔者在此想要指出的是，格雷马斯出生于 1917 年 3 月 9 日，而这次纪念活动却是晚于这一时间的 5 月 30—6 月 2 日，这与罗兰·巴特 100 周年诞辰的纪念活动从时间安排和活动内容上相比，似乎就有点寒酸了。但是，在对这两位学者的情况做了整体比较后，笔者在以下几个方面产生了多种联想。

三、启示

其实，罗兰·巴特和格雷马斯的贡献，完全可以在符号学理论贡献，符号学知识传播、普及和推动符号学后续发展几个方面来综合比较。

（一）在理论贡献方面：客观地讲，在法国符号学发展中，罗兰·巴特与格雷马斯分别代表了两个不同的阶段，前者代表的是结构主义阶段或结构论符号学阶段，后者代表了巴黎符号学学派阶段。从这种意义上讲，两个人的贡献都是重要的、伟大的。但若从当前符号学研究所依据的理论基础来看，格雷马斯的贡献显然是更大的，因为巴黎符号学学派的符号学研究已经成为法国符号学研究的主流，而 sémiotique 一词正在取代 sémiologie 成为"符号学"的统一称谓。2015 年春天，时任天津外国语大学语言符号传播应用研究中心主任的王铭玉教授和副主任田海龙教授访问法国，会见了埃诺教授和法国符号学名誉会长丰塔尼耶教授（他同时是国际视觉符号学学会会长），他们在介绍法国符号学时，都未曾主动谈到罗兰·巴特，而是只谈格雷马斯，由此可见格雷马斯的理论在法国符号学研究界的地位和影响。

（二）在符号学知识的传播方面：我们仅就两人在同一家色伊（Seuil）出版社的出版物情况做一下比较。罗兰·巴特在该出版社出版有三卷本（1995 年出齐）和修订后的五卷本（2002）的《全集》，他的**授课内容和多部书籍的初稿**也在该出版社相继问世。他在该社出版的多部著述成了现代理论著述再版次数最多和售出量最大的作品,例如:他的《神话》一书,该出版社笼统地告诉笔者累计售出 60 多万册,《恋人絮语》(*Fragments d'un discours amoureux*)(1977)累计售出 30.8 万册,这些数字甚至超过了不少获奖小说的售出量。可见,罗兰·巴特和其作品至今在法国和世界备受欢迎,它们成了普及符号学基础知识的重要读物。相比之下,格雷马斯的出版物却没有这样的好运。截至 2016 年年底,他在这家出版社出版的 4 本书中,《莫泊桑:文本符号学——实践练习》(*Maupassant: sémiotique du texte—Exercices pratiques*)(1976)售出 8500 册,《论意义 I》(*Du sens, I*)售出 18700 册,《论意义 II》(*Du sens, II*)售出 6250 册,《符号学与社会科学》(*Sémiotique et sciences sociales*)售出 6800 册,而《激情符号学》(*Sémiotique des passions*)则只售出 3200 册。笔者一时无法了解到格雷马斯的著述在其他出版社出版和销售的情况,想必《结构语义学》和《符号学:言语活动理论的系统思考词典》两书肯定有过再版,但售出数量也不会大到惊人的地步。这说明,法国大众读者尚未进入对于真正严密和科学的符号学的了解之中。但是,对于一般非专业的读者,有这种必要吗?

(三)在推动符号学后续发展方面:罗兰·巴特在他所处的结构主义运动高潮时期,可以说,影响是很大的,他的部分理论阐释已经影响到意大利符号学家艾柯(Eco)的研究。不过,在结构主义受到 1968 年"红五月"运动冲击之后,这种影响就逐渐变小了;但是,我们可以说,他的符号学探索与实践作为阶段性成果已经融入了广大读者的知识结构之中,已经沉淀在人们的认知系统之中。格雷马斯的情况则与之相反,他的符号学理论与实践继续推动着法国符号学研究的发展,纪念格雷马斯 100 周年诞辰研讨会的几方面主题更告诉了我们法国当今符号学在格雷马斯理论影响之下的发展前景,而且在今天,还看不到有新的理论可以取而代之。格雷马斯去世之后,他的弟子们分散开来,进入了法国各所大学和研究机构,当时曾引起人们对于巴黎符号学学派此后发展的担忧。但是,这些弟子继续进行着他的未竟事业,而且在他们的影响之下,研究者越来越多,研究领域越来越广,汇集这些学者研究成果的"符号学形式"丛书已出版 40 多种,不同名称的符号学研究中心遍及法国所有综合性大学。这里,我们仅举由格雷马斯的亲授弟子丰塔尼耶在法国利摩日大学建立的符号学研究中心的情况为例:这个研究中心成立于 2000 年,规模较大,由多位语言学家和相关研究课题的学者组成,它的研究场域是从文本到社会相互影响的各种"话语",它所从事的是对于广阔的意义生产领域的分析,因此,符号学的对象是非常多样的。其当前的研究课题是:符号学、言语活动理论、传播学理论、话语、陈述活动、工业设计、图像、传媒、写作等。它的出版物极为丰富,2015 年的出版物就有:《生活形式》(*Formes de vie*)、《机制与环境中的意义》(*Le sens au coeur des dispositifs et des environnements*)、《英一法翻译:实用翻译学教材》(*Traduction anglais-français:Manuel de traductologie pratique*)、《间接言语活动行为的介绍与处理》(*Présentation et traitement des actes de langage indirects*)、《向传播学求助—在继承与当代转换之间的结构主义》(*Appel à la communication—Le structuralisme entre héritage et transformation contemporaine*)。

笔者在编写《符号学思想轮》一书的法国符号学部分时,注意到一个有意思的现象:在结构论符号学阶段,从罗兰·巴特开始的几位符号学先驱者例如福柯(M. Faucault)、德里达(J. Derrida)、托多罗夫(Tz. Todorov),他们均未把符号学研究进行到底,大体都是在 1968 年"红五月"运动之后做了一定转向。认真地想一想,就会发现有一点他们是共同的,那就是他们都不是真正意义上的语言学家(包括列维-斯特劳斯和拉康[J. Lacan])。这好像就在告诉我们,如果研究者不是语言学家出身,其符号学研究大体上能够进行到什么程度。

这似乎就给中国的符号学研究者提出了双重的任务:

(一)在结合、总结我国古代符号学思想的同时,认真做好引进与普及符号学基础知识的工作。近些年来,我们的符号学研究者同仁做了大量借用西方现代符号学理论挖掘中国古代符号学思想的工作,出版了许多有质量的研究成果;在普及不同领域基础符号学知识方面,也有不少著述相继出版,赵毅衡先生 2014 年出版的一本《趣味符号学》,是向大众普及符号学基础知识的大胆尝试。笔者希望，今后有越来越多的符号学基础读物出版，使我国读者也逐步进入对于符号学具有初步 ABC 的认知阶段；

（二）笔者认为，结合法国符号学发展和格雷马斯的实例，中国的符号学研究者似乎应该在语言学研究上有自己的专项、自己的领域。如是，大家的共同努力，肯定会推动我国的符号学研究在坚实的语言学基础上和在广义的语言科学领域中得到健康的发展。我们要不满足于引进和模仿性应用，而要顺应我国进入创新型国家发展战略的需要，结合我们自己的文化，创立自己的富有中国特色的符号学理论。在这一方面的努力，可能不会像做介绍和普及工作那样收效快，也许不会带来很大的影响，但只要对推动符号学发展有益，我们就是义不容辞的。

中国符号学学者的任务是艰巨的，但只要我们坚持不懈，一定会做出出色的成绩。

关于法国当今符号学研究[①]
——访安娜·埃诺和德尼·贝特朗

2016年11月18日至2017年1月16日,笔者在应法国国家图书中心(CNL)之邀于巴黎修改《罗兰·巴特传》译稿期间,曾三次与国际符号学学会副会长、巴黎符号学学会会长、巴黎第四大学教授安娜·埃诺会面,也曾与法国符号学学会会长、巴黎第八大学教授德尼·贝特朗有过一次恳谈。笔者就法国符号学研究方面的几个问题请教了他们,的确,当面对话所获得的认识远比通过阅读印象深刻。

一、埃诺女士的热情回答

(一)关于她对 sémiologie(结构论符号学)与 sémiotique(巴黎符号学学派符号学)的看法。埃诺教授认为,前者是对于意义(或意指)之结构的初步探索,而且仅限于符号自身,尚未进入对于符号之间联系的探索;后者是对于符号之间联系的研究,因而话语和语言外联系是它的分析对象。

(二)关于结构主义。埃诺教授认为,符号学起始于结构主义运动,曾经有一段时间,人们过分地否定了结构主义,现在看来,巴黎符号学

[①] 本文原载于《法国符号学论集》2018年2月。

学派继承的仍然是结构主义传统。寻求结构（即内在形式）是符号学研究的最终目标。所以，索绪尔的结构语言学是不能放弃的。

（三）关于法国符号学当前的研究方向。她说，法国符号学正在对各种文化现象进行着尽可能形式化的探索，尽力达到对其最为抽象的形式化理解，最终适用于大数据（big data）的自动化处理。埃诺教授后来又通过电子邮件回答了笔者对于符号学与大数据关系的问题。她说"这是由多个青年符号学家组成的小组正在进行的一种试验性研究，我们将局限于提供指导其研究方向的简单表述方式。在他们看来，由符号学所建立的极为代数性的和几乎是共有的句法模式（请参阅《符号学赌注》[*Les enjeux de la sémiotique*, Paris：PUF，2012.]，第151—161页），可以对信息语言做最为经济的、最为适用的注解。因此，他们认为巴黎符号学学派的符号学正适合让他们有效地进行词语或可视对象大数据的自动化处理。"

二、与贝特朗教授的恳谈

与贝特朗教授的恳谈，是在由埃诺教授和贝特朗教授安排的一次工作午餐中进行的。贝特朗教授的著述中，除了一部重要的《文学符号学概论》（*Précis de sémiotique littéraire*）之外，其在符号学应用方面的著述在当代法国符号学著述中颇具影响。

（一）关于纪念格雷马斯100周年诞辰的纪念活动。他为笔者拿出了他与法国符号学学会名誉会长雅克·丰塔尼耶一起起草的"今天的格雷马斯：结构的未来"的国际研讨会文字材料，其副标题是"纪念格雷马斯100周年诞辰（1917—1992）"，时间是2017年5月30—6月2日。笔者看到，这份材料把格雷马斯的研究仍然归为"结构主义"运动，并对其贡献做出了评价，指出，"格雷马斯至今未能享有媒体给予的声望。但是，他在对于意指的分析中以最为稳定的方式展示了结构主义的原理与方法……他的研究工作在于以学者特有的天真过问意义的出现并塑造我们对于世界的感知的方式"，他的"符号学研究具体地表现为两个方向：一方面是理论的、概念的和思辨的研究，在这种研究中，符号学与有关言语活动和认知的科学,与人类学、现象学和其他人文科学之间的关系得到了论述;另一方面,是可操作性的研究工作,在这种研究中,符号学就像是对于各种社会意指的'具有科学天赋'的一种分析工具……当前,在对于社会话语的研究之外,符号学正致力于为理解 21 世纪的重大社会挑战提供分析和思考方式,同时伴随着对于气候变化的影响、新的不稳定性问题、健康问题和教育问题等的思考。"材料中提出了研讨会的思想讨论主题:一是"一项在时间延续中的科学计划:继承、后续和转换",主要探讨 20 世纪 60 年代作为一项科学计划的结构主义的后续研究工作并对其作出评价;二是"一种扩展中的研究领域:各种学科与其学科符号学"。笔者惊异地看到,该材料对于单独学科的符号学仍然使用了 sémiologie(结构论符号学)一词,这说明现在以 sémiotique 来命名自己符号学研究方法的巴黎符号学学派已不像 20 世纪 70 年代那样在研究方法上尽力使自己与前者分开,而是也接受了前者、继承了前者;三是"今天经受考验的模式:有效性与弃置",其中列举了在今天出现的一些新模式。它们是:张力模式、阶段模式、像似性模式、相互作用制度模式,这使我们看到了法国符号学当今的研究领域与成果;四是"符号学的社会挑战:对于当代世界的介入",其中特别提到了符号学对于思考当今重大问题(环境和持续发展、人权和种族歧视、教育等)方面的具体应用。我们期待以后看到这次研讨会的成果结集,这无疑会对中国符号学研究具有一定的启发作用。

(二)关于符号学的应用。贝特朗教授在对于政治话语的分析方面是颇有成就的,他在这方面的符号学应用是出色的。他与别人合作写出的《说话是为了获胜:2007 年总统竞选话语符号学》(*Parler pour gagner*:*Sémiotique des discours de la campagne présidentielle* 2007),就分析了后来成为总统的萨科齐(N. Sarkozy)最初接受媒体采访时的讲话,从中看出了他几年后成为法国总统的一些话语特征。2017 年,又是法国大选之年,笔者顺便问及他对于大选有何见解,他说 2016 年 12 月 2 日他在法国大报《回声报》上发表了一篇短文,分析了右翼联盟候选人维永(François Villon)的各方面话语特征。后来,他通过电子邮件将文章发给了笔者，他自己最初确定的标题是《维永：是神话还是假装伪善？》。而该文在发表时则由报社撤去了其中三段内容，并把标题改成《善于对立修饰法的弗朗索瓦·维永》（«L'oxymore François Villon»）。该文通过维永生活的几个方面将他介绍为具有对立关系（聚合关系）的两级特征，但却又是善于解决矛盾的人，而这样的总统也正好是法国社会所需要的。我们从中看到了多个符号学概念的应用。在笔者看来，这其实就是为维永参选总统进行造势。[①]

（三）关于符号学的教学。贝特朗教授告诉笔者，巴黎第四大学已经与巴黎第十大学联合创办了一所"巴黎阳光大学"（UPL：Université Paris Lumières），其宗旨是推广各学科研究的新成果与新方法论。该学校中的一个重要部门便是"新政治研究学院"（Le Nouveau Collège d'Études Politiques），他随即将一份资料给了笔者。该资料是这所学院的一份招生简章，介绍了入学条件、学科目标、教学学制、课程安排等，属于本科生的教学阶段。笔者注意到，在课程安排中，除了政治学、经济学、社会学等相关学科之外，重要的是设有三个学期的政治话语的分析，而符号学的介入主要集中在这一课程之中。

根据上面的介绍，笔者认为，说法国在符号学的研究、应用和教学方面继续走在世界其他国家的前方，并不为过。

---

① 后来，维永因被爆出其夫人"吃空饷"丑闻而落选。

人物的符号学探讨[①]

一、概论

对人物进行符号学探讨,首先是把人物当作一种符号,一种进入作为传播活动的和类似由语言学符号构成的信息中的符号,也就是说,从信息传播的角度来看待人物这一对象。这样,人物便自然被看成信息构成的一种"词汇"单位。既然是"词汇",那么它就符合"义素分析"的规则。

从符号学角度看,作品中的人物:

(一)不单单是一个"文学的"概念。人物在文本中,总的来说具有两种意义:(1)在文本的叙述中所起的一种特殊"单位"的作用,即人物的"字面意义"(littéralité),它是叙述的一个组成部分;(2)它的"文学性"(littérarité)意义,这是一种文化和审美意义。人物符号学更看重前一种意义。

(二)不一定具有人的形体。凡是构成叙事发展变化过程中的单位的,都可被视之为人物,寓言中的花、草、动物,科普读物中的病菌等,都是人物。

[①] 本文原载于《外国文学报导》1988年4月号。

（三）不只与一种符号学系统（尤其是语言学符号系统）有关。戏剧、电影、连环画等，都有自己的人物，而这些系统却不是语言学符号系统所能包括得了的。

（四）不是给定的，而是读者在阅读过程中逐渐建立起来的。

像对待任何现象的符号学研究一样，人物的符号学探讨，必须遵从以下几项原则：

（一）人物必须进入一种带有人的意愿并能传递的传播过程之中，独立于传播过程的人物是无法分析的。这就是说，人物是作品创作者动机的产物，而且，通过必要的分析，从反向推论可以发现这种动机。

（二）人物必须具有一定数量的符号区分单位，即人物所特有的一种词汇。

（三）人物的聚集和结合方式必须遵循一定的规律，即一种"句法"。

（四）信息具有无限性和复杂性，而人物的符号学探讨，则不考虑进入传播过程中的人物具有这种无限性和复杂性，否则，便无法确定。

为了满足这些条件，人物符号学必须制定自己的单位，必须有自己的编码，也称"语法"。但是，在文学文本中，编码与信息是偶合的（它不像莫尔斯电码系统那样，需具备密码本才能了解信息的内容），因此，关于人物的符号学探讨就有一定的困难。然而，经过人们的努力，人物的符号学分析不仅是可能的，而且也初步有了自己的模式。符号学家们一般把人物符号分为三种：指称符号、标示符号和照应符号。为了分析的方便，人物的符号学探讨也把人物分成三种：

（一）指称性人物：历史人物（如拿破仑），神话人物（维纳斯、宙斯），社会人物（工人、骑士）都属于这一类。这类人物，带有直接指称的特征，具有在某一文化中得以确定的完整而固定的意思。对于这类人物的理解，取决于读者对于这种文化的了解程度。

（二）标示性人物：这类人物是作者、读者或其代表在文本中出现的标志，如"代言者"人物，古代悲剧中的唱诗班，进入故事之中的叙事者和作者，大侦探福尔摩斯的助手华生医生，作品中以画家身份出现的人物、以作家身份出现的人物、以饶舌者身份出现的人物等。一般来说，这类人物的言行并不完全说明他们自己，而是带有外延性特点。由于传播活动的多样性，对于这类人物的意义的直接解码是困难的。

（三）照应性人物。这类人物符号依靠作品所特有的系统。它们在叙述中借助等值重复、替代和前后照应方式编织成提醒人和使人回忆某些片断的一种网络，从而增强了文本的内聚性。作品中的预言家、记忆力极好的人，都是这类人物。文本中先兆性的梦境、预言、回忆、秘谈场面，电影中倒叙往事的镜头等，都是这类人物的特征和形象。通过这类人物，作品形成前后照应的整体。

有两点需要说明：（1）一个人物可以同时属于这三种类型，也可交替地属于其中一种，由于人物在语境中所具有的多功能性而决定了其特征是多方面的；（2）在文学作品中，显然是第三种人物使研究者更感兴趣，而且，关于人物的符号学探讨的一般理论，至今仍建立在等值重复、替代和照应这三种概念的基础上。

二、人物符号的能指与所指

人物作为符号，是能指与所指的结合体。能指，即其表现部分；所指，即其内容部分。

就能指而言，与语言符号不同，人物的能指不是一次性给定的，而是断断续续出现的。它表现为一组分散的标志，其一般特征在很大程度上由作者的审美选择来确定。我们以用第三人称写出的文学文本为例来说明一下人物符号的能指的特点。在这种文本中，人物能指的标志集中于专有名词（即人物的姓名）的使用方面，它表现为这种名词的重复程度、表达的丰富性和被采用时由作者赋予的动机程度。专有名词的稳定复现，确保了信息的固定性，是文本内聚性和可理解性的基本因素。如果一个人物在一个文本中经常改变其姓名的话（如经常采用化名），无疑会增加理解文本的困难。但是，现代一些文学文本却有意打破这种稳定性，爱尔兰作家贝克特（S. Beckett）和法国作家罗伯－格里耶（A. Robbe-Grillet）的作品中，就常有同一人物具有不同姓名、不同人物却有着相同姓名、同一人物先是男后是女等情况。

人物能指标志表达的丰富性，主要表现为对于同一人物的不同称谓方面，它体现了语言学上的同构和词汇上的异质。例如：他/朱立叶/我们的英雄/年轻人，这些不同的表达方式都指同一个人物，但使用的词汇却不同。从这一点我们可以联想到，人物能指的标志实际上是一种等值聚合关系项，它可以包括最经济的标志（卡夫卡作品中单独出现的字母 K，18 世纪西方文学作品中的 P 公爵、N 夫人）和最费精力的标志（例如人物的肖像描写）。

判断人物能指标志的动机性对于理解作品是很有意义的。在多数情况下，人物名称的选定都带有创作者的动机。左拉（É. Zola）在写作《卢贡—马卡尔家族》（Les Rougon-Macquart）时曾开列过好几个人物姓名名单，曾多次试用过一些谐音、节奏、元音群和辅音群，足见他用心良苦。在西方文学中，赋予人物能指以动机性标志的方式有以下几种：一是视觉方式，即在选定一个人物的姓名时，以加入字母"O"来指胖人，以加入字母"I"来指瘦人；二是听觉方式，即采用拟声词；三是词形变换，即采用一些可见的派生方式来建立专有名词，读者可以从中辨认出一些具有确定意义的成分；四是与其他人物的能指标志对比来确定与之对立的一个人物姓名。例如在左拉的《莫雷教士的过失》（Les fautes de l'abbé Mouret）中，纯洁的少女叫阿尔比娜（Albine，该词本身就是"洁白的一种东西"），但与之对立的人物却是穿黑袍的教士塞尔日（Serge，该词原意为"哔叽布"）；当然，为了增强作品的感染力，也可以反用这种方式，例如莫泊桑（G. Maupassant）《两个朋友》（Deux amis）中的星期日钓鱼人，作为友谊的化身叫作索瓦热（Sauvage，原意为"野蛮人"），另一位叫阿尔比娜（Albine），却是个心灵阴暗的人物。

人物符号的所指，即其内容（或称"语义"）部分，是人物分析的重要方面。既然人物的能指表现为断续的标志，那么，其所指便是一种断续的词素。作为词素，它也就构成了意指系统的一种单位。其实，人们常说的人物，也主要是指人物符号的所指部分和它构成意指系统的一种单位的作用。在这一方面，自俄国形式主义文论以来已有不少论述。威莱克（R. Wellek）早已说过：“小说人物，仅仅根据意义单位而产生，是由他或关于他所发出的一些句子来构成的。”① 洛特曼（Y. M. Lotman）称"人物是区别特征和个别特征的汇合"，"性格是一种聚合关系项"②。在法国符号学家格雷马斯看来，"角色是一些词汇单位，它借助句法关系组成单义的陈述"③。但是，人物的语义性质，不是先验地给定的一种稳定的"已知"，而是一种逐渐进行的建构活动，"它是一种空的形式，是由各种谓语（动词和表语）来充实的。"④ 因此，人物符号的所指，一直就是文本中的语义关系与读者进行的记忆活动的一种合作的结果。文本中的语义关系，就是文本中出现的语境，从理论上讲，这种语境可以帮助读者在多种可能的意指中选定其中一种。

人物的语义确定，在文学文本中常出现两种情况：一是依靠历史和文化背景，二是依靠意指的累加。

第一种情况，指历史人物或神话人物在作品中的出现。这种出现，常采用回想和幻觉的照应形式，从而使其作用变成可预见性的。在这一方面，我们还会看到一些其他方式。例如，把一位历史人物的姓名稍加改造（换掉一两个音素），有助于指出人物的命运。这些方式都进入作品的内在关系系统中，对它们的解读，组成"混合姓名"，这种姓名既具有现实的指称作用（指作品中具体的某个人），又能使读者结合这一姓名赖以产生的某一历史人物的命运来预测采用这一姓名的人物的命运。再就是，在文本中把人物的能指置于特定的地理环境专有名词之中（巴黎、纽约、香港、唐人街），一方面可以避免不必要的赘述，另一方面也有助于指出人物的命运。这些方式都进入作品的内在关系系统之中，对它们的解读，都要求读者具有一定的文化素养。

大量的文学作品则属于第二种情况，即其人物的姓名都是非历史的

---

① R. Wellek & A. Warren, 1971: *Théorie littéraire*, Paris: Éditions du Seuil, p. 208.
② Y. M. Lotman, 1973: *Structures de textes artistiques*, Paris: Gallimard, p. 349.
③ A. J. Greimas, 1970: *Du sens*, I, Paris: Éditions du Seuil, pp. 188—189.
④ Tz. Todorov, 1971: *Poétique de la prose*, Paris: Éditions du Seuil, p. 28.

专有名词。这种情况的特点，是在文本开始时向文本引入一种"语义空白"，例如左拉的《小酒店》（*L'Assommoir*）中，开篇第一行就出现了朗蒂埃这个人物，人们并不知道他到底是何许人。这种"空白的"符号通过一系列的肖像描写、社会职务的介绍，尤其是通过与其他人物的相似性比较和区别性比较，才具有语义。这种过程就是意指的累加过程。一般说来，最初是"空白的词素"（即人物），只有在文本最后一页，也就是在其充当叙述支柱和行为转换支柱结束之后，才充实起来。

那么，如何分析人物的相似性与区别性呢？按照托多罗夫的主张，"最好把每个意象分析成区别性特征，使这些特征与同一叙事其他人物的区别性特征建立关系。于是，便可获得数目不多的对立轴线，其各种结合方式将把这些特征重新组成人物的有代表性的方面。"① 例如，我们选定一个文本的恰当轴线是"性别""地理起源""意识形态""钱财状况"等，文中的所有人物均据此加以比较，于是，便可粗略地看出哪几个人物可以算是"同类人物"，哪几个人物可以算是"对立人物"。单单这样还不够，人们还能通过建立功能图表来加以补充。所谓功能，就是人物在叙事过程中承担的各种动作。我们从下表中大致可以看出这种分析的情况。

功能 人物	接收—助手	发出指令	同意—契约	接收—信息	接收—财富	胜利的斗争
1	＋	＋	＋	＋	＋	＋
2	＋	＋	＋	＋	＋	＋
3	＋	＋	＋	＋	－	－
4	＋	＋	－	－	－	－
5	＋					
6	＋	－		＋	＋	＋
N……						

从表中可以看出，人物 1、2、3 比人物 5 活动能力要强。这样的分

---

① Tz. Todorov, 1971: *Poétique de la prose*, Paris: Éditions du Seuil, p.15.

析有助于我们分出哪些是主要人物,哪些是次要人物。

在补充功能分析之后,有些人物还可能难以分开,有些甚至具有完全相同的语义。这时,可从以下几个方面做进一步的分析:一是把上面提到的轴线——再分成"次级逻辑束",例如"意识形态"还可分成"进步人士"和"反动人士";二是人物具有某种品质的程度;三是对人物介绍的频率;四是人物的品质是由人物直接表现出来的还是间接地由旁人介绍的;五是人物的"所是"与其"所为"是否一致等。

法国文艺理论家阿蒙(Ph. Hamon)对于人物的语义分析做了如下总结,对我们从整体上把握这种方法是有益的:

(一)找出恰当的语义轴线以及这些轴线内部的恰当的特征;

(二)根据叙述"效率"(品质或功能)来为这些轴线和特征分类;

(三)研究这些恰当的轴线和特征是怎样在文本发展中得以多方确定和出现变化的;

(四)研究哪些特征是叙事内部正在形成和不断重复的不变特征。①

三、人物的描述层次

把人物看作符号,那么,它就具有两方面特点:一、它是被构成的,即它还包含不同成分;二、它还是构成性的,即它可以作为更大单位的构成成分。这样,人物的"描述层次"问题也就提出来了。"描述层次"是符号学的基础概念。一般说来,任何一个符号除了与同一层次的单位建立关系,还与其高一层次和低一层次的单位建立关系。高层次单位更为抽象、更为"深在",低层次单位就是符号的各种区别性特征。人物符号的描述,也有三个层次。实际上,我们前面已经接触到了它的同一层次描述(利用语义轴线描述不同的人物)和低层次描述(语义轴线中的各种区别性特征)。从总的方面来看,人物主要是靠与其高层次单位的关系来确定。这种高层次就是"行为者"层,它是人物描述的主

---

① Ph. Hamon, 1977: «Pour un statut sémiotique du personnage», in *Poétique du récitc* (sous dir. de G. Genette et Txv. Todorov), Paris: Éditions du Seuil, p. 136.

要层次，同样具有抽象和"深在"的特点。

行为者，即完成或承受行为的"人"，它可以是一组角色（或一组"人物"），它由一组固定的功能和特殊的品质及其在叙事过程中的分配所确定。我们来看下面这个句子：

  皮埃尔和保罗给玛丽一个苹果

句中有三个行为者：一个发送者（皮埃尔和保罗）、一个对象（苹果）和一个接收者（玛丽）。但句中有四个角色（或四个"人物"）：皮埃尔、保罗、苹果、玛丽。由此可见，一个语序中的行为者是相对稳定的一种结构，是大于角色（人物）的一种单位。它不要求角色非具备人的形体不可（苹果与人一样），不受角色数目的限制（一个行为者可以包括一个甚至数个角色），不受语序倒置的影响（把句子变成"玛丽从皮埃尔和保罗那里接过一个苹果"也并不改变各个行为者的作用），句式转换对其无妨（被动态句："一个苹果被皮埃尔和保罗拿给了玛丽"），夸张或强调手段也与之关系不大（"是玛丽，是的，是她从皮埃尔和保罗那里接过了一个苹果"）。作为叙事（récit）"语义骨架"的行为者，与角色有以下几种关系：对等关系（一个行为者对立一个角色：苹果）、减变关系（两个角色［皮埃尔和保罗］来承担一个行为者［发送者］）和同时混合关系（一个角色对立几个行为者：在普洛普分析的俄国民间故事中，一个主人公［角色］同时是他所进行的动作的接收者和受益者）。

自20世纪初以来，不少学者为建立叙事的行为者模式付出了心血。苏里约（E. Souriau）的行为者模式包括六个行为者（或行为单位）：狮子星座（主导力量）、太阳（代表所希求的利益）、地球（利益的持有者）、火星（对立面）、天秤星（裁判、利益的分配者）、月亮（上述"人物"中一种"人物"的助手）。普洛普的类型人物（即行为者）有七个。格雷马斯的行为者模式是：主体—对象，发送者—接收者，助手—对手。这些模式虽然是依据不同的语言材料（戏剧、民间故事、句法关系）得出的，但它们何其相似！无疑，他们都在试图建立叙事的一种类型学。需要说明的一点是，这种类型学是为了在宏观上掌握叙事的整体而建立的，至于各模式在具体的叙事中出现的情况，则是千变万化的。

对于叙事的人物分析，应尽力去建立其行为者模式，因为正是行为者之间的关系组织了每一种叙述语序。那么，如何确定一篇或一组叙事（当然应该是同一类或同一作者的作品）的行为者呢？这就要依靠文本中的典型行为（对立、交换、考验、契约等）。为此，依据行为出现的频率及其在文本中的分配（即其出现的各个位置）来选定典型行为是极为重要的。根据参与典型行为的程度，分析者便可获得行为者出现的各种情况。不仅如此，典型行为还可以帮助分析者了解为典型行为服务的各种典型语序，即其"不变的叙述单位"。对立、交换、考验、契约等，均有自己的典型语序。例如"契约"的典型语序，在聚合关系上可以确定为几个行为者之间建立的相对稳定的关系，而在句法关系上，它可做如下分配：（1）发送者的一种指令；（2）接收者接受或拒绝这种指令；（3）正在接受的情况下，出现了意愿的转移，从而使接受者成为实现这一意愿的主体。典型行为是人物的思想和行为模态的具体体现，因此，进一步了解人物的思想和行为模态也是有益的。一般认为，人的思想和行为模态可概括为"想要－做""懂得－做"和"能够－做"这几种模态价值，它们分别体现主体的"意愿""智慧"和"能力"。此外，人物的社会职能对于了解作品中的典型行为、行为者以及行为者之间的关系也大有帮助。

概括起来，人物在行为者层的描述应考虑如下内容：

（一）他与他所承担的各种功能的关系方式；

（二）他进入类型人物，即行为者之列的特殊方式（对等方式、减变方式、混合方式）；

（三）作为行为者，他与其他行为者在典型语序中的关系，例如在一种"寻找"语序中，主体由他与一个对象的关系所确定；

（四）他与一系列思想和行为模态（想要－做、懂得－做、能够－做）的关系以及获得这些方式的先后顺序；

（五）他在整个叙事中的分配情况；

（六）他的社会职能。

西方学者很重视行为者层的描述。他们认为，往往正是角色（人物）与行为者层的各种关系决定了一位作者的写作风格。

关于人物的符号学探讨，目前所接触到的问题只是一些大的方面，许多细节尚有待于深入研究。

法国诗歌的符号学分析[①]

自 20 世纪 60 年代初以来，随着结构主义思潮在许多人文科学领域兴起，符号学作为一门新的学科，或者按照多数人的说法，作为一个新的方法论，一时得到了迅速的发展。它现在已用于人类文化实践的许多方面。文艺符号学的出现，就是这一发展的重要标志之一，而诗歌的符号学研究又是这一标志的引人注意的一个方面。下面，我们试着对这种研究的初步理论和主要实践操作做一些简单介绍。

一、诗歌语言符号的特征

像其他文学类型一样，诗也是由语言符号构成的。表面上看，语言符号的链式连接就可以构成诗的句子，与叙事不同的是，它句子短促，有韵律，还有空间位置的要求。但是仔细研究起来，它与其他文学体裁的区别之大，以致有人主张把它归为独立于文学的一种语体，格雷马斯就说过："在今天，把诗歌事实归于文学的一般理论，并视之为文学文本的一种次生整体，是不可能的了。"[②] 我们且不去论述这种看法是否恰当，它在强调诗与一般文学作品有着较大区别这一点上，我们是同意

[①] 本文原载于 2012 年天津人民出版社出版的《符号学论集》一书。

[②] A. J. Greimas（sous dir.），1972：*Essais de sémiotique poétique*，Paris：Librairie Larousse，p. 6.

的。这种区别，我们在对诗歌语言的符号学研究中看得更清楚一些。

最早，也是较为全面从语言学上对诗歌的语言符号特征进行探讨的雅各布森，早在 20 世纪 20 年代当他作为俄国形式主义发起者时，就把语言学的理论用在诗歌语言的分析上了。他在 1919 年写的《什么是诗》（*Questions de poétique*）中就有这样的话："诗不是别的，而是目的在于表达的一种陈述。"[①] 后来，他到了布拉格，成为布拉格语言学派的著名人物，这期间，他仍在写作从语言学角度论述诗歌的文章。再后来，他到了美国，直到 1960 年，他发表了著名的《语言学与诗》（«La linguistique et la poésie»）一文，全面奠定了诗的语言学分析的基础。而他 1962 年与列维-斯特劳斯合写的《波德莱尔的〈猫〉》（«*Les Chats de Baudelaire*»）一文，则是对其理论的具体应用。

《语言学与诗》原是他那一年在印第安纳大学举办的关于风格问题的多学科国际研讨会上的发言。首先，他为我们列出了任何词语传播的一种简图。

```
              语　境
发送者  ……  信　息  ……接收者
              维　系
              编　码
```

他告诉我们，这六种成分的每一种都可产生一种语言学功能。因此，与之对应的，便有：

```
              指称功能
情感功能   诗学功能   指令功能
              交际功能
              元语言功能
```

他对诗学功能的定义是这样的："信息的目的，在于为自己而强调

[①] R. Jakobson, 1973: *Questions de poétique*, Paris: Seuil, p. 20.

信息，这便是言语活动的诗学功能。"① 换句话说，诗学功能就是"信息与其自身之间的关系。这种功能尤其被称为美学功能：在艺术中，指涉对象就是信息，这时，信息已不再是传播工具，而是成了对象"②。这就是说，语言的艺术集对象与信息为一体，信息由此而得到了加强。雅各布森还告诉我们，诗学功能并不是语言艺术的唯一功能，它只不过是主导的和决定性的功能。他还说："任何把诗学功能的范围仅限于诗的企图……最后只能导致过分的和骗人的简化。"③ 这意思是说，诗学功能集中于诗，但却不为诗所独有。

雅各布森的著名论断是："诗学功能把选择轴的等值原则投射到组合轴上。"④ 对于这一论断，可以做这样的解释：语言是由组合关系（亦称组合轴）和聚合关系（亦称联想关系或选择轴）两大关系来支配的。组合关系是语链的线型结合关系，聚合关系是词语间、结构间的同义、近义、同韵以及同构等的等值关系。同一聚合关系内的所有成分等值。雅各布森认为组合关系具有一种对比功能，聚合关系具有一种映衬功能。所谓"把选择轴的等值原则投射到组合轴上"，即是说，诗学功能的声音形象把一种映衬功能重叠到语链上这些或那些对比功能上，结果，处于等值关系中的等值成分亦出现在组合轴上。雅各布森对这一论断的具体解释是："等值进入了语序构成之列。在诗歌方面，每一个音节都与同一语序中的其他音节处于等值关系；每个单词重音都被认为与任何别的一个单词重音等值；同样，非重音等于非重音；长音（从诗律上讲）等于长音，短音等于短音；词界等于词界，无界等于无界；句法停歇等于句法停歇，无停歇等于无停歇。"⑤ 按照罗杰·法约尔（R. Fayolle）的简明解释，等值原则就"意味着音素、重音、节律、词、语法结构的重复和复现……分析这样的文本，就在于尽可能详尽地

---

① R. Jakobson, 1963: *Essais de linguistique générale*, Paris: Éditions de Minuit, p. 218.
② P. Guiraud, 1983: *Sémiologie*, Paris: PUF, p. 14.
③ Ibid.
④ R. Jakobson, 1963: *Essais de linguistique générale*, Paris: Éditions de Minuit, p. 220.
⑤ Ibid.

开列出一个包括语音、音位、格律、句法，还有语义复现的单子"①。雅各布森和列维·斯特劳斯在分析波德莱尔的《猫》时首先采用了这一原则；法国尼古拉·吕威（Nicolas Ruwet）等人后来进行的大量诗歌分析，也都使用了这一原则。这种原则，也可解释为语言形式的重复原则，而这种重复，诗歌以外的其他语言形式（包括其他类型的文学体裁）中则较少出现，有的则根本不出现。

我们再从普通符号学的一般理论来看一看诗歌语言符号的情况。

首先，我们来看一看诗歌的语言符号的性质。接着索绪尔的符号学理论，任何语言符号都是能指与所指的结合，能指是声音形象，所指是概念。能指与所指之间的关系，产生意指过程（signification），或译为"意指"。能指与所指之间的结合分为任意的和动机的两种。语言符号，一般都是任意结合的（派生词带有一定的动机），例如 chat 的发音[ʃa]和"猫"的结合就是人为地任意约定的。但是，人类的交流若只使用符号结合的这种特征，那么感情的东西便无法传播。

于是，人们便通过赋予任意结合的符号一定的动机，来传播更为复杂的信息。巴特认真地研究了符号的动机性这一情况后指出，任意结合的符号属于第一系统符号，被赋予了动机的符号是第二系统符号，第二系统就是"内涵"系统，它是建立在第一系统之上的：[ʃa]和"猫"的概念的结合，只是指猫这种动物，属于第一系统，但 chat 一进入波德莱尔 1840 年 3 月份写的《猫》一诗中，却因作者的精心安排（即赋予动机）转而指女人。一个信息可以根据其包含第一个系统的符号多还是第二个系统的符号多而被确定为不同的类别：科学论著由第一系统的符号构成，文学作品主要由第二系统的符号构成——诗歌作品则包含第二系统符号最多，诗的隐喻就是依靠第二系统符号建立起来的。

此外，符号之间都必须有机地组合在一起才具有意指。诗歌的语言系统是一个多层次的符号整体：诗歌语序的任何一点都几乎同时重叠语法平面、语音平面、语义平面以及韵律平面、节奏平面和空间安排的规

---

① R. Fayolle, 1978: *La critique*, Paris: Armand Colin, p. 216.

则，后三者在其他信息中一般是不存在的。每一个平面在一首诗中各自组成一个系统，正是这些不同层次、不同系统的和谐一致，产生了一首诗的意指和审美价值。按照丹麦语言学家叶姆斯列夫的理论，任何信息都可分为表达平面和内容平面，内容平面就是语义平面，其余则属于表达平面。显然，诗歌信息的表达平面所包含的层次比任何其他信息都多。

当然，诗歌符号的特点还有许多可以细说的方面，在此就不面面俱到了。

随着对于诗歌符号特征的深入研究，特别是通过对于诗歌文本的越来越多的具体分析实践和这种实践所获得的丰富成果，人们对于诗歌符号学的定义也逐渐明确了起来。下面，我们拟概括地介绍一下在诗歌符号学分析方面受到重视的几种分析模式，并简要地介绍一下格雷马斯有关建立诗歌符号学的总体构想。

二、结构分析

结构分析，就是对诗歌文本潜在系统的发掘。

这种探讨，开始于雅各布森与列维-斯特劳斯合写的《波德莱尔的〈猫〉》一文。这篇文章发表于1962年的一期《人类》（*L'Humanité*）杂志上。对于他们俩人的合作，列维-斯特劳斯在文章开篇文字中这样写道："一位语言学家和一位人类学家之所以认为他们有必要携起手来，以便搞清楚波德莱尔的一首诗是怎样构成的，这是因为他们各自面临的问题之间具有互补性。"[①] 这篇文章，在当时引起了人们极大的兴趣，它适应了法国思想界反对萨特（J-P. Sartre）"介入"文学观念和极不关心形式研究的某种马克思主义的一股强大的形式主义力量，成了"富有好奇心的大学生们学习'新批评'的启蒙书"[②]。一时间，模仿者鹤起，出现了不少诗歌结构分析方面的行家。他们在效仿，但也在修正这种结

---

① M. Delacroix et W. Geerts（dir.），1980：*Les Chats de Baudelaire：une confrontation de méthodes*，Namur：Presses universitaires de Namur，p. 19.

② R. Fayolle，1978：*La critique*，Paris：Armand Colin，p. 211.

构分析方法，不过总的来讲，并没有离开《波德莱尔的〈猫〉》所开创的模式。格雷马斯在谈及雅各布森和列维-斯特劳斯对于波德莱尔的《猫》一诗的分析时说，他们的分析构成了"具有意义的事件"，并且在由他作序的《诗歌符号学论文集》（*Essais de sémiotique poétique*）中的作者们"都参照了他们的分析，把其当作了研究工作的假设和一种典范的操作模式"①。我们还是来看一看雅各布森和列维-斯特劳斯是怎样分析的吧。

Les chats

1. *Les amoureux fervents et les savants austères*
2. *Aiment également, dans leur mûre saison,*
3. *Les chats puissants et doux, orgueil de la maison,*
4. *Qui comme eux sont frileux et comme eux sédentaires.*

5. *Amis de la science et de la volupté,*
6. *Ils cherchent le silence et l'horreur des ténèbres,*
7. *L'Erèbe les eût pris pour ses coursiers funèbres,*
8. *S'ils pouvaient au servage incliner leur fierté.*

9. *Ils prennent en songeant les nobles attitudes,*
10. *Des grands sphinx allongés au fond des solitudes,*
11. *Qui semblent s'endormir dans un rêve sans fin,*

12. *Leurs reins sont pleins d'étincelles magiques,*
13. *Et des parcelles d'or, ainsi qu'un sable fin,*
14. *Étoilent vaguement leurs prunelles mystiques.*

---

① M. Delcroix, et W. Geerts (dir.), 1980: *Les Chats de Baudelaire: une confrontation de méthodes*, Namur: Presse universitaires de Namur, p. 9.

参考译文：

《猫》

1. 狂热的恋人和严谨的学者，
2. 也都喜欢成熟季节中的猫，
3. 它们强壮、温柔，是家中的骄傲，
4. 又像他们一样怕冷和深居简出。

5. 作为科学与享乐的朋友，
6. 它们寻求安静与黑暗中的恐怖，
7. 如果它们放下高傲听从差遣，
8. 冥王早该让它们作报丧使者。

9. 它们浮想联翩，一心想做出，
10. 尽享孤独的威严人面狮的高贵姿态，
11. 人面狮似乎沉睡在无限的梦中。

12. 它们的腰部满是魔幻的火星，
13. 而那些细沙般的金色的碎光，
14. 于模糊中点缀了它们神秘的双眸。

（读者可参阅钱春绮译《恶之花·巴黎的忧郁》，人民文学出版社，1991年，第150页。）

（一）诗韵

分析者告诉我们，这是一首标准的十四行诗，采用的是 aBBa，cddc，eefgfg 的韵脚（大写字母表示阳韵，小写字母表示阴韵）：不存在两个平韵相续的情况，偶数行诗句与其前一行诗句阳阴韵交替，相邻的两节诗尾韵基本上阴阳交替（第 8 行与第 11 行的情况除外）。可以看出，这种分析就是一种描述。但分析者的工作不限于此，他们还看出了韵脚的分布与语法种类的选择之间的关系：阳韵多由名词构成，并为单数名词；阴韵多由形容词构成，并且是复数。分析还指出，第 11 行和第 13 行结尾处为同音韵，这个同音韵的使用使一个阴性名词和一个阳性形容词形成了对立。这里的等值关系极其简单，所有阳韵的韵脚等值，所有阴韵的韵脚等值。

（二）句法

这首诗包含了三个复合句，即第一节四行诗，第二节四行诗和两节三行诗的整体。三个句子在使用动词的数量上表现出一种递进关系，第一句使用了一个变位动词（Aiment），第二句使用了两个变位动词（cherchent 和 eût pris），第三句使用了三个变位动词（prennent，sont，Étoilent）。这三个复合句都包含一个从句，从句中只有一个变位动词。此外，第一节与第二节，第三节与第四节，在句法上存在着明显的平行特点，全诗主语的语义性质更加强了这种平行性。除了这种水平方向的平行之外，还有竖直方向的平行，两节四行诗的直接宾语都是无生命名词（les nobles attitudes，leurs prunelles）。诗的开头和结尾具有明显的一致性，都是双主语共一个谓语和一个直接宾语，并都有一个限定词（leur，leurs）。分析者还指出，在语法的构成方面，由两句诗把全诗分为大体上同构的两部分，从而打破了全诗的自然分节和有生命与无生命的秩序，其功能使人想到了音乐作品中转调的功能，这便是第 7 行和第 8 行。这方面的等值，便是平行成分。

（三）音位

分析者发现，鼻化元音 [ã]、[ɔ̃] 等在全诗中使用极多。在第一节四行诗中，每行有 2—3 个鼻化元音，在第一节三行诗中出现上升趋势；第 9 行 3 个，第 10 行 4 个，第 11 行 5 个：Qui semblent s'endormir dans un rêve sans fin。气流音位在诗中也是一大特点，在第二节四行诗中，主导音位从元音过渡到了辅音音位（尤其是气流辅音 [l]、[r]，一共 23 个）。[r] 的数量在两节四行诗中比 [l] 多，而在两节三行诗中 [r] 比 [l] 少：按照格拉蒙（Grammont）的说法，[r] 与 [l] 相间出现，[l] 就可以提供既不刺耳，又不生硬，而是流畅和透明的声音。此外，摩擦音 [ʃ] 的重复出现，增强了猫的柔媚感。

（四）对于语义关系的分析

分析者尽力使对语义的探讨不离开上述表达平面的特征。我们仅举一例。

全诗第一句的两个主语（"恋人""学者"）共用一个谓语（"喜欢"）和一个宾语（"成熟季节中的猫"），这种结构使两个不同性质的主语在同一个中间物（猫）的身上找到了共同的东西；再者，猫是具有人类的（但却是对立的）双重条件的二律背反特征的动物，它集性欲的（"狂热的"）和智力的（"学者"）两个条件于一身，从此，主语的角色便由猫来承担，因为它既富有智慧又多情。L'Erèbe（冥王）与猫对于l'horreur des ténèbres（黑暗中的恐怖）的倾慕之间的联系（它们的发音［lɛrɛb］与［tenɛbr］相近也加强了这一效果），几乎把主角猫与coursiers funèbres（作报丧使者）的可怕的工作联系在一起，从而使语义进一步深化。等值在其中体现为词汇意义的部分重叠。

当然，分析者还分析了其他一些方面，如词法和修辞等。分析者告诉我们，形式的分配都有其语义基础。至于猫如何转指女人，分析者则采用了从旁印证来进行探讨（包括引用波德莱尔自己写的另外两首诗）。

如果说人们后来对于这一分析模式有什么改进的话，那就是更为明确地强调了表达平面与内容平面的相互关系。我们来看法国学者梅吉奥（J. G. Merquior）对马拉美（Sté. Mallarmé）的一首小诗中的一句诗的分析：

> *Au seul souci de voyager*
> *Outre une Inde splendide et trouble*
> *—Ce salut soit un messager*
> *Du temps, cap que ta poupe double*

参考译文：

> 为你只想去光明而
> 模糊的印度之外做游侠
> ——愿这敬意成为时间的使者
> 时间，即你船尾要绕过的海岬

这是一首八音节诗,是马拉美为勉励青年诗人而写的,他把青年诗人比作快帆,把青年人必须经受的时间考验比作快帆必须绕过的一处危险的海岬。诗中最后一句因句中停歇是在两个音节之后而属于不合音节情况,但是,分析者告诉我们,由于该句清闭塞辅音的集中只在最后一词(double)上才让位给浊辅音,这极能引起联想,而且,句中的两个 a (cap... ta...),其两侧都是辅音,这种情况也是功能性的,它在句尾韵脚那个词中消失,这和全句的意义配合极好——因为船尾最终"绕过了"比之于时间的海岬,这样,语言学上的不和谐音节,变成了诗意的和谐。①

结构分析方式,成了后来人们对诗歌进行分析的常见方式,并且这一方法得到了进一步的完善和丰富。阅读这样的分析文章,使人觉得作者似在揭示使人产生美感的全部物质基础。结构分析在法国已经进入大、中学的文学教学之中,形成了一种公式化的东西,不仅如此,这种方法也已应用到了英语诗歌符号的分析方面。法籍华人程抱一先生甚至已经用它来分析李白的《玉阶怨》一诗。②

三、"同位素"分析

在对诗歌的符号学分析中,拉斯捷对马拉美《敬礼》(«Salut»)一诗的"同位素"(isotope)分析引人注目。我们知道,这一术语,是格雷马斯从物理学和化学名词中借用而来的,并将其移用在了语义分析之中。我们在他第一次提到这一概念的《结构语义学》一书中,没有见到他对于这一概念直接给出明确的定义,而是不止一次地提到了"同位素"出现的条件:"信息的同位素性"建立在"形态范畴的多次重复基础上"③,"因此,组合体在至少结合了两个义素外在形象的情况下,便可以被看作是能够建立一个同位素性的最小的语境"④。1979 年,格雷

---

① [法]梅吉奥(J. G. Merquior):《列维-斯特劳斯美学观》第一版(*Esthétique de Lévi-Strauss*, PUF, 1977),怀宇译,天津:天津人民出版社,2003 年,第 111 页。

② 参阅周英雄、郑树森合编:《结构主义的理论与实践》第一版,台北:台湾黎明文化事业股份有限公司,1980 年,第 95—106 页。

③ A. J. Greimas, 1966: *Sémantique structurale*, Paris: Larousse, p. 69.

④ Ibid., p. 72.

马斯与库尔泰斯合著的《符号学：言语活动理论的系统思考词典》中，明确地将其确定为"同位素性这一概念带有操作特征，它首先指那些承担着其话语－陈述的同质性的类义素在组合关系链上的重复性。根据这种词义，显然，至少将两个义素外在形象结合在一起的组合体，可以被看作是允许建立一种同位素性的最小语境"①。拉斯捷是巴黎符号学派的重要成员，其主要研究内容和成果集中在符号学的认知维度。他在被收于《诗歌符号学论文集》中的《同位素性的系统分类》（«Systématique des isotopies»）一文中，对于这一定义给予了扩展和分类，并用在了对马拉美一首诗的分析上。

拉斯捷把"同位素"定义为"任何重复出现的一个语言单位"②。这里说的"语言单位"，已不限于格雷马斯和库尔泰斯指出的"类义素"。关于"同位素"的建立与出现情况，拉斯捷告诉我们："一个同位素性可以建立在小于、等于或大于句子维度的一种语言序列之中。它可以出现在文本的任何一个层次上；我们可以很容易地在音位层找出例证：半谐音、叠韵、韵脚；也可以很容易地在句法层找出例证：重复标志的一致性；还可以在语义层找出例证：定义的等值、叙述的三次重复等。由此，可以建立一种同位素的文体学。"③ 下面，是他依据"义位的"或横向同位素和隐喻的或纵向同位素从内容方面来分析的马拉美的一首十四行诗：

Salut

Rien, cette écume, vierge vers
A ne désigner que la coupe;
Telle loin se noie une troupe
De sirènes mainte à l'envers.

---

① A. J. Greimas et Courtés J., 1993: *Sémiotique-dictionnaire raisonné de la théorie du langage* (1979), Paris: Hachette livre, p. 197.
② A. J. Greimas, 1972: *Essais de sémiotique poétique*, Paris: Librairie Larousse, p. 82.
③ Ibid., p. 83.

Nous naviguons, ô mes divers
Amis, moi déjà sur la poupe
Vous l'avant fastueux qui coupe
Le flot de foudres et d'hivers;

Une ivresse belle m'engage
Sans craindre même son tangage
De porter debout ce salut

Solitude, récif, étoile
A n'importe ce quivalut
Le blanc souci de notre toile.

我们还不能对其进行翻译，因为不搞清楚它所包含的同位素性情况，是很难兼顾其他含义的。

（一）我们首先看一下横向同位素性的情况。

根据拉斯捷的分析，这首诗包含着两种同位素性：一是"宴请"，二是"航海"。这两种同位素性，是由诗中一些"义位"间相同"类义素"决定的。对于第一种，诗歌作者自己就说过："这首十四行诗，是为最近在《笔谈》（*Plume*）杂志组织的一次宴会上祝酒而写的，我有幸主持了这次宴会。"但他可能没有想到，后人在他诗中却读出了其他意指。

我们来看拉斯捷是如何找出属于"宴请"的各个"义位"的：

/Salut/（敬意）：好客举动

/Rien/（没什么）：指这些诗句（暗指主持人的谦虚态度）

/écume/（泡沫）：香槟酒的气泡

/vierge/（处女的）：从未宣读过的（在这样的场合读出的诗是此前未发表过的，这是很合适的。）

/vers/（诗句）：简短祝酒词

/ne désigner que (la coupe) /（只指明）：（习惯上，祝酒词都是指向陈述活动的情景；属于描述状态的文本，类似于"我举杯"。）

/la coupe/：香槟酒杯

/Nous/：我们

/moi/（我）：主持人

/déjà/（已经）：暗指主持人的年纪（宴会是在1893年）

/foudres, hivers/（雷声，冬天）：指的是情景（宴会是在冬天）

/poupe/（船尾）：餐桌的一头，主持人的座位

/avant/（前面）：餐桌的另一头，对话者的座位

/fastueux/（阔绰的，豪华的）：暗指给予在座听众的高贵地位，相反，也像后来暗指的谦逊那样

/ivresse/：醉意

/tangage/（摆动）：醉意的表现

/porter (ce) salut/（端起酒杯）：主持人的动作

/debout/（站立）：主持人的姿势

/souci/（关心）：宴会的目的

/toile/：台布

/blanc/：台布的颜色

紧随在每一个"义位"后面括号中的译文是该词原义，为笔者所加，其余则是拉斯捷的解释。不难看出，这些义位的选择都是为说明那是一次宴请。其中有一处把"雷声"与"冬天"放在了一起，是因为法国每年从10月份到第二年的4月份是"雨季"，冬天有雷声是很自然的。

第二种同位素性是"航海"。我们看：

/Salut/：救助

/écume/：大海的浪涌

/sirènes/（汽笛声）：不做评论

/se noie/（淹没）：不做评论

/Nous/（我们）：海员

/moi/：（船尾的）掌舵人

/naviguons/：航行

/poupe/（船尾）：不做评论

/avant/（船头）：不做评论

/coupe/（斩断）

/Le flot/（浪涛）：不做评论

/foudres...hivers/（雷声……冬天）：航行中的危险

/tangage/（摆动）：不做评论

/Solitude/（孤独）：在海上

/récif/（暗礁）：不做评论

/étoile/（星星）：指明一种方向

/souci/（关心）：航行的目的

/toile/：帆

/blanc/：帆的颜色

  作者对于这两种同位素性做了一些说明，概括起来：（1）有些出现在两种同位素性中的义位，是因为它们有着多个义素，比如 poupe（船尾），但由于它有着"端部＋后面"两个义素，所以，也可以被解读为"餐桌的一端"，因此可以放进第一种同位素性中，而在第二种同位素性里它恢复其本义；（2）诗中某些义位未被列入，是因为它们同时可以用于两种同位素性之中，而解读的工作只在于选择与一种同位素性有联系的；（3）如果对两种同位素性做一下比较，会发现第一种同位素性是主导性的，因为从可选入的义位数量来看，第一种同位素性中有 21 个，而第二种同位素性中有 19 个。

  （二）我们再看一看纵向同位素性的情况。

  纵向同位素性是一种隐喻关系。拉斯捷告诉我们，在一个义位场中，显示一个义位的所有义素相对于核义素来讲，都是外围的，这些外围义素在被解读过程中可以中断，而让位于核义素。"同位素关系（这种关系标志着一种等值；它是一种合取关系）建立在中心核义素层上；相反，对立关系（析取关系）建立在外围核义素层上。"① 隐喻，便是建立在属于不同义位场的两个义位或两个义位群之间的任何一种基本同位素或任何一束基本的同位素，隐喻同位素性是两种义位同位素性之间的聚合重叠关系。我们来看一下马拉美这首诗中的隐喻情况：

义位		余义素
同位素性（2）	同位素性（1）	
/avant/（前部）	/tête de table/（餐桌上座）	端部 + 前部
/poupe/（船尾）	/bas-bout de table/（餐桌下座）	端部 + 下部
/tangage/（摆动）	/titubation/（摇晃）	动作 + 重复
/se noie une troupe de sirènes/（淹没在一阵汽笛声中）	/écume (de champagne) /（［香槟酒的］泡沫）	繁复 + 起落动作
/timonier/（舵手）	/président/（主持人）	高级活动

拉斯捷对此表做了如下解释：

(1) 同位素性（1）是在解读过程中产生的符号学事实；

(2) 义素分析可以推至很远；

(3) 根据表中最后的举例，隐喻同位素关系可以在不相等的语言序列之间建立。比如为了说明 timonier，我们只需注明"舵手"即可，但是为了说明 président，那就需要指明是哪一方面的"主持人"，因为它还有"主席""总统""会长"等意义，所以，它们之间在语言序列上是不相等的。

由此，拉斯捷提出了建立隐喻同位素性关系的一种类型学的基本要素：

(1) 根据义位包含义素数量的多少，隐喻同位素性有强有弱。诗中

---

① A. J. Greimas, 1972: *Essais de sémiotique poétique*, Paris: Librairie Larousse, p. 88.

écume（泡沫、浪涛）一词的隐喻同位素性相对于"se noie une troupe de sirènes"（淹没在一阵汽笛声中）的隐喻同位素性就强得多——当然，还要考虑处于同位素性关系中的各个义位的义素密度；

（2）通过明确核义素、多余义素内部的等级情况来建立隐喻的（高级、恰好）等级。本诗中，/tête/的词义为"头"，如果将其同位素性"端部"看作"高级"的话，那么，其同位素性"顶部"就可以被看作"恰好"——当然，这种确定不排除个人好恶标准的存在；

（3）根据所描述的语义领域的价值系统，借助明确处于同位素性关系的所有义位场各自的情况，来阐述隐喻间距——这当然要涉及不同文化背景的价值取向。在这首诗中，两个义位场之间最大的距离，是由"loin"（远）一词来标志的，它似乎可以暗指宴会主持人的一种幽默表示。

但是，我们从上面的举例中可以看到，横向同位素性和纵向同位素性常常是相互交叉的。作者告诉我们，如果在一些已知义位场域中找出了隐喻关系，那么，在认识可能的隐喻同位素性的同时，就应该可以辨别出语义同位素性。在这过程中，文本之外的信息也会对于同位素性的确定起到一定的作用。由于作者知道这首诗是写给《笔谈》杂志的作家们的，所以，他还假设诗中有第三种同位素性出现：即"写作"（écriture），因为对于同位素性（1）和同位素性（2）的解读还留有几点需要明确：

/Rien/（没什么）：未出现在同位素性（2）中，而在同位素性（1）中只有内涵意义。

/vierge/（处女的）：与上相同。

/vers/（诗句）：未出现在同位素性（2）中。

/Solitude/（孤独）：未出现在同位素性（1）中，因为若在其中出现，便会引发不悦（在"各位朋友"的聚会中，出现孤独是不可能的）。

拉斯捷认为，这四个义位可以放进同位素性（3）之中。除了vers

(诗句),另外三个义位虽然与写作没有关系,但它们都表现出"剥夺"的"意义效果"。这种效果中又包含有"否定性"之义素,而"否定性"义素是马拉美所有诗歌中表现写作的场合几乎都有的成分。拉斯捷随后列举了同位素性(1)和同位素性(2)在马拉美从1866至1899年的33年中其他诗歌文本中让人解读出同位素性(3)("写作")的情况,从而重新解释了这首诗的相关义位:

/Salut/:拯救灵魂

/Rien/:文本(因为文学被确定为否定性)

/écume/:笔(参阅:"停下的有节奏的'笔'从不幸落入最初的泡沫之中",《马拉美全集》第473页);共同的义素:白色 + 间断性 + 重复性 + 位于水平表面(参阅"在地面上的这种天真游戏",参阅《马拉美全集》第76页及"精力旺盛的男子",《马拉美全集》第67页)

/vierge/:理想的

/vers/:文学

/ne désigner/:没有参照(参阅/Rien/;由此产生自省性:指墨水瓶)

/coupe/:墨水瓶(见上面)

/sirènes/:对立于艺术(参阅"在反面",《马拉美全集》第18页注释);与怪物相同的事物,或是被否定的理想性(参阅"怪物身上闪耀着鳞片",《马拉美全集》第347页及"怪物……借助于最后的不耐烦的鳞片",《马拉美全集》第470页)

/naviguons/:我们写作(参阅前面)

/moi/:作家

/Amis/:作家们

/coupe le flot/:否定物质性(参阅"撕破……这种坚固的湖泊",《马拉美全集》第67页)

/ivresse/:思想的表现(与上同,"振动一下醉意的翅膀";与慢慢隆起有联系,参阅下面内容或"思想的跳动")

/belle/：对于思想的确定，即对于写作的确定

/tangage/：笔的动作（参阅"停下的有节奏的'笔'从不幸落入"，《马拉美全集》第 473 页；"眩晕的羽毛"，《马拉美全集》第 471 页）

/debout/：起身向着理想（任何慢慢隆起都是向着理想的一种动作，就像写作一样："许多人以难以理解的文字自我颂扬，等待着展示羽毛的惯常抖动"，《马拉美全集》第 71 页）

/Salut/：这些诗句（献给写作事业的献词；关于这种自省性，参阅上面：笔［泡沫只指墨水瓶］，《马拉美全集》第 71 页）

/Solitude/：作家的处境（参阅"疯狂的孤独的笔"，《马拉美全集》第 468 页）

/récif/：失败（指写作方面的，参阅同上；"面对险阻的苦恼王子"，他头上戴着插有羽毛的帽子"这种可笑的刚性白色对立于天空"——因此达不到理想）

/étoile/：成功（指写作方面的；也指思想的产生，参阅"一种汇集"，《马拉美全集》第 477 页）

/souci/：写作事业

/blanc/：纸张的颜色

/toile/：纸张（参阅上面）

如果从义位数量来看，这第三种同位素性的义位是 23 个，多于第二种同位素性义位，也多于第一种同位素性义位。按照作者在前面的推论，这第三种同位素性更应该是主导性的，这也许正是作者写作这首诗的真正目的、真正用意，也就是我们中国文化中说的"言外之意""画外之音"。不难看出，第三种同位素性实际上是符号学中所说的文本之间"互文性"的作用。如果第一种同位素性和第二种同位素性可以让我们更为深入地解读一首诗的话，那么，第三种同位素性则会让我们了解一个作者的总体的写作主题和写作风格。我们下面尝试给出这首诗的译文，当然，笔者尽可能考虑了包容三种同位素性：

《敬意》

没什么，为了祝酒，这点气泡
表明的，只是这个高脚杯
远看，就像有无数鱼怪
在水中混乱无序地翻腾

啊，我们行动起来，各位朋友
我凭着年事已高早在尾部就座
你们就座的豪华的船头
正避开冬季雷电与严寒

我酒力袭身，醉意浓浓
但不害怕这东摇西摆
我要挺身举杯祝酒

虽然伴有孤独、暗礁、星光
但我要为值得我们扬帆
远航的一切事业献上敬意。

按照这样的翻译，第一种同位素性只是提供了一个机会，第二种同位素性只是第三种同位素性的一种隐喻表现手法，第三种同位素性则是作者要表达的真正用意。有人说诗歌是不能翻译的，那是强调诗歌原有的韵律无法翻译过来，其实，最难的可能还是准确地把握原诗的真正意义。在这方面，"同位素性分析"（analyse isotopique）是不是可以帮助我们更好地去理解呢？

四、符义分析

克里斯蒂娃创立的"符义分析"（sémanalyse），受到了人们的极大关注。我们在前面已经介绍了这种分析理论的主要依据和主张。

"符义分析"的重要一点，就是对于文本进行理解。在结构分析中，文本被当作一个结构整体,一个完成的和封闭的词语系统,而在"符义分析"中,文本却被当作一种结构过程,即具有一种"能产性"。在"符义分析"中,主要的研究对象是"意指活动"。

"符义分析"主要应用于文学作品的分析,因为文学"是一种特殊的符号学实践。它比其他实践更能使人掌握意义产生的问题"[①]。在克里斯蒂娃的"符义分析"实践中,对象又多是诗。下面,我们就来概述一下她对马拉美《骰子一掷永远消除不了偶然》一诗的题目本身的分析[②],以便领略这种方法的大致情况。该题目为:« Un coup de dés jamais n'abolira le hasard »,这是一个完整的句子,具有主语和谓语。这个句子包含几个"意蕴微分"(différentielle signifiante):

Un(一,一次,一个):指示一种不可分的整体,起着向复数转化的作用:Un coup de dés(一次掷骰)→ deux coups de dés(二次掷骰)等。

Coup(击,触):标志暴力、思维,标志趋向思维、趋向行动。进一步说,就是向着意指活动靠近。马拉美经常使用这个词来指 lumière(光明)。然而,在神话文本中,光明与诗歌思维都用一个词来表示。他也常把 coup 一词与音乐和光明联系在一起,例如,保罗·瓦莱里(P. Valéry)曾回忆道,他让我看到了夏天的霞光染红的平原,说:"你看,这是秋天在大地上第一次击响(coup)铙钹"(le premier coup de cymbale)。马拉美在《文学的秘密》(Le mystère dans les lettres)中,说他把 idée—dé-coup—éclat—soleil(思想—骰击—明亮—太阳)组织在一起开始写作。

Dés:它还是带有"否定"或"剥夺"之意的前缀。这种剥夺概念,即把诗歌文本当作"所剩"(reste)之概念。在马拉美作品中常见的 dé,从词源学上讲,来自 datum(被赋予的)。诗歌作为意指活动的产物,是一种赠与,是一种礼物(de,是"来自"之意)。这并非完全是

---

① J. Kristeva, 1969: *Sémiotiké: Recherches pour une sémanalyse*, Paris: Seuil, p. 41.
② A. J. Greimas, 1972: *Essais de sémiotique poétique*, Paris: Librairie Larousse, p. 229.

给接收者的一种礼物，而是一种光荣的牺牲——说话主体通过这一次牺牲而消失（s'abolir），从而实现了能指的无限性，而这种无限性却永远不会消失："永远不消除偶然"。

Jamais：ja 和 mais 都具有 plus（更多）之意，这与 dés 的剥夺之意相反。这种"更多"打破了时间界限，而步入意指活动在时间和主体之外发挥作用的外在时间。对马拉美来说，jamais 是线型时间存在的对立面，我们在他写给勒东（Redon）的信（1889 年 2 月）中可以看到："但是，我向伟大的魔术大师致以全部敬意，他是明知并不存在，但却穷追不舍的一种神秘之难以劝阻和固执的探索者，他永远不会因此而成为失望哀叹的探索者：因为这兴许过去就是真理！"

N'abolira：abolir（消除）一词引起了马拉美的注意，他似乎把 abolir 与 bol（碗）、bassin（盆地）、récipient creux（空心器具）联系在一起，作为意蕴微分的 abol，带有"空""空心""深"之义素。因此，又与全诗开头部分的"深渊"（abîme）和最后的"深坑"（gouffre）联系在了一起。马拉美在别处也用到过 abolir 一词：

"*Quel sépulcral naufrage… abolit le mât dévêtu*"
（"何等倒霉的沉没……不见了赤裸的桅杆"）
（《马拉美全集》第 76 页）

"*ronds de fumée*
Abolis en autres ronds"
（"圆圆的烟圈
消散成异样的圆圈"）
（《马拉美全集》第 73 页）

Abolira 还包含 lira（rage：疯狂）、ira（folie：癫狂）、lyra（lyrique：抒情）几方面的联想。因此，该词想必是指现存表面的空心底部，这里是能量的汇集之地。在这个地方，疯狂地，当然是富有诗意地进行着意指活动的工作。

Hasard：当然是指运气、命运、不可预见和无限的机遇，这与通常的理智是不同的。但从词源学上讲，hasard 就是 dé 的意思，因此，原句就成了"骰子一掷永远消除不了偶然"，这是一种同语重复。

不过，hasard 也是一种 jeu（游戏），因此，有排列、变化的问题，在其排列和变化之中将出现数字。对于马拉美来讲，数字是他思想的不可缺少的"扮演者"：数字在掷骰中出现，数字的产生与文本结构的产生是一样的。因此，一如数字有限的主体借以安排无限的偶然之规则行为一样，一篇诗就成了理性的建构，成了一种建筑术、一种可调的正常现象。马拉美所说的数字，使人想到了迪卡儿（R. Descartes）的数字。《骰子一掷永远消除不了偶然》这首诗，以马拉美方式提供的理解意指过程的这种叙述，就是一种建筑型的和现象学的意识。

那么，如何来理解全诗提供的这种意识呢？那就要依据对这篇文本所有的意蕴微分的分析来重组一篇新的"叙述文字"！

这种分析，真是有点叫人摸不着头脑。但是，我们不难看出，它离不开语言学单位，离不开主体（即作者），离不开"互文性"（作者的其他作品与社会文化背景），并夹以词源学上的论述和精神分析学上的推论。这种分析，不像结构分析那样形式化，但其复杂性却也令人望而生畏，无怪乎罗杰·法约尔惊叹道："现在，关心评论方法的编年史家们不得不承认，他们无力对付一种其抱负大大超过文学评论本身之雄心的事业……对于马拉美的一个句子进行逐字的评述……在我这样的训练无素的读者看来，非但没有消除过去那种费力的释义性说明的麻烦，反而却是增加了。"[①] 也许，正是这种原因，"符义分析"的普及，受到了严重的影响。但是，作为符号学的一种新的探索方式，它有其重要的意义，并影响着一些行家们的研究工作。罗兰·巴特后期的文艺符号学就明显地受到了"符义分析"的影响，他本人也这样承认。

不管是结构分析，还是"同位素"分析或"符义分析"，它们对于人们认识诗歌文本都起到了一定的作用，并都成为与传统的印象评论并

[①] R. Fayolle, 1978：*La critique*，Paris：Armand Colin, pp. 200—221.

存的分析方法。笔者本人倒觉得，我们不妨拿来用一用。笔者相信，我们一定会在使用中发现以往诗歌研究中未被发现的东西。

五、格雷马斯有关诗歌符号学的总体构想

格雷马斯有关诗歌符号学的总体构想，我们最早见于他 1967 年发表、遂被收集在 1970 年出版的《论意义 I》一书中的《结构语言学与诗学》(«La linguistique structural et la poétique»)一文，再后来见于他 1972 年为《诗歌符号学论文集》所写的"绪论"中。两文相比，后者比前者更系统，并且对前者的某些提法做了修订。"绪论"总结了人们已有的实践，并进一步明确了诗歌符号学的研究对象和研究内容。

首先，格雷马斯认为："诗歌的符号学，应能建立表达平面与内容平面相互关系的类型学，并通过推理而建立一种诗歌对象类型学。"① 这一定义基本概括了诗歌符号学的实践活动，并确定了这一学科的主要任务。

他认为，为寻求阐述诗歌话语和建立诗歌符号学的理论，最初应该面对两类问题：

（一）承认诗歌话语是使其各种连接在表达平面和内容平面这两个平面上展开的一种双重话语，同时，诗歌话语应该为自己构筑一种概念机制，该机制可以建立和验证对于这两种话语的各种连接的辨认方法。

（二）在获得对于每一个平面的多种各自一致的语言学层次的前提下，诗歌符号学就应该能够在表达平面与内容平面之间建立可能的关联性类型学，并因此能够制定一种诗歌对象的类型学。

其次，在分析层次上，格雷马斯主张用"韵律层"来代替"表达平面"，用"句法层"来代替"内容平面"。前者表现为单词重音、陈述的变化技巧、复合句和词语间隔的变化等"超音段"表现成分，而"超音段变化研究不多，但它是现代诗歌话语、后现代诗歌话语连接方式的不可忽视的构成成分，这种成分的特点是放弃约定的基本排列"；后者指

---

① A. J. Greimas, 1972: *Essais de sémiotique poétique*, Paris: Librairie Larousse, p. 7.

的是"各方面内容连接的系统化",因为这种系统已经摆脱了自然语言的制约。格雷马斯指出,这两个层次之间存在着"对应性",即关联性,但它们"并非必然是同构的"。他还指出,在属于句法连接、跨句子连接的情况下,句法标准似乎主导着韵律标准;而在属于单句单位连接的情况下,这些单位处于韵律连接的主导之下。

最后,他还建议,对诗歌的分析也可以与对叙事的分析结合起来。同位素概念、主体的陈述活动概念、互文性概念同样在诗歌文本中存在着。

格雷马斯自己写的有关诗歌的符号学分析文章,我们目前只见到了一篇,那就是他收入《论不完善性》(*De l'imperfection*)(1987)一书中的《茉莉花的香味》(«L'odeur du jasmin»)一文。他分析的是一首从德文翻译成法文的诗歌,题目是《钢琴练习》,作者是奥地利著名诗人里尔克(R. M. Rilke,1875—1926):

Etude au piano

Murmures de l'été. L'après-midi endort;
Elle aspirait, troublée, la fraîcheur de sa robe
Et mettait dans l'étude précise
Toute l'impatience d'une réalité

Qui pouvait advenir: demain, ce soir,
Qui peut-être était là, mais qu'on dissimulait;
Et devant la fenêtre, haute, possédant tout,
Elle sentit soudain le parc choyé.

Elle s'interrompit; regarda au-dehors,
Joignit les mains; eut envie d'un long livre et
Repoussa soudain, irritée, le parfum
Du jasmin. Trouvant qu'il l'offensait. [1]

---

[1] A. J. Greimas, 1987: *De l'imperfection*, Périgueux: Pierre Fanlac, p. 37.

参考译文：

《钢琴练习》

夏日在怨声不断。下午让人犯困；
她精神惶惑，呼吸着长裙带来的新鲜空气
随后，一边练习着确定的钢琴曲
一边却充满对现实期待的不耐烦

这种现实可能突然出现：明天，今晚，
它也许已经出现，但被人藏匿；
她在高高的窗前，并具有一切，
她突然感觉到被人喜欢的花园。

她停止了练习；向外面看去，
合上双手；很想去读一本厚书，并
突然气愤地厌恶花园的茉莉花香。
她发现茉莉花让她受到了侵犯。

对于这样一首短诗，格雷马斯认为可以对其做各种分析。也许由于是一首从德文翻译过来的诗歌的缘故，格雷马斯无法进行韵律上的分析。他所做的分析，可以说只是"句法层"分析。

他首先注意到了时态的运用。第一句诗采用的是现在时，"夏日在怨声不断。下午让人犯困"，这就告诉我们，这一句说的是一种日常生活同位素性，其中包含着审美经验。随后，诗的其余部分采用的是过去时，而"未完成过去时"占大部分，根据这种时态的功能效果，它把读者带进了一个梦境。于是，"便展示出两种场景：在陈述方面，是年轻的姑娘面对花园的经验；而在（被陈述的）陈述活动方面，是借助于梦境所获得的对于我们想象力的组织有序的形式"。

其次，他注意到了诗中多种同位素性的存在。除了我们上面提到的日常生活的同位素性外，作者告诉我们，诗中还有：以"一种有声响的、富有音乐性的内容"为基础的"期待"同位素性，一种表现"身体的动作，触觉和嗅觉"的"感觉上的同位素性"，使她产生"伤感的气味同位素性"。这些同位素性的存在说明了这首诗内涵的丰富性，也为多种解读提供了条件与可能。格雷马斯认为，对于这首诗，人们可以概括出三种基本的解读：（1）"展示审美理解（其形象施事者是少女）"；（2）"被夏日沉重的下午所麻木的诗人的梦境"；（3）"是出现在作为读者的我们面前的以审美对象显示的诗歌本身"。

再次，作者在分析这首诗时，采用了他的"模态"理论。这首诗大体分为两部分，中间被作为审美对象的"花园"隔开。前半部分是对于"现实"的期待，表达的是一种"合取"的愿望；后半部分则是对于"现实"的拒绝，是一种"析取"关系。表达"合取"的愿望，是一种"想要—存在"："不耐烦地期待一种现实的到来，对于正在学习钢琴的女孩来说，就是希望与对象实现一种'真实的'合取。显然，对于诗人来说，唯一的现实就是梦境。"在分析者看来，"期待"包含着"耐烦"与"不耐烦"两方面内容。实际上，全诗讲述的，就是从前者到后者的一种过渡。这种过渡，"在接近完整的合取时，已经表现的现实却转换成隐蔽的现实，即从'能够存在'，经过'可以存在'（可以是），最后到达了隐蔽的'存在'。"因此，格雷马斯认为，这种诗展现的"是时间延续的一种体态变化的情况，实际上是以一系列真势模态和诚信模态的转换为基础的"。

最后，分析者根据这首诗"在颂扬期待之美的同时，把期待看作自己审美理解的对象"这一点，不可避免地让人联想起保罗·瓦莱里以感觉到接吻临近时刻为题所写的一首广为传诵的诗。这显然，是一种"互文性"的解读。

诗歌的符号学研究，最初曾作为确立结构主义方法的重要内容，后来经过许多学者完善和补充，从只注重表达平面过渡到兼顾表达与内容两个方面，已经作为一种阅读和分析诗歌文本比较成熟的方法进入了大学教学之中。笔者希望，我们中国学者能从中获得启发，从而丰富我们对于中国诗歌的分析与研究。

谈激情符号学[①]

对于人的"激情"的符号学研究,始于20世纪80年代,从此,符号学研究进入了一个新的阶段,而在这一阶段中,格雷马斯、丰塔尼耶、科凯和埃诺等学者在不同的方面都做出了自己的努力,并获得了业内一致的肯定。而在此之前,"20世纪50、60年代,在言语活动领域里谈论情感、感觉、激情和心灵状态,不止是一种错误,而且是一种审美缺陷,甚至是一种严重的科学愚蠢行为。"[②] 我们都还记得,巴特正是在60年代宣布了"作者的死亡":"一个事件一经讲述……作者就步入他自己的死亡,写作就开始了。"[③] 用现代符号学的观点来看,他当时说的"作者",应该是"叙述者"或"发送者"。但是,过了没有多长时间,随着语言学与符号学研究领域的扩大和可操作工具性概念的增多,这种禁忌就被打破了,甚至被巴特在自己的《恋人絮语》中采用的带有"结构"特征的分析方法打破了。今天,形式分析即符号学分析从不同方面进入了主体(包括叙述者)的情感领域,从而形成了符号学研究在语用维度和认知维度之外的另一新的维度:情感维度或激情维度。下面,笔者拟简要介绍一下针对激情的符号学研究现状人们在探讨主体

---

① 本文原载于《符号与传媒》第3辑,2011年秋季号。
② A. Hénault, 2002: *Questions de sémiotique*, Paris: PUF, p.601.
③ R. Barthes, 1994: *Œuvres complètes*, 2, Paris: Seuil, p.491.

时所采用的激情符号学分析方法。

一、模态理论的建立

激情符号学研究之基础,是格雷马斯提出的相关理论。

格雷马斯从着手对于"激情"进行研究,就承袭了他在动作符号学即叙述句法方面的研究方法。所谓叙述句法,是指借助于对所希求之价值对象的获得、剥夺和分享而进行事物状态转换的一种基本句法。而叙述句法的发展依据,则是模态理论的建立与应用。格雷马斯1976年发表的《建立一种模态理论》(«Pour une théorie des modalités») 一文,对于模态理论的建立具有阶段性的意义,模态理论已经成为他的符号学重要组成部分。在文章中,他把"模态"定义为"主语对于谓语的改变",而这种定义"可以使我们一下子就辨认出两个谓语的主从结构:做(或'进行')vs 是(或'存在')"①。他由此出发,确定了两种基本陈述,即"作为陈述"和"状态陈述";"作为陈述"的逻辑功能就是"转换"(transformation),"状态陈述"的逻辑功能就是"附连关系"(jonction),后者包括"合取"与"析取"情况。他在这篇文章中首次提出了建立在对叙述话语的分析和几种欧洲语言的描述基础上的四种"临时"的"模态":/想要/,/应该/,/能够/和/懂得/(也可翻译成"会")(作者后来又在《懂得与相信:同一种认知领域》[«Le savoir et le croire. Un seul univers cognitif»] 一文中把"懂得"与"相信"做了比较②,后来有人也把"相信"确定为一种模态)。其实,这几种"模态",就是法语中从前称之的"半-助动词",它们今天被称为"模态助动词"③。1989年5月23日格雷马斯在与里科(R. Ricoeur)就建立激情符号学进行的辩论中这样说过:"我说,想必有某种前提,我最早将

---

① A. J. Greimas, 1983: *Du sens*, *II*, Paris: Seuil, p. 67.
② Ibid., pp. 115—133.
③ M. Riegel, J-Ch. Pellat, R. Rioul, 2009: *Grammaire méthodique du français*, Paris: PUF, p. 453.

其称之为'情绪体',随后,这种情绪体分解为与之相连接的多种模态。"① 这四种"临时"模态都可以与"做"和"是"进行组合,并借助"符号学矩阵"连接成多种模态存在方式,其中"应该—做"和"想要—做"是"潜在中的模态","能够—做"和"懂得—做"是"现时中的模态","使—做"和"使—是(存在)"是"实现中的模态";并且,前两种模态属于"语言能力",后四种属于"语言运用"。该文尤其对于"应该""想要"与"做"的结合做出了分析,指出,各种"应该"构成"道义符号学",而各种"想要"构成"意愿符号学",并且,它们"可以帮助阐述文化类型的某些方面,更准确地讲,可以帮助描述相对于社会的个人的'态度'"②。模态与主体便由此建立了关系。

格雷马斯于 1979 年发表的《论存在的模态化》(«De la modalisation de l'être»)一文,使得建立激情符号学的研究工作向前迈出了一大步。该文开篇就告诉我们:"一种语义范畴借助在符号学矩阵上投射情绪范畴可以具有价值,而情绪范畴的两个相反项便是/惬意/vs/不悦/。这可以说是一种本体感受范畴,人们就借助这种范畴来非常概括地寻找生活在一种场合或属于一种场所的任何人赖以'自我感觉'或对其环境做出反应的方式。"③ 而情绪范畴通常被看作语言学上/有生命(活)/vs/无生命(死)/范畴中的/有生命(活)/项。作者随后又对"情绪空间"与"模态空间"做了分析,指出,"情绪空间,在抽象结构层次上,被认为再现活着的人的各种基本表现与其环境的关系……而模态空间在覆盖同一场所的同时,表现为情绪空间的一种载体和一种多方连接方式。"④ 因此,在价值的转换之中,除了需要在符号学矩阵上选择适当对象即价值的义素术语之外,还要选择情绪术语,也就是要"投身于连接主体与对象的关系之中",即"附连关系"之中。于是,主体与对象的关系便具有一种"多余的意义",即"情感性"意义,而主体的存

---

① A. Hénault, 1994: *Le pouvoir comme passion*, Paris: PUF, p. 203.
② A. J. Greimas, 1983: *Du sens*, II, Paris: Seuil, p. 93.
③ Ibid., p. 95.
④ Ibid.

在则被一种特殊方式所模态化。作者随即为我们开列了"存在"的多种"模态结构":想要—存在("希望的")、应该—存在("必需的")、能够—存在("可能的")、懂得—存在("真实的")以及它们各自的"相反项"和"矛盾项",并且明确:"所谓潜在中的'想要'和'应该—存在'更为'主观'、更为接近主体,而与之同时的所谓现时中的模态'能够'和'懂得—存在'则更为'客观'。"① 不难想象,这些模态与"对象"的合取或析取,将会产生丰富的情感表现。格雷马斯在1981年发表的《论愤怒》(«De la colère»)一文就把"愤怒"这一情绪表现从模态方面做了出色的分析,指出,"愤怒"是人从"期待"(想要合取或想要被合取)到"不高兴"(一直处于非—合取即析取的状态)再到"报复"(对于受到"侵犯"的反应)的过程,从而让人们看到了激情的模态分析之前景。

二、激情符号学的建立

有关激情维度的符号学,概括说来,就是不把激情视为影响主体实际存在的心理因素,而是将其看作进入言语活动并在其中结合一定的历史和文化内涵及审美标准强化或降低这样或那样的激情价值从而得以表现和被规范的意义效果。

在后来的10年中,格雷马斯及其学生围绕着"激情"做了大量研究工作。格雷马斯与丰塔尼耶1991年出版的《激情符号学》一书,代表了这种研究的里程碑性的成果(这本书是丰塔尼耶在其老师格雷马斯拟定的提纲基础上完成的)。该书依据格雷马斯的符号学原理全面地论述了激情的认识论基础,指出:"激情并不是主体所专有的特性,而是整个话语的特性……激情借助一种'符号学风格'的作用发端于话语的结构,而这种符号学风格可以投射到主体上,或者投射到对象上,或者投射到他们的附连关系上。"② 在此,我们对其主要内容做如下概括:

(一)明确了激情主体:"在整个理论组织中,激情关系到主体的'存

---

① A. J. Greimas, 1983: *Du sens*, II, Paris: Seuil, p.100.
② A. J. Greimas et J. Fontanille, 1991: *Sémiotique des passions*, Paris: Seuil, p.21.

在'……被激情所情感化的主体,最后总是根据'存在'而被模态化为主体,也就是说被看作'状态主体',即便他也担负着一种作为"①,但是,这并不排除"在分析时,激情被揭示为像是一种作为链接:操纵、诱惑、折磨、调查、展现"②。

(二)确定了主体的存在模态:叙述行为者的存在模态建立在"附连关系"基础上,它们是"潜在中的主体"(非-合取)、"现时中的主体"(析取)和"实现中的主体"(合取)③,这是根据话语表现从深层到表层的过程来确定的,于是,话语主体就是"实现中的主体",叙述主体就是"现时中的主体",操作主体就是"潜在中的主体",而"'想要'与'应该'确定'潜在中的主体','懂得'与'能够'确定'现时中的主体'。"④

(三)确立了激情的"模态机制—模态安排—道德说教"的展示模式:所谓"模态机制",就是进入"话语领域"之前的各种条件,包括主体的"情绪张力度""符号学叙事的范畴化准备"等;所谓"模态安排",指的是启用一定模态后的各种"体态表现";而所谓"道德说教",指的是面对集体或集体对于激情"从伦理到审美的判断",它是模态动词"懂得—存在"的体现;因此,这一展示模式也可以概括为"构成—安排—关注"这种话语句法("关注"包含"道德说教")⑤。

(四)为法语文化中的一般激情表现总结出了术语表,它们是"情感""激动""心情""敏感""爱好""脾气""性格",这些激情表现会随着所使用的模态和情感活动而出现程度上的变化,从而引起上述各个名称下的次生激情,并且在不同的历史时期,社会的和个人的表现也不同。

(五)为一些激情表现做出了模态解释:"愿望"是围绕着一种价值

---

① A. J. Greimas et J. Fontanille, 1991: *Sémiotique des passions*, Paris: Seuil, p. 53.
② Ibid., p. 54.
③ Ibid., p. 56.
④ Ibid., p. 57.
⑤ Ibid., p. 162.

对象而动的"想要—存在","冲动"是"想要—做"与"能够—做"的某种结合,"固执"表示的是"想要—存在""不能—存在"和"懂得—不—存在"相互间的关系,"希望"建立在"应该—存在"与"相信—存在"的基础之上,是一种"持续的情感","失望"的模态表现是"应该—存在""想要—存在"与"不能—存在""不懂得—存在"相结合的产物,"吝啬"是"能够—存在""懂得—存在"和"不能—不存在"的相互关系,"嫉妒"是出现在两个主体间的"竞争"与"爱慕"的复杂结合状态:主体 S1 的"应该—存在"和"相信—存在"与主体 S2 的"应该—不存在"是一种"排他的爱慕",主体 S1 的"能够—不存在""不相信—存在"与主体 S2 的"能够—存在"之间是一种模糊的不信任,主体 S1 的"不能—不存在"和"相信—不存在"与主体 S2 的"相信—存在"之间是一种嫉妒的危机,主体 S1 的"想要—存在""想要—做"与主体 S2 的"想要—不存在"之间是一种反应性爱情/仇恨。① 这些模态解释,无不增强了人们对于激情的符号学分析的信任度。

可以说,这是一部开创性、奠基性的著作,它使人们看到了激情符号学具有的广阔前景。至此,我们似乎可以做如下的总结:激情话语是建立在"作为模态"和"存在模态"相结合和相互作用基础上的,但不论是哪一种模态,它们都脱离不开"价值对象";因此,主体与价值对象之间的"附连关系",便构成了"激情空间";激情的发展显示出一种"延变"(devenir),而这种延变即为"张力度"的各种表现。

后来,丰塔尼耶继续在这一领域进行着专注的研究工作。他在 1998 年又与齐贝尔伯格(C. Zilberberg)合作出版了《张力与意指》(*Tension et signification*)一书,对于在《激情符号学》一书中已经提出的"张力"概念所涉及的方方面面做了从组合关系和聚合关系两种结构方式上的确定,而尤其对"张力度"(tensivité)概念做了进一步探讨。他们认为,张力度可以根据两种范畴来连接,那便是属于组合关系的"强度"的范畴(力量、能量、感觉等)和属于聚合关系的"广度"

---

① A. J. Greimas et J. Fontanille, 1991: *Sémiotique des passions*, Paris: Seuil, p. 225.

的范畴（数量、展开、空间与时间、认知等）；"激情"概念也依据这两种结构方式得到了进一步的确定："一种激情首先是一种话语外形，它同时具有句法特征（话语的一个组合体）和它所汇集的多种构成成分（模态、体态、时间性等）。"① 丰塔尼耶在 1999 年出版的《符号学与文学》（Sémiotique et littérature）一书，对于文学作品中的激情表现给予了更为明确的阐述。首先，他明确了模态组织产生的条件：他以"她想跳舞，但她不会跳"这一陈述（句子）来说明："产生情感效果的一种模态组织，应该至少包含被看作是具有方向性梯度的相互结合的两种模态过程"②：一种是"激情"模态，一种是"动作"模态，它们之间的关系是"激情既不对立于动作，也不与之不可共存：激情是动作的起因或延长"③。其次，他依据叶姆斯列夫将音节分解成构成成分（音位）和表露成分（重音和音长）两个方面的做法，也把对话语中激情的探讨划分为构成成分和表露成分："构成成分是叙述性谓语的各种模态，表露成分是具有张力性质的话语出现的各种变化（前景、身体表达和形象表达），而更为一般地讲，表露成分是张力度和广度的各种表达。因此，每一种情感效果都应该在两个平面上得到分析：一种是模态分析，它可以具体说明激情主体的能力，即它的情感安排；另一种是张力分析，它主要涉及情感表达的强度价值和广度价值。"④ 最后，他完善了激情展示的模式，将《激情符号学》一书中确定的模式扩展为"情感萌发—位置—激情中轴—激动—道德说教"⑤。"情感萌发"指的是主体为感受某种东西而"进入状态"（情感表露阶段）；"位置"指的是主体为感受某种激情所接受的模态（构成成分得以建立）；"激情中轴"是主体对于其所感受到的激情有所认识的阶段（接受一种模态以便感受特定的激情）；"激动"指的是由身体所做出的各种反映和表现（"蹦跳、激奋、轻微颤

---

① J. Fontanille et C. Zilberberg，1998：*Tension et signification*，Bruxelle：Mardaga，p. 224.
② J. Fontanille，1999：*Sémiotique et littérature*，Paris：PUF，p. 67.
③ Ibid.，p. 69.
④ Ibid.，p. 75.
⑤ Ibid.，p. 79.

抖、剧烈颤抖、抽动、惊跳、慌乱……这还是张力表露成分，而尤其是通过处于激动中的身体编码所表现出的强度"[1]）；"道德说教"指的是重新返回到集体性，是控制和限制激情的"蔓延"，并且也可以是对于前几个阶段的评价和度量。三年后，他的长文《激情符号学》又被埃诺收入由其执笔和主编的《符号学问题》（*Questions de sémiotique*）一书。该文除了是对于激情符号学研究的历史及现状的总结和梳理之外，又更为明确地指出"构成成分是模态过程的散在单位，表露成分是强度和数量在一个不能再切分的相关平面上的连续变化"[2]，同时总结出激情表露的六种编码，从而使激情的符号学分析更具操作性，也更接近现象学的维度：身体（和趋向）编码（因为强度与数量的变化会引起身体动作的变化）、情绪编码（强度与数量所引起的惬意与不悦以及在它们相互交替方面的变化）、模态编码（强度与数量的变化所引起的模态语义的转换）、视角编码（"情感的突发或数量可以使一位行为者成为一个过程的视点中心……这种位置是通过'编码'表现出来的：语态、主题的进展、几何的或环境的视角等"[3]）、节奏编码（"强度张力与数量张力借助于一种真正的体态形式与一种速度之间的结合而产生新的作用"[4]）和形象编码（"张力变化投射到形象场面、它们的行为者和它们的时空形式上，会引起……以某种方式描述过的一些意义效果"[5]）。我们看到，借助这些编码，激情的意义效果变得越来越可以被观察和被描述。

三、科凯的"激情主体"研究与埃诺的"感受"研究

在激情符号学研究方面，科凯和埃诺另辟蹊径，也做出了自己的贡献。他们都是巴黎符号学学派中有影响的学者，科凯根据与判断主体相对立的激情主体来建立对于激情维度的研究，埃诺通过"感受"无情感

---

[1] J. Fontanille, 1999: *Sémiotique et littérature*, Paris: PUF, p. 80.
[2] A. Hénault, 2002: *Questions de sémiotique*, Paris: PUF, p. 610.
[3] Ibid.
[4] Ibid., p. 624.
[5] Ibid., p. 626.

词语表现的文本来发现激情。

科凯多年来一直从事文学话语"主体"方面的研究工作，而且尤其看重正在进行中的话语，因为这种话语承担着主体在世界上的"出现"方式，并以此奠定主体的身份。我们现在以他较晚出版的《寻找意义》一书的观点来介绍一下他的研究成果。他认为，意指世界与既是言语主体又是感知主体（它们可以说是连在一起的）的一位主体相关，而这种世界是由一种行为者机制支配的，"该机制由三种'行为者'承担：第一种行为者（非-主体和/或主体），第二种行为者（对象世界），第三种行为者（是内在的或超验的）"①——而第三种行为者就相当于叙述者（发送者）。

在这三种行为者中，科凯认为，第一种行为者是主导性的，因为正是它体现着话语主体的"出现"方式，所以，它也是激情主体。关于这个行为者即激情主体，"话语符号学建议区分与非-主体的活动相连接的'为主项宾词增加属性的活动'与主体所特有的'断言活动'……"②，并且，激情主要体现在"非-主体"方面，因为是它承载着外来的"闯入"，而"主体"则"控制着意义"③。那么，"非-主体"具体地表现为什么东西呢？"身体即非-主体在最好地形象化地展示自主性，因此也是自由性的堡垒"④，他说，话语活动"是两个方面的：在身体方面，是主体在为主项宾词增加属性，并在为主项宾词增加属性的同时，揭示它的真实情况；随后，在人称方面，由主体恢复自制能力（即准确地表达理性思维）"⑤。关于"非-主体"的确定标准，有的学者做了这样的归纳："有三种标准可以确定非-主体：没有判断、没有历史、作为执行者的过程之次数不多。"⑥不过，非-主体与主体之间的关系是辨证的：

---

① J.-C. Coquet, 1997: *La quête du sens*, Paris: PUF, p.7.
② Ibid., p.8.
③ Ibid., p.9.
④ Ibid., p.12.
⑤ Ibid., p.13.
⑥ D. Bertrand, 2000: *Précis de sémiotique littéraire*, Paris: Nathan Université, p.229.

"非-主体只有在主体给它让出位置的情况下才得以表现,反之亦然"[1],"主体在明确激情结构的同时,确保着对于非-主体的控制"[2]。为了说明科凯的论述,我们这里转引他在书中分析的普鲁斯特(M. Proust)《追忆似水年华》(À la recherche du temps perdu)中的一段文字,其背景是,斯万在意外地听到万特伊再一次表达其对于奥黛特的爱情的奏鸣曲短句时,相反感受到了一种"巨大的恐惧",他竟然撞到了"这个神秘世界"一直关着的门上,因为在这个世界里,他早先经历过这种快乐:

> 斯万面对着重新体验到的快乐一动不动,他瞬间看到一位叫他怜悯的不幸之人,因为他没有立刻认出这个人来,因此,他不得不低下头,好不让人看到他两眼充满泪花。这个人正是他本人。当他明白了之后,怜悯也就停止了。[3]

科凯分析道,这段文字中的"情感融合"是在两个"非-主体"("明白"之前的斯万与"不幸之人")之间进行的,并且是"怜悯"将他们联系在了一起,而当"主体"("明白"之后的斯万)重新找回他的判断角色后,这种怜悯也就结束了。根据科凯的上述理论和这个例证,我们似乎可以做这种理解:"非-主体"是想象情境中的主体,而"主体"是回到现实中的主体。结合我们的分析对象,我们完全有理由说,我们在相关文章里所举巴特"哀痛"中属于"互文照应"和"托梦"的两个例子,其情感沟通实际上都是在两个"非-主体"之间进行的,读者可自行体会,这里就不再赘述了。一般认为,科凯的"主体性"理论是对格雷马斯激情模态理论的一种补充,因为后者在论述激情时只谈模态,而不涉及主体本身。

埃诺曾在七年当中对于主体的"感受"进行认真研究,最后以《能够就像是激情》(Le pouvoir comme passion)一书作为成果出版。她在

---

[1] J.-C. Coquet, 1997: La quête du sens, Paris: PUF, p. 16.
[2] Ibid., p. 12.
[3] Ibid., p. 17.

该书"前言"中概述的基本方法是：面对表面上无感情的话语，找出不取决于情感性的词语化过程的一种激情维度和在"感受"（l'éprouver）的"内在颤动"于语言学上出现的地方，标记这些颤动。在埃诺看来，"'体验'一种事件，就要求有一种态度，而这种态度并非必须属于回顾和明确的意识，它尤其被'感受'所确定……它是一种纯粹的体验，因此它完全地受内心的话语句法的最初安排所左右。"[1] 为了进行这项研究，"我坚决地回到纸上的主体上来，另一方面，我认为必须从那些其激情构成成分不是张扬而是非常隐蔽，甚至是被克制的文本开始。这部专著是对于一种无人称和原则上是无情感表现的历史资料所进行的个人的和激情维度的研究。"[2] 她为此规定了选择素材的三项标准：

（一）必须选择"那些表面上无情感表现，但是从感受上讲，却是（带有出现之'香味'）的文本"[3]；

（二）"必须寻找那些'被感受对象'（l'éprouvé）只能通过推理才能标记出来的文本"[4]；

（三）"必须汇集各种解读条件，以便使（被掩盖的、非暗语性的和个人独白式的）激情维度成为可观察得到的"[5]。

根据这些条件，被作者选中的资料是17世纪法国国王亨利四世的国家财政顾问罗贝尔·阿尔诺·当蒂伊（Robert Arnault d'Antilly）写于1614—1632年间的多卷本日记。那么，在这样一部编年史的历史事件日记中，如何进行有关激情的符号学分析呢？或者说如何找到对于"被感受对象"的一种"绝非是间接的观察"呢？作者采用了两种"途径"：一种是"历时性的"，它在于在"如此长的日记中找出一个时代的发展速度，找出直接地和忠实地记录下的历史人物在现场时的情绪与脾气"[6]；另一种是"共时性的"，这一途径包括两个方面：一是"陈述"

---

[1] A. Hénault, 1994: *Le pouvoir comme passion*, Paris: PUF, pp.4—5.
[2] Ibid., p.7.
[3] Ibid., p.17.
[4] Ibid.
[5] Ibid., p.18.
[6] Ibid., p.10.

平面,正是在这一平面上,展示着"主体"与"对象"之间关系的一种新的变化,"对象被看作是具有引诱能力的,而主体在某种程度上是被对象所钝化和吸收的"①。二是陈述活动平面("陈述"的组织过程)。在路易十三时期,建立陈述活动的个人激情的努力被认为是荒唐的,而按照对符号学的建立做出巨大贡献的语言学家本维尼斯特的标准,以历史事件为主要记录对象的活动,所涉及的是历史陈述活动,它不属于"被感受对象",所以,作者的分析便集中在"陈述"方面。

以上,我们粗线条地介绍了激情符号学的研究方法,我们将在本书第三编结合巴特在《哀痛日记》(*Journal de deuil*)中的激情表现做出具体分析。不难看出,情感维度或激情维度已经无可争议地构成了符号学研究的重要内容之一。但是,相对于符号学研究的语用维度和认知维度,情感维度建立的时间尚短,需要进一步确立和探讨的内容也还有很多。就此,笔者指出以下两点:

激情符号学研究仍在进一步深入与完善。继我们上面援引的那些著述之外,在法国,后来又有朗多夫斯基(Eric Landovski)的《无名称的激情》(*Passions sans nom*)(2004)和丰塔尼耶的《符号学实践》(*Pratiques sémiotiques*)(2008)等著述出版,他们从不同方面进一步探讨了激情的本质与表现特征;同时,在英、美等国,也有学者进行着有关"激动"(或情绪)的研究和依据皮尔斯的符号学思想来从事激情探讨。可以预见,有关情感性的符号学研究今后会有一个较大的发展。

---

① A. Hénault, 1994: *Le pouvoir comme passion*, Paris: PUF, p. 21.

第二编
法国符号学概论[①]

[①] 这一部分内容2016年10月完稿，后收入《符号学思想论》一书，曾经由武汉大学吴泓缈教授审阅，在此向他致以诚挚的谢意。

第一章 绪 论

从 20 世纪 50 年代开始，符号学在欧洲迅速发展，至今已经走过了半个多世纪的路程。法国符号学在欧洲占有重要的地位。可以说，欧洲现代符号学研究就是从法国起步的。

一、方法论基础

法国符号学的发展可分为两个时期：第一个时期为结构论符号学时期（包括整个结构主义运动），第二个时期为巴黎符号学学派时期。两个时期有交叉，因为后期曾经作为前期研究的一个分支存在。但从总的方面来说，前期为后期做了铺垫，其研究成果亦构成后期的研究基础。因此，谈论法国符号学的方法论基础，自然是从结构和结构论符号学的产生说起。

多斯（F. Dosse）在《结构主义史》（*Histoire du structuralisme*）一书中说，"结构"（拉丁文：structura）一词最先指的是一种建筑学意义。1771 年出版的《特雷乌词典》（*Dictionnaire de Trevoux*）对该词的解释为："建筑物赖以建筑的方式。"在 17—18 世纪该词意义发生了变化，并扩展到人的方面：在丰特内尔（Bernard Le Bovier Fontenelle）看来，人的肉体就是一种建构；而在沃格拉斯（Claude Favre de Vaugelas）看来，语言也是一种建构。于是，"结构"被用于越来越多的领域。对于一种存在物,描述其各个部分到整体的过程就成了对其结构的研究。"结构"真正进入人文科学领域是与 19 世纪的斯宾塞（Hebert Spencer）、摩根（L. H. Morgan）和马克思（K. Marx）的著述分不开的,而它最终在人文科学中得到确立则见于杜尔凯姆（É. Durkheim）的《社会学方法规则》（Règles de la méthode sociologique）（1895）一书。"结构"一词被拉朗德（André Lalande）在《对于哲学的技术与批评词汇》（Vocabulaire technique et critique de la philosophie）一书中用来给 1900—1926 年出现的一种新的心理学学派命名——结构主义,以区别于 20 世纪初期占主导地位的功能心理学学派。

当然,"结构"概念被人越来越多地采用,以致被认为是一种科学方法,并导致结构主义运动的产生,则是人类社会寻求科学发展的倾向和批评意识在人类思想史中占据越来越重要位置这两个方面相结合的产物。19 世纪末,一个重要的历史背景是西方世界一定程度地表现出对于传统文化的拒绝和对于寻求新模式的现代主义的渴望,而结构论的严格方法学思想恰好迎合了这种要求。

二、语言学基础

法国的符号学研究,不论是在哪一个时期,其首要理论基础都是瑞士语言学家索绪尔的语言学理论,以及后来在此基础上形成的欧美几个主要语言学学派的研究成果。索绪尔在《普通语言学教程》一书中,把言语活动（langage）分为语言（langue）与言语（parole）,认为语言学应该研究"语言",而不是"言语"。他指出:"语言是一种表达观念的符号系统。"索绪尔把语言符号看作"概念"与"音响形象"的结合体,把前者定义为"所指"（signifié）,把后者定义为"能指"（signifiant）,认为语言符号具有"任意性","语言是形式而不是实质"。需要说明的是,索绪尔在此颠覆了"形式"（forme）与"实质"（substance）的传统意义:既然语言是形式,那么与之相对的就是言语,而言语又是对于语言的运用和表现,因此,言语便是实质,于是,形式就变成了内在的,而实质则是外在的了。在语言的"共时性"与"历时性"之间,索绪尔认为语言学应该研究前者而非后者;他为语言符号的结合机制确定了横向的"组合关系"和纵向的"聚合关系"(或"联想关系")。虽然他在全书中只有三处使用了"结构"(structure)一词,但是,依据这些概念而形成的结构主义语言学则成了20世纪语言学研究的主流,致使最初的法国结构主义论者也将其奉为基本的理论基础和概念工具,而相关概念之间的关系则成了这些学者们的阐释对象,从而构成了主要的"结构主义活动"。

继索绪尔之后,对于法国符号学发展起了重大推动作用的几位语言学家是:俄裔美籍语言学家雅各布森、丹麦语言学家叶姆斯列夫、法国语言学家本维尼斯特(又译:邦弗尼斯特)。

雅各布森尚在年少时就对诗歌的语言问题感兴趣,他于1915年(19岁)发起创立了莫斯科语言学学派,该学派致力于研究诗歌与语言学的关系,特别是研究诗歌作品内在的结构连贯性。在这期间,他只是从他的朋友特鲁别茨柯伊(N. Troubetzkoy)亲王那里听到过有关索绪尔《普通语言学教程》的一些内容,而他真正读到这本书是他1920年在捷克首都布拉格的时候。在捷克,雅各布森与从维也纳来到布拉格的特鲁别茨柯伊一起参与创立了布拉格语言学学派(1926),并且担任了该学派的副主席。该学派从1929年开始将其研究工作的重心明确地放在了结构语言学计划上:"它[该学派]赋予了自己结构主义的名称,因为它的基本概念是被设想为一种动态集合的结构。"[1] 该学派将自己的研究工作置于索绪尔语言学理论框架之内,在结构音位学研究(特鲁别茨柯伊)和语言功能及失语症研究(雅各布森)等方面取得了重大成果。特鲁别茨柯伊于1939年出版了《音位学原理》(*Principes de phonologie*),他根据一个音位在音位系统中的位置来确定这个音位,其方法就是在考虑四种区别性特征的同时,标记语音的二元对立情况,

---

[1] F. Dosse, 1992: *Histoire du structuralisme*, 1, Paris: Éditions la Découverte, p. 76.

他说:"音位学尤其带有其结构主义的特征及其系统的普遍性。"① 在此,我们看到了索绪尔在研究最小相关单位时所采用的方法。特鲁别茨柯伊的研究成果使雅各布森得以建立带有 12 种音位二元对立的图表,而这些对立被认为可以阐述所有的语言,他的这种研究方法也为后来法国符号学建立二元连对范畴提供了参考。雅各布森的另外两大贡献还在于:第一,他制定了六种语言功能,它们是:表达功能或情绪功能、指涉功能、维系功能(寒暄功能)、意图功能、诗学功能、元语言功能,这些功能加深了人们对于语言符号的认识,并为传播学奠定了一定的理论基础;第二,他后来把音位学原理应用在了对于失语症的研究方面。他在言语活动的这种错乱之中区分出两种类型的变异情况,而这两种情况可以让人重新了解在失语症的情况下言语活动及其规律的获得机制。他把符号间的结合与词语间相互替代的选择加以对立,从而发现替代相当于隐喻的修辞格,而结合则相当于换喻的修辞格。这种发现极大地丰富了对于索绪尔横向组合关系与纵向聚合关系(联想关系)的认识与理解。雅各布森被认为是结构主义学说的"总指挥",正是由于他 1945 年与列维-斯特劳斯在美国相遇且 1950 年与拉康在巴黎的相遇,结构主义在法国盛行了起来。

丹麦哥本哈根语言学学派对于法国符号学理论的发展之贡献也是很大的,该学派在继续对索绪尔语言学理论做深入阐述的同时,也对符号学基础理论提出了自己的主张,该学派由叶姆斯列夫和布龙达尔于 1939 年创立。他们两人经常受邀参加布拉格学派的报告会,也许就是在那个时候,他们接触到了索绪尔的书籍,甚至是一些手迹,因为有学者研究发现,叶姆斯列夫 1943 年出版的《言语活动理论导论》(实际上是与乌达尔共同完成的)一书中对于索绪尔著述的引用,并非出自《普通语言学教程》,而是出自后来才由布凯(S. Bouquet)和恩格勒(R. Engler)进行整理和付梓出版的《普通语言学札记》。叶姆斯列夫把索绪尔的"语言"与"言语"的对立改为"系统"与"过程"的对立,

---

① F. Dosse, 1992: *Histoire du structuralisme*, 1, Paris: Éditions la Découverte, p. 209.

把"能指"与"所指"的对立表述为"表达平面"与"内容平面"的对立,进而为每一个平面又分出了"形式"与"实质"。于是,便出现了:内容之形式与内容之实质、表达之形式与表达之实质、内容之形式与表达之形式三个方面,而三者之间有"一种类比关系",他的结论是:表达之实质表现表达之形式,内容之实质表现内容之形式,表达之形式表现内容之形式(与前两者相比,后者是一种反向的关系)[1]。此外,叶姆斯列夫对于符号学的分类,也是比较科学的。叶姆斯列夫的符号学理论,既推动了结构论符号学的发展,也成了巴黎符号学学派的重要理论依据之一,从而构成了从索绪尔的符号学理论到巴黎符号学学派之间的一个重要中间环节。

法国语言学家本维尼斯特对法国符号学特别是巴黎符号学学派产生了重大影响。本维尼斯特是著名的法国结构语言学家,他有关主体性和陈述活动的论述突破了结构论符号学的种种束缚,使主体和其作用重新回到了符号学发展无法避开的言语活动的行为之中。我们注意到,本维尼斯特在其文章中曾多次对索绪尔的一些概念提出了自己的看法。例如,他根本不提"语言"与"言语"的对立,而是说"语言在各方面都表现出了二元性:作为社会机制,它由个人来应用;作为连续的话语,它由一些固定的单位来构成"[2],这实际上是把"语言"与"言语"看成了一个整体。他还认为,"索绪尔的思想,过分肯定了语言与符号系统的关系,而不太明确语言学与作为符号系统的符号学(sémiologie)的关系。"[3] 由于个体进入对语言的使用之中,这自然就涉及了主体性与主体的陈述活动。本维尼斯特早在1958年的一篇文章中就谈到了言语活动中的主体性问题,他指出:"正是在言语活动之中和借助于言语活动,人才成为主体……我们在此谈论的'主体性'便是可看作'主体'的对话者的能力。"[4] 关于陈述活动,他说:"陈述活动是由个体的

---

[1] L. Hjelmslev, 1973: *Essais linguistiques*, Paris: Minuit, p. 67.
[2] É. Benveniste, 1974: *Problèmes de linguistique générale*, 2, Paris: Gallimard, p. 48.
[3] Ibid., p. 49.
[4] É. Benveniste, 1966: *Problèmes de linguistique générale*, 1, Paris: Gallimard, p. 259.

使用行为对于语言的运用……对话者对于语言的关系确定陈述活动的语言学特征。"① 正是这些论述启发了巴黎符号学学派的研究,也从而使法国符号学没有被封死在静态的结构论之中。此外,本维尼斯特有关 pouvoir("能够")、devoir("应该")、vouloir("想要")和 croire("相信""认为")几个"模态动词"的阐述,也为格雷马斯建立"模态理论"体系提供了初步参照。

法国功能语言学家马蒂内有关"相关性"(pertinence)和"双重分节"(double articulation)的理论也极大地丰富了法国符号学的理论。美国语言学家乔姆斯基的转换生成语法也推进了巴黎符号学学派的理论发展。当然,其他一些语言学家对于法国符号学的发展也做出了一定的贡献,他们的理论常常与一些符号学家的某些主张结合在一起。总之,源自索绪尔理论的各种语言学流派是法国符号学的首要理论基础。

三、社会学和现象学基础

法国符号学的产生与发展,还有着其他人文社会科学方面的基础。著名结构主义人类学家列维-斯特劳斯 1950 年写的《莫斯著作导论》(«Introduction à l'œuvre de Marcel Mauss»)一文,使我们了解到,早在他之前,社会学研究领域就已经存在着有关结构的种种观点。莫斯(M. Mauss)被认为是法国人种学的奠基者和现代人类学的先驱。他在对社会现象的研究中,不大注重发生论方面的研究,而是寻找个体所属关系和社会在深层次即无意识方面确定人的各种决定性层次。他在被他称为"整体社会事实"的研究中,认为不能只依靠一种层次来看待社会生活的某些现象,因为这些现象"动摇着社会和其机制的整体性,它们既是司法方面的、经济方面的和宗教方面的,而且也是美学方面或象征方面的,它们是一些整体"②。他认为,社会生活构成一种系统,该系统的所有方面都是相互联系着的。早在 1924 年,他就把社会生活确定

---

① É. Benveniste, 1966: *Problèmes de linguistique générale*, 1, Paris: Gallimard, p. 80.

② N. Baroquin et J. Laffitte, 2007: *Dictionnaire des philosophes*, 3e édition, Paris: Armand Colin, p. 262.

为具有诸多象征关系的一种世界。莫斯在多种人文社会科学之间建立起联系，以便表现"一种整体的人"，而这种人的各个方面组成一种具体的和个体性的统一体。他提出了"形态学"和"生理学"等观念，这些观念使得"习惯"成了社会现象的决定因素。他最著名的分析，见于他的著述《论赠品——古代社会中的交换形式与理据》（Essai sur le don—Forme et raison de l'échange dans les sociétés archaïques）（1923—1924），在书中他阐述了赠品的社会基础。他认为，馈赠就像一种原则，该原则迫使个人或社会群体维持一种财富的循环，或者必须接受或者拒绝。即便在近现代社会，馈赠的社会基础也得到了验证，交流是象征性地通过多方面来决定的，而非只是功利性的。该书中阐述的相互性理论为列维-斯特劳斯后来研究亲属关系提供了模式。所有这些观念，都为列维-斯特劳斯的结构主义做了铺垫，而列维-斯特劳斯为莫斯著述撰写导论，则是因为他在莫斯的著述中看到了这位人类学结构主义精神之父的存在，并且，他这样做也被认为是借机在确定其个人的作为严格方法论的结构主义研究计划。

迪梅齐（C. Dumézil）是法国著名语言学者和印-欧神话与宗教研究者。他很早（1938年）就发现，许多印-欧神话叙事都是根据一些相似的叙述结构组织在一起的，而由这些叙事所表述的神话反映了根据三种功能组织起来的有关社会的一种概念，它们是：神圣与权威功能、战斗功能和生产与再生产功能。这一发现，使得他实际上成了结构主义研究的先驱者之一，因为他后来一直围绕着以这三种功能形式出现的被他称之为"周期""系统"和"结构"的组织图示，来解读西方的文化历史。迪梅齐被认为不曾有过索绪尔语言学理论的背景，他更属于历史比较语言学学派。这一学派从19世纪之初就设定在以印-欧语言为母体的所有语言之间存在着亲属关系，而迪梅齐正是根据这种设定获得了他的转换概念，而这种概念很快就成了大多数结构论著述的核心概念。但是，我们不能因此说他不了解现代语言学，他对于索绪尔后继者们的著述还是熟悉的，尤其对梅耶（A. Meillet）和本维尼斯特的著述了解较为深刻。为了掌握模式的变化，他后来也使用了结构主义语言学经常使用的"区别""相似""对立"等概念，人们会比较容易地在他的著述中注意到依据这些概念确立的一些结构模式：相似性的建构、结构实体（三种功能）与其各种变体（史诗变体或历史变体）之间的对立、同时性与延续性之间的对立。虽然迪梅齐本人从来不承认自己是结构主义者，比如他说过"我不是、不需要是或者也不需要不是结构主义者"①，但人们还是把他归入了这一流派的开拓者之列。

20 世纪 50 年代，法国哲学研究以现象学研究为主，这种研究承袭了胡塞尔（Ed. Husserl）返回"事物本身"和其相关方面、把哲学从意识形态过渡到科学的理论主张，注重事物的实际与具体性。不过，这种注重并非只是拘泥于事物的现象，而是探究在意识相对于其对象的各种接受可能性之中构成其基础的本质。梅洛-庞蒂（M. Merleau-Ponty）是这一时期的重要代表人物。他在自己的研究中，质疑纯粹意识的唯心论，越来越关心新的人文科学提供的各种意指结构。在他看来，这些意指结构，同样是作为主体的哲学家重建其意义时可以为己所用的本体论条件。梅洛-庞蒂 1960 年出版的《符号》（*Signes*）一书，让人们看到了现代语言学和人类学理论对于他的影响。这部著作，收录了他 1951 年在布鲁塞尔举行的第一届国际现象学研讨会上发表的文章《论言语活动的现象学》（«Sur la phénoménologie du langage»），在这篇文章中，他表现出了对于索绪尔语言学理论的极大兴趣，他说："我们从索绪尔著述中所学到的是，单独的符号无任何意味，每一个符号并不表达一种意义，而是标志这个符号与其他符号之间的一种意义差异。"② 在《符号》一书中，他论述了哲学与社会学之间的关系，探讨了将两者分开的界限。梅洛-庞蒂认为，哲学家应该界定所有可能性之领域，应该解释通过社会科学所获得的经验成果，通过阐释学为每一种实证性提供意义。他在书中第四章"从莫斯到列维-斯特劳斯"（«De Marcel Mauss à Claude Lévi-Straus»）又论述了人类学，他坚定地捍卫了列维-斯特劳斯

---

① F. Dosse, 1992: *Histoire du structuralisme*, 1, Paris: Éditions la Découverte, p. 50.
② M. Merleau-Ponty, 1960: *Signes*, Paris: Gallimard, p. 49.

1950 年在其《莫斯著作导论》中制定的研究纲领:"社会现象既不是事物,也不是观念,而是结构……结构不会从社会上去掉任何厚度和重量。它本身也是结构中的结构。"[1] 梅洛-庞蒂的研究工作使得哲学与其他社会科学之间的关系发生了重大变化:在他之前,莫斯是参照哲学来定位人类学研究中的社会事实的,而梅洛-庞蒂则是参照人类学、语言学和精神分析学来定位其现象学的哲学研究。

综上所述,法国符号学是在一定历史条件下人文社会科学发展的结果。不同阶段的结构语言学理论在法国符号学的发生与发展中起着根本性的推动作用。其他人文社会学科与结构语言学的结合验证了"结构"学说的合理性,同时为符号学的发展提供了开阔的视野。从此,作为法国符号学初级阶段的结构论符号学得以发展,后来的巴黎符号学学派的兴起也因此有了坚实基础。

---

[1] M. Merleau-Ponty, 1960: *Signes*, Paris: Gallimard, pp. 146—147.

第二章 结构论符号学

第一节 概念及简史

结构论符号学（sémiotique structurale）或符号学的结构主义（structuralisme sémiotique），是指在 sémiologie 名下进行的符号学研究。在穆楠（G. Mounin，1910—1993）的分类中，这种符号学亦称为"交流符号学"（sémiologie de communication）（或"传播符号学"）。

一、结构论符号学概念

结构论符号学的定义是随着研究内容的确定和深入而变化的。

索绪尔最初给出的定义是："我们可以设想有一门研究社会生活中符号生命的科学……我们管它叫符号学（sémiologie）"[1]。索绪尔以习俗和习惯为例，指出它们都是符号，而语言则是符号事实中的一个特殊系统。他认为，符号在本质上是社会的，其主要特征"在某种程度上总要逃避个人的和社会的意志"[2]。根据索绪尔对符号学的基本定义，最

---

[1] ［瑞士］索绪尔：《普通语言学教程》第二版，高明凯译，北京：商务印书馆，1982年，第38页。
[2] 同上书，第38—39页。

初学者们的研究出现了两种主要的研究方向，因而也就有了对于符号学的不同定义。而到结构论符号学出现多元发展之后，不同表述就更多了。

穆楠完全依据索绪尔的定义，认为未来的符号学应该是"有关所有符号（或象征）系统的一般性科学，而借助这种科学，人们可以相互交流"①。他列举的明显例证便是书写文字、聋哑人的手语、军队信号等，并顺带提及象征性习俗、礼貌形式、哑剧、时尚等。所以，符号学就是有关"交流"（或译为"传播"）系统的科学，或者称为"交流符号学"（或"传播符号学"）。坚持对于各种交流系统进行符号学研究的学者为数不少，除穆楠之外，我们还可以举出电影符号学家梅斯（Ch. Metz）、戏剧符号学家科夫赞（T. Kowzan）等。"交流符号学"关注的是"与意识现象有联系的所有可感事实，这些事实都是为使人了解那些意识现象而产生的，以便旁证人辨认出这些事实的目的性；因此，它的对象限定于我们称之为信号的那些事实"②，这种符号学可以"被确定为对于交流（传播）方式即对于影响他人和人们想去影响的那个人所承认的交流手段的研究"③，而为了交流，就必须有发送者和接收者。不难看出，这种符号学就等同于传播学。

罗兰·巴特在参照索绪尔有关符号和符号学论述的同时，走出了自己的一条道路。他认为符号学计划在于"研究符号在社会生活内部的生命，因此，便是重新构筑事物的语义系统"④。他从一开始，就通过符号的能指与所指之间的关系，来寻找"意指"或"意指过程"，所以，他的符号学总体上是一种有关"意指的符号学"。他说："如果说符号学的任务在不断增加，那是因为实际上我们总在更好地发现意指在世界上的重要性和影响力；意指变成了思考现代社会的方式"⑤；他又说："符

---

① G. Mounin，1970：*Introduction à la sémiologie*，Paris：Minuit，p. 11.
② Ibid.，p. 12.
③ Ibid.，p. 13.
④ R. Barthes，1985：*L'aventure sémiologique*，Paris：Seuil，p. 222.
⑤ Ibid.，p. 229.

号学,按照该词准确的意义,就像是扩展到所有符号系统的科学,它将可以利用这些系统对立类型的一般分配……但是,符号学研究的扩张,肯定导致去研究(也许不能去减缩)系列性的聚合关系,而不只是去研究对立关系,因为面对深入物质和习惯之中的复杂对象,无法确定人们可以将意义的关系重新回归到两极要素替换方面上来,或回归到一个点与一个零度之间的对立方面来"[1],而这种研究自然要涉及"内涵"。巴特的"意指论符号学"紧紧地依靠语言学理论提供的工具性概念,并把这些概念应用到非语言对象上。一般认为,巴特的符号学思想与实践,对后来的巴黎符号学学派的产生起到了推动作用,巴特也被认为是该学派的先驱者之一。

格雷马斯为结构论符号学给出的定义是:sémiologie"指言语活动理论和其在各种意蕴集合中的应用,这一术语可以追溯到索绪尔。索绪尔从他的愿望出发,以这个名称来称呼有关'符号系统'总体研究的构成情况……当人们在索绪尔定义的狭窄范围内对其尽力发展的时候……它便很快就减缩为很少的东西:这就使得 sémiologie 在对于某些人为的追加规则的分析上……就像是语言学的一种附加学科"[2]。

这里,需要单独提一下较早出现的托多罗夫和热奈特(G. Genette)共同探索的"诗学"研究,这种研究也是在结构主义运动中产生和发展起来的,其特点是较少涉及语言学众多概念,而是局限于对文本"词语表现"的"修辞格"研究和"意指"挖掘,这便是由托多罗夫于1969年提出并随后被广泛接受的"叙述学"(narratologie)。似乎可以说,"叙述学"是处在"系统"研究和语义研究之间的一种符号学探索。不过,这种研究仍然属于"结构研究"。它较少参照语言学概念,但不脱离结构论符号学的研究,尤其是"后结构主义"的特征。

但是,就总的情况来讲,结构论符号学的特征是:参照结构语言学理论,并尽力将非语言现象转换成语言符号。结构论符号学适用于分析

---

[1] R. Barthes, 1985: *L'aventure sémiologique*, Paris: Seuil, pp. 70–71.

[2] A. J. Greimas et J. Courtés, 1993: *Sémiotique-dictionnaire raisonné de la théorie du langage* (1979), Paris: Hachette livre, p. 155.

非语言作品，例如绘画、雕塑、空间建筑等，并取得了公认的研究成果，这便是 sémiologie 这个术语在今天照常被使用的原因。以 20 世纪 60 年代中期出版的《结构语义学》为起点的巴黎符号学学派则在研究内容和方法上与结构论符号学产生了较大的不同，但是结构论符号学至今仍坚守着自己的研究内容，而在法国大学的符号学教学中，有的大学依然开设 sémiologie 课程。

二、结构论符号学简史

如果从最初采用结构方法来研究问题的时候算起，结构论符号学自然早于依靠这种方法而在后来形成的结构主义运动，但当然也包括在这一运动的整个时期所进行的符号学探索工作。在结构主义运动之前进行的初步结构探索，我们已经在第一章中做了概述，这里介绍的，首先将是结构论符号学在结构主义运动形成与发展时期的研究工作，并将这两个概念视为同一；随后，还会介绍结构论符号学在结构主义运动作为一个历史阶段结束之后的研究工作。

（一）结构论符号学得到较快发展的时期

这一时期，即法国结构主义形成的"史诗般时期"，一般被确定在 20 世纪 50 年代。在这一时期，有一些重要的"结构主义活动"发生：

（1）1948 年，列维-斯特劳斯在拉丁美洲和美国待了多年之后返回了法国，进行他的博士论文《亲属关系的基本结构》（«Les structures élémentaire de la parenté»）和辅助论文《南比克瓦拉人的家庭与社会生活》（«La vie familiale et sociale des Nambikwara»）的答辩。两篇论文于次年以首篇论文名称由巴黎高等研究实践学院出版（1949），成了战后法国认识发展史上的重大事件，被认为是法国结构主义研究的奠基石，从此，其作者便被誉为"法国结构主义之父"。在其他人看来，列维-斯特劳斯在当时的影响中，"最为重要的、最为根本性的，是通过把科学意志引用到对于复杂社会的分析之中、通过寻找最具包容性的模式来阐述初看似乎并不属于相同分析范畴的诸多现象，以及通过从一种亲缘问题过渡到一种结合问题，而写成的《亲属关系的基本结构》"①。

（2）1953 年，罗兰·巴特出版了他的第一本批评文集，名为《写作的零度》。这本只包括 10 篇文章的小书主要论述了"写作"与"风格"之间的关系，实际上这是对于索绪尔"语言"与"言语"的一种具体应用，在文学批评界产生了巨大影响。他自己也说："文学变成了言语活动的乌托邦"②，不过，巴特当时还没有非常系统地研究过索绪尔的著作；他从 1954 年至 1956 年每个月为《新文学》（Les lettres nouvelles）杂志撰写一篇随笔，1957 年以《神话》为书名出版了这些文章的汇编本。书中第二部分"今日之神话"（«Le mythe, aujourd'hui»）可明显地看出，他是在接受了索绪尔和叶姆斯列夫的结构语言学理论后写出的。他使用了索绪尔的"能指"与"所指"概念，也采用了叶姆斯列夫的"外延"与"内涵"、"对象-言语活动"与"元语言"③、"神话的功能，便是排除真实""神话是由事物的历史品质的丧失构成的"④。通过这部著作，巴特最终转向了结构语言学理论。

（3）拉康 1953 年以他的一篇《罗马报告》（«Rapport de Rome»）⑤正式宣布他"重返弗洛伊德"，而这种重返则需要对言语活动给予一种特殊关注：精神分析学，"只有一种媒介：患者的言语"⑥。1957 年，拉康又发表了在其"重返弗洛伊德"路途上的另一重要文章：《无意识中的文字阶段或自弗洛伊德以来的理性》（«L'instance de la lettre dans l'inconscient ou la raison depuis Freud»）。他在文章中完全采用了结构语言学的理论，多处引用索绪尔和雅各布森的观点。不过，他对于索绪尔的概念也有所改动，使之更适合用于精神分析学之中。他在这期间开设的"研讨班"，吸引了不少专业或非专业的学者，极大地扩大了结构

---

① F. Dosse, 1992：Histoire du structuralisme, 1, Paris：Éditions la Découverte, p. 34.
② R. Barthes, 1953：Le degré zéro de l'écriture, Paris：Seuil, p. 24.
③ Ibid., p. 229.
④ Ibid., p. 251.
⑤ 该报告的正式名称为《言语和言语活动在精神分析学中的功能与领域》（«Fonction et chanmp de la parole et du langage en psychanalyse»），见拉康《文集》（Écrits）第 237—322 页。
⑥ J. Lacan, 1966：Écrits, Paris：Seuil, p. 246.

主义在非语言学领域的影响。

（二）结构主义的鼎盛时期

这一时期，是在20世纪60年代，这期间出现了下面具有重大影响的一些事件：

（1）哲学家福柯在经过了五年的努力之后，于1961年出版了他的博士论文《古典时代疯狂史》（*Histoire de la folie à l'âge classique*）。他在书中，详细地考察了被人遗忘的中世纪多方面的非理性话语现象，这正与当时对于语言的各种零度研究、亲缘关系研究、无意识结构研究的结构主义相吻合。由于该书带来了轰动性的社会影响，也极大地推动了人们对于结构主义的认识。

（2）1961年由巴特参与创办的季刊《交流》（*Communication*），在1964年第4期上刊登了一系列结构主义研究的新成果。里面有：托多罗夫第一次用法语写成的《文学意指之描述》（«La description de la signification en littérature»），该文为他后来写作《诗学》（*Poétique*）一书做了铺垫；布雷蒙（C. Bremond）依据俄国形式主义的著述探讨了有关叙事的符号学；最为重要的，当然是其中刊登的巴特的长文《符号学基础》[①]，可以说，这是在索绪尔提出符号学之后，第一次对其进行的系统阐述。有评论说，这一期的《交流》是结构主义的宣言书。

（3）1960年由作家索莱尔斯（Ph. Sollers）发起创办、在色伊出版社出版的先锋派杂志《原样》（*Tel Quel*，又译《太凯尔》《如是》《如此》），后来成了"新批评"理论家和结构主义学者们发表先锋派观点并进行论战的重要阵地，经常光顾这一杂志的都是当时锋芒毕露的理论家，他们相互影响，从而推动了结构主义和结构论符号学的发展。这些学者如巴特、德里达、福柯、克里斯蒂娃、托多罗夫、热奈特等。该杂志于1983年易名为《无限》（*L'infini*），并改由伽里玛（Gallimard）出版社出版。

---

① 该文于1965年以单行本出版，所以，在《全集》中，它被安排在了1965年出版的书籍之中。

(4) 巴特写于 1953—1963 年的随笔,也于 1964 年以《文艺批评文集》(Essais critiques)为名出版,其中包含他于 1963 年发表在《新文学》(Nouvelle littérature)杂志上的《结构主义活动》(«L'activité structualiste»)一文,该文明确地指出:"结构主义主要是一种活动……任何结构主义活动的目的……都在于重新构成一种对象,以便在这种重构之中表现这种对象的运行规则。因此,结构实际上是这种对象的假象。"① 这种定义无疑加深了人们对于结构论符号学的认识。

(5) 1965 年,由托多罗夫参与翻译的俄国形式主义文艺理论家普洛普的《民间故事形态学》(Morphologie du conte)在法国出版,为法国结构论符号学的"形式"研究带来了异域的新鲜内容与方法,并为格雷马斯进一步概括叙事模式提供了参照。

(6) 1966 年,是结构主义著述的出版年。在这一年,有几部重要的结构主义代表性著述集中出版,极大地推动了结构论符号学的研究:福柯的《词与物》(Les mots et les choses)、拉康的《文集》(Écrits)、格雷马斯的《结构语义学》等。这些重要著述的出版,让人们看到了结构主义作为一种新的方法论在人文社会科学研究领域的广泛应用成果。

(7) 20 世纪 60 年代学术界几次重大的争论,对于确立结构论符号学起到了关键作用。一次是罗兰·巴特与学院派代表人物皮卡尔(R. Picard)之间就"新批评"是否适用于古典作家的争论。另外几次,是在列维-斯特劳斯与同时代几位大学者之间就"结构"概念、哲学地位和主体哲学等问题进行的争论。这些争论最终不仅未影响到结构主义的地位,反而为其立足论坛稳固了基础。

(8) 1965 年,阿尔都塞(L. Althusser)依据结构论观点同时出版了他自己撰写的《保卫马克思》(Pour Marx)和他参与编写的《解读〈资本论〉》(Lire Le Capital)两书,他把马克思主义介绍为可以总括人类全部知识和立于结构中心概念的学说。两部书的出版立即获得了巨大的成功,后人甚至认为在对结构主义发展做出贡献的人物中,除了列

---

① R. Barthes, 1985: *L'aventure sémiologique*, Paris: Seuil, p. 214.

维-斯特劳斯、拉康、巴特、福柯四杰之外，还应该加上阿尔都塞。

可以说，结构主义在1966年已经发展到了顶峰。

（三）多元化发展时期

从1967年开始，结构主义出现了多元的变化。在这一方面，我们介绍两位著名学者：

克里斯蒂娃的研究工作极大地影响了结构论符号学的发展。1965年，24岁的保加利亚大学毕业生克里斯蒂娃来到巴黎读博士，她很快就成了先锋派杂志《原样》的核心成员。她于1969年出版了《符号学：符义分析研究》（*Sémiotiké：recherche pour une sémanalyse*）一书，从语言学、精神分析学等方面探寻被结构主义所忽略的深层语义问题，从而确立了她在结构论符号学研究中的特殊地位，并让人看到了符号学研究的丰富性。

哲学家德里达1967年出版了《论文字学》（*Grammatologie*）和《书写与差异》（*Écriture et différence*）两书，被认为是在结构主义上升时期对于结构论的一种触动。德里达的解构思想在美国被称为"后结构主义"，原本没有引起法国研究者们的注意，而这两本书在法国的问世，则与当时的结构主义主流唱起了反调。他依据海德格尔（M. Heidegger）和胡塞尔的现象学思想，为自己确立了"解构"（déconstruction）每一部结构主义重要著作的任务。不过，他的理论也被后人称为"超结构主义"（Ultra-structuralisme）。德里达的理论，使人们对于符号的结构有了更深的认识，所以，"解构论"仍然属于结构论符号学。

由于结构主义不考虑"主体"，也由于它不能解释所有的问题，加之一些社会和政治原因，1968年法国"红五月"运动之后，人们开始疏远结构主义，而在进入20世纪70年代后，它更是快速步入衰落。但是，在结构主义运动推动下形成的结构论符号学研究却没有止步，它在sémiologie名下继续存在着，它的研究内容和成果继续得到人们的认可。

第二节　重要代表人物

结构论符号学家人数众多,因为这其中既要包括结构论符号学开创之初的学者,也要包括那些积极参与结构主义运动的人,还要包括在结构主义作为运动而结束之后继续从事结构论研究的符号学家。我们在此仅举其中一些代表性学者。

一、克洛德·列维-斯特劳斯

列维-斯特劳斯(1908—2009)是20世纪人文社会科学领域结构主义的奠基人。

他1908年出生于比利时,父母都是法国人,父亲是位画家,家庭的熏陶使他从小就对艺术有着格外的兴趣。上大学时他选择了哲学专业。毕业后,他先是在一所中学教书,1935年一个意外的机会使他到了巴西的圣保罗,在由法国创办的圣保罗大学讲授社会学。1938—1939年,他曾得到法国政府的资助,深入巴西中部印第安人部落考察,获得了亲身的体验,搜集到大量资料,从此开始了他人类学的初步研究工作。在几十年的学术研究和教学工作中,列维-斯特劳斯建立起了自己的理论体系,这一体系在20世纪文化思潮中占据着重要位置。他开拓思想,大胆创新,为人们都知晓的事实提出了新的观察方法。这种方法,即结构的方法,是他在吸收了前人研究成果——主要是索绪尔的结构语言学、莫斯的社会学思想和弗洛伊德的精神分析学——基础上建立起来的。

(一)结构人类学研究

列维-斯特劳斯从20世纪40年代就开始了其结构人类学的探索。在美国期间,他与雅各布森结下了深厚友谊:"雅各布森去听列维-斯特劳斯有关亲属关系的课,列维-斯特劳斯去听雅各布森有关语音与意义的课",列维-斯特劳斯说,雅各布森的"课很精彩","正是由于他们各自研究的结合,后来产生了结构人类学"①。他早在1945年8月发表在雅各布森主办的杂志《言辞:纽约语言学团体》(*Word*:*Journal of the Linguistic Circle of New York*)上的论文《语言学和人类学结构分析》(«Ananlyse structurale en linguistique et en anthropologie»)②,就已经确定了其结构人类学的基本研究方法和原则:不再把一时现象作为研究对象,而是将深层无意识作为研究对象;不在一个系统的各种要素方面去辨认独立的实体,而是在联系各种要素和使其对立的所有关系中找出一种位置价值;把这些关系作为分析之依据,而这些关系只在具有相互关系的一个系统内部才具有价值,并且必须找出这种相互关系的各种规则。这种不断探索的成果,是他的博士论文《亲属关系的基本结构》。他在这部著作中告诉我们,亲属关系的基本结构可以归结为表面上复杂且充满随意性,但在数量上却很少的一些规则。他认为,相互原则,即赠与和反-赠与原则,是任何联姻制度的动力。这种原则主要表现为两种形式,亦即主导婚姻组织机制的两种法则:第一种是有限的交换,或者称之为"交换制联姻",这是在同一部族双方或多个双方之间进行的联姻。是一种"对称的"联姻,这种联姻尤其表现为从自然到文化的过渡,因为人们由此而意识到作为主人的男人与所获得的女人之间的对立和作为妻子与作为姐妹之间的对立;第二种法则是一般性原则,亦即在不同部族之间进行的"不对称的"联姻。不难看出,这是语言学的音位对立原则在社会学研究方面的应用。通过对第二种法则的研究,列维-斯特劳斯发现了三种交换形式:双方之间的交换,母系方面之间的交换和父系方面之间的交换,这些基本结构时常出现在人的精神之中。而在这些联姻关系中,禁止乱伦即在有亲属关系的个体之间禁止性关系是必不可少的,而这种禁止已经不是人的本性的一种生理法则,而是对于群体内部妇女的一种管理规则,它属于文化范畴。

对于亲属关系的结构设想,在列维-斯特劳斯对于图腾的研究中也

---

① F. Dosse, 1992: *Histoire du structuralisme*, 1, Paris: Éditions la Découverte, p. 28.
② 该文后来被收入《结构人类学》第一卷(*Anthropologie sructurale*, 1, Paris: Plon, 1958)。

显示出了其丰富性。他认为，图腾是人类群体与自然世界（动物、植物或天体）之间的一种结合。他指出，作为原始性之精华与基本宗教形式的图腾实体，并非是孤立的，它联系着一种自然系列中的某种区别系统和一种文化系列中的某个群体，而被选定作为图腾的自然事物，并非因其味道诱人，而是因为其有利于思考。图腾富有类比性，可以使人借助隐喻来建立不同系列（包括社会等级）之间的关系，可以在二元对立关系中起整合作用。

列维-斯特劳斯的结构人类学，是一种文化人类学，所以，对于原始人和拉丁美洲土著民族的神话研究成了他从《结构人类学》开始到巨著《神话学》（*Mythologies*）等著作的中心议题。如果说亲属关系系统是一种深在的关系，那么神话系统则是开放性的。列维-斯特劳斯认为，在对神话的分析中可以找出在几个世纪内人类精神活动中常在的操作方式。在寻找一个神话意义的时候，应该将神话重新放入语言学意义上的一种意蕴链上，而这种意蕴链就是一个纯粹的能指在独立于任何所指或任何语义的情况下的循环。首要的操作是标记那些基本单位，即神话素（mythème），随即对其进行聚合关系上的集合分类，亦即对于出现在不同神话中的神话素进行"叠加"（superposition），而在这样做之后，重要的不是神话的意义，而是神话素的所有对立价值、它们在意蕴链中的位置，以及一个要素对于另一个要素的替代情况。对于语言学模式的另一种借鉴，是对于对立关系的二元论的使用。神话思维是依据经验范畴的连对（生/熟）、形式连对（空/实）、品质与形式连对（合取/析取）来进行的，一如言语活动在"自然声音"中选择其音位那样。列维-斯特劳斯还在神话分析中引入了逻辑学与数学概念，如对称、倒置、等值、对应性、同构性等，以便描述神话要素集合之间的转换。最终，一个神话只能从对于它所参与的神话素系统的分析中得出意义。

（二）艺术与社会、文化的关系

列维-斯特劳斯的文化人类学，从其最初的研究开始，就不能不涉及对艺术与社会、文化等方面的思考。

对于艺术与社会的关系的论述，主要见于列维-斯特劳斯1945年至

1959年所写的大量文章中，其中一部分已编入《忧郁的热带》（*Tristes Tropiques*）（1954）和《结构人类学》第一卷。

在这些著述中，列维-斯特劳斯主要是借用心理学方法和形式的结构分析来比较不同的原始文化，进而说明艺术依赖于社会并表现社会。他提出的一个重要论断，就是原始文化都进行"二重性的表现"，或者，从艺术形式本身来讲，它们都是"二等分的表象"。

何谓"二等分的表象"呢？就是把原始人的艺术形式（以面部彩绘为主）既看作人从动物上升为文明人的条件，又看作人在社会内部地位的表现，也就是说，原始艺术既赋予人更高的意义，又表现为社会的等级结构。"面部彩绘首先赋予个人作为人的尊严"[1]，并且，它"服务于说明和肯定等级的级别"[2]。列维-斯特劳斯据此令人信服地解释了原始民族身体与面部的各种表象变故，并且指出，具有一定风格技巧的面部彩绘，只出现在等级结构很强的面具文化之中。"二等分的表象"在其面具功能里似乎就是文化的工具。我们似乎可以说，"二等分的表象"也是结构语言学"二元论"的又一种具体应用。

在这一时期，列维-斯特劳斯提出的另一个重要概念，是艺术与"不稳定能指"之间关系的概念，这涉及艺术的起源问题。

"不稳定能指"概念，是在列维-斯特劳斯为马塞·莫斯（Marcel Mauss）《著作选》（*Œuvres*）所写的"序"中提出的，这一概念与象征概念不可分割。象征在人类生活的交往活动中占据着中心的位置。人类交往的特点是可表现的，并采用意指的方式。在这种情况下，交往的各种形式也就必然是一些象征系统，这些系统"旨在解释肉体实际与社会实际的某些方面，并进一步解释这两种实际之间、在象征系统的这一些与那一些之间建立的关系"[3]。

按照列维-斯特劳斯的观点，象征功能具有两种差距：一是象征功能的两个极即能指与所指之间的差距，二是象征功能各个系统或不同象

---

[1] C. Lévi-Strauss, 1955: *Tristes Tropiques*, Paris: Plon, p. 166.
[2] Ibid., p. 281.
[3] M. Mauss, 1968: *Œuvres*, Paris: Minuit, p. XIX.

征平面之间的差距。第一个差距是与最初的象征系统即言语活动一起出现的。列维-斯特劳斯认为,"宇宙从一开始就包含着人类可能知道的整体"①,于是,人在过去和现在都生活在"一种基本的和属于人类条件的境遇之中",人"从其起源时起,就拥有他难于使之与(以原型出现的,但却不能因此而被认识的)所指相吻合的能指完整性"②,这就是说,能指与所指不完全对称。因此,人在社会实践和理解社会的活动中,总是拥有剩余的意指,象征思维就表现为对于这种剩余意指的分配,在这种情况下,能指呈现出一种自由状态,即"不稳定能指"。列维-斯特劳斯认为,神话虚构和艺术创作就植根于这种不稳定能指之中,而艺术和神话产品的普遍性,就是由于不稳定能指不停地伴随着人的历史历程而形成的。这种提法新颖独特,它比笼统地把艺术起源归于社会实践的提法更进了一步。象征功能的第二个差距(列维-斯特劳斯有时也称之为第一差距的"第二次拆分"),是象征功能由各种象征系统来承担这一情况造成的。这些系统之间经常处于矛盾之中,加之它们是历史形成的,相互间存在着"不可简缩性",因此,"没有一个社会曾经是完整地和全面地建立在象征之上的;或者更准确地讲,社会从未能够向所有的成员同等地提供完全适用于建立一种象征结构的方式"③,于是,这便导致在任何社会中经常出现处于外围地位的个体,他们以其"外围"人的思维"形象地表现某些在集体平面上无法实现的妥协方式,去虚构一些想象的转换,去具体地表现一些不可并存的综合"④。这便是各个社会中具有非正常行为的那些人,于是,社会中的巫神、中魔表演(rites démoniaques)参加者,或者那些神经官能症患者的"象征流露"就可以解释成为:这些人都怀有一种期望,他们期望以乌托邦的隐喻进行"社会的平衡",而想象出来的事物便对社会之不足充当着弥补的作用。列维-斯特劳斯认为,象征功能的这两种差距是密切相关的:"外

---

① M. Mauss, 1968: *Œuvres*, Paris: Minuit, pp. XLVII—XLVIII.
② Ibid., p. XLIX.
③ Ibid., p. XX.
④ Ibid., pp. XX—1.

围"思维总是在抢占不稳定能指,"正常的思维总是所指不足,而所谓反常思维(至少是在某些表现之中)却拥有过多的能指"①。"外围"思维对于象征过程具有"活化"的作用,并产生象征性调节作用。

列维-斯特劳斯的研究影响了一代学者。由他开创的结构主义人类学方法论,在后来的发展中出现了不同的方向。他的结构人类学很早就参与了符号学的活动,他是当之无愧的结构主义先驱者与实践者。当然,也有人指出列维-斯特劳斯的结构主义人类学研究存在着缺陷,说其对于某些文化现象的结构分析过于牵强。但是,他坚持自己的做法。他1984年在法国《新观察家》(*Nouvel Observateur*)杂志上发表谈话,说"我希望人们不要光谈论结构主义,而应该更多地将其用在各个方面……我们以前怎么做,今后还将怎么做。"

二、雅克·拉康

拉康(1901—1981),是继列维-斯特劳斯之后的结构主义重要代表人物。他在自己的精神分析研究领域引入结构语言学理论,并以此对弗洛伊德的理论重新做了"评述"。拉康一生的研究工作可以分为两个阶段:1932—1952年,是他在弗洛伊德影响之下独立进行探索的阶段,从1953年起,他致力于"重返弗洛伊德",进行了近20年的重新解释弗洛伊德的工作。本小节仅依据其第二个阶段的研究工作对他的结构精神分析学探索做些概述。

(一)对结构语言学理论的逐步运用

从1953年起,拉康正式进入了"重返弗洛伊德"征程,但是"这种重返,不在于简单地阅读,也不在于对其老师的著述进行新的探讨,而在于一种评述"②。而进行这种评述的新的方法,则是他对于结构语言学的逐步深入的运用。从他的《文集》所收录的文章来看,他真正参照结构语言学并尝试阐述精神分析学相关概念,见于1953年9月26日

---

① C. Lévi-Strauss, 1958: *Antrhopologie structurale*, 1, Paris: Plon, p. 200.
② [法]穆斯塔法·萨福安:《结构精神分析学》,怀宇译,天津:天津人民出版社,2011年,第14页。

至 27 日他在罗马大学心理学学院举办的报告会上所做的报告——《言语和言语活动在精神分析学中的功能与领域》(«Fonction et champ de la parole et du langage en psychanalyse»),即我们前面所说的《罗马报告》。该报告被认为是拉康转向结构精神分析学的宣言书。文章很长,拉康在文中明确宣布,"我们的任务是要表明,只有转向言语活动的领域,只有按照言语的功能来组织,这些概念才具有其实在的意义"①,因此,"不论精神分析学是用于治疗,还是用于培训,或是用于调查,它只有一个媒介:患者的言语。"② 尝试用结构语言学的理论来解释弗洛伊德相关的理论,是拉康在这篇文章中努力为之的。"让我们重新来看一下弗洛伊德在《解梦》一书中所做的工作,我们会重新想到,梦具有一个句子的结构,或者用他的话来说,梦具有一个字谜的结构,也就是说具有一种书面文字的结构,儿童的梦就表现为这种书面文字最初的表意形态,而在成人的梦里,它就重现各种带有意义的成分的语音和象征。"③ 关于弗洛伊德对于日常生活中心理病理学的研究,拉康认为:"每一个失败的行为都是一种成功的言语,甚至是一种很讲究的言语,而在口误之中,正是阻塞在影响着言语,而且恰恰是依据这种现象,善于听话的人在其中会有所获得……因为,如果为了接受精神分析的心理病理学中的一种病症,不管它是神经官能症的或是别的方面的,弗洛伊德都要求出现由一种双重意义构成的最少的语义限制……病症完全是在对于言语活动的分析之中得到解决的,因为它本身也是像言语活动那样被赋予结构的,而且它就是言语应该从中得以出现的言语活动。"④ "在此,病症就是主体意识中一种被压抑的所指的能指。"⑤ 拉康在这篇文章中提出的最著名论断是"无意识……是像言语活动那样被结构的"⑥。拉康在此文中对于象征做了较为深入的分析,我们将在后面再做详细阐

---

① J. Lacan, 1966: *Écrits*, Paris: Seuil, p. 246.
② Ibid., p. 267.
③ Ibid.
④ Ibid., pp. 268—269.
⑤ Ibid., p. 280.
⑥ Ibid., p. 268.

述。我们从下面的引文中会进一步了解拉康对于结构语言学的参照："把音位看成具有由语义的最小可理解的区别成分构成的对立组合,这种发现已经包含在数学化的形式之中了,这一情况使我们接触到了弗洛伊德的所有基础,在这些基础之中,他的最后的学说通过出现与不出现的一种词语内涵,指出了象征功能的主观渊源"①,"最后,对于语言学的参照为我们引入了一种方法,这种方法在言语活动之中区分出共时结构和历时结构的同时,可以使我们更好地理解我们的言语活动在解释阻抗和转移时所取用的不同价值,或者更可以使我们区分压抑的特有作用和个人神话在顽念神经官能症中的结构。"②

他1956年在《精神-神经病沿革》(*L'Évolution psychiatrique*)杂志(当年第1期)上发表的《弗洛伊德学说或在精神分析学中返回弗洛伊德的意义》(«La chose freudienne ou sens du retour à Freud en psychanalyse»)一文中,对于结构主义语言学理论在精神分析学中的应用做了进一步的阐述。拉康在文中谈到弗洛伊德学说的运用秩序时说:"一位精神分析学家应该很容易地深入能指与所指之间的基本区别之中,并开始用其组织起来的互不重叠的关系网来进行工作。第一个网系,即能指网系,它是言语活动的物质材料的共时结构,因为每一个成分都再次具有与其他成分不同的准确用法;这是在不同层面上调整语言成分功能的分配原则——从音位对立连对到复合的短语,而现代的最新研究的任务便是找出其稳定的形式。第二个网系,即所指网系,它是具体说出的话语的历时性整体,这种整体自古以来就依据第一个网系来运作,同样,第一个网系的结构支配着第二个网系的通道。"③

1957年,拉康在《无意识中的文字阶段或自弗洛伊德以来的理性》一文中,进一步阐述了他对于索绪尔语言学的认识:"为了阐述语言学的影响,我们说,就像在现代所有科学的情况里那样,这种影响存在于奠定这种语言学的一个公式之中,这个公式为:S/S。它意味着:能指

---

① J. Lacan, 1966: *Écrits*, Paris: Seuil, pp. 284—285.
② Ibid., p. 414.
③ Ibid.

与所指,由斜杠将两个阶段分开。这样写出的符号要归功于索绪尔,尽管并非所有的图示都可以简缩为这种形式……这门科学的主题今后将终止在能指与所指的位置上。"①

正是从1957年开始,能指这一术语频频地出现在《文集》之中。实际上,我们注意到,拉康在使用"能指"一词之前,经常使用significatif("显示")一词来指"病症",而从这时开始,他则使用signifiant("能指"),他说,病症是一种"能指"。

他在1960—1966年间的文章中,开始经常使用"共时性""历时性"概念。他在1960—1964年间定稿的《无意识的位置》(«Position de l'inconscient»)一文中写道:"问题又合法地返了回来:是言语活动的作用还是言语的作用?我们注意到,这个问题在此只采用了索绪尔两分法的外表。如果转向使其制造者感兴趣的东西,即语言的作用,那么,这个问题就在共时性与历时性之间提供了横线与纵线的关系。"② 按照巴特的定义,"请您注意谁在运用能指与所指、共时性与历时性,您就会知道结构主义的看法是否已经形成了"③,此时的拉康,已经是十足的结构主义精神分析学家了。拉康对于结构语言学的参照,使他的精神分析另辟蹊径,从而加深和拓宽了精神分析学的研究领域,他甚至于1966年十分干脆地说:"精神分析学,一旦它忘记了它在言语活动方面的首要任务,它便什么都不是。"④ 需要指出的一点是,在拉康的术语中,他习惯使用"言语活动"(langage)和"言语"(parole)这种对立,而不是"语言"(langue)和"言语"的对立。从上面的介绍中,我们可以看到,拉康术语中的"言语活动"实际上就是"语言",这如同英美文化中将language同时做"言语活动"和"语言"来理解一样。

---

① J. Lacan, 1966: *Écrits*, Paris: Seuil, p. 497.
② Ibid., p. 835.
③ R. Barthes, 1964: *Essais critiques*, Paris: Seuil, pp. 221−222.
④ J. Lacan, 1966: *Écrits*, Paris: Seuil, p. 721.

（二）"研讨班"对于弗洛伊德著述的重新评述

拉康对于弗洛伊德的全部著述进行评述，主要是通过"研讨班"（séminaire）来进行的。

1953—1954年间，拉康在圣-安娜医院开办了第一期研讨班。拉康的方法，就是将弗洛伊德的全部著述视为面向分析者说出的一种言语，这种言语通过在文本自身产生的难解之处来向分析者提出问题。"拉康重返弗洛伊德"之后，最早开始评述，也是他在后来的十年中不断完善的内容，是他从弗洛伊德的著述中提取出的三个概念，即象征（le symbolique）、想象（l'imaginaire）和真实（le réel）。对于这三个概念，拉康称之为三个"范畴"（ordre），我国有人将其翻译成"级"或"界"。拉康的阐述，从总的方面来说，对于"真实"，他只是提了出来，从其所论不多的文字中，我们只知道这种"真实界"是处在错觉之外、镜子的映像之外，然而却是永远在场的东西，想象界仅仅是其预先动作的结果；对于"想象"，他早在1932年就提出过该词，在"重返弗洛伊德"之后的十年中，他进一步对其发掘，并使之与"象征"联系在了一起。

可以说，从1953年到1963年的十年中，拉康主要阐述了"象征"。为此，他越过了"意象"，而进入了无意识，遂将无意识引入了象征之中。那么，拉康是如何将象征与无意识结合在一起的呢？他的做法，是在形式上区分两类关系：第一类是属于想象领域的，即两个自我（理想的自我与自我）之间的关系；第二类关系是两个主体（被分析的对象与**他者**）之间的象征性关系。两类关系的对应性如下：

想象关系	象征关系
—偏执狂认识，空间化过程	—在象征中辨认，历史化过程
—已知的他者的视觉化过程	—**他者**，在对于已知识辨的言语中的主观化过程
—格式塔心理学确定的意指	—能指的字母确定主体
—他者的破坏	—借助约定而共存
—爱、仇恨和物质作为自我的激情	—主体的欲望作为**他者**的欲望

—生活冲动和快乐—不快乐的原理　—在死亡冲动和快乐—不快乐的原理之外

不过，分析，则在于选择第二条途径，即象征。拉康使用下列图示对于想象与象征之间的区分做了说明：

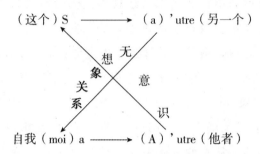

图中，S就是主体（在精神分析学中，是被分析的患者），理想的自我就是另一个，另一个是主体自我形成的动因，而**他者**则是另一个在对于自我产生意义的过程中出现的自我的理想。与a—a'之间的想象关系相对立的是作为无意识（S—A）的象征关系。那么，这种象征关系是否属于言语与言语活动的范畴呢？拉康的回答是肯定的。但是，它属于言语活动解释的另一个平面。他在说明上述图示的时候告诉我们：图"里面有镜相平面，有自我和与其相似之物的对称世界。必须区分出我们称为言语活动之墙壁的另一个平面"①。他接着说："正是从言语活动之墙壁所确定的秩序出发，想象采取了其虚假的现实，其实它也是一种被验证的真实。我们所理解的自我、另一个（相似之物），所有这些想象都是对象……因为它们都是在一种组织很好的系统里被命名的，这种系统就是言语活动之墙壁的系统。"②

拉康认为，建立分析家的分析话语，就是要在主体的这种言语活动中去寻找材料。他要我们注意主体话语中的两种现象：一是主体话语中能指的异化（aliénation），"在对象领域，只有能指的关系可以设想为

---

① J. Lacan, 1977: *Séminaire*, II, Paris: Seuil, p. 284.
② Ibid., p. 284.

是能产生异化的"①。异化,就是"一个能指代替另外一个能指来再现一个主体。这便构成无意识所有成分的结构、梦幻、口误和俏皮话。而且,这也是可以解释主体之分裂的结构。"② 显然,拉康在这里将弗洛伊德精神分析学上的话语"浓缩"(condensation)现象与言语活动中的"隐喻"(métaphore)联系了起来。二是主体话语中的"分离"(séparation)现象,它是在"对象的分裂"中得以建立的一种过程,"由这种过程辩证地加以改变的逻辑形式,在象征逻辑上叫作连言(intersection)……主体则以此在**他者**的欲望之中重新找到与其作为无意识之主体相等的等同物",这类似于"从一个动词的意义向另一个意义滑动"的过程。"分离(séparer),即避开(se parer):为了避开主体必须服从的能指,他便攻取语言链,我们已经将这种语言链在其间隔点处压缩为恰到好处的一种二元对立关系。这种重复的间隔,是能指链最为彻底的结构,是作为欲望之载体的换喻经常光顾的场所。"③ 显然,拉康在此将精神分析学上的"位移"与言语活动中的"换喻"联系了起来。而"隐喻"和"换喻"则分别属于语言学上"聚合关系"(共时性)和"组合关系"(历时性),这样,难以确定的无意识则在结构语言学的原理上得到了把握与解释。而且,我们看到,在这种解释中,拉康全然不顾弗洛伊德学说中的"性"决定论。

在此,我们需对拉康有关"另一个"(autre,亦译为"他者")和"**他者**"(Autre)的区分做些介绍,因为后者正是拉康思想的重要概念。两个概念的法语单词都是 autre,但第二个概念是以第一个字母大写的形式出现的。我们将它们做了不同翻译,以引起注意。关于"另一个"的提法,是弗洛伊德的创造,是指主体之外的一种相似之物(semblable)。但是,拉康注意到这里还存在着明显的层次,也还需要区别一些互不相等的语域(registre)。明显的是,儿童在构筑自我时,是在对于一切均不了解的情况下借助于与另一个(autre)形象的同化

---

① J. Lacan, 1966: *Écrits*, Paris: Seuil, p. 834.
② Ibid., p. 840.
③ Ibid., pp. 842—845.

机制来进行的：这是一种想象的同化。

可是，与这种初步的想象同化相对立的，还有另外一种维度，那就是一种不消失的相异性，是一个与主体不相像的**他者**（Autre），拉康用一个大写的 A 使之区别于与主体相像的另一个（autre）。这种书写方式所要指出的是，在自我的表象之外，在想象的、镜相的同化之外，主体被完全先于他和外在于他的一种秩序所制约，即便在他打算控制这种秩序的时候，他也依赖于这种秩序，而这种秩序就是一种场所（lieu），它是欲望的场所、无意识的场所，即象征的场所。那么，**他者**的本质是什么呢？拉康认为，对于主体来说，构成他所参照的另外的秩序，构成尤其是支配我们的法则的能指的东西，那就是言语活动。这样一来，**他者**最终就与言语活动的秩序（我们应该将其理解为索绪尔理论中的"语言"）结合在一起了。正是在言语活动的他者之中，主体在一种总是需要重新去做的探索之内去寻求给自己定位。实际上，这里的**他者**已经变成了社会性的东西，它是社会规约、社会文化的体现。联系到弗洛伊德赖以建立精神分析学说的俄狄浦斯情结，拉康指出，**他者**在其中就是体现了社会体制和伦理观念的父亲的名字。

综上所述，拉康用结构语言学的理论来重新评述弗洛伊德的学说，使无意识概念达到可以具体分析的程度并使之摆脱"泛性"的局限从而扩大到社会文化结构，这本身就不再仅仅是对于这一学说的评述，而是对于它的发展。他对于"想象""象征""**他者**"的界定和论述，更成为我们理解精神分析学之本质、深化我们认识的有力工具。

三、罗兰·巴特

巴特（1915—1980）1915 年 11 月 12 日出生于法国西南部巴约纳（Bayonne）市附近的谢尔堡镇（Cherbourg），1980 年 3 月 26 日在遭遇意外车祸一个月之后去世。他在从事写作的三十多年时间里，将自己的大部分精力用在了结构主义研究和实践方面，成了这一新方法论的先驱者之一。

关于巴特的写作编年史，他自己在《罗兰·巴尔特自述》（*Roland*

Barthes par Roland Barthes）一书中把他的写作历程划分为四个阶段：一是在马克思、萨特和布莱希特（B. Brecht）的影响之下进行"社会神话"写作的时期；二是在索绪尔的影响之下进行"符号学"写作的时期；三是在索莱尔斯、克里斯蒂娃、德里达和拉康的影响之下进行"文本性"写作的时期；四是在尼采（Fr. Nietzsche）的影响之下进行"道德观"写作的时期。当然，这几个阶段之间有交叉。在这里，我们仅就其前三个时期的结构主义思想和其一生中都在坚持的"中性"思想做些扼要介绍。

（一）"社会神话"写作时期

在"社会神话"写作时期的结构主义思想，主要体现在他于1953年出版的《写作的零度》和1957的《神话》两书之中。

根据其好友格雷马斯的回忆，巴特接触索绪尔的结构主义语言学理论，是在第二次世界大战之后他被赶出罗马尼亚而流亡埃及亚历山大期间的1950年，他于同年11月到12月发表了多篇与这种语言学理论影响有关的文章。不过，根据2015年出版的《罗兰·巴特传》一书中的介绍，他早在1947—1948年于罗马尼亚布加勒斯特法语学院执教期间就阅读过哥本哈根语言学学派创始人之一的维戈·布龙达尔用法文出版的《普通语言学论集》及其他一些语言学家的书籍[①]。巴特于1953年出版了只含有十篇文章的《写作的零度》，该书在初版之后曾经以其新颖的观点而引起过评论界的关注，但随后则被人忽视，不过，当人们回过头来研究巴特整个思想形成过程的时候，惊异地发现，他的结构主义思想在这本小书中已经得到了一定的体现。著名符号学家克里斯蒂娃1982年这样说过：在这本书中，"一种新批评的所有技巧和要旨均得到了显示，后来的时间只不过是对其加以确定。"[②]

语言与写作的关系，是书中开篇就讨论的问题。作者告诉我们："语言是规约与习惯的集合体，是同一时代作家所共通的。这就意味着，

---

① *Communication*，1982，n°36，Paris：Seuil，p. 117.
② T. Samoyault，2015：*Roland Barthes*，Paris：Seuil，p. 226.

语言如同一种自然属性，它完全贯穿于作家的言语活动之中，而不赋予言语任何形式，甚至也不会孕育言语……它独立于文学的程式而存在；从定义上讲，它是一种社会现象……因为贯穿语言的，是整个历史，是以自然方式存在的完整而统一的历史。"① 显然，这是结合文学现象对于索绪尔有关语言的社会性本质所做的进一步阐述。接着，他论述道，"语言是存在于文学之中"的，在"语言与风格之间，就为另一种有形的现实留下了一席之地：写作。不论何种文学形式，总有情调、气质的一般选择，而作家正是在此明确地表现出个性，因为正是在此他介入了进来。"② 这种论述已经告诉我们：带有风格的"写作"就是"言语"。不难看出，索绪尔"语言"与"言语"之分的结构思想，在文学研究上首次得到了应用。

《神话》是巴特1954至1957年之间所写文章的汇编，也是作者进一步将索绪尔提出的"符号学"思想用于社会分析的一部论文集。除了书后有一篇是谈论文学符号学的《今日神话》（«Le mythe, aujourd'hui»）外，其余篇目都是结合当时的社会现实应时而写的随笔。他的目的，是通过这些随笔，揭示大众文化。巴特将这种文化的各种表现形式看作"符号"，进而挖掘其依附于一定文化系统的意义，即"内涵"系统。他在1970年为这本书所写的"补序"中说道："我确信，在把'集体表现'按照符号系统处理的时候，我们可以希望摆脱那种好心的披露，而详细地阐述那种将小资产阶级的文化转换成普遍的本质的神话活动。"③ 巴特后来总结说："对于索绪尔的参照，导致了一种特殊的结构主义，或者如果我们更愿意说的话，导致了一种更为负责的结构主义……对于索绪尔的求助要求我们决心不把意指系统局限于能指，而是要包含对于所指的研究。"④ 因此，在《神话》中，"兰开夏式的摔跤"的作用，就不是争个输赢而已，其"每一个符号都具有一种完整明确

---

① R. Barthes, 1953: *Le degré zéro de l'écriture*. Paris: Seuil, p. 11.
② Ibid., p. 12.
③ R. Barthes, 1993: *Œuvres complètes*, 1, Paris: Seuil, p. 1533.
④ R. Barthes, 1957: *Mythologies*, Paris: Seuil, p. 16.

性","运动员在其自身的基本意指之外,还具有一种次级的但总是很恰当的解释作用"①;"电影中的罗马人"中"百姓因恺撒和马克·安托万后来的理由而伤心,但他们流汗,他们以这一符号非常经济地把他们激动的情绪和其条件的粗野特征结合了起来"②;葡萄酒也"是社会化了的",因为它"建立了一种道德观"③;而且"吃带血的牛排同时代表着一种本性和道德观"④,等等。至于书中第二部分的《今日神话》,那更是对于"意指"即"内涵"系统的一种研究。文章一开头就告诉我们:"神话是一种言语",又说"神话是一种符号系统","是一种意指方式,是一种形式"⑤,在此,巴特为文学的符号学研究进行了最初的探讨。他为文学符号进行的图解式表述,后来常被人引用:

他认为,作为"神话"的文学属于第二层关系,文学的"意指就是神话本身"⑥。

(二)"符号学写作"时期

这一阶段,大体框定在1958至1967年间,是法国结构主义盛行的时期。因此,他的"符号学"概念与"结构主义"概念是一致的,亦即一种"共时的结构主义"⑦。在这个时期,他写了大量文章,并出版了《论拉辛》(*Sur Racine*)(1963)、《文艺批评文集》(1964)、《批评与真理》(*Critique et Vérité*)(1966)和《服饰系统》(*Système de la mode*)

---

① R. Barthes,1957: *Mythologies*,Paris: Seuil,p. 16.
② Ibid.,p. 29.
③ Ibid.,p. 76.
④ Ibid.,p. 78.
⑤ Ibid.,p. 207.
⑥ Ibid.
⑦ R. Barthes,1993: *Œuvres complètes*,1,Paris: Seuil,p. 1534.

(1967) 四部著作。

《论拉辛》被认为是巴特"为研究言语活动的结构主义并从中发现作者的心理共鸣而在文学批评方面进行的第一个探索例证"①。巴特自己也说:"我用我们时代的语言来评价拉辛,同时在文化意义上使用结构的和精神分析的方法。"② 于是,拉辛剧中的卧室、游牧人口、两种色情、情绪的混乱、色情"场面"、明暗程度、基本关系,等等,都成了巴特分析的单位。在此,我们看到了拉康结构精神分析学理论的影响:巴特认为拉辛剧中真实地和潜在地出现的"父亲"就是"**他者**"(Autre),甚至父子相残而流的"血"也是父亲的替代物。巴特的分析招致了以皮卡尔为代表的学院派批评的反对。后者发表了《新批评还是新骗局?》(Nouvelle critique ou nouvelle imposture?)(1965)一书,矛头直指当时在不同领域以进行结构主义研究为主的"新批评"。为此,巴特于1966年发表了小册子《批评与真理》,全面论述了文学批评研究需要进行新的探索的必要性,指出:"文学的特征只能在有关符号的一种总体理论中才能得到设定。"③

巴特对于这一阶段还有另外一种称谓,即"科学的阶段,或至少是科学性的阶段"④。这主要是指他的长文《符号学基础》和《服饰系统》一书来说的。前者是对索绪尔结构语言学基本概念在符号学层面上的进一步阐述,"旨在从语言学中分离出一些分析性概念,人们先验地认为这些概念对于进行符号学研究是带有足够普遍意义的"⑤,并在"结论"中明确指出:"符号学研究的目的,是依据任何结构主义活动本身的设想……来重新建立语言之外的意指系统的运作机制。"⑥《服饰系统》是结合服饰的描述语言这一特定的对象,具体地运用了符号学的分析方法。作者在书出版后接受采访时谈到了他对服饰的倾心:"服饰是一种

---

① R. Barthes, 1993: *Œuvres complètes*, 1, Paris: Seuil, p. 1564.
② Ibid., p. 1564.
③ R. Barthes, 1964: *Essais critiques*, Paris: Seuil, p. 11.
④ Ibid., p. 19.
⑤ Ibid., p. 80.
⑥ Ibid.

传播对象，就像事物、举动、行为、会话，对这些，我一直有着很深的兴趣予以过问，因为它们一方面具有日常的存在性……另一方面，它们允许借助于一些形式手段来进行一种系统分析。"① 这本书一开始就依据结构主义语言学的"语言"与"言语"之划分，也将服饰划分为服饰体制（语言）和个别服饰（言语）。接着，作者进行了服饰的"能指"与"所指"及其"意指"的论述。显然，这也没有脱离结构主义的主旨。我们在此还必须提到巴特对于索绪尔的"语言学是符号学的分支"的论断大胆地提出了反论，他说："倘若服饰不借助于描述它、评价它并赋予它丰富的能指和所指来建立一个意义系统的话，它还能有意指吗？人注定要依赖分节的语言，不论采用什么样的符号学都不能忽视这一点，或许，我们应该把索绪尔的体系做一下颠倒，宣布符号学是语言学的一部分。"② 由此可见，在结构主义发展阶段，结构论符号学与语言学在很大程度上具有同一性。

除了这些书籍之外，巴特还发表了大量零散文章和访谈录，进一步完善了他的结构主义理论与方法。他 1963 年发表的《结构主义活动》③ 和 1966 年发表的《叙事的结构分析导论》（«Introduction à l'analyse structurale du récit»）④ 是我们应该认真研究的文章。在《结构主义活动》一文中，作者告诉我们，"结构"已经是一个被广泛使用的概念，但结构主义与一般的结构探讨不同，今天，"为了探讨结构主义与其他思维方式的不同，大概必须追溯到像能指-所指和共时性-历时性这些连对的概念"，"请您注意谁在运用能指与所指、共时性与历时性，您就会知道结构主义的看法是否已经形成了。"这是巴特总结出的结构主义或者说"结构论符号学"研究的"标志"，他还为其制定了典型的分析过程，那就是"结构的人抓住现实，分解现实、然后又重新组合现实"，那就是"分割与排列。把提供给幻象活动的第一个对象加以分割，就是

---

① R. Barthes, 1994: *Œuvres complètes*, 2, Paris: Seuil, p. 453.
② Ibid., p. 132.
③ R. Bathes, 1964: *Essais critiques*, Paris: Seuil, pp. 221—228.
④ R. Barthes, 1985: *L'aventure sémiologique*, Paris: Seuil, pp. 167—206.

在其本身找出一些活动的片断，正是这些片断有差异的情境在产生某种意义；片断本身没有意义，但是片断外形的哪怕是最小的变化都会引起总体的变化"，"单元提出之后，结构的人应该发现或确定它们的组配规则：这是继赋予其名称之后的排列活动。"这些论述在《叙事的结构分析导论》中更为深入和具体。我们从中明显地看到了俄罗斯形式主义理论家普洛普和法国人类学家列维-斯特劳斯的影响。他自己也说："俄国形式主义学者普洛普，还有列维-斯特劳斯，教会了我们进行下面两种推理：要么，叙事是一种普通的事件结合，如是，我们只能在信赖叙述者（作者）的艺术、才能和天才即各种偶然的神秘形式的情况下，谈论叙事；要么，一个叙事与其他叙事共同拥有可以用于分析的一种结构，尽管需要一定耐心才可以陈述出这种结构……而在不参照某种暗含的单位和规则系统的情况下，谁都不可能组合（生产）一篇叙事。"而分析叙事，就应该跳出语言学传统上的最大分析单位——句子。于是，他提出了分析叙事的几个方面：功能、行为、叙述活动和叙事的系统。在他的论述中，我们到处可以看到列维-斯特劳斯、普洛普、托多罗夫等人的影响。这篇文章似乎可以看作是巴特对自己的结构主义思考在叙事分析方面的总结，但同时也似乎是为其此前的思考画上了一个句号。因为从此之后，他的研究出现了重大的转向。

（三）"文本"研究及其他

从1968年开始，巴特逐步转向了他的"文本"研究阶段，即他在索莱尔斯、克里斯蒂娃、德里达和拉康影响之下进行写作的第三个时期。他在这个时期的代表作是《S/Z》（*S/Z*）（1970）、《符号帝国》（*Empire des signes*）（1970）和《萨德、傅立叶、罗耀拉》（*Sade, Fourier, Loyola*）（1971）。其中，《S/Z》无疑是其这个阶段最具代表性的作品。

《S/Z》是作者对巴尔扎克一部中篇小说《萨拉辛》（*Sarrasine*）进行的一种新的分析尝试。作者在1968年7月底接受的一次采访时告诉了我们他进行这种新的尝试的起因。他说，在他完成了《符号学基础》和《服饰系统》的写作之后，"事情再一次出现了变化，这更多的是由于克里斯蒂娃的研究的影响，而且她使我们了解了巴赫金的观点，还要算上德里达、索莱尔斯的某些表达方式的影响，他们都帮助我修正了某些观念。"① 他为这种尝试所做的解释是："我们认为有必要从对于叙述的宏观结构的描述过渡到对于一部作品的完美审视，以便标记所有的单位和它们的编码，并以此阐述微观结构"②，他对这种方法所做的总结是："这是对于巴尔扎克的文本的每个片断所具有的各种同时的意义进行的一种细致的、渐次的、沿着文本移动的、编造簿记式的、评述性的、需要时可以离题的分析。"③ 作者将《萨拉辛》的文本划分成561个意义语汇（单位），然后逐次分析每一个语汇的编码（规则）和其可能的多方面意义。书的开头部分用了十几节的内容介绍了这种新的分析尝试的理论依据。我们在书中第十一节中可以了解他用来框定文本中所有内容的五种编码：阐释编码、语义编码、情节编码、象征编码、文化编码。从《S/Z》开始，巴特转向了人们后来称之的"后结构主义"，或者，用巴特自己的术语来说，就是转入了"多元性批评"。

巴特在同一时期发表了《符号帝国》和《萨德、傅立叶、罗耀拉》。前者是对于日本一些符号系统的精辟分析，作者认为"日本提供了符号的循环极为细腻的和发展成熟的一种文明"④，后者不是从内容上而是从能指上论述了色情文本、社会文本和神意文本的写作方式。

这里我们还需要提到，巴特在进入其第四个写作阶段之后应法国大百科全书出版社之约而写的《文本理论》（«Théorie du texte»）（1973）一文就是作者所说的一篇跨越写作阶段的"重叠"性文章。在这篇文章中，巴特主张按照克里斯蒂娃的"符义分析"来建立"文本理论"。于是，克里斯蒂娃的"意蕴实践"（pratique signifiante）、"能产性"（productivité）、"意指活动"（signifiance）、"现象文本"（phéno-texte）、"生成文本"（géno-texte）、"互文性"（intertextualité）等概念，均在文中得到了进一步的阐述。文中还指出过去的"结构主义"研究是一种停

---

① R. Barthes, 1994: *Œuvres complètes*, 2, Paris: Seuil, p. 523.
② Ibid., p. 521.
③ Ibid., p. 549.
④ Ibid., p. 1014.

留在现象文本上的研究,而"符义分析"则"存在于言语活动与主体之中"。从此,"文本就不再意味着一种劳动的产品,而是文本的生产者与其读者汇合在一起的一种生产活动的场所。因此,文本在任何时刻,不论在哪一侧,都'在从事工作'。"① 于是,早在结构主义研究阶段巴特一度宣布"死亡"了的"作者"即文本的"生产者",从此便一定程度地得到了"复活"。

(四)对于"中性"的研究

"中性"思想是巴特符号学探索的重要组成部分。我们现在知道,他的这一思想是从布龙达尔的语言学"中性项"概念借用而来并与他自己的"零度"主张实现了融合。

巴特最早提及"中性",是他1944年发表于《存在》(*Existences*)杂志(1944年7月,总第33期)上的《关于〈局外人〉的风格的思考》(«Réflexion sur le style de *L'Etranger*»)一文,他指出加缪这部小说"是一种中性的实体"。后来,他在1953年出版的《写作的零度》一书中的《写作与沉默》(«L'écriture et le silence»)一文中明确地指出:"中性项或零度项……零度的写作实际上是一种直陈式写作……新的中性写作就位于那些叫喊声和判断之中,但却丝毫不参与叫喊和判断。"② 他最集中提及"中性"是在他进入法兰西公学后开设的"如何共同生活"(Comment vivre ensemble)和"中性"(Le neutre)两门"文学符号学"课程,特别是后一门课程之中。

在"中性"讲稿中,他结合中国古代老子和庄子的思想,多方面地论述了"中性"的主张与表现,并把"中性"定义为:"我把中性定义为破除聚合体之物,或者不如说,我把凡是破除聚合体的东西都叫作中性。"③ 在符号学概念中,"聚合体"就"是指两个潜在的项次之间的对立"④,即"极性"(polarités)之间的对立,亦即"既非 A 亦非 B:一

---

① R. Barthes, 1994: *Œuvres complètes*, 2, Paris: Seuil, pp. 1677—1689.
② R. Barthes, 1953: *Le degré zéro de l'écriture*, Paris: Seuil, p. 56.
③ R. Barthes, 2002: *Le neutre*, Paris: Seuil, p. 31.
④ Ibid., p. 3.

个无形的中性项（音位中和）或者零度"①，并明确指出"这个避开聚合体和冲突的形态多样的领域＝中性"②。

他的这种"中性"思想，在他1974年春天的"中国之旅"中表现得极为突出，首先，他的《中国行日记》（*Carnets du voyage en Chine*）采用了"流水账"式的方式，记录下了每一天的参观内容，属于"现象学"范畴；其次，他"迁就大部分多格扎"③（即"俗套"），只把自己的评论写在括号之中，而不在讨论中说出来；再次，对于索莱尔斯等人的激烈态度表现出不满。他在返回法国后于5月24日在《世界报》上发表的《那么，这就是中国吗？》（«Alors, la Chine?»）一文，主张对于在中国发生的事情，应该采取"认同"的态度，而这种"认同"态度，按照巴特在《中国行日记》最后的解释，就是"斜视"的态度，亦即"中性"的态度。可见，他的"中性"思想，也是他的人生和处事态度。

此外，我们不无惊异地发现，巴特的"中性"思想，也是他"片段式"写作和"无序排列"写作的思想基础。

巴特的一生，是探索的一生，他的探索反映了那个时代人们认识的发展。需要补充的一点是，巴特与后来成为巴黎符号学学派核心学者的格雷马斯在埃及的亚历山大结识，他们在后来的研究中相互影响，巴特并成为由后者创立的学派的先驱者之一。巴特善于进取、善于修正自己，也为后人树立了严谨治学的榜样。他的探索是留给人类的一大笔财富。

四、米歇尔·福柯

福柯（1926—1984），是在法国当代哲学思想界占有重要地位的哲学家。在结构主义思潮中，他的理论被说成是"无结构的结构主义"④，而"他并不把哲学归入人文科学；他以哲学家的身份根据人文科学的意

---

① R. Barthes, 2002：*Le neutre*, Paris：Seuil, p. 32.
② Ibid., p. 3.
③ Ibid., p. 36.
④ J. Piaget, 1968：*Le structuralisme*, Paris：PUF, p. 108.

指来进行思考"①。后人把他放在"后结构主义"代表人物之中,因为他既"解构"历史,也"解构"社会。集中代表他的结构思想的著述是他的博士论文《古典时代疯狂史》(1961)、《词与物》(1966) 和《知识考古学》(*Archéologie du savoir*)(1969)。

(一)初期结构思想的形成与表现

福柯的初期结构思想的建立,是与他在成为真正学者之前所接触到的几位结构论思想家有关的。

由于他经历过战争年代,所以,他思考最多的是个人生存与不得不面对的由各种大事件构成的环境。1946 年,他进入巴黎高等师范学院,学习心理学并接触精神病学,在他获得该学院心理学证书之后,曾担任该校的学监和里尔大学的心理学助教。他于 1954 年应阿尔都塞之约撰写和发表了《精神疾病与人格》(*Maladie mentale et personnalité*) 一书。他从 1953 年开始,几乎每周都去听拉康的精神分析学研讨班,而这时的拉康已经采用结构的方法重新解读弗洛伊德。此外,福柯与早期社会学结构论者迪梅齐的结识对他的影响尤其巨大,迪梅齐曾举荐福柯于 1955 年赴瑞典当了三年的法语教师,而此后他们之间过从甚为密切,学术思想也都相互渗透。他就是在瑞典期间开始了他的博士论文的写作的。他后来在接受《世界报》采访时又说:"正像迪梅齐对于神话所做的那样,我借助他的结构观念,尽力找出经验之结构规范,其图示可以在变动之后于不同层次上被发现。"②

《古典时代疯狂史》质疑精神病学知识的真实性,质疑研究这种知识的有效条件,它把这种知识放在西方历史中进行认真审视。福柯从受西方理性压抑的人开始,描述在当时尚不是可靠的精神病学知识的有效场所和有效方式,认为应该把疯癫从支持它的各种话语的多元性中解脱出来,而从话语的各种层次中理清疯癫的做法,完全是与当时盛行的结

---

① N. Baraquin et J. Laffitte, 2007: *Dictionnaire des philosophes*, 3ᵉ édition, Paris: Armand Colin, p. 151.

② F. Dosse, 1992: *Histoire du structuralisme*, 1, Paris: Éditions la Découverte, pp. 181–182.

构主义主张相一致的，因为结构主义就是在文字、语言、无意识中寻找各种"零度"表现。福柯的研究计划，就是把疯癫史的这种零度与历史重合起来，就是在理性的模糊边缘处进行研究，以便在理性话语之后重新复活被历史和理性所遗忘的疯癫本身。他认为疯癫人"位于有关禁闭的社会政令与区分主体能力的司法认识之间"[1]。这部论文一出版，就立即受到了巴特的欢迎，后者专门写了一篇文章《彼此》（«De part et d'autre»）来进行评论，指出"米歇尔·福柯从来都只把疯癫当做一种功能现实来看待：在他看来，疯癫是由理性和无理性、观看者和被观看者构成的一种连对的纯粹功能"[2]，"米歇尔·福柯所描述的历史，是一种结构的历史（……）。这种历史在两个层次上是结构的，即分析层和计划层。米歇尔·福柯在不曾切断一种历时性说明之线索的情况下，为每一个时期找出了人们称之为意义单位的东西，这些单位组合在一起确定了这个时期，而它们的转移则划出了运动本身的痕迹。于是，兽性、知识、罪行、闲逸、性欲、亵渎神灵、放纵不羁、精神错乱意象的这些历史成分，便依据随着年龄而变化的一种历史句法，构成了一些意蕴复合体。可以说，它们是一些具有宽泛'语义素'的所指类别，而其能指本身则是暂时的。"[3]

1966年，福柯出版了《词与物》，其副标题为《人文科学的考古学》（*Une archéologie des sciences humaines*）。该书的出版，为步入巅峰时期的结构主义更增添了声势。该书从分析一副绘画的平面线条与其隐藏效果之间的复杂安排开始，遂进入了全书的主导观念，即历史上各个时期都带有被一定数量的真理条件所赋予的特征，这些特征就像科学话语那样限定了可能的和可接受的知识，而话语的"条件"则是以渐进的方式在时间中变化。福柯把这些条件称之为"认识体系"

---

[1] M. Foucault, 1961: *Histoire de la folie à l'âge classique*, Paris: Union générale d'Éditions, p. 147.

[2] R. Barthes, 1964: *Les mots et les choses*, Paris: Gallimard, p. 173.

[3] M. Foucault, 1961: *Histoire de la folie à l'âge classique*, Paris: Union générale d'Éditions, pp. 175—176.

(épistémè)。他随后分析了各种科学的转换情况：言语活动从语法转换成了语言学，生命的自然历史转换成了生物学等。福柯把一个时代的"认识体系"定义为各个领域科学之间或不同话语之间的关系现象。足见，福柯的分析仍然是结构主义的，而且也像在《古典时代疯狂史》中一样，我们看不到他对于"主体"的论述，这是初期结构主义的一大明显特点。福柯的研究工作，并非不考虑思想史、科学史，而是将注意力集中在它们的侧面，并向所发现的"间隙"（écart）中引入一定的意指，即将意义区别引入知识领域。不难看出，福柯在坚持进行"关系"即"结构"研究的同时，已经开始进行不同于"纯粹结构主义"的探索。

（二）"解构"历史

1969年，福柯出版了《知识考古学》。在书中，他以"话语实践"（pratique discursive）代替了《词与物》中的认识体系概念，以便拉开与已经处于尾声的以分类学特征为主要标志的结构主义的距离，也以此回答人们对于《词与物》提出的各种非议。他虽然认为话语关系并非只存在于话语之中，但他坚持不脱离话语，而是将话语动态地看作话语实践。他以考古学者的身份出现，过问历史学科，尤其过问"年鉴派"历史学家们的研究方向。此时，福柯以对于"系列"和"事件"的研究来替代对于结构与符号的思考。他感兴趣的是探讨话语实践的不连续性，是探讨在话语实践中主导不间歇游戏的变化结构。这显然是一种"解构"的做法。但是，福柯的考古学的解构空间，实际上还属于与初期结构主义相似的一种观点，即对过于简单的因果关系提出质疑而在话语实践中代之以建立全方位的新关系网。他满足于在知识层次上显示因实践而叠加在一起的不同层次，满足于标记曾影响其沉淀的不连续性和断裂。但是，福柯仍然不考虑作为历史之"主体"的人，认为"人正在消失"[①]。他认为话语具有自动性过程，这种过程使得对于言语活动的行为的理解变得没有意义，因此，他满足于在话语构成的内部探讨所有陈

---

① M. Foucault, 1969: *Archéologie du savoir*, Paris: Gallimard, p. 397.

述（énoncé）之间的关系，描述那些关系，而这种探讨便不仅忽视真实，而且也不考虑意义。福柯主张，对于陈述和陈述活动功能的描述绝对要"中性化"，而不能像分析哲学那样去尽力寻找意义，因此这种描述要在陈述活动之外的一个位置上，而考古者的任务只能是描述已经存在的所有陈述：从陈述出发，再回到陈述。有人认为，福柯的考古学开辟了话语分析的第三条途径：在符号学与哲学解释之间，他选择了两者中间的道路。

1968年"红五月"之后，福柯转向了对于政治体制的外围即边缘的研究。他在此前著述中对于话语与权力的辩证关系论述之外，又增加了对于第三个术语"身体"（corps）的研究。他认为，身体与权力相互依靠，就像"存在"（être）与"非存在"（non-être）那样。我们似乎可以说，"主体"又回到了福柯的视野，但是，这种主体是以"身体"出现的。这种转变是1970年之后开始的，他在一篇文章中把历史当做一种"系谱"（généalogie）、当做一种协调好的"嘉年华"来看待，而这种系统就存在于身体与历史的连接中心。在福柯看来，身体是被遗忘的、被压抑的、被封闭的，而他则尽力重新赋予身体以言语。福柯在被选入法兰西公学的开课演讲的《话语秩序》（«Ordre du discours»）中，为他的系谱观点制定了一种新的考古规划，即与身体相联系的话语层的分析规划。对于这种系谱的研究成果，便是他1975年出版的《监督与惩罚》（Surveiller et punir）和次年出版的《求知意志》（La volonté de savoir）。他把权力与知识定位在一种有关身体的政治之中，权力概念在两本书中随处可见，并充当解构西方理性之各种范畴的工具。不过，他始终坚持，权力只是一种"关系"，在这一点上，我们再一次看出，福柯的权力概念仍然带有着结构主义的特征。

福柯的"结构"和"解构"研究是有联系的，而且始终与（以"身体"出现的）历史和人有关。有人称他的理论是"新-结构主义"（néo-structuralisme），也有人将他与德里达作比，认为"在福柯的系谱中，'权力'首先与一种纯粹的结构主义功能是同义词；这一概念占据着与德里达的'分延'相同的位置"①,所以,人们一般认为,福柯后来的研究属于"后结构主义"。

五、路易·阿尔都塞

阿尔都塞(1918—1990),出生于当时尚属法国海外省的阿尔及利亚,1939年进入巴黎高等师范学院,就读哲学专业。第二次世界大战后,他重新回到巴黎高等师范学院,继续完成其学业,毕业后在该学院担任学生的应试老师。在列维-斯特劳斯、福柯和拉康等结构主义思想的影响之下,1965年,他以出版《保卫马克思》和与他人合写的《解读〈资本论〉》两书而跻身于当时著名的哲学家和结构论者之列。阿尔都塞依据结构主义理论,把马克思主义介绍为唯一能够综合人类知识和立足于结构论概念中心的学说,而他对于马克思的属于结构论的"症状"和"科学"的解读,也主要体现在这两部著作中。

(一)认识论决裂范畴

阿尔都塞的基本论点是,马克思是在经历了一系列艰辛的决裂,克服了诸多矛盾之后,才建立起了马克思主义理论。他使用"认识论决裂范畴"这一术语,来指马克思1848年从唯心主义人性论过渡到有关历史的科学话语的深刻理论变化。"认识论决裂",是科学史家巴舍拉尔(G. Bachelard,1884—1962)提出的,指一种学科在成为一门科学的过程中克服了各种认识论困难和其之前错误与幻想的特定时刻。阿尔都塞借用了该术语和其基本意义,但在下面一点上不同于巴舍拉尔的用法:"决裂"同时还指一种科学即历史唯物主义的建立和一种新的哲学即辩证唯物主义的建立。他说:"这种'认识论决裂'同时涉及两种不同的理论学科。正是在奠定有关历史的理论(历史唯物主义)的同时,马克思也与他先前的意识形态哲学的意识进行了决裂,并建立了一种新的哲学(辩证唯物主义)。我故意重新采用了习惯上使用的术语(历史唯物

---

① F. Dosse, 1992: *Histoire du structuralisme*, 2, Paris: Éditions la Découverte, p. 290.

主义、辩证唯物主义）来指明在一次决裂中的两种建立活动。"① 这样一来，"认识论决裂"便指向了一种无限的过程，而正是在这一点上，阿尔都塞的决裂论是结构论的。在阿尔都塞提出结构的认识论决裂之前，马克思主义一直被人理解为是对于单一的"反映论"的各种图示的说明，根据这种反映论，一切均源于经济，而上层建筑则被看作是对于下层基础的简单解说。与这种机械的阐释模式"决裂"，就意味着以一种结构的原因来代替简单的作用因果关系，而在这种结构原因中，结构本身起着主导作用。于是，他根据这种决裂论，将马克思的著述分为三个阶段：以费尔巴哈（L. Feuerbach）人文主义为主的 1841—1847 年阶段，空想共产主义的 1844—1847 年阶段、1848 年之后以出版《资本论》（*Le Capital*）而提出共产主义并建立马克思主义基本理论的阶段。

他认为，青年时代的马克思未能脱离费尔巴哈有关异化和总体人的主题。这个时期的马克思是一位人文主义的、理性的、自由的，更接近康德（E. Kant）而不是更接近黑格尔（G. Hegel）的马克思。马克思当时一心想恢复其本质已被历史所异化的人的方面，其矛盾处于由罔顾人的自由的国家所体现的理性异化之中，人只能通过他的被异化的劳动产品来实现其本质，并在重新掌握其被异化的本质从而使自己成为显性人的同时，来最终实现这种本质，于是，完整的人便在历史的过程中完成了。这种观点，显然是源于费尔巴哈的思想："人们尤其可以看到，马克思青年时代的著述在何种程度上受到了费尔巴哈的影响。不仅是马克思在 1842—1844 年期间所使用的术语是费尔巴哈的（……），而且，大概更为重要的是：哲学问题的根本就是费尔巴哈的。"② 根据马克思自己的说法，他在 1844 年之后又与将历史和政治建立在人的本质基础上的概念决裂了，而代之以由一系列全新概念组成的有关历史的一种科学理论，这些概念如：社会构成、生产力、生产关系等。从此之后，马克思进入成熟阶段，他最终以出版《资本论》而彻底地与意识形态观念决

---

① L. Althusser, 1965：*Pour Marx*, Paris：Maspero, p. 25.
② Ibid., p. 39.

裂了。

(二) 阅读方法

阿尔都塞从一个天主教信徒转向马克思主义,是从阅读马克思著述和决心"重返马克思"的阅读活动开始的。这种阅读,由于重视话语和一种封闭系统的内在逻辑,所以属于一种结构主义活动,阿尔都塞的阅读活动并非源自语言学的理论,他参与话语领域的自主过程,而这种过程应该根据一种新的阅读方法来进行研究。

阿尔都塞把这种新的阅读方法叫作"症状阅读"(lecture symptomale),其中,"症状"一词完全是从拉康的精神分析学中借用来的,并且这种阅读方法渗透着精神分析学的影响。"症状阅读",是阿尔都塞在《保卫马克思》和与其学生共同写作的《解读〈资本论〉》中用来阅读马克思哲学著作的方法,是阐释马克思在《资本论》中开启的有关历史唯物主义的新科学的基本工具。这种方法可以使人辨认和命名马克思思想中已有,但并未出现在他的术语中和其明显的话语中的某些重要概念,例如有关"一种结构对于其要素的有效性"概念,即结构的因果概念,这种概念也涉及多因决定论概念。这种方法的第一要点是:同时确定马克思思想中的"特定对象"和与这种对象有关的"话语"。对于这种对象及与这种对象的关系的识别,要求重返马克思的文本自身。但是,这种重返,并非是在被阅读的文本之中寻找和发现一种单义的思想亮点并将一种话语的神话引向其透明本质的"天真的阅读"。阿尔都塞把自己的"阅读"概念说成是从马克思、尼采和弗洛伊德那里继承下来的,旨在明确地进行一种"有罪感的"阅读,这种阅读认为任何话语和任何"想要-说"其构成均是多义性的,而阅读者就应该"发现潜藏在言语和所听之下的第二个即完全是另外一个话语,那就是无意识话语"[①]。"无意识话语"是弗洛伊德首先使用的,后来成为拉康在精神分析学中用以显示"言语和言语活动"之功能的特定策略。阿尔都塞很赞赏拉康在精神分析学方面对于结构语言学的应用和有关无意识之构成

[①] L. Althusser, 1965: *Lire Le Capital*, Paris: PUF, pp. 6—7.

的概念。他注意到，在拉康理论中，俏皮话、症状和口误等被看作<u>能指</u>，而这类能指就属于一种无意识话语链。

阿尔都塞认为，精神分析学上的这种情况正好与在马克思著作中可以标记出的另一种起因相一致。他根据一种明显的自反做法，将马克思在《资本论》中研究亚当·斯密（A. Smith）和大卫·李嘉图（D. Ricardo）政治经济学文本时采用过的阅读方法，重新用于阅读马克思的文本，并总结出了"双重阅读"的概念，即首先是文字上的阅读，然后是在第一种话语的不连续之中或其"裂隙"之处标记一种话语的深在作用，而这第二种阅读就可以从直接明显的东西之中发现不明显的东西（即未说出的东西）。阿尔都塞在辨认马克思著作中以一种在场-不在场的方式出现的马克思的哲学思想时，习惯上是采用"听"马克思的"沉寂"的做法。在他看来，马克思的"沉寂"是潜藏在马克思文字文本的连续性表面之下的，是一种"症状的"沉寂，而这种沉寂产生一种真正的"理论口误"。

（三）"结构因果关系"论

"结构因果关系"论，一般就是指"一种结构对于其要素的有效性"。按照阿尔都塞的说法，这种结构因果关系，是马克思哲学思想中原有的基本概念，是以一种"令人困惑的不在场"的方式有所表现的，而"症状阅读"就可以在《资本论》的沉闷声音中揭示其位置。这种概念实际上构成了"打开（马克思）任何著作的不可见-可见、不在场-在场之大门的钥匙"[①]。

从定义上讲，"结构因果"就被确定为"借助于一种结构来进行确定"，它指的是主导具有一定结构的经济现象的因果性，而人们可以将其视为"生产方式"（包括矛盾在内的单位或组合、生产力和生产关系）[②]。不难看出，这种结构因果关系首先否定了传统政治经济学的经验概念，其次，按照阿尔都塞对于经济基础的决定作用的理解，它也放

---

① L. Althusser，1965：*Lire Le Capital*，Paris：PUF，p. 25.
② Ibid.，pp. 396—399.

弃了结构与上层建筑之间一般因果关系的机械模式。此外，结构因果还区别于思考整体对于其要素的有效性的另一种因果关系，后者源于莱布尼茨（G. Leibniz）有关**表达**（expression）的概念，这种概念后来一直以表达的因果关系影响着黑格尔系统。阿尔都塞所主张的结构因果论中的结构概念，不可压缩为黑格尔的被认为是"一种精神"的整体性概念。在结构因果论与表达因果关系之间的这种对立中，我们明显地看到了马克思关于任何社会都像是具有主导性的一种复杂结构的概念，这种概念不同于莱布尼茨和黑格尔有关表达性整体的概念，因为后者认为"内在本质"就由其各种要素根据一种现象方式而得以表达。在这种意义上，结构因果论就可以根据马克思有关矛盾的理论来理解，因为这种理论是与黑格尔的辩证法决裂的，而且是与《保卫马克思》一书中明确阐述的多因决定理论相联系的。阿尔都塞进一步告诉我们，结构因果论可以借助"换喻性因果关系"（causalité métonymique）来得到说明，这种因果关系是"拉康在弗洛伊德著作中注意到的，由米勒为说明一种结构因果关系而使用的表达方式"①。这种换喻因果关系在于借助整体的结构来确定对于一个整体的各个要素的确定，它指明的是一种不在场的原因的有效性，这种原因完全存在于其作用之内。

我们还注意到，阿尔都塞在有关结构因果关系论的论述中，认为"将一种分析性概念转移到马克思主义理论中"是"必要的"，尤其对于多因决定论来说更是必要的。这种概念从一种理论领域到另一种理论领域的转移，依靠的是马克思主义与精神分析所共有的观点，即有关存在的观点。

阿尔都塞的结构论有助于人们重新阅读马克思的著述，它提供了一种有活力的对于马克思著述的阅读方法，而其阅读结果也指导了阿尔都塞在法国共产党内部的活动和主张。

---

① L. Althusser, 1965: *Lire Le Capital*, Paris: PUF, p. 405.

六、雅克·德里达

德里达（1930—2004），出生于当时还属于法国海外省的阿尔及利亚的一个犹太人家庭。1965 年，他成了巴黎高等师范学院的哲学考试辅导老师。从 1984 年起，他担任了巴黎社会科学高等研究院的主任，开设了哲学机制研讨班，随后相继在几所美国大学任教。他是在法国结构主义达到顶峰时期以其"解构论"表现出对于结构主义怀疑的哲学家。德里达在 20 世纪 70 年代于法国已经有些影响，但他 80 年代在美国任教时与保罗·德·曼（Paul de Man）[1]交往时影响最大。

（一）基本理论

德里达于 1967 年先后出版了两部书：《书写与差异》和《论文字学》。这两部书，被看作是奠定了德里达解构理论哲学基础的著述。他后来又有多部书出版，但都是对于其基本理论的进一步阐发。

首先，"解构论"是在质疑和批判结构主义的基础上确立的。《书写与差异》汇集了他从 1962 至 1967 年所写的论文，其中多处指出了结构与结构主义并非与时代认识论同步，例如："结构主义只不过就是对于过去之思维的意识，我想说的是对于一般是事实的意识。这种意识是对于已成之物、已构之物、已建之物的思考。它根据情况而是历史的、末世的、过时的。"[2] 该书的《人文科学话语中的结构、符号与游戏》（«La structure, le signe et le jeu dans le discours des sciences humaines»）一文，写于德里达于美国一所大学做了演讲之后，"它所提出的问题在美国打开了所谓'后结构主义'之路"[3]，而这种冠名在进入 20 世纪 70 年代之后才被法国学界逐渐接受。《论文字学》（或译为《书写学》）更为系统地论述了逻各斯中心和语音为上的弊端，而认为书写更为"本源"，它"包含着德里达著述的关键思想：在对于海德格尔

---

[1] 保罗·德·曼（Paul de Man, 1919—1983）：美籍比利时裔著名文艺理论家。
[2] J. Derrida, 1967: *L'écriture et la différence*, Paris: Seuil, p. 2.
[3] 引自张宁译《书写与差异》（北京：生活·读书·新知三联书店，2001 年）上册"访谈代序"，第 2 页。

有关形而上学思想的'破坏'活动之中，对西方哲学的主要前提进行'解构'"①。

"解构"（déconstruction）一词，是德里达从词典中找出的，目的在于尝试翻译海德格尔的 destrucktion 一词，使其并非包含"破坏"之义，而是表明对于形而上学和本体论基本概念的"拆解"（démontage）。因此，这一理论部分来源于现象学。解构建立在对于构想知识、主体性和故事的传统方式的怀疑论，因此就是建立在对于拒绝最终成为概念化的各种企图基础上的。德里达的文字学，就是与一些思想家如柏拉图（Platon）、康德、卢梭（J-J. Rousseau）、马拉美、索绪尔、弗洛伊德和马克思等的对话。他指出了哲学是如何与构成它的话语不可分离的，是如何与支持话语的等级对立不可分离的。修辞手段是论证的基础，他在分析修辞手段的同时，抓住被忽略的细节，以便找出属于作品的各种矛盾，找出以概念出现的各种观念的隐喻特征。因此，解构一个文本，便是进行一种战略上的颠覆，以便重新过问其意义。他注意到，在西方哲学传统中，文字只是言语的辅助再现，因此，他批评逻各斯中心主义，因为这种主义主张在言语与意义之间建立直接的关系。在形而上学上，这种看重声音的方式，是与逻各斯中心主义、对于起源的动词的寻找联系在一起的。德里达在推翻文字与言语之间的这种等级的同时，肯定地指出，文字与言语都属于一种广义-书写（archi-écriture），在这种话语中，文字和言语均被不出现和意指活动的不停活动所标志。但是，符号的任意性和它的重复性"在书写的可能性之前和在它的范围之外是不可想象的"②。于是，德里达在全身投入研究文字的同时（《论文字学》），重新采用了被索绪尔看作区别之系统的语言的概念，提出了"分延"（或"延异"）（différance）概念：这个概念指"各种要素相互之间建立关系的空间活动"③，而在这种空间活动中，存在着一种意义活动。分

---

① N. Baraquin et J. Laffitte, 2007: *Dictionnaire des philosophes*, 3ᵉ édition, Paris: Armand Colin, p. 123.

② J. Derrida, 1967: *La grammatologie*, Paris: Seuil, p. 65.

③ J. Derrida, 1972: *Position*, Paris: Minuit, p. 38.

延阐述区分过程中的这种固有过程,因此,面对文学文本,他不寻找一种内容或一种统一的主题,而是研究文本的各种关系和修辞格赖以出现意外颠覆或者是出现双重逻辑难点的方式,"在分析作为论据之基础的修辞操作的同时,他把握着通常被人忽略的一些细节,为的是分辨作品中存在的各种矛盾与以概念出现的各种观念的隐喻特征。解构一个文本,便是为了重新过问其意义而实施一种策略上的颠覆"。[1]

(二)诸多概念与符号学操作

为了阐释"解构"理论,德里达使用和建立了与惯常用法不同的一整套相关概念,它们也是"解构"理论的一部分,我们仅就其几个主要的术语做简单介绍:

(1)符号、能指与所指。在"解构"理论中,符号的能指与所指之间已经不是结构主义理论中"音响形象"与"概念"之间的关系,而是被消除了关系。《书写与差异》中这样写道:"符号的概念,不能超越可感之物与可理解之物之间的对立,它由这种对立所确定……但是,我们不能摆脱这种符号概念……在几乎不消除于其自身压缩其能指的所指与其自身同一性之区别的情况下,我们不能拒绝这种形而上学的复杂性……因为在能指与所指之间有两种不同的消除方式":"一种是传统的,它在于……使符号服从于思想;另一种,即我们在此用以反对前者的方式,那便是质疑前一种压缩在其中发挥作用的系统。而首先是将可感之物(sensible)与可理解之物(intelligible)对立起来。"[2] 根据结构主义的理论,能指是符号的可感之物,所指对应于非物质的和可理解的观念、概念。德里达所揭示的正是这种对立。德里达的符号概念是与西方哲学有关结构的概念联系在一起的,能指与所指之间的关系是直接的,即能指=所指;而且在阅读过程中,通常就是从能指到能指,这种链接方式是没有尽头的,并且被一种无限的游戏所表现出来。这种链接打开文本,移动文本,从而使文本活动起来。

---

[1] P. Aron, Saint-D. Jacques, A. Viala, 2002: *Dictionnaire du littéraire*, Paris: PUF, p.143.
[2] J. Derrida, 1967: *L'écriture et la différence*, Paris: Seuil, pp.412–413.

（2）书写、痕迹、广义-书写。在德里达看来，单词自然要参照其他单词或"引用"其他单词。根据德里达的文字学主张，书写是"本源的"，这就像声音一样，它保持着常在的张力。他认为书写具有两种特征：一是书写不能是说出的语言的再现，因为书写和说出的语言都不会提前出现；二是书写并非是一种简单的书写法（graphie），而是痕迹的分节式连接和记录。关于痕迹（trace），德里达认为它是"本源的"，它是"一般意义的绝对的本源……<u>痕迹是在显现与意指之间打开的一种分延</u>"①。在痕迹"属于意指之运动本身的情况下，意指从一开始就以这样或那样的形式……被写进了'外在的''可感的'和'空间的'即人们称之为'外在的'成分之中了"②。德里达有时还把痕迹说成是"广义-书写"（archi-écriture）③，"它是言语的第一种可能性"④，也是书写法的第一种可能性。实际上，广义-书写就是由于作为时间过程的分延而被一般化的一种书写。那么，什么是"分延"呢？

（3）分延与解构。分延（différance）是德里达依据动词 différer（它实际上是拼写形式相同但意义不同的两个动词，第一个意为"与……不同"，第二个意为"推延"。）第一种意义的名词形式 différence（差异）创造出来的，第二个意义没有名词形式。德里达以字母 a 代替了单词 différence 倒数第四个字母 e，于是，就为第二种意义生造了一个名词形式，但它们发音完全相同，并且两者之间有联系。"分延"带有以下意义：它是破坏对于同一事物的崇拜和破坏这一事物对于其他事物的主导地位的区别，它标志着人们所看到（a 代替 e）却不能听出的一种间距（écart），分延就是移动，就是滑动，它就是延变（devenir）（即意味着不依赖固定的意指）的过程，它就是带有多余意

---

① J. Derrida, 1967: *La grammatologie*, Paris: Seuil, p. 95.
② Ibid., p. 103.
③ 该词也有译为"元-书写"的。但笔者认为，这个词的前缀"archi"与现在一般翻译成"元"概念的前缀"méta"在意义上有有很大的区别。前者的本义是"极端""过分"之意，是从重要性方面说的；后者的本义是"在后、在中间"之意，在语言学和符号学中常见的术语"元语言"，指的就是存在于语言之中，但又能够说明该语言的语言，是从功能方面讲的，是一种人为"构建起的"语言。
④ J. Derrida, 1967: *La grammatologie*, Paris: Seuil, p. 10.

指的那些能指的移动，因为没有超验的和起组织作用的所指；对于分延的书写，就是指分延自身，因为它与所指和指称对象都没有了关系。在德里达的理论中，他唯一看重的二元对立关系就是书写与声音的对立，而这种对立是分等级的。根据自柏拉图以来的传统思想，声音优于书写，这就是德里达称作的"西方思想中的逻各斯中心主义传统"。"解构"理论则不然，它看重书写。"解构"就是超越各种刚性的概念对立并消除它们之间的区别。有人总结出"解构"操作的两个阶段：第一个阶段是颠覆阶段，由于书写与声音这一连对具有等级差别，所以首先就要破坏其力量关系，即把书写看得高于声音，把不出现看得高于出现，把可感之物看得高于可理解之物；第二阶段是"中性化"阶段，即把在第一阶段价值突出的词项从二元逻辑关系中拿走，于是，被固定在这种二元思想中的先前的意指便被放弃了。这后一阶段便产生了广义-书写，而被解构的词项就变成了不可判断的，于是出现了意指的移动。

德里达和他在美国的学生根据"解构"理论发展了一套批评方法，并形成了文学批评上的"解构主义"（déconstructionnisme）。但是，这一套方法和学说名称在法国却不是很被人接受，人们一般只是将其看作符号学解释实践过程中的一种"时刻"或一种"启发"阶段。不过，格雷马斯和他的学生们还是对于"解构"理论与操作过程从符号学上做出了顺序概括：一是首先发现主导文本的对立关系，随之找出这种对立关系中地位优先的词项；二是揭示对立关系中形而上学的和意识形态的前提；三是指出这种对立关系在由其建立的文本中是如何被拆解和反驳的；四是颠覆对立关系。通过颠覆，使原先在对立关系中不被看重的词项得以突出；五是变动对立关系并重新展现所谈问题的领域。[①] 显然，"解构"是在制定一种新的阅读方法。格雷马斯认为，这种方法不能被压缩为对于一种对立关系的整体放弃，相反，对立关系还是保持着，只不过其内在的等级受到了颠覆且其连接场所发生了变动，也正因为如

---

① 参阅格雷马斯和库尔泰斯主编的《符号学：言语活动理论的系统思考词典》第二卷第62页（A. J. Greimas et J. Courtés, 1986; *Sémiotique-dictionnaire raisonné de la théorie du langage*, II, Paris: Hachette livre, p. 62）。

此，"解构"是具有创造力的。由于"解构"理论把文本只看作能指的链接，文本自身便分散了开来，意义的散开也就成为无止境的了。于是，文本之间的界限没有了，解释活动便可以在无限的互文性中进行。

德里达的"解构论"操作复杂，但它不失为一种符号学研究方法，并且影响了像巴特、福柯和克里斯蒂娃符号学家。在法国，德里达的理论还被称为"超结构主义"（ultra-structuralisme）。实际上，正是他的"解构论"推动了"后结构主义"的形成与发展。

七、热拉尔·热奈特

热奈特（1930— ）被认为是20世纪后期法国最重要的结构主义诗学家、符号学家。他从1959年开始发表文章，一直沿袭着由亚里士多德始创，在法国则经马拉美和瓦莱里使用的"诗学"这一称谓，并将自己的诗学研究确定为"有关文学形式的理论"[①]，这就使其与结构主义活动和符号学的多元研究建立起了密切的关系。

（一）初期研究工作

1966年，热奈特发表了《纯粹批评的理性》（«Raison de la critique pure»）一文，引起了学界的注意。他提出，诗学应该对于文学现象固有的特征性进行分析。他首先依据结构语言学的基本概念和巴特在此基础上阐述的符号学理论对于古典修辞学进行了重新的解释。他在《修辞格I》（*Figures, I*）中就收录了涉及修辞学或专论修辞学的多篇文章。其中有关修辞学本质的论述尤其具有新颖独到之处。热奈特在其《符号的背面》（«L'envers des signes»）一文中认为，"写作是对于形式负起责任"[②]。所有写作方法都是内涵之手段。热奈特借用古典修辞学中的一个典型例证来说明文字之外的这种"超意指"的效果：在帆＝船这一提喻方式之中，有一个能指词：帆，还有一个所指对象（或概念）：船。但是，在由"帆"来代替"船"的过程中，连接能指与所指的关系就构

---

① G. Genette, 1979：*Introduction à l'architexte*, Paris：Seuil, p. 26.
② G. Genette, 1966：*Figures, I*, Paris：Seuil, p. 192.

成了一种修辞格。他为我们画出的图示如下，并建议用一种更为符号学的语言来描述这一图示：

能指 1 （帆）	所指 1 （船）	
意指 1 （修辞格） 能指 2		所指 2 （诗意）
意指 2 （修辞学）		

"使单词'帆'可以用来指明'船'的符号学系统，就是一种修辞格；而使一种修辞格可以用来指明诗意的第二级符号学系统，就是修辞学。"[①]

上述图示，是热奈特从巴特《神话》一书的《今日神话》一文借用和加以改造而制成的，巴特的图示想说明，符号的内涵系统从理论上讲是无限的。但热奈特对自己的图示没有再阐发下去，他更看重上一层的能指与所指之间的"关系"。在热奈特看来，这种关系即为"形式"，这就与他把修辞学定名为"形式系统"或"修辞格系统"统一起来了。

热奈特指出，古典修辞学主要论述的是说话的艺术和写作的艺术，但这种修辞学无法说明修辞格本身的特征性即修辞格产生的依据。热奈特认为符号学理论可以帮助我们对于修辞格和修辞学进行重新的确定。他说："在文字与意义之间，在诗人写出的与他的思考之间，有一种距离、一种空间，像任何空间一样，这个空间具有一种形式。我们把这种形式称为修辞格。每当空间在能指的线与所指（此所指又是另一个能指）的线上有所调整的时候，随着形式的变化，就会有相应数量的修辞格出现"，而"修辞学就是一种修辞格系统。"[②] 这使我们联想到索绪尔在《普通语言学教程》中有关能指与所指之间"关系"之变化的论述。在解释为什么修辞格具有多出字面意义的问题时，热奈特说："产生多

---

① G. Genette, 1966: *Figures*, *I*, Paris: Seuil, p.192.
② Ibid., pp.207—208.

出的意义的技巧，可以归为现代符号学称之为内涵的东西。"① 而"有关修辞格的修辞学的雄心，就是建立文学内涵的一种规则"② 这种阐发，使得修辞学在严格的语言学和符号学意义上找到了理论依据。热奈特在后来的《修辞格II》（*Figures, II*）（1969）、《修辞格III》（*Figures, III*）（1972）和《修辞格IV》（*Figure, IV*）（1999）中继续对修辞学及其相关内容做了研究，这使他成了法国最著名的结构修辞学理论家。

（二）关于"叙事话语"的研究

热奈特诗学研究的第二方面的重大内容，是他成功地进行了对"托多罗夫很快定名的'叙述学'"③ 的探索。热奈特首先于1968年对一部巴洛克史诗《被解救的摩西》（*Moïse sauvé*）中的三种叙述扩展方式即"形成扩展""插入扩展"和（叙述者的）"介入扩展"做了分析，随后又对司汤达（Stendhal）的一部小说做了同样内容的分析。他全面地对于叙事进行研究，是1969年在北美逗留期间结合普鲁斯特的《追忆似水年华》进行的，在这期间，"我开始对于这部系列小说进行了整体分析，这种分析为我奠定了基础……为我充当了建立叙述结构总体理论的现场实验。在多次部分介绍和实验之后，这种论述最后以《叙事话语》（«Discours du récit»）为名在《修辞格III》中发表。"④

"叙事话语"是对于叙事方法论的研究。作者在"绪论"中对"叙事话语"中涉及的关键概念做了介绍。热奈特告诉我们，叙事（récit）有三种意义：一是指叙述性陈述，即承担一个事件或一系列事件的口头话语或书面话语；二是指构成话语对象真实的或虚构的事件的接续情况以及它们的各种连接、对立、重复等关系；三是指不叙述行为。热奈特所要分析的，是第一种意义中的叙事，但这种叙事又与第二种意义和第三种意义中的叙事有着必然的联系。为了避免术语使用上的混乱，作者

---

① G. Genette, 1966：*Figures, I*, Paris：Seuil, p. 219.
② Ibid., p. 220.
③ G. Genette, 1999：*Figures, IV*, Paris：Seuil, p. 14.
④ Ibid., p. 15.

把"所指"或被讲述内容叫作故事（histoire），把"能指"、陈述、话语或叙述文本叫作本义上的叙事，把生产性叙述行为及该行为的真实或虚构的境况叫作叙述活动（narration）。作者认为，故事和叙述活动只有通过叙事才能存在。分析叙述活动主要是研究叙事与故事、叙事与叙述活动、故事与叙述活动之间的关系。在此，热奈特借用了托多罗夫1966年提出并于1968年在《诗学》一书中进一步系统化的故事三范畴：时间范畴（表现故事时间与话语时间之间的关系）、语体范畴（叙述者感知故事的方式）和语式范畴（叙述者使用的话语类型）。

《叙事话语》包括五部分内容。前三部分都是研究故事时间与叙事时间之间关系的。其第一部分讲的是"顺序"，是"故事中事件接续的时间与这些事件在叙事中排列的伪时间顺序之间的关系"，它涉及时间"错位""跨度、幅度""倒叙""预叙""趋向无时间性"等内容，使人们比较清楚地看到了这些手法在《追忆似水年华》中的应用情况。第二部分讲的是"时距"，是"事件或故事片段可变的时距与在叙述中叙述这些事件的伪时距（实际上就是作品的长度）之间的关系，即速度关系"，它涉及叙事的"非等时性""概述""停顿""省略""场景"几个方面。第三部分讲的是"频率"，指的是"故事的重复能力与叙事重复能力之间的关系"，它涉及单一叙事与反复叙事的"确定""说明与扩延度""内历时性与外历时性""交替""过渡"几个方面，而这一切，就《追忆似水年华》来讲，无不可以说是"与时间进行的绝妙游戏"。第四部分为"语式"，指的是"讲述的程度和从何种角度去讲的能力与发挥这种能力的方式"，它涉及"距离""事件叙事""话语叙事""视点""聚焦""变化""复调式"几个方面。第五部分为"语态"，热奈特接受了旺德里耶斯（Vendryès）有关语态的定义，即"在其与主体关系中被考虑的词语特征"，而这位主体"在此不仅是完成或承受动作的人，而且也是转述动作的人（同一个人或另一个人），有时也是参与（尽管是被动地参与）这种叙述活动的所有的人"。这最后一部分涉及"叙述阶段""叙述时间""叙述层次""元故事叙事""换位""人称""主人公与叙述者""叙述者功能""受述者"几方面。热奈特的论述使《追忆似水年华》的叙述结构实现了立体化呈现，从而使人们对这部著作本身的文学性有了更为深刻的理解。

不过，作者对他的努力成果还是有着清醒的认识的，他认为"在此提出的范畴和方法当然不是无缺点的：原因在于通常难以选择出最为合适的"①。十年后，即1983年，他在后来批评和叙述学发展的启迪之下，又写了《新叙事话语》（*Nouveaux Discours*）一书。作者在该书中对"叙事话语"中的一些概念做了补充阐述和澄清。将"叙事话语"与《新叙事话语》放在一起研究，我们可以了解热奈特完整的叙述学思想。

（三）关于文本的"内在性"与"超验性"的研究

热奈特后来的诗学研究，主要放在了文学作品的"内在性"与"超越性"以及相关的"审美关系"方面了，其代表性著作是他以两卷本形式出版的《艺术作品》（*L'Œuvre d'art*）。但在正式进行这一探索之前，他先后出版了几部与这一论题有关的著述，虽然都不是很厚，但为他过渡到全面阐述他在相关方面的思考做了铺垫。1979年，他出版了《广义文本论》（*Introduction à l'architexte*），指出"在柏拉图那里……他明确地以文本的陈述方式为准则；亚里士多德也坚持这一原则"②。热奈特建议，"要借助体裁走出文本，借助方式走出体裁"，再"借助文本，并借此改弦更张"走出方式。于是文本就出现了超越性，"即所有文本与其他文本发生明显或潜在关系的因素"③。这种超越性，即"跨文本性"（transtextualité），包括由克里斯蒂娃提出的"互文性"和其他类型的关系，从而带来了"超文本性"（paratextualité）。作者还把各种体裁的决定因素例如题材、方式以及其他方面也包括在跨文本性之中，从而形成"广义文本""广义文本性"或"广义文本结构"。作者断言："我们可以断然肯定，诗学的研究对象不是文本，而是广义文

---

① G. Genette, 1972：*Figures*，*III*，Paris：Seuil，p. 269.
② G. Genette, 1979：*Introduction à l'architexte*，Paris：Seuil，p. 66.
③ Ibid.，p. 88.

本。"① 热奈特在 1982 年出版的《隐迹稿本》(*Palimpeste*) 和 1987 年出版的《入门》(*Seuils*) 两书中进一步研究了"超文本性",认为诗学的对象是跨文本性或文本的超越性。作者在《隐迹稿本》中总结出了五种跨文本关系,它们是互文性、不公开的借鉴、寓意形式、承文本性 (hypertextualité) 和广义文本性,而他尤其论述了承文本性。承文本性指的是一种文本对于另一种文本的"攀附关系",具体来说,就是指一个新的文本在另一个原有文本基础上发展起来的一种"嫁接"关系;热奈特把新的文本定名为"二级文学"的作品,在法国有图尼埃 (Tournier) 的《星期五》(*Vendredi*) 那样的作品,笔者认为中国文学中的"新编……""续……"等即属于此类。他在 1991 年发表的《虚构与行文》(*Fiction et diction*) 中主要论述了"文学性"体制、标准和方式并指出,文学性体制有两种:一种是构成性体制,一种是条件性体制,前者是一套复杂的动机、体裁规约和各种形式的文化传统,后者是依赖于主观的、可以随时取消的审美鉴赏。文学性的标准被判定为是建立在经验标准基础上的,它可以是题材方面的,也可以是形式方面的,或者更广泛地说,是泛话语 (rhématique) 方面的。泛话语标准则可以通过行文 (diction) 来决定文学性的两种方式。所谓行文,即非虚构性的散文,它只能有条件地被视为文学方式。这本书共包括四篇文章。第一篇论述了虚构与行文各自的特点,指出"以客体的想象特征为主要特征的作品属于虚构文学,以形式特征为主而又不妨碍混合的作品属于行文"②。第二篇文章在于界定由叙事性虚构组成的陈述作为言语行为的地位。第三篇文章论述了叙述学应用于诸如史学、自传、通讯或私人日记等非虚构叙事体裁中的可能性。第四篇文章从风格学入手考察行文情况,并"在此试图勾勒出有关风格的一种符号学定义"③:"风格是言语活动的表达功能,它对立于其概念的、认知的或语义的功能"④,无疑,这是

---

① G. Genette, 1979: *Introduction à l'architexte*, Paris: Seuil, p. 99.
② Ibid., p. 31.
③ Ibid., p. 95.
④ G. Genette, 1979: *Introduction à l'architexte*, Paris: Seuil, p. 99.

对于风格的一种新的认识。他在《虚构与行文》中对其做了初步研究，而在此期间，对于"分析性"审美的其他贡献的发现又进一步坚定了他写作《艺术作品》这一鸿篇巨制的决心。该书第一卷出版于1994年，副标题为"内在性与超越性"（Immanence et transcendance），第二卷出版于1997年，副标题为"审美关系"（Relations esthétiques）。至此，热奈特完成了"从文本到作品"的真正过渡，这同时也使他的诗学研究进入了一个新的更高的境界。这些论述，无不对于叙述学的发展做出了重大贡献。

热奈特对于诗学研究，尤其是对于叙述学研究的贡献是巨大的，他在总结自己近五十年的研究历程时对于自己几乎没有离开诗学领域流露出满意的表情。尽管他已进入八旬高龄，但至今仍在与托多罗夫等人合作主编《诗学》（*Poétique*）杂志（创刊于1970年）和"诗学丛书"，仍不时地奉献给人们新的研究成果。

八、茨维坦·托多罗夫

托多罗夫（1939—2017）出生于保加利亚，1963年读完大学之后来到法国，先是攻读博士学位，随后开始了研究和写作工作。他的知识背景使他成功地将东欧与西欧在文学理论领域的研究成果结合了起来，并成为结构主义"后起之秀"。托多罗夫把自己的研究工作划分为两个大的阶段："第一个大的阶段，从我1963年来到法国，直到70年代末（到我40岁的时候）。在这个阶段中，我的兴趣在于研究文学的形式、话语形式和让我们认识这些形式的方法。"[①] 而进入20世纪80年代，"从这时开始，并在许多年内，我倾心于文化对话和多元文化与单元文化之间张力的研究。"[②] 托多罗夫的结构主义思想，主要体现在他的第一大阶段的著述之中，而这个阶段又可以分为两个时期。

（一）初期研究工作

托多罗夫认为，他的第一大阶段的第一个时期始于他来到法国后出

---

① J. Verrier, 1995: *Tzvetan Todorov, Du formalisme russe aux morales de l'Histoire*, Paris: Bertrand-Lacoste, p. 122.

② Ibid., p. 123.

版第一部著述《文学与意义》（*Littérature et signification*，Larousse）（1967）到他与迪克洛（Oswald Ducrot）合作撰写《言语活动科学百科词典》（*Dictionnaire encyclopédique des sciences du langage*）（1972）这段时间。在这一时期，托多罗夫的工作主要是进行分析方法上的探索，也就是建立"叙述学"的探索。最能体现他在这一时期研究内容和方法的，是在上述两部著述之间发表的《诗学》《〈十日谈〉语法》（*Grammaire du Décaméron*）（1969）和《散文诗学》（*Poétique de la prose*）（1971）。

《诗学》最早是作为《何谓结构主义》（*Qu'est-ce que le structuralisme*）（1968）一书的一个部分出现的，1973年在做了一些修改之后出版了单行本，并且至今已经发行了10万多册。在这本著述中，托多罗夫从结构主义观点出发，系统地论述了"诗学"的方方面面，使该书成了奠定其理论构架和整个"叙述学"基础的重要著作。关于诗学的现代概念，他赞同《普通语言学论集》（法文版）第二章"语言与诗学"中的观点，即诗学的目的，首先要回答是什么把词语信息变成了艺术作品的问题。那么，什么是托多罗夫主张的"诗学"呢？《诗学》一书的开始部分又对此做了更为明确的论述："诗学所过问的，是文学话语作为特殊话语的性质……换句话说，就是关心构成文学事实的那种抽象性质……是提出文学话语的一种结构与运行理论。"[①] 这就告诉我们，文学文本已经不是一个足够的认识对象，诗学探讨的是可以概括所有文学文本性质的结构。托多罗夫进一步论述道，这种抽象的结构就是作品的"文学性"。那么，就一部具体的作品（以小说为例）来说，诗学的研究内容是什么呢？那就是：文学文本的语义内容，词语特征（语式、时距、视点、语态），句法特征（文本结构、叙述句法、规范与反向布局）。需要指出的是，《诗学》1973年的修订版本比1968年的版本在内容上更加完善和丰富，特别是吸收了热奈特有关"视角"的相关论述。

《〈十日谈〉语法》是继《诗学》之后又一部系统论述叙事特征，尤

---

① Tz. Todorov, 1968：*Poétique*，Paris：Seuil, p.19.

其是其"句法"特征的专著，也可以说是对于前者的深化。正是在这部著述中，托多罗夫提出了"叙述学"（narratologie）这一术语。该书结合《十日谈》（*Le Décaméron*）各篇故事，力图在不同的文本，甚至不同语言的叙事之间找出共同的叙事"语法"。该书首先从话语的"组成部分"入手，认为它们的语义理论都应该建立在"描述"与"命名"两种功能基础上：专有名词、人称代词具有命名功能，普通名词、动词、形容词和副词具有描述功能。描述一篇叙事，首先要对叙事进行概述，使故事的每一个动作（action）都对应于一个句子，描述性特征构成句子的谓语，命名性特征构成主语。一般说来，叙事都包含两类情节：描述状态的情节和描述从一种状态过渡到另一种状态的情节，前者相对稳定而且是<u>重复性</u>的，后者是动态性的。于是，叙事话语的两个主要的组成部分便是形容词和动词，前者便是描述平衡或不平衡状态的"谓语"，后者是描述状态之间转换的"谓语"。在确定了话语的这些组成部分之后，还要确定各个部分内部的特性，即语态、语式、方式、时距等。托多罗夫认为，《十日谈》中有两组方式：意愿（volonté）方式和假设（hypothèse）方式。前一组包括强迫式（obligatif）和祈愿式（optatif）两种，后者包括条件式和宾词式两种。在超出句子的情况下，则有三种关系：最为简单的是事件相续的时间关系，还有逻辑关系和空间关系。超出句子的句法单位是序列（séquence），按照序列的观点，句子可以分为三种类型：它们分别对应于排除逻辑关系（或……或……）、析取逻辑关系（和……或……）和合取逻辑关系（和……和……），因而第一类句子就是选言性的（alternatif），第二类句子就是随意性的（facultatif），第三类就是强迫性的。

  《散文诗学》共收录了作者 1964—1969 年发表的十篇文章，进一步探讨了叙事的"叙事语法"问题。作者在《叙事语法：〈十日谈〉》（«La grammaire : *le Décaméron*»）一文中谈到，对于《十日谈》各篇故事的研究，使我们在这部故事集中"只看到了两类故事。第一类……可以称作'逃脱惩罚'的故事……第二类可以被定名为'转化'故事"①。另一篇《叙述转换》(«Les transformations narratives»)一文则代表了托多罗夫在20世纪60年代末的研究成果。该文也是探讨叙事的"句法特征"的,即探讨谓语、句子、序列、文本等。但比之于前面著述中相对"静态"的研究,它更多了些"动态"内容,也就是说更侧重于不同单位之间的联系与转换:"对于每一个方面的研究,都是参照与它有关的上一个层次来进行的,例如对于谓语的研究是在句子范围内进行的,对于句子的研究是在序列范围内进行的,等等。"② "转换"是在"句子"层进行的,"当一个谓语在两个句子里是相同的时候,这两个句子就处于转换关系之中"③,托多罗夫为我们区分出了两种大的转换类型:"简单转换"和"复杂转换"。前者还可以细分为语式转换、意愿转换、结果转换、方式转换、语体转换和地位转换,后者包括表面认识转换、描述转换、前提转换、主观性转换、态度转换。最后,作者令人信服地为我们介绍了转换的依据和条件。

至此,托多罗夫主张建立的文学文本"叙述学"基本完成。这为他后来进行符号学研究和非文学性文本即"社会文本"的研究打下了基础。

(二)有关"象征理论"的研究

在第二个写作时期,托多罗夫的研究成果主要以《象征理论》(*Théorie du symbole*)(1977)、《象征主义与解释》(*Symbolisme et interprétation*)(1978)和进入20世纪80年代之后汇编出版的《批评之批评》(*Critique de la critique*)(1984)为代表。不难看出,在这一时期,属于符号学范畴的象征理论成了托多罗夫探讨的主要内容。

托多罗夫在《象征理论》一书中指出:"如果要将浪漫主义审美简缩为一个词,那就是……<u>象征</u>;这样,整个浪漫主义审美最后就将是一

---

① Tz. Todorov, 1971: *Poétique de la prose*, Paris: Seuil, p. 57.
② Ibid., p. 118.
③ Ibid., p. 123.

种符号学。"① 他总结出了浪漫主义文学的主要审美特征,那就是对于生产(而非模仿)、不及物性、连贯性(接近于梦的联想系统)、综合性(形式与内容的综合、意识与无意识的综合、一般与个别的综合)和无法表述内容的表达。他还论述了象征与讽喻之间的关系,指出:讽喻与象征是两种不同的符号类型,"讽喻是连续性的,而象征是同时性的"②。象征是间接地说明问题,它首先是其自身,然后才意味着什么。因此,借助象征,我们可以从个别过渡到一般。他在《批评之批评》一书中认为,"浪漫主义作家的有些抽象和空洞的表达方式……促使他们区别不同的叙述者、区别普通的然而是无限变化的叙述手法。"③ 正是在此认识基础上,托多罗夫的符号学研究与他的结构诗学探索衔接了起来。

托多罗夫在《象征理论》一书"西方符号学的诞生"(«La naissance de la sémiotique occidentale»)一章中尤其介绍了奥古斯丁(St. Angustin)的符号学思想。他指出,尽管奥古斯丁关心的只是对于《圣经》文本的解释,但这种解释实际上是在建立一种符号学理论。通过阅读奥古斯丁的著述,托多罗夫建立起了自己的概念连对:描述与解释、理解与解释、生产与接受、语言学与文学、文学与意识形态、内在与参照,等等。托多罗夫从奥古斯丁早期的一部著述《论辩证法》(*De la dialectique*)中提取了有关符号的一种定义:"词是一个事物的符号,当其被说话者说的时候,它可以被听者所理解。"④ 他认为,这个定义"显示出两种不同的关系,第一种关系在符号与事物之间(这便是命名与意指),另一种是在说话者与听话者之间(这便是传播)"⑤。在托多罗夫阅读奥古斯丁的《天主教教义》(*Doctrine chrétienne*)一书时,他认为,这本书与其说是对于教义的表达,不如说是一部有关解释理论的

---

① Tz. Todorov, 1977: *Théorie du symbole*, Paris: Seuil, p. 235.
② Ibid., p. 255.
③ Ibid., p. 33.
④ Ibid., p. 57.
⑤ Ibid., p. 234.

著述。书中有着多种对立概念，例如符号与事物、解释与表达、含混与艰涩等。于是，托多罗夫借用一种图示表述了这些对立关系：①

从这个图示可以看出，在奥古斯丁的符号学思想中，对于传播的强调是很明显的。"奥古斯丁的计划最初是阐释学的；但是，他为其增加了生产内容……于是它就变成了第一部天主教修辞学，不仅如此，它把一切都纳入了符号的总体理论之中……这本书应该被看作是真正的符号学第一部著述。"② 在《象征主义与解释》一书中，奥古斯丁的解释方式被托多罗夫确定为一种"目的论解释"③，这就是说，他的阐释学远不如他有关符号的理论宽阔。托多罗夫为了丰富自己对于象征的思考，保留了奥古斯丁对于《圣经》的四种意义的著名论述：文字意义，它要求解释；精神意义，它要求解释，并可以再细分成讽喻意义；道德意义，它指出人们从中获得的教益；奥秘解说的意义，它让人思考最终结果的未来。托多罗夫认为，后面的三种都涉及精神，它们都属于象征意义。

最后，我们指出，《象征理论》一书也对弗洛伊德精神分析学的象征系统做了研究。弗洛伊德在其《风趣话及其与无意识的关系》（*Le Mot d'esprit et ses relations avec l'inconscient*）中，在研究了梦的运作之后指出了梦与风趣话相似的地方。在托多罗夫看来，弗洛伊德的精神分析学对于语言学和修辞学的无知，恰恰使他重新认识了他认为是梦的活动之特征的象征机制，而这种机制就是任何语言学的象征机制。这样，对于梦的解释，就可以参照把《圣经》的解释归入目的论解释的做

---

① Tz. Todorov, 1977：*Théorie du symbole*, Paris：Seuil, p. 235.
② Ibid., p. 38.
③ Tz. Todorov, 1978：*Symbolisme et interprétation*, Paris：Seuil, pp. 122–123.

法,也将其归入同一类型的解释。托多罗夫认为,精神分析学所开辟的意义的局限性就在于它的解释只"在被分析的对象之中发现与精神分析学学说相一致的内容"①。托多罗夫承认弗洛伊德在区分两种解释技术方面的贡献,这两种技术便是:象征与联想。而托多罗夫的努力成果,就在于使弗洛伊德的这些技术在符号学方面得到了重新认识。

托多罗夫在他的研究工作中,还就与他的结构诗学有关的诸多理论问题阐述了自己的看法,例如关于话语体裁、文学史、阅读等。总之,托多罗夫的结构诗学理论是开创性的、奠基性的,他虽然未能建立起像热奈特那样完整、详尽的"叙述学"体系,但他的探索对于热奈特乃至对于巴特的影响是为人共知的,他的相关论述也极大地丰富了有关文学的现代探索。

九、茱莉娅·克里斯蒂娃

在法国符号学中,来自东欧的一些学者有很大的贡献。除托多罗夫之外,还有祖籍同为保加利亚的克里斯蒂娃(1941—)。克里斯蒂娃1965年来到巴黎读博士,她很快就融入了当时围绕着《原样》杂志而形成的"先锋派"学者行列之中。她从介绍苏联文艺理论家巴赫金(Mikhaïl Bakhtine)的符号学思想开始,以"使结构主义富有活力"为目的,逐步形成了自己的符号学体系。她的符号学研究名为"符义分析",她的第一本著述《符号学:符义分析研究》,就是对于这种分析的集中阐述。这本书汇集了她从1966年开始发表的文章。当时,正值德里达的"解构论"、乔姆斯基的"生成语法"、拉康的精神分析学和本维尼斯特的"陈述活动"理论盛行时期,克里斯蒂娃的研究无不渗透着他们的影响。在成书之前,她的文章已经引起了人们的关注。她在符号学多个领域做出了瞩目贡献,是"后结构主义"时期的重要代表性符号学家,我们仅择其影响力较大的几个方面做些介绍。

---

① Tz. Todorov, 1977: *Théorie du symbole*, Paris: Seuil, p. 320.

（一）对于"符号学"的定义

克里斯蒂娃认为，符号学在今天是一门有关"意指的科学"①，亦即一种"理论"："在我们看来，符号学今天似乎可以构成这样的一种理论：它是关于时间的科学（时间理论）和关于意蕴行为的地形学（地形理论）"②，也就是说，符号学是一种元语言。我们从中看出，这种定义既包含着自索绪尔以来逐渐形成的传统概念，也显示出克里斯蒂娃对于符号学内涵的特殊理解。

克里斯蒂娃认为，符号学，就是有关意指活动③之规律的一种理论，这种理论并不受制于无主体可言的传播性言语活动的逻辑，而是在其理论化过程中包含着主体的拓扑学显示，并在其一种对象上返回其自身，因此，符号学或符义分析实际上就是一种逻辑学。但是，它不是一种形式逻辑，而更可以说是一种辩证逻辑。这种逻辑不是唯心主义辩证法的目的论，也不像形式逻辑那样限制主体的出现，它在社会学、数学、精神分析学、语言学和逻辑学之间进行一种"应用交流"，于是，它变成了引导科学向着制定一种唯物主义认识论方向前进的原动力。因此，"符号学作为符义分析和（或）作为对其方法（其对象、模式、由符号安排的话语）的批评，参与（康德意义上的）一种哲学步骤"④。我们看出，这比一般把符号学仅仅看作是一种新的方法论似乎更全面了一些。克里斯蒂娃把自己的符号学称为"符义分析"，所以，搞明白她对于"符义分析"的论述，也就自然会更清楚地理解她的"辩证逻辑"之内涵。克里斯蒂娃首先是在论述"意指活动"时谈到"符义分析"的，她说："我们把意指活动定名为区分、分层和对比工作，这种工作在语言中进行，它在说话主体的线上安排一种传播性的和从语法上讲带有结构的意蕴链。符义分析就在文本中研究意指活动及其类型，因此，

---

① J. Kristeva，1969：*Sémiotiké: Recherches pour une sémanalyse*，Paris：Seuil，p. 8.
② Ibid.，p. 21.
③ "意指活动"（signifiance），指的是"（在意义不确定的情况下）有所意味的特征"（J. Rey-Debove，1979：*Lexique sémiotique*，Paris：PUF，p. 135）。它有别于"意指"（或"意指过程"）（signification），后者指符号的内涵或产生内涵的过程。
④ J. Kristeva，1969：*Sémiotik: Recherches pour une sémanalyse*，Paris：Seuil，p. 2.

它将穿越能指及其主体和符号,同样穿越话语的语法组织机制,以便达到在语言的出现之中有所意味的东西之全部萌芽汇聚的地方"①,她又说:"符义分析:即有关文本意指活动的理论,它把符号看作镜面要素,这种要素确保生发过程(engendrement)即萌生过程的再现,这种生发过程就位于符号内部,它包含着符号,并且借助符号来确定所有的规则。"② 由此可见,"符义分析"是在符号内部并通过符号来进行的。顺便说明一点,笔者将 sémanalyse 一词翻译成"符义分析",而没有依循已有的文章使用的"语符分析"的译名,根据有三:一是从字面组成上看,该词由 sème(义素)和 analyse(分析)撮合而成,而"义素"属于语义范畴;二是《符号学词汇》(Lexique sémiotique)一书将其解释为"(按照克里斯蒂娃的说法)在考虑说话主体的情况下,有关话语和文本的意指活动的理论。该理论源于弗洛伊德将说话人看作被分裂主体(既是意识主体又是无意识主体)的精神分析学的启发,它把所有意义效果分析为可以由对话者之间转移的冲突所致,并且尤其将修辞学和风格学明确为像是两种意蕴策略的结果"③,而正是这种渗透着精神分析学观念的理论的成功与影响,使克里斯蒂娃最终成了巴黎精神分析学学会的正式会员(1997);三是翻译成"语符分析",很容易让人理解为与叶姆斯列夫创立的"语符学"(glossématique)有联系,其实,它们之间没有任何联系:一是在词形上没有联系,二是语符学根本不涉及"说话主体"和精神分析学基础。

(二)关于"文本逻辑"的理论

我们从上面的介绍中得知,克里斯蒂娃"符义分析"的研究和分析对象,就是文本。但是,她有着自己对于文本的特殊理解:"文本并非就是符合语法或不符合语法的诸多陈述的一种集合;它是借助在语言中出现的不同层次意指活动之整体安排的特殊性来被解读的东西,它通过语言来唤醒记忆即历史。这足以说明,它是一种复杂的实践活动,其字

---

① J. Kristeva, 1969: *Sémiotiké: Recherches pour une sémanalyse*, Paris: Seuil, p. 9.
② Ibid., p. 279.
③ J. Rey-Debove, 1979: *Lexique sémiotique*, Paris: PUF, p. 127.

词是需要借助一种特定意蕴行为的理论来把握的，而这种意蕴行为又是通过语言来起作用的。"① 这种定义赋予了文本立体感和运动感。文本分析，是20世纪60年代末法国符号学或"后结构主义"研究的最终归宿，克里斯蒂娃的文本理论在这一时期占据着重要位置。

(1)"互文性"的提出与"对话"研究

克里斯蒂娃到达法国的时候，正值法国结构主义步入顶峰时期。她如饥似渴地去倾听巴特的课程、拉康的研讨班，遂发现法国的结构主义缺乏"动态的"研究。于是，她根据自己在保加利亚研究过的巴赫金的理论，在巴特的研讨班上提出了一种全新的观点，其中包括在前两年中她详细阐述的文本中存在的"互文性"概念，该词的基本意思是指"文本之间的相互关系"，因此也被翻译成"文本间性"。第一篇涉及"互文性"的文章发表于1966年，题为《词、对话、小说》（«Le mot, le dialogue et le roman»）。该文在其"词在文本空间之中"一节中对于文本空间三种维度做了确定：书写的主体、接收者和外部文本。在这种情况下，"词的地位便被确定为：a) 横向上，文本中的词既属于书写的主体，也属于接收者；b) 纵向上，文本中的词趋向于先前的或历时性的文学语料。但是，在书籍的话语范围内，接收者仅仅是作为话语本身而被包含进来了。因此，它与作家在写作自己文本时所依据的另一个话语（即另一个文本）融合在一起了。以至于横向轴（主体-接收者）与纵向轴（文本-语境）相耦合来揭示一种主要的事实：词（文本）是诸多词（诸多文本）的一种交汇，而在这种交汇之中，人们至少可以读到另一个词（另一个文本）。此外，在巴赫金的著作中，他分别将这两个轴称为对话和双义性，它们并没有被明显地加以区别。但是，这种严格性的缺乏更应该说是巴赫金首先将其引入文学理论中的一种发现：任何文本都像是由引文堆砌那样构成的，任何文本都是对于另一个文本的吸收和转换。主体间性（intersubjectivité）便被互文性所取代，而诗性言语

---

① J. Kristeva, 1969：*Sémiotiké：Recherches pour une sémanalyse*, Paris：Seuil, pp. 16—17.

活动至少被解读为是双重的。"① 她在 1967 年发表的《封闭的文本》（«Texte clos»）一文中，又对"互文性"概念做了明确定义：互文性就是"对于一个文本中出现的其他文本的表述"②。与"互文性"相关的，是她对于"对话机制"（dialogisme）的研究，这也是对于巴赫金对话理论的深入探讨及法国结构主义的重大冲击。她认为："对话机制是与话语的深层结构同外延的"③，它涉及"主体"（作者）和"叙事"。但是，她并没有返回到传统的"主体"概念上去，而是将主体分解在叙述过程中，认为作者"变成了一种匿名、一种缺席、一种空白"④，以便让位于处于互文关系中的对话机制。她区分出两种叙事：一种是单声叙事，它包括描述方式、再现方式、历史方式和科学方式，在这种叙事中，"主体承担着上帝角色，而他通过相同的步骤也服从于这种角色"⑤；另一种是对话叙事，这种叙事尤其通过狂欢节的形式和现代的复调小说的形式表现出来，而克里斯蒂娃在这种现代性中，更看到了"我们时代智力结构的基础"⑥。

（2）文本的"能产性"和作为"动态对象"

从克里斯蒂娃《能产性即文本》（«La productivité dite texte»）一文的题目可以看到，文本与"能产性"是分不开的。她首先把"能产性"确定为"书写活动"。她在文章开头就说："我们的文明和有关文明的科学面对一种能产性即书写活动（écriture）时变得茫然，并以此状态来接受一种结果即作品。"⑦ 这种"生产性劳动以消费对象的名义参与到一种交流循环（真实-作者-作品-读者）之中"⑧。因此，如此产生的文本"并不满足于再现即表明真实。在它有所意味的地方，在它因为再现而出现差异的效果之中，它在其非-封闭的时刻参与它所把握的真

---

① J. Kristeva, 1969: *Sémiotiké*: *Recherches pour une sémanalyse*, Paris: Seuil, p. 145.
② Ibid., p. 115.
③ Ibid., p. 94.
④ Ibid., p. 95.
⑤ Ibid.
⑥ Ibid., p. 112.
⑦ Ibid., p. 208.
⑧ Ibid.

实的活动与转换。换句话说，在不汇集即不同化一种固定的真实的情况下，它构筑其运动的活动场面。"① 在克里斯蒂娃的"动态"文本中，有两个重要的概念，即"现象-文本"（phéno-texte）和"生成-文本"（géno-texte）。克里斯蒂娃对于它们有着清晰的论述："文本并非是一种语言现象，换句话说，它并不是出现在被视为平庸结构的一种语言素材之中的带有结构的意指过程。它是意指的生发过程（engendrement）：是在这种语言'现象'即这种现象-文本亦即被表达的文本中的一种生发过程。但是，这种文本只能在人们借助于（1）各种语言学范畴和（2）意蕴行为的拓扑学的形成（genèse）垂直地活动的时候，才是可理解的。……我们称这种过程为生成-文本，同时将文本分为现象-文本和生成-文本（即表面与深处、带有所指的结构和意蕴的能产性）。"② 那么，"符义分析"所依据的"意指活动"便是"人们可以从两个方面来把握的生发过程：（1）语言组织的生发过程，（2）以介绍意指活动出现的'我'的生发过程"③。这样一来，文本便是一种"动态对象"，而"符义分析的目的则是显示表现为能指的所有类型的动态对象"④。那么，"现象-文本"与"生成-文本"之间的关系是怎样的呢？她继续指出："如果意蕴工作一直是在现象-文本到生成-文本（或者从生成-文本到现象-文本）上下翻动的线上起作用的话，那么，文本的特定性便存在于这样的事实之中，即这种特定性是从生成-文本到现象-文本的一种转述，它可以通过从现象-文本到生成-文本的阅读活动来识辨。"⑤ 而分析一种意蕴过程，便"等于是证明意蕴系统的生成过程是如何表现在现象-文本之中的"⑥。不过，生成-文本也还只是"能指"，更可以说是"多元能指"或"被无限区分的多元能指"，它在"将意指的生产过程对

---

① J. Kristeva, 1969: *Sémiotiké: Recherches pour une sémanalyse*, Paris: Seuil, p. 9.
② Ibid., p. 280.
③ Ibid.
④ Ibid., p. 282.
⑤ Ibid., p. 28.
⑥ Ibid., p. 281.

立于现象-文本的传播功能"① 的同时，参与意指的显示。

（三）关于"复变"的符号学理论

为了突破结构主义的藩篱，克里斯蒂娃在提出"互文性"概念之后，又对于"主体的动力性"做了研究。但是，她的"主体"并非是传统意义上的主体，而是拉康意义上的"欲望主体"。也是在1966年，她看到了索绪尔有关 anagramme（同义词：paragramme）的论述，而这种论述正好与她的研究接合了起来。该词本义指"改变字母顺序就可以变成新词"的情况，但索绪尔将其用来指"分散在一个文本中的一个序列的发音、字母或音节的重复情况，而该文本又可以将它们完全或部分地重组在一起"②。综合多种词典的解释和该词在克里斯蒂娃文章中的用法，笔者将 paragramme 翻译成"复变"，似乎可以兼顾多种意义。

那么，如何来分析"复变网"呢？这便是《建立关于复变的符号学》（«Pour une sémiologie des paragrammes»）一文所论述的内容。作者首先对于索绪尔所陈述的"复变"原则做了介绍：一是诗性言语活动"提供了第二种存在方式，它是人造的，可以说是加在单词的原始状态上的"；二是各要素之间依据连对和韵脚而具有对应关系；三是二元的诗学规律最终将突破语法的规则；四是主题-单词铺展在整个文本上或集中在一个很小的空间中。她认为，这种"复变"概念涉及三种主要论题：第一，诗性语言具有编码的无限性；第二，文学文本是双重性的：它既是书写又是解读；第三，文学文本是带有诸多接合关系的网。随后，她阐释了这几个方面，我们在此对其做扼要概述。克里斯蒂娃在文章中是把意指活动作为复变系统来考虑的。她首先认为诗性言语活动是一种"动态过程，而通过这种过程，符号带有意指或改变意指"③，这种动态性"破坏言语活动的惯性，而向语言学家提供了研究符号之意指变化的唯一可能性"④；在这种情况下，"诗性言语活动就表现为一种潜

---

① J. Kristeva, 1969：*Sémiotiké：Recherches pour une sémanalyse*，Paris：Seuil, p. 284.
② J. Rey-Debove, 1979：*Lexique sémiotique*，Paris：PUF, p. 109.
③ J. Kristeva, 1969：*Sémiotiké：Recherches pour une sémanalyse*，Paris：Seuil, p. 178.
④ Ibid., p. 179.

在的无限性"①。关于文本的双重特征,克里斯蒂娃的论述是这样的:"作者在阅读先前的或共时的文学素材时,借助他的书写手段而生活在历史之中,而社会也就被记入文本之中。因此,复变科学应该考虑一种双重习性:诗性言语活动是两种话语的对话。一种外来文本进入了书写的网系之中。这种书写根据有待发现的特定规律来吸收外来文本。因此,在一个文本的复变之中,有着属于被作者解读过的空间的所有文本在发挥作用。在一个异化的社会里,从社会出现异化开始,作者就通过一种复变书写来参与社会。"②她举动词 lire("解读")为例,说该词在古代还具有"汇聚""摘取""辨认痕迹"等意义,因此"解读"表明了一种"参与"和"获取"另一个的取向,"'书写'也就成了变为生产、工业即书写-解读性的'解读',而复变性书写也成了向着一种诱惑性和一种完全的参与性热望发展"③。根据上述观点,文学文本便表现为带有多种接合关系的一种系统。"我们可以将其描述成为带有诸多复变网系的一种结构。我们把复变关系称为制定文学形象的<u>层级模式</u>(modèles tabutaires)(而不是线性模式),换句话说,就是指明日常言语活动中意义之多元决定论(不同于日常言语活动中的语义和语法规范)的动力的和空间的字迹。术语<u>网系</u>在包括单义性(线性)的同时将其代替,并告诉人们,每一个集合(序列)既是一种多功能关系的结束,又是这种关系的开始。"④ 后面的论述更为详细,并伴随着多种分类。可以看出,"复变"符号学亦是其"符义分析"重要的构成部分。

克里斯蒂娃的符号学理论,需要介绍的还有很多,比如她关于"否定性"作为诗性语言能指运作特点、处于过程中的主体的论述等。根据笔者的观察,她的阐述离不开精神分析学和生成语法观念,这似乎构成了克里斯蒂娃"符义分析"符号学的主要特征。关

---

① J. Kristeva, 1969: *Sémiotiké*: *Recherches pour une sémanalyse*, Paris: Seuil, p. 180.
② Ibid., p. 181.
③ Ibid.
④ Ibid., p. 184.

于克里斯蒂娃符号学所属学派，她在一个时期曾被认为属于"解构论"者，但因为她所追求的是"意指的跨语言学模态"，所以也无法与之完全同一；现在看来，将她的"符义分析"纳入"后结构主义"是适合的，因为她就属于"红五月"运动后重新考虑"主体"和不弃"意指"的一代学者。

第三节　小　结

首先，以上介绍只能是概要性的，很不全面。还有几位重要的结构论符号学家，例如电影符号学家梅茨（Ch. Metz），戏剧符号学家科乌赞（Ta. Kowzan），哲学家德勒兹（G. Deleuse）、鲍德里亚（J. Baudrillard）等，都值得我们给予认真研究；而且，我们没有根据一个时间点去断然分出哪些是后结构主义学者，因为结构论符号学家的研究也是处于变化之中，很难将其固定在某一个阶段；最后，我们也没有去说明结构论符号学与其他相关学科之间的关系。

通过上面的介绍，我们可以对结构论符号学的理论与方法做如下概括：

（一）索绪尔的结构语言学及其后续的发展，是结构论符号学产生的语言学基础，"二元论"是其基本出发点；索绪尔将"言语活动"分为"语言"和"言语"并将语言符号分为"能指"与"所指"的结合，是结构论符号学的主要操作概念。

（二）索绪尔的结构语言学将"语言"看作"形式"，看作一种稳定的"社会制度"，看作语言学研究的对象，从而使在此基础上产生的结构论符号学将其研究集中在符号、符号系统和被研究对象的总体结构上；在结构论符号学看来，文化是一种"结构集合"，文化产品的共同特征是结构论符号学的研究兴趣所在。

（三）在研究方法上，结构论符号学将其任何研究对象都转换成语言学意义上的"能指"与"所指"概念和由语言符号组成的"形式系统"；在研究单位上，它几乎不跨越句子，而是通过对句子的切分再从聚合关系上找出相关成分的共同特征，正如巴特所说："结构主义活动包括两种典型操作：切分与组配"①，所以，它基本上是对于"不连续"成分的研究；结构论符号学被看作语言学的一种"附属"，是有其道理的。

（四）结构论符号学进入后结构主义时期的标志，若从时间上划分，1968年"红五月"之后的结构论符号学探索，似乎都应该属于后结构主义；若从研究内容上划分，则有以下几个方面的变化：一是人们已不再纠缠于符号的能指与所指的关系，而是将其看作一个整体，这是德里达解构论观点带来的结果；二是被结构主义所摒弃的"主体"在后结构主义时期又重新返了回来；三是开始研究"语言"的对立面"言语"，认为由"言语"构成的"陈述"也像"语言"那样影响着语言的形式系统和"意指系统"，从而开始了对于"连续性"即"文本"或"话语"的探讨；四是文化不再只被看作是一种"结构集合"，也被看作一种"实践"。根据这些特征，巴特和福柯的后期研究、阿尔都塞和克里斯蒂娃等人的研究，以及哲学家德勒兹、鲍德里亚的符号学思想，都属于后结构主义。

（五）需要说明的一点是，由于德里达长期在美国执教，他的解构思想，在美国的文学批评上形成了"解构主义"（déconstructionnisme），不过，这一名称却不被法国结构主义运动所接受。他的两部著作虽然对于法国结构主义产生过强大触动，甚至推动了后结构主义的出现与发展，但人们对于他的思想的接受始终局限于"解构论"（déconstruction）的提法，而对其学说最为经常的命名是"超结构主义"，所以，他的理论仍然属于结构主义。在法国，并不存在以德里达为分界线的解构主义阶段。

在对结构论符号学做小结时，似乎应该将其与结构主义分开来谈，尽管它们在一个时间里曾经被等同看待——我们一开始就这么说过。

结构主义在20世纪60年代中期达到了鼎盛时期，但它几乎从一开

---

① R. Barthes, 1964：*Essais critiques*, Paris: Seuil, p. 216.

始就伴随着批评的声音。最为激烈的批评来自于哲学界。著名哲学家勒菲弗（H. Lefebvre，1901—1991）强烈抵制和批评结构主义，他将辩证法与结构主义的静态思想对立起来，认为这种静态思想是对历史的否定，认为结构主义过分看重结构概念，而忽视动态的和其他的分析层次。其次，从1967年开始，这一思潮中出现了多元发展和超越结构主义方法的尝试与趋势，德里达的"解构论"已经为"后结构主义"的出现做了理论准备。最后，对于结构主义最为激烈的否定和嘲笑是1968年的"红五月"运动，在这一运动中，结构主义被看作法国社会僵化的政治制度的代表思潮。"红五月"运动"不仅仅是巴黎大学生们的暴动……也是对于结构主义的一种埋葬行为"，"'红五月'是在一种自言'无历史而谈'的时间里出现的一种历史暴力。"[①] 这一运动，使得结构主义思潮颜面扫地，也使得从事结构论符号学不同方向研究的学者一时不知所措，一些研究者也出现了退缩，并与结构主义划清界限。但是，这一运动对于结构论符号学也有一定的推动作用，并促进了后结构主义的研究与发展。在其之后，结构主义思潮得到了人们冷静的思考和正确认识，后结构主义时期的结构论符号学的多方向研究反而得到了肯定，并迅速走出了"红五月"带来的恐惧和阴影，巴黎符号学学派就是在此后发展壮大起来的。格雷马斯对于结构主义的总结是："正是从结构主义起，符号学在它冲破语言学狭窄框架的时刻得以发展起来。"[②]

如今，结构主义作为一种历史事件已经过去，结构论符号学研究则依然存在，但凡涉及对于符号性质及其系统的研究，人们仍然使用sémiologie一词，例如我们上面提到的戏剧符号学家科乌赞，他的著作《戏剧符号学》（*Sémiologie du théâtre*）就是1992年出版的一本书。而在法国不同大学语言科学专业所开课程中，人们也可见有的学校开设sémiologie，而有的学校开设sémiotique的情况。但总的趋势是，后者

---

① F. Dosse, 1992: *Histoire du structuralisme*, 2, Paris: Éditions la Découverte, p. 138.
② A. J. Greimas et J. Courtés, 1993: *Sémiotique-dictionnaire raisonné de la théorie du langage* (1979), Paris: Hachette livre, p. 360.

的影响力越来越大，有的学者甚至注意到，"自从 60 年代末以来，由于国际符号学学会的决议，sémiotique 一词已经占据着优势地位。"①

---

① 援引自 www.yahoo.fr 网 INALCO-ertim 机构文件《当代符号学与语义学》（«Sémiotique contemporaine et sémantique»）对于拉斯捷的采访录，见其第十九卷（Vol. XIX），n°2（2014）。

第三章 巴黎符号学学派

第一节 先驱者及研究领域

巴黎符号学学派,曾经是结构主义运动中受到争议,但同时又被称为"最具科学性探讨"的一个分支,当时并没有受到人们很大的重视。该学派在1968年法国"红五月"运动之后沉寂了少许时间,随后便得到了快速发展,并从1970年开始采用sémiotique一词来冠名自己的研究工作。当然,这并不排除在此之后的很短时间内,该学派有的学者仍将sémiotique与sémiologie两个名词混同使用。我们下面将简要介绍这一学派的发展和研究情况。

一、先驱者

该学派重要的先驱者,其实也是结构论符号学的重要开创人,他们是列维-斯特劳斯和巴特。并不是他们的所有论述都启发了格雷马斯的研究,而是其中一部分主张与尝试。

在巴黎符号学学派看来,列维-斯特劳斯对于该学派的主要启示,在于这位社会学家"将<u>语言</u>与<u>言语</u>的对立——或者如格雷马斯所说——

将叶姆斯列夫建立的系统与过程的对立应用在了社会事实上"①，因此，他"把妇女的流动'过程'有效地与亲属结构、财富的交换和对于经济结构的服务对立了起来。或者按照梅洛-庞蒂的'马克思主义说法'将生产力与生产形式对立了起来。"② 于是，列维-斯特劳斯的分析，很清楚地让我们看出了作为"过程"的妇女流动、财富和服务交流、信息交流的结果，便自然地产生了作为"系统"的亲属结构、经济结构和语言结构。列维-斯特劳斯进一步指出："亲属术语就是意指要素；也像那些术语一样，意指要素只能在被整合于系统之中的条件下才获得这种意指。"③ 从这种观点出发，列维-斯特劳斯根据对应关系，将母系的高加索地区社会与父系的美拉尼西亚社会联系起来，并在一种协调体系内部将四种关系对立起来：即舅舅与外甥、兄弟与姐妹、父亲与儿子、丈夫与妻子。不仅如此，"为我们充当例证的两个组，它们都提供了对于可以进行如下转换的一种规则的应用：在这两个组里，舅舅与外甥之间的关系相对于兄弟与姐妹之间的关系，就像是父亲与儿子相对于丈夫与妻子之间的关系。以至于在得知一种关系连对之后，总是可以推导出另一种关系连对。"④ 在格雷马斯看来，这些论述可以使许多意指系统变得可以理解和预测。

在格雷马斯看来，巴特在其第一本著作《写作的零度》中就包含着对于巴黎符号学发展有用的论述。巴特在这部小书中，根据索绪尔"语言"与"言语"的对立原则，将"写作"对立于"风格"，并认为"写作是一种历史连带性行为"⑤。格雷马斯曾在自己的文章中，多次提到巴特的贡献，例如："按照叶姆斯列夫内容丰富的启示，人们可以根据一种完全被结构化的意蕴集合，来构建一种符号学系统，这种系统中被分析出来的所有结构都将包含着一种自立的总体意指。将这种假设应用

---

① J.-C. Coquet, 1982：*Sémiotique：l'École de Paris*：Paris：Hachette, p. 11.
② Ibid.
③ Ibid.
④ Ibid., p. 14.
⑤ R. Barthes, 1953：*Le degré zéro de l'écriture*, Paris：Seuil, p. 24.

于文学元语言的描述（其功劳要归于巴特），可以更好地说明其重要性。"① 再例如："巴特的贡献的新颖性在于：一方面肯定了文学言语活动的自立性，因为文学言语活动的符号不能被压缩为简单的语言学符号；另一方面，展现了一个时代的各种文学形式总体的意指过程。<u>写作</u>——这是巴特用来定名全部文学符号的名称，它独立于人们借助文本来传播的任何内容，其功能在于'突显了言语活动的一种外在东西，它既是历史，也是人们下定的决心'。这种（已经开始被用于文学批评的）概念，似乎让人们看到了文学方法的一种变革，甚至也许是一种全新的历史概念。"② 至于巴特后来的一些符号学论述，例如"内涵"概念（1965）、叙事的结构分析（1966）等，都曾对巴黎符号学学派的发展起到了推动和参照作用。

在这两位先驱者之后，巴黎符号学学派形成了以格雷马斯为代表和以其理论为基础的较为强大的研究队伍。我们将在本节第二部分中把格雷马斯本人的理论构建过程与他对符号学理论的贡献放在一起集中介绍。下面，我们先来看一下这一学派的研究领域。

二、研究领域

巴黎符号学学派的研究领域很广，我们在此仅简要介绍其中几个方面：

（一）神话与民间故事的叙事研究

在西方文化中，神话属于对于宗教中各种"神"，尤其是与宇宙起源说有关的神即文明创造者的历险叙事，神话研究就是探讨神话与社会文化之间的关系，并且由于神话更是可以根据一些文化碎片重构的对象，所以它属于符号学研究范围，列维-斯特劳斯在这方面开了先河。格雷马斯于1963年发表了《比较神话学》(«La mythologie comparée»)一文，又于1985年出版了对于他的祖籍立陶宛各种神的研究著述——

---

① A. J. Greimas, 2000: *La mode en 1830*, Paris: PUF, p. 376.
② Ibid., p. 377.

《神与人》(Des dieux et des hommes)。民间故事，是指与宗教无关、以描述人的故事和场面为特征的叙事。格雷马斯在俄国形式主义文论家普洛普《民间故事形态学》的研究成果基础上，总结出的包含六个行为者（另译："行动元"）的"行为者模式"为研究民间故事提供了重要的操作概念与工具。其中，最为重要的是"主体"与"对象"（或"客体"）之间的关系，它们之间的"合取"与"析取"可以构成故事叙事的主要"叙述行程"，其主体的"能力"则又表现出多种"模态"。在这方面的研究中，后来的新生代学者也做出了自己的贡献。

（二）宗教话语的研究

这里指的是对于《圣经》且主要是对于《新约全书》(Évangile)的研究与分析。《圣经》一般也被认为是一部文学作品，因此，对于它的分析从大的方面来讲无异于文学符号学。但是长时间以来，宗教话语也被认为是一种特殊领域。一方面，文人们对于宗教都有一种"敬畏"心理，不敢触及；另一方面，对于宗教文本进行分析，总会直接或间接地涉及现有宗教社会内部的一些事件，这也可能会带来麻烦。但是，第一批对于宗教文本的分析研究工作，在法国社会方面却带来了意想不到的正面反应，格雷马斯称之为"意外相遇"和"理性联姻"。造成这种结果的主要原因是，以往对于《圣经》的诠释已经步入了死胡同，而符号学的分析却带来了新的理解与成果，并把这种诠释推向了与文学科学的概念相一致的程度。实际上，符号学理论也表现为一定数量的诠释手段，并向神学家重新提出了意义问题和阐释目标的问题。

（三）文学符号学

对于文学进行符号学研究，是结构论符号学从一开始就涉及的领域，巴黎符号学学派自然继承了这一传统，1974年6月7日格雷马斯在《世界报》对他的一次访谈中说道："这是有着许多研究者都在研究的一个领域，它也是具有很大复杂性且有可能承受时尚影响的领域。"所不同的是，巴黎符号学学派的研究，已经不再考虑文学符号的特性，而是考虑整个文学言语活动。文学符号学先后探讨过文学性概念、各类文学符号学、文学文本或文学话语等。关于"文学性"，这是从雅各布森就确立的概念,他在1921年就将文学研究的对象确定为"文学性,也就是使其为文学作品的东西"。巴黎符号学学派曾有不少研究者致力于确定这种文学性,但到了今天,这种探讨已经部分地失去了其现时性意义,而被有关文本所包含的诸多概念和文本构成的一系列"叙述语法"所代替。此外,关于文本的概念,也逐渐扩展到了"话语"。由于"话语"被看作是由"言语"的接续所构成的,所以更容易理解其开放性。从20世纪80年代开始的对于"激情"和随后对于"张力"的研究,进一步丰富了对于文学话语的符号学分析。

(四) 关于权力话语

这类话语自然属于社会符号学范畴。自符号学研究于20世纪70年代开始过问社会话语以来,"权力话语"或"政治话语"就是很快被涉及的一个方面。这种话语指的是与"政治空间"即政治"场面"有关的所有类型的话语。符号学认为,有关政治话语的各种理论已经是理解这些话语的"元话语",而阐明这些话语的分类原则就等于显示辨认和确定"政治话语"的各种标准。法国符号学一般将政治话语分为"功利性话语"(或"政治学话语")和"自由话语"。这两种话语,其深层次的符号学组织机制,可以提供一整套形式方面的相似性和实质方面的区别性。概括地讲,两种话语中的每一种都看重一种确定的范围很宽的句法外形(通常只分为"斗争"形式和"契约"形式)和某些范围有限的属于语义构成成分的切分原则。在句法平面上,有一种"论争"逻辑,正是这种逻辑主导着对于政治的把握与阐述方式;对于这种通过矛盾方式来调节的句法,人们可以使一种契约句法与之对立,而后者主导着建立在意志一致性基础上的属于"代表性民主"的"自由"理论之司法-政治意识形态。需要说明的是,名词"权力"(le pouvoir)一词,正好与"模态动词"中的"能够"(pouvoir)具有相同的形式,所以,政治话语又与以"能够"为主的各种模态有关系,从而形成"权威性话语"和"职权话语"。当然,这些话语又都与其语境、陈述活动的"行为者"有着直接联系。顺便指出,在社会符号学范畴内,社会心理符号学的研究也得到了长足的发展。

（五）"平面言语活动"符号学

"平面言语活动"指的是使用一种双维能指的言语活动。这种言语活动的平滑表面即图像被理解为一种意义的潜在性表现，而由此定名的视觉符号学则在于建立有关图像的表达编码和特定的视觉范畴，以便考虑它们与内容之形式之间的关系。这样一来，寻找平面的表达系统便在于借助简化程序来制定可以产生各种外在形象的一种要素范畴总表，而这些外在形象透过图像的视觉表面使得意义的连接和表现成为可能。找出深层次（要素范畴层）与表面层（外在形象层）并建立两个层次之间的连接，就是平面言语活动符号学的研究内容。可以说，这种符号学研究的对象是一种形式，而非一种"实质"。

经过几十年的努力，巴黎符号学学派已经成为法国符号学研究的主流。格雷马斯于1992年去世。但是，巨星的陨落并没有使这一学派的研究工作停滞，他的志同道合者与弟子们仍在继续沿着他开辟的道路前进，并在各自领域做出了辉煌的成绩。

第二节 格雷马斯的研究及贡献

一、阿尔吉达·朱利安·格雷马斯的研究历程

格雷马斯（1917—1992）出生于立陶宛，1936年获得了法国留学奖学金，1939年在格勒诺布尔大学获得文学学士学位。在这期间，他对方言学产生了兴趣。1944年，由于他父母被当时的苏联政府驱逐，他便重新回到了法国。他于第二年注册上了巴黎索邦大学的博士学位，在著名语言学家布吕诺的指导下，主攻服饰词汇研究，并于1948年进行了答辩。他的博士论文的中心是共时词汇学分析，题目为《1830年的服饰：论当时时装杂志服饰词汇的描述》，这一论文于52年后的2000年才正式出版。他曾在1949年受聘于埃及亚历山大大学，主讲法语史。随后，他于1958年到土耳其安卡拉大学和伊斯坦布尔大学主讲法语和语法。1962年，他成为法国普瓦捷大学的语言学教授。从此，

他开始了真正的语言学教学与研究工作。他于 1960 年加入了由迪布瓦和谢瓦利耶创立的法语研究学会。从 1966 年开始，他在列维-斯特劳斯的支持下，在由高等研究实践学院（后来该学院一部分院系独立出来，名为"巴黎社会科学高等研究学院"，即 EHESS）和法兰西公学联合设立的人类学研究室内成立了"语言符号学研究小组"，并开设符号学"研讨班"（séminaire）。该研讨班持续了许多年，参与的主讲人先后有巴特、迪布瓦、热奈特、克里斯蒂娃、梅茨、齐贝尔伯格、库尔泰斯、拉斯捷、托多罗夫、埃诺、丰塔尼耶等人。他们的研究对象各不相同，但都是各自所在领域的成就卓著者。

我们从他 1947 年到 1965 年间发表的 26 篇文章（不包括他的博士论文和辅助论文）中看出，他在这一段时间的研究，集中在词汇学、普通语言学理论和语义学三个方面，而他 1956 年为纪念索绪尔《普通语言学教程》发表 40 周年所写的《索绪尔主义之现状》一文，则被认为是他转向符号学研究的起始点。格雷马斯在这篇文章中，认为索绪尔的思想"超出了语言学的范围，现在已被人文科学的总体认识论所采用"[①]，而且"正是根据语言（这种事物具有两个面，被构想为'一种形式而非一种实质'）观念的与所指（它只因为有能指才被认识）密不可分的能指的语言学概念，从语言学过渡到其他人文科学才得以进行——这便是对于索绪尔主义的方法论推演，而且也正是据此，索绪尔有关可以根据其意指来理解的一个被结构世界的假设才得到肯定"[②]。文章肯定了叶姆斯列夫对于发展索绪尔的理论所做出的贡献，"索绪尔在语言与言语之间所做的著名区分——这种区分假设相对于在实践上延续的言语，对应着一种先前的和唯一使交流成为可能的一种语言学系统。这种区分由叶姆斯列夫以更为一般的术语加以了表述，他从一开始就假设支撑且一直要求一种系统。"[③] 该文还介绍了列维-斯特劳斯和巴特在各自领域对于索绪尔理论应用的实践。不难看出，这是一篇堪称介绍巴

[①] A. J. Greimas, 2000: *La mode en 1830*, Paris: PUF, p. 372.
[②] Ibid.
[③] Ibid., p. 374.

黎符号学学派产生之背景和研究之大体方向的文章,同时说明格雷马斯是结构语言学的忠实继承者。至此,格雷马斯的大体研究轮廓与方向,"我们可以用三句话将其概述如下:(1)语言是一种形式对象,因为它是'形式'而不是'实质',它便具有均质特征,并可以承受分析;(2)语言是一种语义对象,它是'一种带有意义的形式建筑术';(3)语言是一种社会对象,用索绪尔的话来说,语言的'社会机制'特征,通过'它只是根据在社会成员之间确立的某种契约来存在'而被证实。"①

1966年,他出版了积多年研究成果为一体的《结构语义学》,被认为"在这部著述中,那些属于格雷马斯自己的符号学关键思想处于尝试自己运气的状态。说真的,整个公理学基础和格雷马斯在其作为研究者的生涯中所应该探讨的总体设想,在这部包容了认识论、符号学理论与实践的著述中,都有其明显的位置"②。这部书参照叶姆斯列夫思想的地方很多。在认识论方面,它探讨了在深层次上承担话语一致性的跨句子结构,并对俄国形式主义理论家普洛普的模式做了进一步的形式化努力。《结构语义学》提供了意指结构的基本内容和行为者模式、行为转换模式,展示了一般叙事中常见的叙述图示。其重要贡献还在于,它所提出的各种理论成了一代人阐发的依据,并由此形成了巴黎符号学学派的基本研究队伍。

此后一连十余年,格雷马斯把注意力放在了对符号学诸多方面进行的探讨上,从而使符号学出现了多方面的深刻变化,进而确立了巴黎符号学学派的稳固地位。这期间,他研究了与词语符号学相对的非词语即自然世界的符号学、叙述语法要素、价值对象、模态理论等(这些研究汇集在《论意义I》和《论意义II》及其他著述之中),其中多项成果都是符号学研究历史上的重大突破。1979年他与库尔泰斯合著出版了《符号学:言语活动理论的系统思考词典》。这部词典为人们带来了很大

---

① J.-C. Coquet, 1982: *Sémiotique: l'École de Paris*, Paris: Hachette, p.10.
② A. Hénault, 1992: *Histoire de la sémiotique*, Paris: PUF, p.103.

的满足，因为它提供了人们所需要的符号学术语的定名和概念定义。到了1986年，这部词典的第二卷也出版了，这一卷是对于第一卷的"补充、讨论和建议"。而从此至80年代末，格雷马斯又对"激情"做了深入研究，他与丰塔尼耶合著的《激情符号学》是这一时期的代表作。至此，上述一系列著述和词典的出版，不仅使巴黎符号学学派成了法国符号学研究的主流，而且也为符号学在法国获得自立地位做出了巨大贡献。

二、格雷马斯的历史性贡献

格雷马斯的贡献对于巴黎符号学学派的形成与发展是决定性的。从总体上讲，他一生都在致力于建立话语的"叙述语法"（grammaire narratif）。他探讨了与这种语法相关的方方面面，提供了大量可操作的被称为模式的研究成果，从而将话语的意指分析推向了新的阶段。下面，是其具有代表性的几个方面。

（一）义素及同位素性概念

义素（sème）是意指的基本单位，同位素性（isotopie）是在义素的基础上形成的，《结构语义学》将相当篇幅用在了对于这两个概念的阐释方面。

关于义素，《结构语义学》在开篇不久就论述道："意指要素，由雅各布森确定为区别性特征，在他看来，它们只不过是索绪尔区别性要素一词的英语译文，随后又是法语的译文。出于简化术语的考虑，我们建议将其定义为<u>义素</u>。因此，我们看到，一种基本结构或者以语义轴的形式，或者以义素衔接的形式来得以理解和描述，从现在开始，应该注意到，义素描述在实际效果上远远优于开列语义轴的总表。"[①] 而在义素描述方面，格雷马斯突破了叶姆斯列夫和布龙达尔根据音位二元对立原则所确定的"正 vs 非正"之连对，增加了"中性项"和"复合项"，前者表明的是不存在"正"与"非正"的情况，后者指存在着整个义素范

---

① A. J. Greimas, 1966: *Sémantique structurale*, Paris: Larousse, p. 22.

畴的情况。格雷马斯指出："对于义素分节的描述，可比之于对各种分配的分析，因为这些分配在尽力把义素的各项都记录在可比的义素语境之中。"① 掌握了义素概念，就方便了对于意指结构的描述，因为"结构是意指的存在方式，这种方式则通过两个义素之间的连接关系得到具体表现"②，并且"在义素的表现平面上，义素成为词位（或词素：lexème）和词位结合体，实际上，是词位和词位结合体构成一般称之的话语"③，而"被视为言语活动之表现的话语……是了解内在于这种话语全部意指的唯一源泉"④。

    格雷马斯依据其对于词汇学的坚实知识基础，对于义素分类做了清晰阐述。他把义素划分为"核义素"与"语境义素"。格雷马斯说："在我们认识的当前状态下，我们把原级内容看作是义素核……同时假设它就表现为一种固定的义素最小成分，即不变成分"⑤，"但是，如果义素核是一种不变成分的话，那么，我们此前观察到的各种'意义'变化成分就只能来自于语境。换句话说，语境应该包含义素的各种变化成分，这些成分可以阐述我们能够记录下的意义效果的变化。我们暂时把这些义素变化看作语境义素。"⑥ 格雷马斯进而根据物理学和化学概念引入了"同位素性"概念，来定名"形态结构的复现"。他指出："语义分析，为建立同位素而寻求一些区分性标准，最终要使用相互叠加的语境之等级概念。因此，至少两个义素外在形象的组合体就能被看作是可以建立一种同位素性的最小语境。"⑦ 由迪布瓦等人合著的《语言学词典》（*Dictionnaire de linguistique*）对于"同位素"概念做了这样的概括："同位素这个术语在格雷马斯那里指的是一种语义单位的特征性质，这种性质允许将一种话语理解为一种意指整体"⑧，说得直白一些，就是

---

① A. J. Greimas, 1966: *Sémantique structurale*, Paris: Larousse, p. 25.
② Ibid., p. 28.
③ Ibid., p. 29.
④ Ibid., p. 39.
⑤ Ibid., p. 44.
⑥ Ibid., p. 45.
⑦ Ibid., p. 72.
⑧ J. Dubois, 1973: *Dictionnaire de linguistique*, Paris: Larousse, p. 271.

具有相同义素的至少两个词项便处于同位素性关系之中。同位素性是理解文本或话语语义连贯性（cohérence）必不可少的概念。13 年之后出版的《符号学：言语活动理论的系统思考词典》一书对于"同位素性"有了更为完整的总结："同位素性这一概念带有操作性特征，它首先指那些承担着其陈述-话语同质性的类义素在组合关系链上的重复性……因此，便会出现将两个词项归一的义素范畴；考虑到这两个词项可以引发的行程，符号学矩阵的四个词项被说成是同位素性的。"① 符号学矩阵体现的是文本或话语内在的一种语义逻辑关系，同位素性无疑是维持文本或话语语义连贯性的根本所在。除了这种语义同位素性，格雷马斯还区分了"语法同位素性（或符号学意义上的句法同位素性）及与之相关的范畴复现情况"②。此外，文本或话语中还包含：通过前后照应关系可以得到确定的施事者同位素性，从范围上区分超出的局部同位素性和总体同位素性，表明形象构成成分的形象同位素性和以多种情况与之对应的主题同位素性、多元同位素性等。同位素性也会存在于不同文本或话语之间，这时，它则以"互文性"概念和名称出现。

（二）行为者模式

《结构语义学》专门有一章谈了"神话行为者模式"。这一模式是格雷马斯在俄国形式主义文论家普洛普根据俄国民间故事总结出来的 31 种"功能"和 7 种"行为者"，以及法国美学家苏里奥（E. Souriau，1892—1979）归纳出的 6 种"戏剧行为者"基础上借助压缩与合并而概括出来的，这一模式可以将一个动作分解为 6 个方面或 6 个行为者。格雷马斯采用"行为者"一词来表示比"施事者"（acteur）更高的类别，因为"行为者相对于施事者来说具有一种元语言学地位"③，即它是一种单义的、可为施事者做出归类的一种要素。这一模式包括 6 个行为者，其连接关系如下：

---

① A. J. Greimas et J. Courtés, 1993：*Sémiotique-dictionnaire raisonné de la théorie du langage* (1979), Paris：Hachette livre, p. 197.
② Ibid.
③ A. J. Greimas, 1966：*Sémantique structurale*, Paris：Larousse, p. 175.

```
发送者————对象————→接收者
                ↑
助手————→主体←————对手①
```

格雷马斯认为"数量很少的行为者词项足可以阐述一种微观领域的组织机制"②：主体是想要或不想要与对象实现"合取"的人，对象是一种物体或一种价值，发送者是激发动作的人，接收者是享有对象的人，助手（包括人和物件）是帮助主体实现动作的人，而对手（包括人和物件）则是制造障碍的人。这6个行为者实际上是三个连对，即主体 vs 对象、发送者 vs 接收者和助手 vs 对手。作者遂对每一个连对即两个词项之间的关系做了介绍：主体与对象之间主要是"欲望"关系；发送者与接收者之间是交流关系，而在文学话语中，它们常常又与主体或对象形成同一或混合关系，并且发送者与接收者也分别变成了"陈述发送者"和"陈述接收者"；助手与对手是围绕着主体而言的，它们经常表现为主体"欲望"的实现在交流过程中的对立，但它们都是"场合参与者，而不是场面的真正行为者"③。需要说明的一点是，行为者模式中的6个行为者是对于可能出现在神话或话语中的各种功能的概括性命名，它们并不是每一次都同时出现，它们会根据体裁的变化而表现出不同的类型，并且在很多情况下以混合状态出现。

格雷马斯后来对于行为者与施事者之间的关系做了区分："从历史上讲……施事者这一术语已逐渐代替了人物（或剧情人物）这一术语"，而且"由于施事者是通过'脱离'和'接合'的程序（这些程序指的是陈述活动阶段）来获得的，所以它是一种名词类型的词汇单位"④，另外"施事者可以是个体的，可以是集体的，或形象的。……我们最终可以获得施事者更为确切的定义：它是句法组成部分和语义组成部分的汇

---

① A. J. Greimas, 1966：*Sémantique structurale*, Paris：Larousse, p. 180.
② Ibid., p. 176.
③ Ibid., p. 179.
④ A. J. Greimas et J. Courtés, 1993：*Sémiotique-dictionnaire raisonné de la théorie du langage* (1979), Paris：Hachette livre, p. 7.

集和语义投入场所。要被叫作施事者,一个词位应该至少是一个行为者角色且至少是一个主题角色的承担者。"① 至于行为者,他"可以被设想为独立于任何他人的决心而完成或承受行为的人。……行为者这一术语指对于句法的某种理解力……行为者可以被看成关系即功能的结局项"②。后来的研究表明,助手和对手都可以被看作是主体的一种能力表现。

(三)符号学矩阵

关于符号学矩阵(carré sémiotique)的提出,笔者参阅了多部书籍,总的表述是说根据数学上的克莱因集群(Groupe Klein)概念和法国学者夏布罗尔(C. Chabrol)的逻辑六边形概念概括而来的。格雷马斯自己也不承认是他发明的矩阵。但是不管怎样,这一矩阵在格雷马斯著作中多方面的应用和进一步的完善,无不应该说是他的贡献。因此,库尔泰斯认为,现在的符号学矩阵"是格雷马斯逐步建立起来的,符号学矩阵依据布拉格语言学学派的语言学基础,依据人类学的研究成果(列维-斯特劳斯),是对于一种语义范畴之衔接的可视性介绍"③。

这一矩阵正式出现在格雷马斯的著作中,见于他与拉斯捷1968年共同撰写的文章《符号学制约之各种关系》(《Les jeux des contraintes sémiotiques》)的第一节"构成模式的结构"(La structure du modèle constitutionnel)中。这篇文章后来收入格雷马斯的《论意义 I》(1970)。该节一开始就对"意指的基本结构"做了论述并指出:

> 如果意指 S(在作为其整体性的能指领域或某种符号学系统中)在其最初被理解的层级上表现为一种语义轴的话,那么,它就对立于被当作一种绝对的意义缺席和 S 的矛盾成分-S。如果假设语义轴 S(内容之实质)在内容之形式上分节为两个相反的义素

---

① A. J. Greimas et J. Courtés, 1993:*Sémiotique-dictionnaire raisonné de la théorie du langage* (1979), Paris: Hachette livre, p. 7.
② Ibid., p. 3.
③ J. Courtés, 1991:*Analyse sémiotique du discours: De l'énoncé à l'énonciation*, Paris: Hachette Suéprieur, p. 152.

S1……S2 的话，那么，这两个被分别考虑的义素便表明了其矛盾项的存在：-S1……-S2。S 在建立了其义素分节之后，考虑到它可以被重新确定为借助析取与合取的双重关系而连接 S1 和 S2 的复合义素，那么，意指的基本结构就可以表现为：

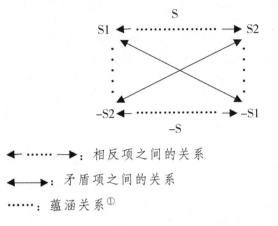

←……→：相反项之间的关系

←——→：矛盾项之间的关系

……：蕴涵关系①

文章明确告诉我们："上面的模式，仅仅是对于先前提出的模式（A. J. Greimas，1966：Sémantiqi structurale，P. Larousse.）的一种重新表述。这一新的介绍方式可以使人将其与布朗榭（R. Blanché）的逻辑六边形（见其文章 « Structures intellectuelles »［《智力结构》］，in *Informations sur les sciences sociales*，1967，pp. VI－5）以及数学上的克莱因集群和心理学上的皮亚杰集群（Groupe Piaget）做比较。"②

这一模式在后来的应用中得到了进一步的修订，1979 年出版的《符号学：言语活动理论的系统思考词典》将其改为以下模式并命名为第一代矩阵：

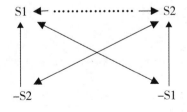

---

① A. J. Greimas, 1970: *Du sens*, I, Paris: Seuil, pp. 136—137.
② Ibid., p. 137.

◄┄┄┄► : 矛盾关系

◄———► : 对比关系

———► : 互补关系①。

在此基础上建立的第二代矩阵，则是关于范畴词项的，"既然任何符号学系统都是一种等级关系，那么，事实便是，在词项之间确立的所有关系，便可以充当在它们之间建立更高等级关系的词项。在这种情况下，我们可以说，两种对比关系在其之间确立矛盾关系，而两种互补关系在其之间建立对比关系。"②

于是。在下面四个词项之间便出现了更高等级的关系：

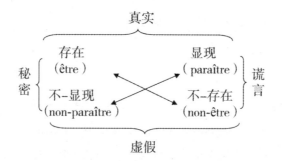

这个矩阵叫作"诚信模式"（又译"述真模式"），其中，"真实与虚假是矛盾元词项，而秘密和谎言是相反元词项。元词项和由它们构成的范畴将被看作是第二代的词项和第二代的范畴"③。1986年出版的第二卷《符号学：言语活动理论的系统思考词典》主要围绕着"诚信模式"对于矩阵再一次做了修订：从术语上看，"真实"和"虚假"都由原先使用的形容词变成了名词，"谎言"也被"幻觉"所取代；从内容上看，这一矩阵出现了更为复杂的探讨，使之成了挖掘深层语义逻辑关系的一种工具性概念。

当然，这种传统的"符号学矩阵"也有一定的不足。格雷马斯的学

---

① A. J. Greimas et J. Courtés，1993：*Sémiotique-dictionnaire raisonné de la théorie du langage* (1979)，Paris：Hachette livre，p. 31.

② Ibid.，p. 32.

③ Ibid.

生丰塔尼耶后来就指出:"符号学矩阵汇总了各种类型的对立关系,以便使其成 3 为一种严密的图示。但是,它将范畴介绍成为一种完成的整体,而这种整体不再受一种灵活的陈述活动所掌控;此外,在其经典的表述之中,它将范畴转换成一种形式图示,而这种图示又不再与对于现象的感知和可感性探讨有任何关系。"[①] 所以,格雷马斯的矩阵后来在不同的研究者那里也出现了一些变化,但这丝毫不影响其根本原则。

(四)叙述语法

格雷马斯于1969年以文章《叙述语法要素》(« Éléments d'une grammaire narrative»)首次提出了对于"叙述语法"的研究。但可以说,他对于意指结构的各种分析都与叙述有关,比如"行为者模式"等。而在他之前和他同时,有普洛普对于民间故事结构的研究、列维-斯特劳斯对于神话结构的研究、布雷蒙根据一种逻辑关系对于叙述的解释,以及丹德(A. Dundes)在叙述语法组织形式方面的研究等。格雷马斯的研究在总结个人和参照他人研究成果的基础上"尽可能扩展叙述分析的应用领域,使在这些研究过程中出现的局部模式越来越形式化"[②]。他首先区分出两种基本的再现与叙述层次:叙述的表面层次和叙述的内在层次。在前一个层次里,叙述的各种表现服从于语言实质的各种要求;后一个层次则构成一种共有的结构主干,叙述性就位于结构主干的表现上,并先于其表现而得到了组织。他认为,"叙述分析的必然后果就是话语分析"[③],而且,"意指的生发并不首先通过陈述的产生和其结合而成为话语;这种生发在其行程之中是被叙述结构所替代的,正是这些叙述结构产生被认为是分解成陈述的话语"[④],因此,制定一种有关叙述性的理论,尤其在于被看作是意指科学的符号学总体安排之内部建立起各种叙述结构,"此外,我们已经注意到,对于可以使意指的基本结构形式化是必要的那些范畴,同样是被用来构建任何符号学理论的那些认识论范

---

① J. Fontanille, 2000: *Sémiotique du discours*: Limoges: PULIM, p. 69.
② A. J. Greimas, 1970: *Du sens*, I, Paris: Seuil, p. 157.
③ Ibid., p. 158.
④ Ibdi., p. 159.

畴。正是通过构成对意义的任何操纵都是初始阶段的符号学模式的这些'言语活动的共同概念',我们可以考虑制定一种基本语法的首批前提"①。接着,他阐述了基本语法的各种特征:"叙述语法由一种基本形态学和一种基本句法构成,前者是由分类模式提供的,后者则在提前相互确定的分类词项上运作;叙述句法在能够被投入内容价值的各种词项上进行操作;因此,这种句法便在否定和肯定这些词项或者同样在使其出现析取与合取的同时,转换和操纵这些词项;句法操作由于位于已经建立的分类框架内,所以它们是有向度的,并因此是可以预见的和计算的;此外,这些操作是成系列出现的,并将分段过程构成操作性句法单位。"② 随后他又论述了表层叙述语法的各种要素,其中包括语法层次、叙述性陈述、叙述单位、运用性接续,而格雷马斯至此所阐述过的所有概念都在这种语法中得到了应用。

格雷马斯在 1973 年发表的《一个叙述符号学问题：价值对象》（«Un problème de sémiotique narrative: les objets de valeur»）一文中，首先说明了价值具有可以被看作"模态助手"的符号学地位，分析了叙述过程中主体与价值、客观价值与主观价值的关系；接着，他又阐述了价值的叙述地位，指出了主体与对象之间的合取陈述（S∩O）与析取陈述（S∪O）两种情况：在主体与对象之间建立的转换被称为<u>实现过程</u>（réalisation），可表述为：

$$\text{Réal} = \text{F trans} [S1 \longrightarrow O1 \ (S \cap O)]$$
（实现）　　（转换功能）

而在析取的情况下，通过转换而获得的则是<u>潜在过程</u>（virtualisation），可表述为：

$$\text{Virt} = \text{F trans} [S1 \longrightarrow O1 \ (S \cup O)$$
（潜在）　　（转换功能）

最后，该文又对一种对象、两种对象的传播以及参与性传播做了分析。

---

① A. J. Greimas, 1970: *Du sens*, I, Paris: Seuil, p. 162.
② Ibid., p. 166.

我们注意到，在 1979 年出版的《符号学：言语活动理论的系统思考词典》一书中，格雷马斯对于"叙述语法"有过这样的阐述："如果涉及的是所有可能的陈述现次之产生……在这种词义中，语法接近于我们的符号学概念。在我们的符号学计划中，符号学语法对应于符号学-叙述结构：它的组成部分，在深层上有一种基本句法和一种基本语义，而相应地在表层上有一种叙述句法和一种叙述语义。"[①] 我们在书中还看到了对于表层叙述结构制定的一种新的概念，即"叙述程式"（programme narratif：PN）概念。所谓"叙述程式"，"是表层叙述结构的基本组合体，它是由主导着状态陈述的一个作为陈述构成的"[②]。这种程式可以表述为：

$$PN = F\ [S1 \longrightarrow (S2 \cap Ov)]$$
$$PN = F\ [S1 \longrightarrow (S2 \cup Ov)]$$

其中：F ＝ 函数关系
　　　S1 ＝ 作为主体
　　　S2 ＝ 状态主体
　　　Ov ＝ 价值对象
　　　[ ] ＝ 作为陈述
　　　( ) ＝ 状态陈述
　　　∩ ＝ 合取关系
　　　∪ ＝ 析取关系

"叙述程式"一般被看作是一种状态变化，它从任何一个主体（S1）开始，影响到任何另一个主体（S2）。从 PN 这种状态陈述出发，就可以在话语层上构建各种外在形象。

我们对于格雷马斯叙述语法的介绍只是一种概述，要做全面了解必须深入所有方面的阐述细节之中。他的符号学又被称之为"叙述符号学"，是有其道理的。

---

① A. J. Greimas et J. Courtés, 1993: *Sémiotique-dictionnaire raisonné de la théorie du langage* (1979)，Paris：Hachette livre，p. 168.

② Ibid.，p. 297.

（五）模态研究

格雷马斯从20世纪70年代中期开始了对于"模态"（modalités）的系统研究，曾分别以《建立模态理论》（«Pour une théorie des modalités»）和《论存在的模态化》（«De la modalisation de l'être»）为名发表过两篇长文，将其研究成果公之于众，后来又通过两卷《符号学：言语活动理论的系统思考词典》对其进行了局部修订，从而将符号学研究推向了新的阶段。

格雷马斯首先对"模态"出现的条件做了确定："如果我们把模态化临时地确定为'通过主语对于谓语的改变'作为出发点的话，在模态主体得以足够确定的条件下，那么我们就可以认为行为（acte）——更特定地说是言语活动的行为——就是各种模态出现的场所"①，并且指出"言语活动的行为只以陈述（句子）和借助其结果来出现，而产生陈述的言语活动则只具备逻辑前提的地位。"② 格雷马斯遂对于"言语活动"给予了初步确定，指出其可简单地表现为"使存在的东西"（ce qui fait être），于是人们可以直接地从这种表达方式中辨认出具有两个谓语的一种从属结构："做"（faire）对立于"存在"（être）。前面动词在与另一个动词一起使用时也有"使做……"的意思，后面动词也可以翻译为"存在""是"或"成为"。这样一来，一个"作为"动词和一个"状态"动词就这样被区分了开来，并且"做"（或"使做"）是构成"转换"（即"肯定"或"否定"）的动词，"存在"（或"是""成为"）为构成"附连关系"（jonction）（即"合取"或"析取"）的动词，同时，"使-存在（是、成为）"构成被称之的"运用能力"，"作为的存在"状态被称为"潜在能力"，而所有的模态动词便都会与这两个动词建立起各种关系，从而形成各种模态。

格雷马斯提出的"临时的"模态动词为："想要"（vouloir）、"应该"（devoir）、"能够"（pouvoir）和"懂得"（savoir）。他认为："这些

---

① A. J. Greimas, 1983：*Du sens*，II，Paris：Seuil, p. 67.
② Ibid.

180

模态可以变动被称作潜在能力的潜在状态，因此能够在以某种方式改变其谓语的同时来主导作为陈述与状态陈述。"[①] 他遂确定了以"应该"加"做"为表现形式的"道义模态"（modalité déontique）（又译"应能模态"）：

而从范畴上归纳，四个词项的位置可被称为：

而在"应该"与"存在"（或"是""成为"）相结合的情况下，四个词项的位置可以被称为：

如此被确定的模态被称为"真势模态"（modalité aléthique）。格雷马斯接着又对有关"做"（或"使做"）与"存在"（或"是""成为"）的模态进一步做了抽象描述，他用 m 代替"模态陈述"，用 f 代替"做的陈述"，用 e 代替"存在的陈述"，于是便有了：

---

① A. J. Greimas, 1983：*Du sens*, *II*, Paris：Seuil, p. 77.

"在连续地将四个模态谓语——想要、应该、能够和懂得——投入模态陈述之中的时候,将获得八种模态范畴……不管怎样,有关'做'与'存在'的模态化应该得到保留。可以说,在第一种情况里,模态化是被看作与主体有关的谓语,而在第二种情况里,是被看作与对象有关的谓语。于是,便可以区分出两种逻辑关系:一种是描述和调节主体模态化的主观逻辑,另一种是处理对象-陈述的存在方式的客观逻辑。"① 不止于此,格雷马斯还对模态的存在方式、真势模态和道义模态的各种表现方式做了介绍。在1979年发表的《论"存在"的模态化》(《De la modalisation de l'être》)文章中,他区分了模态能力与模态空间,指出"对于'存在'的模态化将被看作是对于价值对象之地位的改变"②,随后,他开列了四个模态动词的各种模态结构及名称。一时间,格雷马斯对于模态理论的研究成果引起了符号学研究者们的极大兴趣,我们注意到对于模态的使用充斥在当时其他研究者的多部著述之中。他在《符号学:言语活动理论的系统思考词典》一书中也提到了动词 croire("相信""认为"),指出:"作为主体对于一种状态之陈述的赞同,相信表现为一种认知行为,这种行为是由确信之模态范畴来多方决定的。……相信的问题就像是将来时间内符号学研究主题之一。"③ 后来,他在1983年发表的《懂得与相信:同一种认知领域》一文比较全面地论证了"相信"(或"认为")的模态作用,并指出"相信"与"懂得"具有程度上的差别,但它们属于同一种认知领域。

模态的"存在方式"或"存在层次"也是格雷马斯关注的方面之一,他最早于第一卷《符号学:言语活动理论的系统思考词典》的"模态"词条之中,探讨了这一问题,指出模态的存在方式可分为三个层次。他说:"语言学上的索绪尔主义已经让我们习惯于以存在方式和存

---

① A. J. Greimas, 1983: *Du sens*, II, Paris: Seuil, p. 79.
② Ibid., p. 97.
③ A. J. Greimas et J. Courtés, 1993: *Sémiotique-dictionnaire raisonné de la théorie du langage* (1979), Paris: Hachette livre, pp. 76—77.

在层即潜在性存在、现时性存在和实现性存在来进行思考"①，并且，他认为"应该"和"想要"是潜在性的，"能够"和"懂得"是现时性的，而它们与"做"和"是"的结合都是"实现性的"。不过，我们在他1976年发表的《建立模态理论》中看到，他对这样的划分做了修订：他将四个模态动词与"做"的结合都看作"潜在能力"，并将"应该-做"和"想要-做"看作"潜在性模态"，将"可以-做"和"懂得-做"看作现时性模态，而将"使-存在"（或"使-成为"）看作"运用能力"，因此它是实现性模态。

1986年出版的第二卷《符号学：言语活动理论的系统思考词典》中对于"模态理论"又做了补充和明确："这一次依据可变的模态能力来建立第三种分类标准，是可以得到考虑了。其所涉及的是各种程度性模态化（例如各种认识论模态），它们属于相同的认知领域，却通过一种从属关系在符号学叙述句法的内部被连接了起来。"② 根据我们在本章"绪论"中的介绍，不难看出，格雷马斯的模态理论是对本维尼斯特模态动词研究的继承、丰富与系统化。

（六）激情符号学

格雷马斯于1978年发表的《建立激情符号学——1978—1979年研究设想》(«Pour une sémiotique des passions. Hypothèses de recherché pour 1978—1979»)一文中首次提出了在符号学领域研究"激情"的问题。不久，他在1979年发表的《论存在的模态化》一文中谈到了作为"激情"的一个方面的"情绪"（thymique），指出："一种语义范畴可以通过在将其分节的矩阵上投射情绪范畴而获得价值，这种情绪范畴的两个相反项可以被命名为惬意/不悦。这是一种'初始'范畴，也被说成是本体感受性的范畴，借助这种范畴，人们在尽力大概地表述任何人在其场所自我'感觉'和对其环境有所反应的方式，因为人被看作是'一

---

① A. J. Greimas et J. Courtés, 1993: *Sémiotique-dictionnaire raisonné de la théorie du langage* (1979), Paris: Hachette livre, p. 231.

② Ibid., p. 140.

种诱惑与反感系统'。"① 而情绪范畴通常被看作语言学上"有生命"（活）vs"无生命（死）"范畴中的"有生命"项。作者随后又对"情绪空间"与"模态空间"做了分析，指出："情绪空间，在抽象结构层次上，被认为再现活着的人的各种基本表现与其环境的关系……而模态空间在覆盖同一场所的同时，表现为情绪空间的一种载体和一种多方连接方式。"② 因此，在价值的转换之中，除了需要在符号学矩阵上选择适当对象即价值的义素术语之外，还要选择情绪术语，也就是要"投身于连接主体与对象的关系之中"，即"附连关系"（relation de jonction）之中。于是，主体与对象的关系便具有一种"多余的意义"，即"情感性"意义，而主体的存在则被一种特殊方式所模态化。作者随即为我们开列了"存在"的多种"模态结构"：想要-存在（"希望的"）、应该-存在（"必需的"）、能够-存在（"可能的"）、懂得-存在（"真实的"）以及它们各自的"相反项"和"矛盾项"，并且明确："所谓潜在中的'想要'和'应该-存在'更为'主观'、更为接近主体，而与之同时的所谓现时中的模态'能够'和'懂得-存在'则更为'客观'。"③ 不难想象，这些模态与"对象"的合取或析取，将会产生丰富的情感表现。格雷马斯在1981年发表的《论愤怒》（«De la colère»）一文就对"愤怒"这一情绪表现从词汇学和模态方面做了出色并分析，指出，"愤怒"是人从"期待"（想要合取或想要被合取），到"不高兴"（一直处于非-合取即析取的状态），再到"报复"（对于受到"侵犯"的反应）的过程，从而让人们看到了激情的模态分析之前景。

在后来的十年中，格雷马斯及其学生围绕着"激情"做了大量研究工作。格雷马斯与丰塔尼耶1991年出版的《激情符号学》一书，代表了这种研究的里程碑性的成果。这本书是丰塔尼耶在其老师格雷马斯拟定的提纲基础上完成的。该书依据格雷马斯的符号学原理全面地论述了激情的认识论基础，指出："激情并不是主体所专有的特性，而是整个

---

① A. J. Greimas, 1983: *Du sens*, II, Paris: Seuil, p. 93.
② Ibid., p. 95.
③ Ibid., p. 100.

话语的特性……激情借助一种'符号学风格'的作用发端于话语的结构，而这种符号学风格或者投射到主体上，或者投射到对象上，或者投射到他们的附连关系上。"① 在此，我们对其主要内容做如下概括：

（1）明确了激情主体

"在整个理论组织中，激情关系到主体的'存在'……被激情所情感化的主体，最后总是根据'存在'而被模态化为主体，也就是说被看作'状态主体'，即便他也担负着一种作为"②，但是，这并不排除"在分析时，激情被揭示为像是一种作为链接：操纵、诱惑、折磨、调查、展现"③。

（2）确定了主体的存在模态

叙述行为者的存在模态建立在"附连关系"基础上，它们是"潜在中的主体"（非合取）、"现时中的主体"（析取）和"实现中的主体"（合取）④，这是根据话语表现从深层到表层的过程来确定的，于是，话语主体就是"实现中的主体"，叙述主体就是"现时中的主体"，操作主体就是"潜在中的主体"，而"'想要'与'应该'确定'潜在中的主体'，'懂得'与'能够'确定'现时中的主体'"⑤。

（3）确立了激情的"模态机制—模态安排—道德说教"的展示模式

所谓"模态机制"，就是进入"话语领域"之前的各种条件，包括主体的"情绪张力度""符号学叙事的范畴化准备"等；所谓"模态安排"，指的是启用一定模态后的各种"体态表现"；而所谓"道德说教"，指的是面对集体或集体对于激情"从伦理到审美的判断"，它是模态动词"懂得-存在"的体现；因此，这一展示模式也可以概括为"构成—安排—关注"这种话语句法（"关注"包含"道德说教"）⑥。

---

① A. J. Greimas et J. Fontanille, 1991: *Sémiotique des passions*, Paris: Seuil, p. 21.
② Ibid., p. 53.
③ Ibid., p. 54.
④ Ibid., p. 56.
⑤ Ibid., p. 57.
⑥ Ibid., p. 162.

（4）为法语文化中的一般激情表现总结了术语表

它们是"情感""激动""心情""敏感""爱好""脾气""性格"，这些激情表现会随着所使用的模态和情感活动而出现程度上的变化，从而引起上述各个名称下的次生激情，并且在不同的历史时期社会的和个人的表现也不同。

（5）为一些激情表现做出了模态解释

"愿望"是围绕着一种价值对象而动的"想要-存在"，"冲动"是"想要-做"与"能够-做"的某种结合，"固执"表示的是"想要-存在"与"不能-存在"和"懂得-不-存在"相互间的关系，"希望"建立在"应该-存在"与"相信-存在"的基础之上，是一种"持续的情感"，"失望"的模态表现是"应该-存在""想要-存在"与"不能-存在""不懂得-存在"相结合的产物，"吝啬"是"能够-存在""懂得-存在"和"不能-不存在"的相互关系等。这些模态解释，无不增强了人们对于激情的符号学分析的信任度。

可以说，《激情符号学》是一部开创性、奠基性的著作，它使人们看到了激情符号学具有的广阔前景。至此，我们似乎可以做如下的总结：激情话语是建立在"作为模态"和"存在模态"相结合和相互作用基础上的，但不论是哪一种模态，它们都脱离不开"价值对象"；因此，主体与价值对象之间的"附连关系"，便构成了"激情空间"；激情的发展显示出一种"变化"，而这种变化即为"张力度"的各种表现。

格雷马斯在符号学理论方面的重大历史性贡献，是巴黎符号学学派形成与发展的关键，它涉及非常多的领域，我们在此仅就大的方面做些概括性梳理。格雷马斯的一些重要著作，已开始在我国陆续翻译出版，相信这会引起更多中国学者的注意与研究。

第三节 其他重要学者的思想

格雷马斯去世后，其合作者和弟子们继续进行他未竟的事业，继续在他开辟的道路上于多个领域取得了许多新的成就。这里，我们选择几位重要的符号学家,对他们的思想做些理论阐释。

一、让-克洛德·科凯的主体论研究

科凯(1928—)是巴黎符号学学派中著名的学者,巴黎第八大学资深教授。他重点研究文学话语。具体地讲,他在文学作品的主体性表现方面做出了突出贡献。他的著作主要有《文学符号学:话语的语义分析探讨》(*Sémiotique littéraire, contribution à l'analyse sémantique du discours*)(1973—1976)、《符号学:巴黎学派》《话语与其主体》(上下册)、《寻找意义》《自然与逻各斯:言语活动现象学》(*Phusis et logos: Une phénoménologie du langage*)(2007)。一般认为他的研究承袭了梅洛-庞蒂现象学和本维尼斯特语言学的研究成果。我们在此仅就其有关主体性的论述做些介绍。

(一)科凯的"主体"概念

作为法国结构主义发展的结果,曾经在一段时间里,结构论符号学不屑研究主体。科凯力排众议,顶住压力,在梅洛-庞蒂的现象学与本维尼斯特有关"陈述活动"的理论中找到了依据,因为他们认为陈述活动具有两个面:言语活动是主观与客观相结合的产物,"我"既是实际的人,又具有语言学的形式特征,因此话语实际上是一种对话。他在1997年出版的《寻找意义》一书"前言"中很清楚地表明了他的思想:"因此,意味,并非是一种单纯的智力行为。它并不属于普通的认知。它还引入了整个人的'我可以'、整个人的身体与'血肉';它表明我们对于世界的经验及我们与'事物本身'的接触。"[1]

他认为,话语活动不能脱离现实之具体的和实际的经验,于是,便赋予正在进行中的话语一种绝对的优先权利,因为,这种话语负责主体在世界上的出现方式,而且它是主体身份的奠基者。因此,他所发展的符号学可以被称为一种话语现象学。意指世界与既是言语主体又是感知主体(他们可以说是连在一起的)的一位主体相关,这种世界是由一种

---

[1] J.-C. Coquet, 1997: *La quête du sens*, Paris: PUF, pp.1—2.

行为者机制支配的。正像我们已经看到的那样，这些行为者是由他们的谓语附连方式确定的，他们在话语的任何时刻都处于变化与变动之中。由于谓语总处在变动之中，它们并不具备一种稳定的形态，并因此在每一种正在说的言语中都表现出一种身份。

科凯在《话语与其主体》一书中，首先引入了格雷马斯的"行为者"概念，指出"行为者"并非是"肉体的存在即'人'，而是一些形式即一些关系网系"，在《话语与其主体》一书中"我们尤其考虑行为者主体"，并且"对于社会关系的任何再现都要求建立这样的行为者"[1]。但是，如果行为者不完成自反行为的话，"那是因为它占据着非-主体（non-sujet）的补充位置"[2]。

科凯的话语主体研究始终与格雷马斯阐述的"模态"动词有所联系，他说："实际上，在我们的语法中，这类行动者是与一个或多个抽象的谓语联系在一起的。在可能的传统分类性动词当中，有四个这样的动词——在我们看来，它们构成了话语的固定支撑：除了已经指出的<u>能够</u>（pouvoir）和<u>应该</u>（devoir）之外，还有<u>懂得</u>（savoir）和<u>想要</u>（vouloir）。"[3]

（二）理性与激情

科凯在对主体的论述中，始终联系着激情。他让我们理解，对于影响典型行为者的各种变化的分析，可以使我们具体地表现它们，并为其确定一种类型学，而激情的主体就位于这种类型学之中。

科凯告诉我们，这些典型行为者有三个，它们的激情本质说明它们可以从一个转换到另一个："第一个行为者"分为两个阶段，非-主体（或功能主体，其活动就是并不假设有其行为的谓语化过程）和主体（或人称行为者，其活动包含着判断所接受的肯定）；"第二个行为者"（或对象）；"第三个行为者"是具有一种"能力"的权威阶段，这个概念接近于发送者。有了这些工具，分析就可以为陈述活动的变化确定范

---

[1] J.-C. Coquet, 1997: *La quête du sens*, Paris: PUF, p.9.
[2] Ibid., p.10.
[3] Ibid., p.11.

围,并且由此可以确定主体的位置和角色有时是内在的各种转换。第一个行为者,连同它的两个分支,都位于问题的中心,因为正是它首先在确定话语主体的"出现"方式。是在它身上——更准确地讲是在其非-主体阶段——负责掩盖激情理论。

科凯在《寻找意义》的"导论"中提到"现象学的能力"时,肯定了能指的可感物质性的重要性,这种物质性可以引导人们认识到身体本身必然进入言语活动事件之中,可以在话语主体所承担的判断的一种结构旁边,显示出它所不承担的一种"激情结构"。激情结构以其意义之闯入而不是意义之控制的方式,来确定话语的顺序。因此,激情是与非-主体阶段连接在一起的。判断行为,即由主体阶段所控制的阶段,只在激情的"经验时刻才介入进来"。这种结构构成"话语的现象学分析的基础图示",说明非-主体在其与主体维持的辩证关系中的地位是中心的;主体作为肯定之主体,在没有谓语过程的非-主体的情况下,就不可以存在,因为非-主体更为根本地表现"我们与世界的融合"。于是,梅洛-庞蒂有关世界上出现的不假思索的现象之特性的论述,便与本维尼斯特对于建立在自我肯定基础上的陈述活动之特性的论述结合了起来。后者在某种程度上担负起了前者,前者又为后者的存在方式限定了条件。科凯认为,主体领域就是直接地被思考,也可以说是被自我所包容的场所。

按照科凯的观点,陈述阶段的现象学与语言学的双重地位,可以在行为者更为抽象的层次上得到分析。在行为者中,非-主体与主体之间的关系是最为重要的。然而,在非-主体被分为两种明显有别的功能的情况下,它的地位是模糊的。实际上,"作为建立在判断唯一性基础上的行为者类别"[1],非-主体首先指的是"只实施因为它而被放入程序的那种东西"的行为者,即"与它的功能相一致"[2]的行为者,"只知道其自己行为准则"[3]的行为者。但是,正像我们已经看到的那样,它也

---

[1] J.-C. Coquet, 1997: *La quête du sens*, Paris: PUF, p.248.
[2] Ibid., p.154.
[3] Ibid., p.41.

具体地表现激情主体。在第一种词义之中,有三种标准在确定非-主体:没有判断、没有历史、作为执行者的过程之次数不多。于是,寓言故事中的狼被分析为像是一种非-主体,该非-主体由于服从其捕食性本质的机械性安排,而枉费心机地脱离其行为者的地位。根据何种标准非-主体被应用于激情主体呢?根据这同一种意义,激情者是一种非-主体吗?情绪主体不能脱离对于自身的依附性,它进入并受制于身体自身的绝对需要,而身体是其在世界上存在的"不透明部分"①。身体是非-主体阶段。这种分析被有关变化的命题所确认,变化是出现之连续的时间,其经验便是借助于身体的中介指向非-主体。不过,含混性是明确的。于是,对于萨拉辛(Sarrasine)所引用的一句话的评论("或者被她所爱,或者就去死!"这是萨拉辛对于自身的判断)说明,巴尔扎克"把这位年轻的雕刻家介绍为像是一位激情主体,但他却是一位主体",然后才在紧随的陈述中指出判断的失去和"其突然转换成非-主体"②。非-主体的两种变体,即功能性变体和激情性变体,其矛盾情况激烈地出现在对于激情的分析之中,因为在这里,是"身体即非-主体在最为形象化地展示自主性,因此它也是自由性的堡垒"③,可是,功能性非-主体又受制于程序化过程。

这种分析,把激情或情绪看作是被控制的话语的固定基础和无法避免的条件。不管怎样,这种分析显示了激情与判断、激情与理性的一种二分法。我们在文学作品中所看到的情况是,建立在完全判断中的话语,都在试图摆脱非-主体含蓄的激情条件,但没有非-主体的存在,话语则失去了诱人的光彩。

科凯的主体性研究是在本维尼斯特和格雷马斯理论基础上形成的一个独立系统,尤其适用于对文学作品的分析研究。此外,科凯对于诗歌的符号学分析也有特殊的贡献,他对兰波(Rimbaud)的三首散文诗《彩图》(*Illumination*, VII, VIII, XXVI)的分析堪称诗歌符号学分

---

① J.-C. Coquet, 1997: *La quête du sens*, Paris: PUF, p. 12.
② Ibid., p. 248.
③ Ibid., p. 12.

析的典范。

二、尤瑟夫·库尔泰斯

库尔泰斯（1936— ）在经历了四个专业的本科学习之后，最终选择了寻找"意义"的研究方向。在他发现通过符号学的分析可以对文本的解读更为"客观"之后，便尝试对一篇属于"神学"方面的文本做了初步符号学方面的分析，并寄交给了格雷马斯。他与格雷马斯第一次见面是在1968年的6月，从此，他们成了好朋友，库尔泰斯曾长时间担任格雷马斯的助手和秘书，直到格雷马斯于1992年病逝。这一情况使得库尔泰斯的符号学研究工作与格雷马斯的研究几乎无法分开，库尔泰斯接受着格雷马斯的真传，但他的观点也会对格雷马斯产生一定影响。从总的方面来说，库尔泰斯的研究工作可以分为两个部分：一部分是他与格雷马斯共同完成的，另一部分是他独立完成的。

（一）关于《符号学：言语活动理论的系统思考词典》的编写工作

这部词典先后出版了两卷，都是由格雷马斯与库尔泰斯合作完成的。更准确地讲，第一卷是由他们两人完成的，第二卷则是在两人的组织和参与下由40位学者一起完成的。

我们从格雷马斯本人为这部词典的第一卷所写的"前言"中了解到，当时编写这样一部词典的初衷"是想阐明对于言语活动问题的思考，是想对旨在将这一知识领域构建成一种严密理论的诸多努力进行一次综合——至少是部分的综合"[①]，并且，词典"使得今后随着研究的深入而引入追加信息变得更为容易；它尤其允许将确定和表述不一致的元语言片段紧挨着放在一起，允许将一些严格的定义、一些尚未完善的阐述和一些尚未探讨的问题领域的说明并列在一起"[②]。

但是，我们在此前的资料中，无法了解他们是怎样一起编写的，或者说，他们各自的贡献是怎样的。2014年由朗贝尔-吕卡斯出版社

---

① A. J. Greimas et J. Courtés, 1993: *Sémiotique-dictionnaire raisonné de la théorie du langage* (1979), Paris: Hachette livre, p. III.

② Ibid., p. IV.

(Éditions Lambet-Lucas)出版的《符号学访谈录》(*Entretiens sémiotiques*)一书,使我们透过对于库尔泰斯的访谈大体上了解到他们当时的合作情况。在被问及他们是如何撰写《符号学:言语活动理论的系统思考词典》一书时,他回答说:"我们的合作首先是在制定可接受的术语名单方面。这项工作非常困难,在撰写过程中被多次修改,并且涉及符号学与语言学甚至也与其他人文科学维持的关系,而这些学科的成就都曾在这里或那里被部分地,甚至全部地采用过"[1],具体说来,"我们每个人都把各自最初的定义写在一页纸的半页上,然后,我们相互为其增添、改正或取消。换句话说,就是依据我们每个人(用手)写出的东西来工作。而每个星期,当我们见面时,我们就交流我们对于正在进行的改动是否有恰当的考虑。但实际上,我们是依据我们已经制定的或正在制定的卡片来工作的,这些卡片最终都存放在了一个鞋盒子里。"[2] 不过,格雷马斯经常到北美讲学,一去就是三个月。在这期间,他们互相写信,许多不太重要的词条就是在这种条件下确定的。而对于最为重要的词条,他们还是要等到有时间在一起的时候,认真讨论。有时由于格雷马斯的法语表达有困难,在讨论后就由库尔泰斯将讨论的结果写出来。就这样,他们连续干了三年,终于完成了这部著述的第一卷。

在回答他们是在什么情况下产生撰写一部词典的想法时,库尔泰斯说:"格雷马斯在巴黎社会科学高等研究院开设的研讨班,至少是从1967年开始的。……慢慢地,研讨班需要求助于一套观念或概念,这套观念和概念那时已经获得了一定程度的建立,逐渐地被研究小组所接受,并方便了他们的使用。于是,便逐渐地形成了一种'共识'。终于,有一天,格雷马斯说要让我帮助他写出'有关言语活动的一种系统思考理论'。我承认,我曾经说过要考虑几天,但最终我还是答应了下来。"[3] 这就很清楚地告诉了我们,撰写这部词典,是出自格雷马斯的考虑,但这部书的完成是两人合作的结果,库尔泰斯在其中做了自己应

---

[1] A. Biglari, 2014:*Entretiens sémiotiques*, Limoges:Éditions Lambert-Lucas, p.171.
[2] Ibid.
[3] Ibid., p.172.

该做和能够做的事情。这部词典出版后，获得了巨大的成功，已经被翻译成了许多国家的文字。笔者也有幸成了它的中文译本的译者。

他们最初的设想，是只出版一部词典。但在书籍出版之后，在社会上和研究小组成员内出现了各种反应，于是，他们便建议各位研究者将自己对于诸多概念的理解和修改意见写出来，汇总后，便以"新词项""补充""讨论"和"建议"的片段方式，构成了第二卷词典的内容。无疑，库尔泰斯在其中做了大量编辑工作。

（二）关于话语的符号学分析

库尔泰斯自己完成的研究工作，主要集中在对于神话思维和话语的符号学研究与分析上。在神话思维的研究方面，他先后出版过《列维-斯特劳斯与神话思维的束缚》（*Lévi-Strauss et les contraintes de la pensée mythique*，Mame）（1973）和《民间故事：诗学与神话学》（*Le conte populaire：poétique et mythologie*）（1985）。由于一时找不到这两本书，笔者无法给予介绍；不过，我们可以肯定地说，它们是参照格雷马斯有关"神话言语活动"的理论写成的。但是，在话语的符号学研究与分析方面，笔者则有着他先后出版的三本书：《叙述与话语符号学导论》（*Introduction à la sémiotique narrative et discursive*，Hachette）（1976）、《话语的符号学分析——从陈述到陈述活动》和《言语活动符号学》（*La sémiotique du langage*，Nathan Université，2003；Armand Colin，2007）。

从《叙述与话语符号学导论》一书的内容来看，这部书是库尔泰斯依据格雷马斯的《结构语义学》和《论意义Ⅰ》以及他自己当时发表的几篇文章的研究成果写出来的。这本书分为两部分：第一部分是理论介绍，第二部分是分析实践。作者在"绪论"开始处就告诉我们，"第一部分是对格雷马斯及其合作者们提出的方法论以教学的方式做一介绍"[①]。作者在这一部分的"符号学观点"一节的开始，就提出了到那

---

① J. Courtés, 1976: *Introduction à la sémiotique narrative et discursive*, Paris: Hachette, p. 27.

时已经形成的对于"符号学"的一种新定义:"符号学——就像它在此将被考虑的那样——为自己确定的目标是发掘意义(sens)。这首先意味着,它不能减缩为对于(被确定为将一位发送者的信息转达到一位接收者的)传播的唯一的一种描述:在包括传播的同时,它也应该可以阐述一种更为一般的过程,即意指的过程。"① 在很长时间里和在一般使用习惯上,"意义"与"意指"(signification)是同义词。自然,这一定义也是格雷马斯的定义。我们特别需要指出的一点是,结构论符号学最早被确定属于传播学。而这时,在巴黎符号学学派的符号学家看来,传播学则属于符号学。这也可以说是结构论符号学与巴黎符号学学派的根本区别之一。该书在理论方面主要介绍了"形态"构成成分、"句法"构成成分和它们分别作为"话语性"成分和"叙述性"成分在文本表层的出现情况。在"形态"部分,我们重新看到了格雷马斯有关义素、义素核、语境义素和类义素、同位素性、位素和元位素等的论述;而在"句法"方面,我们看到了作者对于"符号学矩阵""行为者模式"的进一步解释和初步的运用。至于该书的"实践部分",则是对于《灰姑娘》(«Cendrillon»)一文进行的成功的符号学分析。它像同年出版的格雷马斯的《莫泊桑:文本符号学——实践练习》一样,让我们看到了符号学在文学分析上的前景。还需要指出的一点是,《叙述与话语符号学导论》被认为是符号学"入门读物"中的第一本,其他两本为埃诺的《符号学赌注》和安特维尔纳研究小组(Groupe d'Entrevernes)编写的《文本的符号学分析》(*Analyse sémiotique des textes*),两本均为1979年的出版物②。

至于库尔泰斯1991年出版的《话语的符号学分析——从陈述到陈述活动》一书,可以说是作者一生中最为重要的著作。作者在"前言"中就明确了这本书的性质和写作目的:"作为我个人研究之成果的其他符号学书籍,通常局限于狭窄的论题并因此面向的是具有专业知识的读

---

① J. Courtés, 1976: *Introduction à la sémiotique narrative et discursive*, Paris: Hachette, p. 33.
② 《符号学赌注》一书继1979年出版以后,在2012年又再版过一次(上下册合辑)。

者。与那些书籍不同,这本著述更希望成为有关普通符号学的一种小小教科书,它是根据一种特定的'学派'为想要进入话语的这种研究方式之中的所有人而撰写的。实际上,我们的目的在于介绍从最简单的概念到最复杂的概念——即与这种分析相关的全部基础概念,在于借助一些实际的应用来详细说明这些概念。"① 笔者认为,这部著述是毕其所有研究之成果并在符号学的总体视野内结合了新的读者对象而完成的具有普及符号学知识和指导符号学实践双重作用的一部里程碑式的著作,因为在此之前尚无这样的著作问世。作者在"方法选择"一节里告诉我们,他的解释是"在任何叙事中至少区分出两个基本层次(这一点对于任何意蕴对象都是有效的):首先是叙述层……另一方面,是故事和描述借以讲述给我们的方式层。正是在第二个层次上,有根据情况以或多或少明显的方式在两个时段之间建立的全部游戏,这两个时段大体上就是作者(我们更愿意称之为陈述发送者)和读者(以后被称为陈述接收者):前者相对于其所提供的描述是到处存在的,是它使后者获得可以想象场面的所有话语手段"②。这种观点提出了一个重要的符号学问题,即陈述活动的问题,而尤其是如何辨认陈述发送者与陈述接收者两个时段的问题。作者认为,陈述活动的问题已经在语言层面上得到了探讨,但在作为言语之连续体的话语层面上的研究进展不大,他的这部著作将尝试为填补这种空白做出自己的努力。接着,作者便围绕着两个层次,从叙述形式、叙述形式与语义形式、陈述活动形式与陈述形式几个方面展开了论述,同时把到那时为止话语分析所涉及的大部分概念如同位素性、互文性、行为者模式、符号学矩阵、各种模态及其理论等结合具体例证做了介绍。从某种程度上说,这部书籍是对结构论符号学和巴黎符号学学派研究成果的汇总。

《言语活动符号学》篇幅很小,是阿尔芒·科兰出版社(Armand Colin)出版社"128丛书"中的一种,只有128页。这套丛书是一套普

---

① J. Courtés, 1991: *Analyse sémiotique du discours: De l'énoncé à l'énonciation*, Paris: Hachette Suéprieur, p. 3.
② Ibid., p. 58.

及性读物。这本小书可以说是《话语的符号学分析——从陈述到陈述分析》的缩写本。不过,有两点却显得很突出:一是继续认为符号学不等于传播学及后者属于符号学,因为有些意指现象并无"接收者";二是重新确定了符号学的研究对象:"我们已经可以明确地指出,符号学的研究对象,仅仅是意义赖以得到表达的各种形式。"①

概括说来,库尔泰斯的符号学研究先是结合相关领域对于格雷马斯符号学思想的具体阐述,最后是综合性阐述。他的阐述,使得符号学更贴近读者,从而加速了符号学的传播与普及,这无疑是一大功绩。

三、雅克·丰塔尼耶

丰塔尼耶(1948—)曾经是格雷马斯的学生,也曾与格雷马斯一起工作过。他也许是巴黎符号学学派中出版物最多的符号学家,到2012年为止他共出版过14部专著,发表过200多篇文章,其中有的著述是对于符号学研究的重大贡献,如《激情符号学》(与格雷马斯合著)、《视觉对象符号学:论光线领域》(*Sémiotique du visible:Des domaines de lumière*s)(1995)、《话语符号学》和《张力与意指》(与齐贝尔伯格合著)、《身体与意义》(*Le corps et le sens*)(2011)。他曾经担任过利摩日(Limoges)大学校长和法国高等教育科研部部长顾问。他是法国符号学学会(ASF)名誉会长、国际视觉符号学学会(AISV)名誉会长。丰塔尼耶的研究领域非常广泛,几乎涉及符号学研究的各个方面,我们在此仅从以下几个方面做些介绍。

(一)早期研究活动

这要从丰塔尼耶的博士论文谈起。他于1984年获得了符号学"国家博士"(docteur d'État),随后将其博士论文分为两部分出版:第一部分名为《分享的知识》(*Le savoir partagé*)(1987),第二部分名为《主体性空间》(*Les espaces subjectifs*)(1989)。前者是结合普鲁斯特的系列小说《追忆似水年华》对于模态动词"懂得"和认知理论的应

---

① J. Courtés, 2007: *La sémiotique du langage*, Paris: Armand Colin, p. 21.

用。按照作者的说法，第一部书出版后影响不大，被引用的情况也较少。第二部书出版后获得了极大成功，被无数次引用，且出现在几十部博士论文引文之中，至今亦如此。

在第二部书中，他把"主体"看作"行为者结构之效果"的组成部分。他承认，他是被行为者的转化和行为者之间关系的可逆性所吸引。行为者的各个方面与模态和激情的结合规则之间的关系，实际上可以使人从"对象"过渡到"主体"，其中也包含着许多中间环节。如果要是参照"嘎达斯托夫理论"（théorie des catastrophes，亦称"灾难理论"）处理行为者之间关系的方式的话，那么，人们就会发现，主体与对象之间的区别严格地讲是与势能相关的，而不是与孤立的先前决定因素有关。

不久，他便参加了《激情符号学》的写作。根据丰塔尼耶的介绍，这本书是他根据格雷马斯连续两年在研讨班上的讲座和格雷马斯为写作此书所拟的提纲写成的。不过，丰塔尼耶也做出了自己的贡献。他介绍说，书中的第一章"关于激情的认识论"（«L'épistémologie des passions»）是他与老师多次讨论，甚至争论的结果，他自己曾多次完整地重写这一章，最后与老师达成了一致。关于"贪婪"那一章，他是完全根据在格雷马斯的研讨班上所做笔记写出的，但增加了他个人的观察，并得到了老师的赞同。而占全书大约一半厚度的有关"嫉妒"的那一章，则完全是由他自己完成的，格雷马斯对此没有提出什么意见。他指出，"嫉妒"是出现在两个主体间的"竞争"与"爱慕"的复杂结合状态：主体 S1 的"应该-存在"和"相信-存在"与主体 S2 的"应该-不存在"是一种"排他的爱慕"，主体 S1 的"能够-不存在"和"不相信-存在"与主体 S2 的"能够-存在"之间是一种模糊的不信任，主体 S1 的"不能-不存在"和"相信-不存在"与主体 S2 的"相信-存在"之间是一种嫉妒的危机，主体 S1 的"想要-存在"和"想要-做"与主体 S2 的"想要-不存在"之间是一种反应性爱情与仇恨。[1] 最后，格雷

---

[1] A. J. Greimas et J. Fontanille, 1991: *Sémiotique des passions*, Paris: Seuil, p. 255.

马斯本人为此书写了"绪论"和"结论"。这部专著的出版正式开启了对于人类情感的符号学研究,是一部划时代的著作。七年之后,丰塔尼耶又在与齐贝尔伯格一起完成的《张力与意指》一书中对于激情做了进一步的研究,他明确地指出:"激情首先是一种话语的外形表现,既带有句法特征——它是一种话语组合体,又带有它所汇聚的各种组成成分的多样性:模态、体态、时间性。"[1] 可以说,对于激情的符号学研究,是丰塔尼耶符号学理论的重要组成部分。

(二)关于"张力符号学"

在写作《激情符号学》基础上,丰塔尼耶于20世纪90年代中期投入了对于"张力符号学"(sémiotique tensive)的研究,他于1998年与齐贝尔伯格一起完成了《张力与意指》一书,而且他于2000年出版的《话语符号学》中也谈到了张力,他发表的一些零散文章也对此有所涉及。作为其在这一领域的研究成果,那就是围绕着建立"张力图示"制定的一系列基础概念。

在语言学上,最早提出"张力"概念的是法国语言学家吉约姆(G. Guillaume),这一概念指的是在句法上由动词的逐渐移动所引起的感觉,而该动词无法与这种感觉分离,并且带领着这种感觉从一种完全的张力的最初位置到达张力全无的一个终点,即达到放松的程度。因此,这样的张力属于叙述行程。而在巴黎符号学学派看来,张力属于感知范畴,是同位素性概念的一部分,也是价值变化的一种表现,它尤其与激情有关。

丰塔尼耶与齐贝尔伯格引入的张力图示讲的是:一种已知价值是由两种"配价"(valence)(或"维度")构成的,即强度(intensité)与广度(extensivité 或 étendue)。广度是强度得到运用的范围,它对应于各种现象的数量、变化和时空范围。强度与广度,各自都会因其力量的变化而变化,并且是在一种连续的比例上从力量为零到力量最大地变化着,这一点与吉约姆的确定不同。张力图示通常表现为一种坐标:强度

---

[1] J. Fontanille et C. Zilberbeg, 1998: *Tension et signification*, Bruxelle: Mardaga, p. 224.

位于纵坐标上,广度位于横坐标上。在这种坐标图上,一种已知现象会占据其中一个或多个位置。强度与广度具有两种类型的相互关系:如果两种配价中的一种在增加的同时伴随着另一种配价的增加,并且其中一种配价的减少也会引起另一种配价减少的话,那么,这种相互关系就被称作"直接的";如果一种配价的增加伴随着另一种配价的减少或出现相反的情况的话,那么,这种相互关系就被称作是"相反的"。

张力度(tensivité)概念已经出现在《激情符号学》一书中,它首先表现为像是所有范畴都有的领域:除了过程的体态特征(aspectuali),也还有强度(intensité)和数量(quantité)特征,后两个特性属于渐变(devenir)范畴,它们在激情和情绪的展开之中是不可无的。张力度也像是深层范畴之趋向的一个不可或缺的方面,而两者的结合使作者提出了"张力—趋向空间"(espace tensivo-phorique),亦即最小的感觉空间。

张力度可以根据两种处于竞争关系中的范畴来连接,这两种范畴间的关系奠定了张力度本身,它们是属于强度的范畴(力量、能量、情感等)和属于幅度的范畴(数量、展开、空间与时间、认知等)。这些范畴之间的相互结合,可以将过程构成各种各样的形式,特别是构成各种类型的<u>体态</u>,而这种体态则沿着过程和<u>速度</u>的各个句子切割、清点和分配音调、转调和张力,而速度则管理过程对于主体的本体感受所产生的作用。

强度与广度之间存在着诸多关联性,正是这些关联性在确定话语的<u>张力图示</u>(schéma tensif),从而表现为在各种情况下的一种强度变化与一种数量变化的结合方式。

张力度的变化仅仅形成强度变化与广度变化之间的一些相互关系,其外在表现,不论以何种形式或类别出现,都是一种激情作用的标志或"显露"。

各种"显露"在分析上是可以标记的,那是因为它们像符号那样在起作用,当然它们不是常见的符号,而是至少局部地构成系统的那些符号,丰塔尼耶将它们称之为"编码"。

丰塔尼耶遂为各种"显露"做了分类：身体编码、情绪编码、模态编码、视角编码、节奏编码、形象编码；确定这六类编码，使它们成为对于张力度的表达，而这种表达可以用于话语结构的各种维度。

丰塔尼耶还研究出了几种规范的张力结构图示。他告诉我们，只需进行简单的结合计算，就可以从坐标上看出位置之间有四种变化类型，也就是说价值之间具有四种类型的张力图示：

(1) 在强度的一种退却与广度上的一种前进之间进行结合：张力图示是"下行的"（或者是"衰落的"）；

(2) 在强度的一种前进与广度上的一种退却之间进行结合：张力图示是"升起的"（或者是"上升的"）；

(3) 将两条轴线上的前进加以结合：张力图示总体上是前进的（或者是"膨胀的"）；

(4) 将两条轴线上的退却进行结合：张力图示总体上是退却的（或者"减弱的"）。

在此之后，在一个已知话语中，所有价值位置的任何转换，都应该服从于这四种图示中的一种：衰落、上升、膨胀或减弱。至于在更为宽泛意义上考虑的话语句法，它将根据由体裁决定的一些结合方式，并结合激情运动和修辞与论证策略的要求，来把各种张力图示连接起来。

最为人所知的总体句法图示，是<u>规则叙述图示</u>，它使得各种张力在行为者品质上成为<u>上升的</u>，在运用上成为<u>膨胀的</u>，而在惩罚上成为<u>衰落的</u>。

但是，这些张力图示的最被人看重的应用领域，还是激情领域。实际上，一种激情序列的展开，服从于各种张力的诸多变化，这些变化勾画出被叫作"规则激情图示"的一种激情图示，我们在此只提及其主要的几条：

情感清醒阶段 → 就位阶段 → 激情中心阶段 → 情绪阶段 → 道德教化阶段

（三）关于身体与其意义的研究

丰塔尼耶2012年来华参加于南京师范大学举办的第11届世界符号

学大会（10月5—10日）时，送给了笔者他2011年出版的新作《身体与意义》。这本书代表了他在一个新的领域里所获得的研究成果。作者在"序言"中告诉我们："身体明显地返回符号学领域是在20世纪80年代，当时伴随着对于激情主体、符号化在感性经验中的感觉与固位的探讨。"[1] 作者指出，20年以来，身体以不同的方式出现在大多数人文社会科学研究领域。这本书认为，对于身体的符号学研究，应该确保一种常在的双重意义，而这种双重意义取决于身体在意蕴整体的生产过程中的两种地位：一是身体作为符号化过程的基础和理论依据；二是身体作为符号学外在形象或外形，即作为在文本中或在一般符号学对象中的可观察的表现。在第一种情况里，身体参与符号学的"实质"，而特别是参与对于行为者的确定，不论行为者是陈述活动性行为者还是叙述性叙述者；在第二种情况里，身体是一种外在形象，尤其是时间性外在形象和空间性外在形象，它与陈述活动的施事者有着密切的关系，因此，身体的外在形象经常可以表现陈述活动的各种特征。

该书以全新的符号学视角分析了我们所熟识的身体的各种表现，从而加深了我们对于自己的认识。这本书分为两大部分：第一部分谈的是作为行为者的身体，第二部分谈的是身体的各种外在表现。

在第一部分里，作者谈论了身体与行为、口误、身体与感性领域。作者首先告诉我们，在符号化过程中，一种基本的符号学功能是在对外部世界（即外感世界）的感知和内心世界（即内感世界）之间建立起来的，正是这两个方面分别构成了对于一种特定符号学对象的表达与内容；因此，应该承认，"基本符号学功能是与身体在'本身'和'非-本身'之间的区分密切相关的"[2]，于是，身体便成了操作者，即"行为者-身体"。在这种理解之下，"行为者"就不再仅仅是形式的，其在各种叙述转换中的角色便由身体的特征，而且主要是由身体的力量和能量来决定。作者进而从各个方面分析了身体成为陈述活动阶段的一种行为

---

[1] J. Fontanille, 2011: *Corps et sens*, Paris: PUF, p. 2.
[2] Ibid., p. 11.

者的过程与诸多条件。他指出,行为者-身体可分为三个阶段:一是<u>肉体-自我</u>,它是参照性阶段,它像感觉位置和源头那样总在变动;二是<u>身体-自身</u>,它是参照肉体-自我和感觉-运动性的阶段,这是在符号学实践中需要构建的成分;三是这后一阶段又可再分为<u>自身-相似体</u>(Soi-idem)即<u>角色</u>和<u>自身-本体</u>(Soi-ipse)即<u>态度</u>两个阶段。这三个阶段对应于符号学的三种基本操作:<u>确定立场与参照阶段</u>(对于肉体-自身而言)、<u>理解阶段</u>(对于自身-相似体而言)和<u>关注阶段</u>(对于自身-本体而言)。关于"口误",作者介绍了不同学科对于口误的历史研究,在赞同以往语言学家将口误确定为一种"语言变化"的同时,指出了口误的一些基本要素:口误服从于语言及话语规则,口误属于陈述活动实践,口误是心理压力的结果,口误属于陈述活动操作的时空范围。也许,最让我们感兴趣的是,作者将张力坐标图示用在了分析口误方面:他把"口误"放在显示肉体-自我表现的纵向轴(即强度轴)端处,而把"生硬语言"放在显示身体-自身(即广度)表现的横向轴的端处;于是,两轴之间便是出现语音失误、结巴、鹦鹉学舌症、规范话语等的空间,而在规范话语之上,则是高兴与狂喜等,从而使"口误"也进入了感性领域。

  在第二部分中,作者论述了行为者-身体的各种形象性外在表现或其表现的各种外在形象。但是,这些外在形象的作用不再是说明行为者角色,而是根据其主导作用被看作是行为者-身体的类型。为此,作者根据现象学和精神分析学已有的论述,确定了"姿态图示"(schéma postural)和"表面图示"(schéma de surface)两个概念,并指出,在有关身体的符号学研究中,"唯有那些以这样或那样的方式来看待身体的符号学,才能从中显示典型的和复现的外在形象,它们一眼就让人看出是<u>运动的肉体</u>(chair en mouvement)和<u>身体的外表</u>(enveloppe corporelle)"[1]。由于这些外在形象会受到行为者-身体之间相互作用的影响,所以,它们将保留这些作用的痕迹,也就是说带有着它们的印记

---

[1] J. Fontanille, 2011: *Corps et sens*, Paris: PUF, p.83.

(empreinte），而这些印记则构成对于它们的记忆。作者随后用大量篇幅论述了印记概念和对于印记的形象记忆，指出印记概念"建立在一种很特殊的符号学运作方式基础上，因此我们可以通过留在身体外表上的印记来探讨它们的关系。在这种情况下，印记取决于两个身体之间的接触，更准确地讲，在一种使用它们的力量的作用下，取决于它们的两种外表之间的接触；而为了在这种情况下出现印记，则要有多种条件"①。但是，作者告诉我们，由此"下结论说印记就是一种对象的表达或能指是不正确的；它也不是一种再现，而只是一种间接的表现……印记是一种过程的象征性的符号学外在形象"②，因此，印记可以被看作"对于其所指进行寻找的能指"③。这就告诉我们，在印记的情况里，其能指与所指之间的关系并非是直接的，因此"我们现在需要探讨的问题，便是对于各种印记进行解释的过程的问题"④。这种对于符号的能指与所指之间关系的非直接性看法，也许可以与索绪尔有关能指与所指之间具有"连带关系"（即意指过程）的论述联系起来，这无疑使我们对于相关问题有了更为深入和全面的理解，从而提升了我们的认识水平。这本书提出和确立了有关"印记符号学"的一些初步概念和理论，从而开启了符号学研究的一个新的领域。

　　丰塔尼耶对于符号学的贡献是多方面的。也许我们可以这样说，丰塔尼耶最为忠实地继承和发展了格雷马斯的符号学理论，并在推动巴黎符号学学派在"后格雷马斯时代"的发展方面成果最为丰硕。他的多部著作已被翻译成多国文字，深受国际符号学界的重视，我们期待不久的将来也有其著作的中文译本的出版。

四、安娜·埃诺

　　埃诺是巴黎第四大学（巴黎索邦大学）语言科学名誉教授、法国著

---

① J. Fontanille, 2011: *Corps et sens*, Paris: PUF, p. 103.
② Ibid., p. 104.
③ Ibid., p. 105.
④ Ibid., p. 108.

名符号学家,是法国符号学界除克里斯蒂娃之外的另一位知名女性学者。她早年毕业于巴黎高等师范学院,不久便进入了符号学研究领域。她于 1978 年与格雷马斯一起创立了"符号学发展与教学学会"(ADES),随后又一起创办了不定期出版物《符号学文件》(*Actes sémiotiques*)。1983 年,埃诺开始在法国大学出版社(PUF)主编"符号学形式"丛书(Formes sémiotiques)。她现在担任巴黎符号学学会会长、法国符号学学会副会长和国际符号学学会副会长。

(一)早期研究活动

埃诺的早期符号学研究活动集中表现在她的两部《符号学赌注》之中。第一部出版于 1979 年;第二部出版于 1983 年。第一部集中论述了"意指的基本结构",第二部讲的是"叙述学,即普通符号学"。这两部书于 2012 年合为一部,仍以原书名出版,并被列入了法国大学出版社汇聚经典著述的"四马二轮战车"(Quadrige)丛书。由于我们无法弄到先前的两个版本,这个合辑本便成为我们了解作者当时符号学观念的主要依据。我们在合辑本中见到了格雷马斯早先为第一部所写的"前言",格雷马斯的文字告诉了我们符号学在当时所处的境遇:"这里所说的赌注,支持了这样一种信念,即符号学可以'被安排成游戏',它既可以是一种娱乐练习,又可以是一种冒险的义务。……符号学方法,只有当其能够使人发现人们没有提前找到和没有预见到的东西时才有意义,这是其行程可以被模糊地看到,但其价值对象有待于构成的一种寻找,也是一种其出路尚不确定的检验。"[①] 埃诺在为合辑本所写的"前言"中也说,"两部书写于很少有人知道'符号学'这个术语具有一种意义并理解在这种名称之下有什么意味的年代",而且"两部书的写作相隔七年:第一部书的出版非常之晚,因为大多数巴黎的出版商都极力反对谈论意指的这种新的,因此也是颠覆性的方式"[②]。埃诺的第一部《符号学赌注》正好写于 1979 年出版之前的 1976 年。这就告诉我们,

---

① A. Hénault, 2012: *Les enjeux de la sémiotique*, Paris: PUF, p. XIII.
② Ibid., p. XVI.

在20世纪70年代和80年代之初，巴黎符号学学派主张的符号学是冒着风险和尚不被人看好的一种努力。正是在这种背景下，埃诺的这两部书就更具有开拓性意义。作者在合辑本的第一部分伊始，就明确指出："符号学不能被确定为有关符号的科学。"① 这一命题自然是在挑战人们自索绪尔以来已经形成的观念，因为巴黎符号学学派的主张是把符号看作既成事实，符号学的任务是研究符号之间的意指联系。埃诺的结论便是："在当前的符号学看来，研究各种意指，并不是建构有关符号的一种学说，并不是关心符号，而是从符号中解放出来。"② 接着，作者对于围绕着意指的符号学的基本构成阐述了自己的看法。这些基本构成，一是对于意指的认识属于形式而不属于实质，二是关于义素的概念，三是类义素与同位素性，四是符号学矩阵。不难看出，埃诺的这种阐述没有离开格雷马斯《结构语义学》和《论意义Ⅰ》的基本思想。如果说第一部《符号学赌注》主要涉及的是意指的形态学的话，那么，第二部则主要是谈及作为普通符号学理解的"叙述学"。与托多罗夫主张的叙述学不同，埃诺阐发的是基于格雷马斯的"叙述语法"的叙述学。她谈到了转换、表层叙述句法、程序化、转化与再现等。可以说，合辑后的这本《符号学赌注》是学习符号学的很好的入门教材。

（二）激情研究

继格雷马斯于20世纪80年代开始探讨激情之后，埃诺也为此做出了自己的贡献。她曾在连续七年当中对于主体的"感受"进行认真研究，最终以《能够就像是激情》一书作为成果出版。她在该书"前言"中概述的基本方法是：面对表面上无感情的话语，找出不取决于情感词语化过程的一种激情维度和在"感受"（l'éprouver）的"内在颤动"于语言学上出现的地方，标记这些颤动。在埃诺看来，"'体验'一种事件，就要求有一种态度，而这种态度并非必须属于回顾和明确的意识，它尤其被'感受'所确定……它是一种纯粹的体验，因此它完全地受内

---

① A. Hénault, 2012：*Les enjeux de la sémiotique*, Paris：PUF, p. 7.
② Ibid., p. 9.

心话语句法的最初安排所左右。"① 为了进行这项研究，"我坚决地回到纸上的主体上来，另一方面，我认为必须从那些其激情构成成分不是张扬而是非常隐蔽，甚至是被克制的文本开始。这部专著是对于一种无人称和原则上是无情感表现的历史资料所进行的个人的和激情维度的研究。"② 她为此规定了选择素材的三项标准：一是必须选择"那些表面上无情感表现，但是从感受上讲，却是（带有出现之'香味'）的文本"③；二是"必须寻找那些'被感受对象'（l'éprouvé）只能通过推理才能标记出来的文本"④；三是"必须汇集各种解读条件，以便使（被掩盖的、非暗语性的和个人独白式的）激情维度成为可观察得到的"⑤。

根据这些条件，被作者选中的资料是17世纪法国国王亨利四世的国家财政顾问罗贝尔·阿尔诺·当蒂伊写于1614—1632年间的多卷本日记。那么，在这样一部编年史的历史事件日记中，如何进行有关激情的符号学分析呢？或者说如何找到对于"被感受对象的"一种"绝非是间接的观察"呢？作者采用了两种"途径"：一种是"历时性的"，它在于在"如此长的日记中找出一个时代的发展速度，找出直接地和忠实地记录下的历史人物在现场时的情绪与脾气"⑥；另一种是"共时性的"，这一途径包括两个方面：一是"陈述"平面。正是在这一平面上，展示着"主体"与"对象"之间关系的一种新的变化，"对象被看作是具有引诱能力的，而主体在某种程度上是被对象所钝化和吸收的"⑦；二是陈述活动平面（"陈述"的组织过程）。在路易十三时期，建立陈述活动的个人激情的努力被认为是荒唐的，而按照对符号学的建立做出巨大贡献的语言学家本维尼斯特的标准，以历史事件为主要记录对象的活动，所涉及的是历史陈述活动，它不属于"被感受对象"，所以，作者的分

---

① A. Hénault, 1994: *Le pouvoir comme passion*, Paris: PUF, pp.4—5.
② Ibid., p.7.
③ Ibid., p.17.
④ Ibid., p.7.
⑤ Ibid., p.18.
⑥ Ibid., p.19.
⑦ Ibid., p.21.

析便集中在"陈述"（句子）方面。依据"感受"，在无情感词语的情况下，继续可以识辨"激情"，所靠的就是"能够"这种"现时中的模态"在情感表达中的"出现"和逻辑力量。不久前作者告诉笔者，她在继续研究"感受"，并且正在撰写两部相关著作。我们期待着尽快见到她的新的研究成果。

（三）《符号学简史》及其他

埃诺还做了大量推广和普及符号学研究的工作。她1992年写了《符号学简史》（*Histoire de la sémiotique*）。这本书主要介绍了巴黎符号学学派的理论基础和发展情况，使人们对于索绪尔和叶姆斯列夫的理论对格雷马斯的符号学理论的影响有了清晰的认识。

埃诺从1983年开始就在法国大学出版社主编"符号学形式"丛书，至今已出版40多种。这套丛书的作者，都是巴黎符号学学派在不同研究领域的代表学者。这一丛书是团结巴黎符号学学派研究者的纽带和展示他们研究成果的一种平台。此外，埃诺于2002年主编和参与编写的鸿篇巨制《符号学问题》一书代表了她后来的努力成果。书中有她为各个领域符号学研究的理论基础和研究状况所写的"导言"，合计100多页。埃诺在第一篇导言中就指出，符号学研究至今所进行的实际上就是对于莱布尼茨在17世纪就提出的"表达关系"（rapport d'expression）的研究："我们先大胆地断言，符号学首先是对于表达关系的研究。在做这种断言（assertion）的时候，我们觉得是在表达一种观点，在目前可以做到的情况下，这种观点似乎可以将各种符号学研究，特别是将依据皮尔斯思想所做的全部符号学研究与源自索绪尔思想的全部符号学研究统一起来。"[①] 这部书展示的就是源自索绪尔传统的符号学研究和源自美国皮尔斯传统的符号学研究在相同领域中各自的研究情况，埃诺还认为，这两大传统可以在音乐符号学研究方面实现汇合。

---

① A. Hénault, 2002: *Questions de sémiotique*, Paris: PUF, p.1.

五、弗朗索瓦·拉斯捷

拉斯捷（1945— ）是格雷马斯在法国普瓦捷大学教过的学生。他曾经是格雷马斯在巴黎社会科学高等研究院开设研讨班的少数参与者之一，他在研讨会上宣读的第一篇文章是关于马拉美诗歌的感觉编码。他是最早接受格雷马斯《结构语义学》理论的人，而语义研究和与之相关的认知研究后来成了他符号学研究的主要课题，这也使他成为这些领域的代表性符号学家。他的早期著作有《关于符号的意识形态和理论》（*Idéologie et théorie des signes*）（1972）、《话语符号学论集》（*Essais de sémiotique discursive*）（1973）等。限于资料，我们下面仅结合他在不同时期于法国大学出版社出版的三本书来简要介绍一下他的符号学思想。

（一）关于语义研究

《解释语义学》（*Sémantique interprétative*）（1987），被认为是继格雷马斯有关语义学理论之后的第二代结构语义学研究。那么，语义学研究属于符号学吗？拉斯捷明确地做了回答。他认为，语义学属于语言学的研究范畴，而语言学就是关于语言诸多领域的符号学。这自然符合索绪尔对于语言学与符号学之间关系的确定。

按照拉斯捷的理论，文本的语义是被四种构成成分结构化的，这四种构成成分是："主题"（thématique），即投入的内容；论证（dialectique），即状态和过程以及它们所涉及的施事者；对话（dialogique），即模态评价，例如"诚信模态"：真实/虚假，正面/反面等；策略（tactique），即线形连接的内容。在拉斯捷看来，语义层面可以分为三种：微观语义学（microsémantique）紧密地联系着文本从语素到词汇的所有下层要素，中势语义学（mésosémantique）联系着从功能组合体到完整句（période）的所有中间要素（这一层面可以超出句子），而宏观语义学（macrosémantique）联系着从完整句到文本的所有要素。简要地说，这三种语义层面分别对应于单词、句子和文本。而"解释语义学"则属于"微观语义学"。这种语义学告诉我们，文本的意义并非提供的，而是借助一些阅读策略被建构的，因此，这种语义学便指向一种有关解释的理论，这种理论从探讨词汇意义开始一直到文本的重大构成单位。它并不寻求说出意义，而是去评价各种解释行程的可接受度（plausibilité）。

解释语义学惯用的术语有符号、能指、所指、义素、同位素性、语义类别（classe sémantique）、重写（réécriture）等。我们择其几种做点介绍。

我们首先来看一下其有关义素与语义类别的论述。拉斯捷认为，语义单位的所指是由义素或内容特征（trait de contenu）来构成的。一个种属义素可以标明义位（sémème）属于哪一种语义类别；所谓语义类别就是一种语义聚合体，它是由义位构成的。一个特定义素可以将一个义位从同一类别的所有其他义位中区别出来。一个义位的全部特定义素构成它的语义素（sémantème）。其种属义素构成其类义素（classème）。拉斯捷根据其有关语义层面的划分，把种属义素分为三类：微观种属义素、中势种属义素和宏观种属义素，它们分别对应于三种语义类别：法素（taxème）（即最小的相互确定类别）、领域（domaine）（与环境有关，它们对应于人类活动的各种范围，例如化学、物理等）和维度（dimension）（即通过对立关系而重组的属于高位概括性类别，例如"人类"与"动物"、"具体"与"抽象"等）。拉斯捷进一步明确指出，属于典型义位的那些义素被称为"固有义素"（sèmes inhérents），它们在无特定安排的情况下显示为语境；那些输入义素（sèmes afférents）只出现在特定语境之中。拉斯捷还引入了"义素分子"概念，指的是至少由两个同时出现的义素构成的一个组群，而与一个义素分子相对应的是一个同位素组（或同位素簇），这种同位素组或多或少指明一些相同的所指。

同一义素，不论其是固有的还是输入的，它在语境中的复现都奠定一种同位素性。同位素性之间的相互区分，既根据奠定它们的义素名称，也根据义素的特定类型（微观、中势、宏观）。

拉斯捷的义素分析和同位素概念，延续了格雷马斯的基本理论主张，但更为细微和全面。因此，有人评论说，拉斯捷的义素分析是更为结构论的。

(二) 关于认知研究

拉斯捷对于认知的研究，集中地见于他的《语义学与认知研究》(*Sémantique et recherches cognitives*) (1991) 一书中。不言而喻，他的认知研究是与他的语义学研究分不开的，或者说，语义学就是他进行认知研究的理论基础：首先，语义学与被定名为技巧的人造语言有着密切的关系。其次，语义学研究在认知心理学和神经心理学的推动下，产生了颠覆性变化。因此，作者的研究之宗旨，便是首先搞清楚认知研究在社会科学特别是在语言学方面的探讨情况，同时，也根据语言学的观点来搞清楚认知探讨的本质。根据这一宗旨，作者的研究便局限在象征层面上，因为正是在承认象征的相对独立的情况下，才可以将词语与事物分开，才可以描述语言的特征性。此外，作者认为，认知研究是一种跨学科性的研究，他探讨语义现象在心理学或神经学中的关联性，因为正是语义现象在强化或减弱各种设想。

作者在这一著述中，主要阐述了四个方面的论题，并以此介绍了他所获得的相应的认知：

(1) 语言学（以及属于语言学的语义学）是一种描写性学科，更是一种预测性学科。这种特征是由其研究对象的本质所决定的。像所有社会科学一样，语言学可以利用数学和逻辑学，但是，它不能以达到公理化为目标。

(2) 在语言学研究方面，采用属于哲学方法的经验理性主义适合对于语言学理论的探讨。这种理性主义帮助人思考语言交流是其典范的各种文化现象所特有的多因决定成分。当然，过于教条的理性主义会导致寻求甚至突出各种共同概念和原型，而极端命名论虽然可以使语义学摆脱形而上学，但也会导致人们只看到方法上的共同概念。作者的态度，则是依据总在突出认识之相关特征的传统经验主义。

(3) 人们可以寻求从本质上（即在大脑和基因中）建立语言的规范性。但是，科学问题既存在于其多样性中，也存在于语言和其语义的统一体之中。在此之外，那就要考虑经验对象即文本的无限多样性和这种多样性是否可以被压缩为共同概念了。尤其在语义方面，语言的和非语言的语境作为解释者就是"信息"的构成成分。在这种情况下，文本从总的方面或在局部上都会受到多种因素的影响，也就是说，语言的运用就在于与可预测范式的一种情境相适应。在坚持这种适应性的前提下，作者采用了一种环境观点，而不是逻辑观点，来探讨认知问题。这样的观点，越来越受到在劳动经济学和人类学方面进行认知研究的一些学者的重视。

（4）与劳动经济学和人类学密切联系的有关语言和意指的系谱学，并不妨碍这些学科属于历史构成范围（同样，社会系谱学也不废除社会的历史性）。重申这一点，可以将历史语言学整合到一种泛时语言学（linguistique panchronique）之中。

作者告诉我们，语义问题是语言学中最为复杂和最不清晰的问题。现在的状况是，一些基本的总体理论已经具备，但是有关语言的特定语义学尚不存在，有关话语和体裁的语义学更是没有。在这种情况下，作者采用了适于多样性的一种语义学研究方法，即微分语义学（sémantique différentielle）。这种语义学，源于索绪尔理论，但包含了20世纪60年代兴起的成分语义学的研究成果。在作者看来，这种语义学在放弃成为普遍论的情况下，可以阐述文本的和语境的各种复杂多样性。

拉斯捷的语义学，有其重要的操作和认识价值。他2001年出版的《文本的艺术与科学》（Arts et sciences du texte）一书，又在其原有基础上，为我们介绍了从数字语文学到唯物阐释学的一些最新的和意外的发展。他求助于语言学的明确性和阐释学的批评性直觉，从修辞学、文体学、主题学和诗学上为我们揭示了作为文化对象的各种作品的艺术性与科学性。拉斯捷表示："从有关文本的语义学出发，我希望在推动语料语言学，推动对于文学文本、科学文本和哲学文本的研究上做出我的贡献。"[1]

---

[1] 援引自www.yahoo.fr网INALCO-ertim机构文件《当代符号学与语义学》（«Sémiotique contemporaine et sémantique»），这是对于拉斯捷的采访录。

六、让-马利·弗洛什

弗洛什（J.-M. Floch，1947—2001）曾经是格雷马斯的学生，也是其在巴黎社会科学高等研究院工作时的合作者。他把大部分研究工作集中在了视觉对象符号学方面，被誉为这一领域的先驱者。他除了做研究工作，还做广告策划和教学工作。他在近30年的研究与实践中，留下了10部著作和许多重要文章。限于资料，笔者只能根据见到的他写的几篇文章和一本书从三个方面来做点介绍。

（一）对于普通符号学基本概念的阐释

埃诺主编的《符号学问题》收录了弗洛什（应该是）不同时期的三篇文章，但它们都没有注明发表时间，我们无法借以了解作者的符号学思考之变化。不过，这种编排也似乎在明示，这些文章所展示的就是作者在相关方面成熟的符号学思考。首先出现的是《普通符号学的一些基础概念》（《Quelques concepts fondamentaux en sémiotique générale》）一文。该文清晰地阐述了巴黎符号学学派的普通符号学理论所包含的重要概念，这里仅择其两项。

关于言语活动的平面与层级。作者开篇就告诉我们："对于 sémiotique 来说，意义取决于任何言语活动在言语、文字、举止或画面中的两个平面的结合。它们是表达平面和内容平面。表达平面，是这样的平面：一种言语活动为表现自己而使用的所有可感品质，在这种平面上被一些区别性差异所筛选，并由这些区别性差异使其相互连接。内容平面，则是意指从区别性差异中产生的平面，而在这种平面里，每一种文化都借助这些差异来思考世界，并将观念和叙事进行排序和链接。"① 显而易见，这是对于叶姆斯列夫有关"表达"和"内容"两个平面的进一步阐述，其关键点在于这两个平面都涉及"区别性差异"。这不仅回应了索绪尔有关"在语言中，只有区别"的著名论述，而且根据两个平面都各自具有形式与实质两个方面的论述，这些区别性差异自然就是决

---

① A. Hénault, 2002：*Questions de sémiotique*，Paris：PUF, p.103.

定它们各自实质表现的形式部分。在此基础上,弗洛什论述了"内涵"现象,指出:"使用一种言语活动,便是从此之后投身对于他人的个人判断或集体判断。这种现象,便是内涵现象。表达单位一如内容单位,形式单位一如实质单位,甚至符号,都可以构成一种次生言语活动的表达平面,而其内容则将是每一个时代、每一个集团,甚至每一位个体所特有的判断和习惯,即它们特有的言语活动实践。"[1] 因此,一个内涵系统的组织机制可以表现为以下情况:

表达 { 表达 { 形式:可感的区别性差异的出现或消失
                    实质:连接方式
            (表现):使用符号和使用个别词语
            内容 { 实质:特殊选用的形象性世界
                    形式:叙事类型,语法结构

内容 { 实质:判断与习惯所采取的外在形象
        形式:意识形态系统

这种表述显然比叶姆斯列夫最初的表述更为深入和细致了一步,特别是表达平面在被分为表达与内容两项之后才被再次分为实质与形式,从而使"内涵系统"成为可以很快得到判定的方面。

关于意指的生成行程。弗洛什首先针对人们在符号学对象上的一般认识阐述了自己的看法,他说:"符号学所考虑的,并非只是建立一种有关意愿传播的理论,而是建立一种有关意指过程的理论,这种理论不仅可以阐述各种语言,而且还可以阐述所有的言语活动……于是,随着20年来对于各种言语活动所进行的具体分析的发展,符号学已经具备了再现意义产生的一种模式。"[2] 其实,这段话有三层意义:一是符号学既与传播学有关,又不完全等于后者;二是符号学更与意义探讨有关;三是符号学的目的并非探讨意义,而是探讨意义赖以产生的模式(或结构,或形式)。这就把巴黎符号学学派的符号学研究的中心问题说

---

[1] A. Hénault, 2002: *Questions de sémiotique*, Paris: PUF, pp. 105—106.
[2] Ibid., p. 107.

清楚了。那么,如何来探讨意义产生的模式呢?那就是研究意指的"生成行程"(parcours génératif),因为这种行程是"意义产生的动态再现,它是意指赖以丰富自己且从简单与抽象变为复杂与具体的相续阶段的有序安排。……这就涉及了一种根本性的方法学对立的构成,从最小的链接到随后在表达平面上被汇聚起来的这种链接,是一种逻辑发展过程。这种过程是在随后被分析者所建构的"①。弗洛什告诉我们,这种生成行程包含两个阶段:符号学-叙述结构和话语结构。前者涉及一种陈述活动,即意义产生的一种逻辑阶段,"陈述活动便是由说话、行动或绘画的主体对于他所使用的意指系统提供给他的各种潜在性的运用。潜在性分为两种:分类潜在性(即对于意指单位各种建构情况的划分)和句法潜在性(包括允许进行链接的基本操作类型和建立关系的规则)"②,而话语结构则是指一位主体从选择和安排由系统所提供的这些潜在性的时刻起,意指所经历的各个阶段,"正是在此,主体确定伴随作品发展的全部主要对立关系,以保证其同质性;正是在此,主体限定通过一个人物或多个人物来完成某种叙述功能;也还是在此,主体做出选择,要么是为了使它的陈述保持着抽象特征,要么相反,是为了使它的陈述更具形象性或更为'真实'"③。至此,弗洛什又强调说"符号学-叙述结构就是由主体所承担并被其利用的各种潜在性:它们在意指的生成行程之中,先于话语结构"④。而这些结构中,又可分为基础层结构和表层结构:在基础层中,"符号学矩阵"是其各种对立关系的表象;在表层中,充满着"状态"陈述和"作为"陈述的各种关系及转换,充满着它们的链接与结合、与模态有关的叙述性,并出现了作为抽象人物的行为者。

弗洛什对于其他几个重要概念如"矩阵"、叙述性,以及与造型艺术有关的半-象征系统的介绍,也是很精彩的。

---

① A. Hénault, 2002: *Questions de sémiotique*, Paris: PUF, p. 107.
② Ibid., p. 10.
③ Ibid., p. 108.
④ Ibid.

（二）绘画作品的分析维度

弗洛什的另外两篇文章都是谈论对具体绘画作品进行符号学分析的。

我们先来看一下作者为《康定斯基的〈构成之四〉》（«*Composition IV de Kandinsky*»）制定的分析原则。弗洛什首先指出，分析绘画作品的表现平面，"要求人们具有一种更为丰富和建构更好的描述性元语言，以便来谈论形式、线条和色彩区域的复杂安排，以及谈论由这些要素所实现的造型品质。但是，这幅绘画的抽象特征，尤其提出了为切分而保留的各项标准和对于被切分出的各种散在单位的意蕴本质进行符号学分析的相关性是否正确的问题。……唯独对于所指的研究才可以将符号学的某种地位赋予那些散在单位。因此，我们选定把这幅《构成之四》重新放入康定斯基同一时代的绘画活动之中，并试图借助把这幅绘画与其他作品进行比较来辨认其表现。"① 这就告诉我们，对于这幅绘画的分析，涉及为这幅绘画的表现平面确定恰当的切分原则，而这种原则又是参照康定斯基在同一时期所创作的其他作品的切分情况和意蕴本质来制定的。

弗洛什首先对于这幅绘画做了初步描述："画作表现为一个封闭的空间，它是由一系列黑色线条和一定数量的彩色表面连接起来的，而某些表面在边沿部分采用的是线条，其他表面则依据其构成成分的拓扑学布局组织成一些单位。"② 第一步切分，就是把画面看成左右两个部分，并且把中心部分看成是特殊的。根据视觉要素的对立与联系做出的初步切分可以让人辨认出一定数量大小不一的临时性散在单位，即画面的组合关系单位，亦即画面的"构形成分"，而这些构形成分都对应于内容平面上的相应单位。为了确保通过初步切分所获得的散在单位具有意蕴单位的地位，那就要把这幅绘画当做康定斯基在 1907—1916 年间所完成的全部作品中的一副特殊作品来看待，并通过这些作品的主题特征的

---

① A. Hénault, 2002：*Questions de sémiotique*，Paris：PUF, p.121.
② Ibid., p.125.

一致性来确定这幅绘画的主题。弗洛什指出:"在康定斯基那里,'主题'通常是宗教方面的'过时题目',其在画家身上的意义效果将构成其画作的所指。"① 被分析的素材一旦确定,那就要研究所切分出来的散在单位在何种程度上可以在其他作品中被辨认出来。随后,弗洛什对于画作的左侧部分、右侧部分、中间部分所包含的构形成分与其同期其他作品中的构形成分做了比较,并结合其他作品中构形成分的意义对于这幅作品中相关构形成分的意义做了确定。

对于构形成分的线形组织的研究,可以分出一定数量的类别:直线对立于曲线,长对立于短,连续对立于不连续,或者切分对立于非切分。这些类别与色调类别构成表达平面的深层。而在表层,出现的则是各种外在形象,它们就像是由前面那些类别构成的,而在语言学上相当于各种"位素"(phème)那样的组合体。由此,可以在这幅绘画中获得多种线形组合体,而这些组合体与色调组合体之间可以建立多种关系,正是这些关系确定着各种类型的"图案"。在将散在单位构建成意蕴单位并完成对于这幅绘画作品的表达平面的构建之后,就可以过问在这幅绘画中实现的言语活动两个平面之间的相符性或不相符性这种符号学关系了,而真正的绘画符号学都是被两个平面之间的不相符性所确定的。这就涉及绘画作品符号的"半-象征系统"概念,这种概念包括要素之间的对称性、非对称性、相关性以及它们之间的位置关系等。

关于绘画作品的半-象征特征,弗洛什在另一篇文章《邦雅曼·拉比耶的〈舒适的巢〉》(«*Un nid confortable* de Benjamann Rabier»)中介绍得更为全面与清楚。这篇文章分析的是插图画家和幽默画家邦雅曼·拉比耶(Benjamann Rabier)的三联共六幅画面(每一联有两幅),绘画讲述的是一个戴着帽子的小孩在村庄斜坡上推着铁环玩耍,先是铁环被乌鸦叼走了,后来帽子也被乌鸦叼走了,最后,乌鸦把铁环挂在树权上,又把帽子卡在铁环中间做成了一个鸟巢;乌鸦在孵出雏鸟之后,自己又栖息在铁环的下面。画面简明诙谐,故事有趣动人。我们在下面

---

① A. Hénault, 2002: *Questions de sémiotique*, Paris: PUF, p.128.

将介绍这个故事的叙述特征,现在我们主要来看一下绘画中所使用的半-象征编码。这篇故事所依据的是"自然"与"文化"这两种范畴。其具有意蕴的半-象征系统包括:自然对立于文化、高位对立于低位,这两种对立都可以利用"符号学矩阵"来获得它们的相反项,并在分析该作品中高位对应于自然和低位对应于文化的这种对应等值的情况下,产生这样的价值地形学:

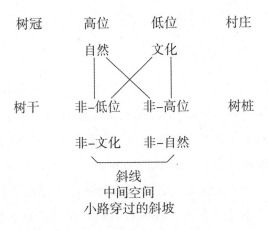

可见,这些半-象征系统也是参与意蕴活动的,它们同样是符号学分析的对象。

(三)关于图像叙述学

在我们的资料中,涉及图像叙述学的,是上面提及的弗洛什的文章《邦雅曼·拉比耶的〈舒适的巢〉》和他的一本书。

对于《舒适的巢》这样的图像作品,弗洛什告诉我们,在进行图像的半-象征系统分析的同时,还要进行图像序列的符号学-叙述学结构的分析。这个叙事相继在两个不同的地方展开:一个是在长草的斜坡上,另一个是在一棵树的高处。这种空间上的切分,可以将前两联连环画看成一组,并使其对立于最后一联。实行的切分标准加强了这种分割:在前两联中,是一只乌鸦与一个男孩的不期而遇;在最后一联中,是乌鸦与它的几只雏鸟的温存惬意,完全是鸟的世界,但这一世界又是依靠小男孩的物件构成的。因此,时间上的顺序便表现出两个序列在逻辑上和叙述上的接续。

弗洛什把乌鸦获得圆环和帽子的叙述程式（PN），看作建筑舒适鸟巢的一种双重局部程式：相对于叙事的总体行程来说，圆环和帽子构成了在局部程式中被考虑的双重价值对象。舒适是一种抽象的价值，这种舒适，本身也构成了基本程式的对象。局部叙述程式，可以被分析为像是乌鸦即主体 S1 的一种获取，它是与男孩即主体 S2 的失去相关联的。由此，便得到了对于一种"考验"的规范表述：

$$F(S1) \to \left\{ \begin{array}{l} [(S1 \cup O) \to (S1 \cap O)] \cdots\cdots "获取" \\ [(S2 \cap O) \to (S2 \cup O)] \cdots\cdots "失去" \end{array} \right\} 考验$$

考验是一种合取的自反作为（faire réfléchi）与一种析取（disjonction）的传递作为（faire transitif）的关联关系，它不同于赠与。

接着，弗洛什分析了这种叙事中的模态关系。在乌鸦夺取了圆环和帽子即实际上实现了反叙述程式（anti-programme narratif）之后，无论是根据<u>想要</u>（对于这些它与之析取的物件，它很希望获得它们），还是根据<u>应该</u>（对于父母来讲，有关心其后代生活在必要物质条件中的"社会"义务，在此就是主题化过程），它首先是一种<u>潜在的</u>反-主体。最终，这次相遇的论争性特征，不仅仅在于乌鸦与孩子都想获有这两样价值对象，而且尤其在于他们都把"身外之物"当作希求对象。此外，乌鸦在"应该"方面的模态化过程只是在两种物件被偷和鸟巢被建好之后才表现了出来。

至于反-主体的<u>现时化过程</u>，它是其模态化过程根据<u>懂得</u>和<u>能够</u>所产生的结果。乌鸦的<u>懂得</u>，便是一位善于把握机会和做零活的人的懂得，它懂得利用时机和懂得在与自己将利用的范围不同的范围中抓取物件。正是借助于人的空间与动物的空间两者的中间空间，论争性的叙事才得以现时化：到头来，在话语层上，空间化过程还要承担起合取与析取的句法关系，因为这些关系可以阐述提供给乌鸦夺取物件的可能性。弗洛什遂根据符号学矩阵对于圆环和帽子的获得进行了分析。

弗洛什最后分析了两位论争主体的运动，来证明乌鸦的（模态的）能力，并指出，他们的运动可以被解释为空间附连关系的转换外在形象,也可以被解释为传递作为或自反作为,但不管是哪一种,都有利于乌鸦各种模态的实现。

当然,对于符号学-叙述学能力的分析,还需要探究语义构成成分(composante sémantique),这便涉及对于半-象征编码的研究。

至于那本书,即被认为是弗洛什视觉符号学代表作的《解读〈丁丁在西藏〉》(*Une lecture de Tintin au Tibet*)(1997)。连环画《丁丁在西藏》(*Tintin au Tibet*)(1960)讲述的是丁丁在西藏旅行时解救被困在喜马拉雅山中且被叶蒂(Yeti)所扣留的张(Tchang)先生的故事。作者在书中一开始就说,"以我的方式来讲述这个故事,那就是进行一次符号学解读。……因此,我将只阐明一种符号学探讨情况"[1],也就是进行一种符号学分析。这种分析"只打算指出,丁丁的探险具有一种内在的组织机制即一种总体的安排,而这种安排使得其探险成了可从多个方面进行解读——当然并非是任意解读——的一种意义对象。最终,《丁丁在西藏》便表现为像是可比之于一种语言的,包括多种限制在内的一个系统"[2]。索绪尔告诉我们,语言是一种形式,那么,弗洛什对于《丁丁在西藏》的解读,最终显示的将是一种形式系统。由于符号学的使命就是描述事物具有意蕴的各种条件,所以,在解读《丁丁在西藏》这样的特定作品中,就是尽力找出产生意指的各种关系之网系。为此,符号学家就必须标记在表面上构成作品所有符号之间的关系、其区别性和相似性等,然后尽力确定符号的各种构成成分在深层次所维系的全部不变关系。实际上,正是这些关系在确保故事的连贯性并为构成作品之表现的各种单位提供意义与价值。而在连环画的情况里,这些单位便是画联、画幅,包含安排对话的气泡、指明时间的文字(一般出现在画面左上角,例如"三天之后……")等。

对于《丁丁在西藏》这本书,弗洛什指出,正是在对其空间和书中举动的品质进行研究的时候,"我很快辨认出,其历险还利用了意指和

---

[1] J.-M. Floch, 1997: *Une lecture de Tintin au Tibet*, Paris: PUF, p. 1.
[2] Ibid., p. 2.

勇气之外的其他力量。这本画册的总体安排只有在对两种理性和两种'生存力量'的对立的辨认中才能得到理解。只有当所经历的空间和所进行的运动一直处在与我们的主人公进行各种解救努力的关系之中的时候，才实际地获得意义。然而，对于这些努力的分析最终让我们注意到，它们对应对于世界的两种解释方式：即丁丁一侧的信仰和队长哈多克（Haddock）一侧的理性。因此，《丁丁在西藏》，实际上是三个故事合一的作品，这三个故事是在三个深层次上得到安排和叙述的，这就需要根据它们的预想方式来进行区分并分出层次。"① 那么，是哪三个故事呢？一是这是一个成功的解救故事；二是它只能借助一种视觉故事来得到理解；三是这个故事本身只是对于信仰与理性之间即对于两种信仰方式和两种懂得方式之间的争论的一种详细说明。于是，在弗洛什看来，《丁丁在西藏》便不再仅仅是有关友谊和大山景色的一本好看的书，而且成了对于看与相信之间的关系，即对于我们关注事物和理解世界的各种方式之信任之间的关系的长期与深刻思考，而在这时，我们则把世界理解为能指。这样一来，全书就可以理解为三个动词和三个名词之间的关系：它们是攀爬、观看和相信，与其对应的名词则是大山、图像和意指。

那么，如何进行符号学的分析呢？在弗洛什看来，首先就是"把画册看成一种意义整体，并在对一定数量的部分进行区分和分出层次以及在尽力理解这些部分连接的方式的情况下，对于历险进行初步结构化"②。因此，这便涉及了对于空间的、时间的、故事的不同方面的切分。这种切分，在空间上带来的是对于三种大的叙述单位的辨认，而它们又按照三个地点（欧洲、新德里和尼泊尔、西藏）分配 62 个版面；在时间上，可以分出在欧洲出发前、接近西藏和完全在西藏三个部分花费的时间；而《丁丁在西藏》的故事则是紧密地与空间和时间结合在一起的。但是，弗洛什告诉我们，这种切分是远远不够的，因为"即便发

---

① J.-M. Floch, 1997: *Une lecture de Tintin au Tibet*, Paris: PUF, pp. 4—5.
② Ibid., p. 7.

端于这种切分的那些序列看起来等同于丁丁历险的各个阶段，但是，这些序列也同样是根据一种严格的叙述逻辑组织起来的：它们之间的链接以及它们之间的各种对比和对称关系也使人辨认出一种真正的结构，换句话说，就是有一种关系网在支持着整个故事并赋予其意义"①。因此，《解读〈丁丁在西藏〉》的主要任务则是找出这种关系网，并确定地告诉读者，正是这种关系网提供了故事的全部意义。

弗洛什已经故去十余年。他对于符号学的总体阐述，尤其是对于视觉艺术符号学的研究成果已经成为一种宝贵文化遗产被后来学者继承了下来。今天，有关图像的符号学研究获得了更为深入的发展，但弗洛什的贡献无疑还是最为基本的。

七、德尼·贝特朗

贝特朗（1949—　）也曾经是格雷马斯亲授的博士生，他的博士论文是《左拉〈萌芽〉中的空间外形》（«Les configurations de la spatialité dans *Germinal* d'Émile Zola»）。他现在是巴黎第八大学的文学教授，讲授文学理论与文学符号学。主要著作有：《为说服而说：修辞学与话语》（*Parler pour convaincre. Rhétorique et discours*）（1999）、《文学符号学概论》（2000）及与别人合作写出的《说话是为了获胜：2007年总统竞选话语符号学》。他现在与丰塔尼耶等学者共同主持"巴黎跨符号学学科研讨班"，并担任法国符号学学会会长。我们根据他的这些著述和从事的日常工作，可以联想到，他的符号学探索主要集中在普通符号学、文学符号学、修辞学和政治话语的研究方面。限于资料，我们只能从笔者拥有的《文学符号学概论》和集体著述《符号学访谈录》两本书中获取他的相关主张。

（一）关于普通符号学

贝特朗在其作为教材的《文学符号学概论》一书"序言"中就告诉我们，他的这部著作首先是论述普通符号学的，然后才结合"文学"这

---

① J.-M. Floch, 1997：*Une lecture de Tintin au Tibet*, Paris：PUF, p.14.

一对象介绍符号学在其中的特定表现。

关于符号的定义,贝特朗介绍了三个不同阶段的定义。首先,是索绪尔关于符号学(sémiologie)是"研究社会生活内部符号生命的科学"和《小罗贝尔词典》(*Petit Robert*)有关符号学是"研究符号各种系统(语言、编码、信号系统等)的科学"。他认为这两种说法仅仅是给出了符号学的范围;第二种定义是根据索绪尔的结构语言学理论和各种结构假设给出的,指的是有关"符号和意义的理论",这种理论具体体现为巴特有关"内涵符号学"的论述;第三种定义则是有关"意指"或"意指过程"的理论。第三种定义,正是作者所推崇的,他援引科凯的话作为自己的论据:"符号学的目的,是说明规范社会话语和个体话语的意蕴结构"[1],并进一步指出,符号学的对象"并不是符号,而是所有可以产生意指的深在的和可重构的结构关系"[2]。于是,符号学被理解为一种有关关系的理论:"各种'术语'(即任何单体的、从经验上可以隔离开来的所有意蕴单位),从意指观点来看,都只不过是在各种分析层次上被理解和被衔接的一些关系交叉面。"[3] 这种介绍,实际上是对于不同阶段符号学研究的清晰总结。

贝特朗在接受访谈时说出了他对于符号学的进一步认识:"我认为,符号学的本义是借助于适当的概念性工具,来占有意义的无形性,并因此赋予它一种有形的躯体,就像一种建筑术、一种等级体系、一些有序的连接、一种可说明的扩张、一种固位在其各种构形成分中的生命时值。……在我看来,符号学就像是有关意义之状况的学科。"[4]

(二)关于文学符号学

那么,在普通符号学名下来谈论一种特定领域——文学符号学,如何进行呢?贝特朗告诉我们,那就是"为文学文本的分析建立一种方法

---

[1] C. Coquet, 1984: *Le discours et son sujet*, Paris: Klincksieck, p. 21.
[2] D. Bertrand, 2000: *Précis de sémiotique littéraire*, Paris: Nathan Université, p. 9.
[3] Ibid., p. 10.
[4] A. Biglari, 2014: *Entretiens sémiotiques*, Limoges: Éditions Lambert-Lucas, p. 36.

学上的行程"①,就在于"结合文本自身'承认其作为意蕴对象的相对自立性'"②,因此,"现在,为了明确文学方面的符号学探讨的指导脉络,那就应该把我们的计划放进对象本身的更宽阔的视野和引导方法学的主要理论方向之中"③。

为此,贝特朗为符号学在文学文本上的使用概括了四种维度,这四种维度"尽管不是文学文本所特有的,但它们在文本中相互衔接。对于语言的文学使用,也许部分地在它们的组织之中得以确定。它们是:叙述维度、激情维度、形象维度和陈述活动维度"④。在对于各种维度做了简单介绍之后,该书对文学符号学所涉及的五个部分做了详细阐述。

在第一部分"方法行程"中,该书谈了两个方面的问题,它们是符号学在文学分析方面的应用概念和有关文学文本的特性。作者告诉我们:"对于意指的分析,符号学通过单词、句子,并在话语本身所固有的维度之中,提出了一些模式。……因此,它说明了意指行程是怎样组织的,是怎样依据秘密地奠定连贯性的句法规则和语义规则排列的。……这种意指行程使深层结构(属于符号学矩阵的所有价值)和符号学-叙述结构(模态机制、行为者句法和叙述图示)从'使它们构成话语'的话语结构中区分了出来"⑤;于是,"使用符号学概念、模式和程序,特别是在文学创作的语境之中,要服从于文本的不可压缩的特殊性。分析就是为此服务的。……分析要寻找奠定其相关层次的意指网系,以便尽可能地接近由文本所构成的带有意义的事件。"⑥

在第二部分"话语与陈述活动"中,作者指出:"符号学与陈述活动(即行动中的言语)的问题所维持的各种关系的历史,是复杂的和富有教益的。从最初拒绝陈述活动,符号学已逐渐地将其整合进了它的理论整体之中。今天,符号学已经使其成了它对于言语活动和话语进行分

---

① D. Bertrand, 2000: *Précis de sémiotique littéraire*, Paris: Nathan Université, p. 14.
② Ibid., p. 1.
③ Ibid., p. 15.
④ Ibid., p. 17.
⑤ Ibid., p. 31.
⑥ Ibid., p. 46.

析的中心要素。……个体的陈述活动是依靠两种操作来分析的：脱离（débrayage）（它以第三人称来奠定话语）和接合（embrayage）（它以第一和第二人称来奠定话语）。符号学认为脱离操作是首要的，并确定言语的可能性"①；作者对于"陈述活动的位置"也给出了明确的说明："根据有关行动中的话语的陈述活动概念，符号学形成了陈述活动的各种表象，而文学则在其历史过程中广泛地建立了陈述活动的机制。这种机制围绕着视点（point de vue）概念来安排。……这种概念指明了由陈述发送者为选定他的话语的对象和阐述其对象而使用的全部方法。"②

第三部分论述了"形象性"。作者指出："作为文学分析的中心问题，形象性是在三个阶段上被探讨的，这三个阶段从大的方面对应于对其主体的符号学思考。……'形象性研究'明确的是这个概念从结构语义学以来其行程的各种条件"③；在谈及"形象性与主题化：深度效果"时，作者告诉我们："形象性，并不等同于仅仅是一种可能的实现过程的模仿性'再现'。更准确地讲，话语的形象化是一种有梯度的过程，该过程处于确保可感世界的一些外在形象与摆脱这些外在形象的抽象过程之间"④；对于"形象性与感知"的关系，作者认为："有关形象性的思考，其当前的发展情况已经将符号学引导到分析话语的形象维度与感知活动的紧密关系上。……这个问题直接地使文学符号学感兴趣，因为文学就是展示感性存在和过问转换感知的方式。"⑤

第四部分论述了"叙述性"。作者首先告诉我们："对于叙事的组织形式的思考，从20世纪60年代以来便是人文科学研究中的一种突出现象。其第一步，便是将叙事与其时间维度脱离，以便辨认出一种无时间性的一种形式结构"⑥；关于"叙述性要素"，作者指出："话语的叙述理论（叙述性）应该有别于叙事理论（叙述学）；叙述理论在脱离最初

---

① D. Bertrand，2000：*Précis de sémiotique littéraire*，Paris：Nathan Université，p. 69.
② Ibid.，p. 94.
③ Ibid.，p. 139.
④ Ibid.，p. 146.
⑤ Ibid.，p. 164.
⑥ Ibid.，p. 180.

叙述语料的同时所逐步建立的各种模式，允许构建有关话语的一种总的句法，该句法可应用于对非叙述性文本的分析"①；关于"行为者行程与模态句法"，作者认为："对于行为者的结构论确定是在行为者之间进行的：它们在各种句法关系的框架内是相互确定的。……但是，对于行为者结构的内在探讨颠覆了这种观点，同时提出了一种新的定义。从此它取决于模态的构成情况，因为模态的构成在文本的每一时刻都建立了行为者的地位，可以使探讨变得更为灵活和更接近话语的实际。"②

第五部分论述了"情感性"。关于"激情符号学"，作者指出："作为符号学在上个世纪八九十年代发展起来的研究领域，在心理学分析之外，对于感情和激情的研究被认为属于话语理论的总体框架。关键在于分析使用习惯将其置于语言之中的意义效果和激情外形，这包括激情的词语化过程及其文化分类，直到把握主体的激情行程"③；关于"激情陈述活动"，作者明确地说："将激情安排成话语……其基本特征是对于假象进行投射并安排成作品。带有激情的陈述活动的主体，通过某种想象的分拆，把投入其考虑对象中的品质与价值转换成其话语的对象或合作者。于是，激情交流成为各种假象的一种循环，而在这种循环中，每一位对话者都将自己的假象投向另一人的假象。"④

不难看出，他的这部教材总结了此前人们对于符号学和文学符号学研究的所有成果，它与库尔泰斯的《话语的符号学分析——从陈述到陈述活动》（1991）及丰塔尼耶的《话语符号学》（2000）一起，被誉为是对于话语研究的代表性著作。

（三）关于修辞学

贝特朗的另一项研究工作是针对符号学与修辞学之间联系的。对于修辞学研究成果的重新审视，使人们借助于突出形象论证而更新了对于可感对象与激情对象的探讨。

---

① D. Bertrand, 2000: *Précis de sémiotique littéraire*, Paris: Nathan Université, p. 190.
② Ibid., p. 221.
③ Ibid., p. 238.
④ Ibid., p. 250.

贝特朗认为，修辞学早已突破了其作为对语言的文学使用的定义，有关修辞学的符号学研究的革新自21世纪初已经开始，并成为符号学学科研究的重要事件。在文学符号学领域，这种革新的首要成绩似乎是使修辞学摆脱了文体学（stylistique）并将其放在更为宽泛的维度中进行重新考虑。问题的关键已不再仅仅在于修辞格的使用和"文体效果"的显示，而是关于处在行动中的言语活动的包括说服性和操纵性在内的可分享的效能（efficience）。他认为，2000年在《言语活动》（Langages）杂志上发表的《话语符号学与修辞学张力》（«Sémiotique du discours et tensions rhétoriques»）一文，是这种变化的标志。现在，人们应该将话语的修辞学空间放进有关长时值（longue durée）的大的符号学研究工程之中来重新定义，"在我看来，符号学的最宏伟计划之一，将是自我设想为对于修辞学的一种当代的替换"[①]，即是说，未来的修辞学就等同于符号学。这种放大修辞学的研究领域和其与"风格"（style）相脱离的理论主张，无疑是需要我们认真关注和研究的。

（四）关于政治话语

贝特朗认为，很难用一句话来概括政治话语的符号学特性。不过，在政治话语领域，阐述清楚叙述特性还是可能的。同样，有关主题角色和情绪角色的符号学概念可以在政治争论的对立"角色游戏"中找到其广泛用途。言语活动上的对立具有更为普遍的意义，因为这种对立直接涉及处于政治思想和政治行动中心的有关相异性（altérité）的功能，而这种相异性恰恰通过在符号学上确定个体对于集体之归属的主题角色来得到表述。他认为，符号学可以为政治话语的分析提供源于其自己领域的一些可用来"清理词语场景"的要素。他举例说，当初在有关政治家青年时代的论争中，人们出示了后来成为总统的年轻的萨科齐（N. Sarkozy）最初接受媒体采访时的讲话，有人从中看出了他几年后成为法国总统的一些话语特征。符号学观点，在带有反向解读效果的情况下，可以让人看出在相互解释中潜藏着的神秘圈套。符号学方法可以帮

[①] A. Biglari, 2014: *Entretiens sémiotiques*, Limoges: Éditions Lambert-Lucas, p. 43.

助对于政治人物之特性的揭示，它倾向于把握构成政治话语内在性的东西，但同时支持陈述活动性的和社会性的实践。他认为，符号学家应该研究政治话语中的多种维度：有关相异性的价值和意识形态维度、有关义务的激情维度、有关责任心的伦理维度、有关对立和计划的真正叙述维度、各种机制的形象维度等。符号学的观点，向着言语活动多样性的扩展，"导致其将政治话语与媒体话语之间的竞争、它们之间的叠加和它们的张力共存性的方式，都考虑成为对于当代社会-政治背景具有特殊揭示性的一种研究对象，而在这种对象上，它可以带来具体的和明确的分析结果"[①]。

贝特朗的研究工作，相当一部分放在了在巴黎举办的符号学跨学科研讨班上了，因为该研讨班每一年的组织与课题安排都是由他与丰塔尼耶——更准确地讲是与博尔德隆（J.-F. Bordron）来负责的。在这一研讨班的总体主题范围内，贝特朗的研究涉及这些主题的延伸和其与话语分析的文学理论领域的联系。我们似乎可以说，由于教学工作的需要，贝特朗的符号学研究带有明显的总结性与概括性的特点。

第四节 小 结

巴黎符号学学派还有不少知名的早期开拓者，例如社会符号学家朗多夫斯基（É. Landowski）、张力图示符号学家齐贝尔伯格。其他学者，如阿里韦（M. Arrivé）、巴斯蒂德（F. Bastide）、博尔德隆、达罗（Y. Darrault）、阿马（M. Hamad）、拉图尔（B. Latour）、贝娅埃尔-热斯兰（A. Beyaert-Geslin）、布东（P. Boudon）、科斯坦蒂尼（M. Costantini）、达罗-哈利（Ivan Darrault-Harris）、法布里（P. Fabbri）、帕尼耶（L. Panier）、珀蒂托（J. Petitot）、若斯特（F. Jost）、乌德比娜-格拉乌（A.-M. Houdebine-Gravaud）等，都在各自领域为巴黎符号学学派的确立与发展做出了贡献。而今，活跃在符号学研究领域的新生代学者更是

---

① A. Biglari, 2014: *Entretiens sémiotiques*, Limoges: Éditions Lambert-Lucas, p. 55.

数不胜数。限于篇幅和资料，我们无法逐一介绍。

作为对于巴黎符号学学派研究部分的小结，笔者只想对于其宏观理论与其特征做一点概括：

（一）符号学应该是关于意指系统的一般理论，其研究对象是任何言语活动的"意指系统"和其组织形式，而不是符号本身的性质及种类。在该学派看来，符号是一种已经构成的对象，而不再是可观察的对象。

（二）符号学是一种有关"元语言"的等级系统。元语言是一种词语确定和单义的语言，它可以描述自然语言，也可以描述非语言事实。这种元语言一般可以分为三个层次：一是描述层，即运用符号学理论对言语活动对象进行理解并赋予其形式的层次；二是方法层，即对描写层采用一定的分析方法进行分析的层次；三是认识论层，即检验在第二层上使用的方法与模式是否具有"匀质性"和"一致性"的层次。当然，对于不同对象的分析，所采用的适宜层次也是有别的。但不论采用什么层次结构，这种分析主要都是对于"叙述"的分析，格雷马斯把巴黎符号学学派的研究称为寻找"叙述语法"，就是这个原因，这是以另一种面貌出现的"叙述学"。

（三）巴黎符号学学派认为，各类言语活动都是它的研究范围，而言语活动对象有两种能指整体：一种是自然语言构成的"词语世界"，另一种是由自然世界构成的"非词语世界或超语言世界"即人类社会生活的各种交流方式。因此，一种普通符号学应该能包括这两种言语活动对象。

这时的符号学，已不再纠缠于"语言学属于符号学"还是"符号学属于语言学"，而是将两者融为一体并以人类社会生活方方面面的意指表达形式为对象的一门学科，所以，格雷马斯与其学生库尔泰斯合著的有关符号学的词典就命名为《符号学：言语活动理论的系统思考词典》。

（四）普通符号学的研究材料是"文本"（texte），文本被看作是一种或多种意指系统，它可以是写出来的，也可以是口头的，甚至是空间的；它可以是词语性的，也可以是非词语性的。需要指出的是，近年来人们更喜欢采用"话语"一词来代替"文本"。再早一些时间，人们把"文本"只看作是"表达之实质"，因此它是"陈述"（即句子）接续的结果，是以文字形式出现的；而话语（discours）被看作是"言语"的产物，被等同于"过程"。格雷马斯说过："初步探讨时，我们可以将话语概念与符号学概念等同看待，并将位于言语活动组合关系轴上的所有符号学现象（关系、单位、操作）都看作是有关话语的理论"[①]；似乎，"文本"更表现为静态，而"话语"则表现为动态。但是，由于某些欧洲语言中并无"话语"这一单词，所以，便用"文本"来代替"话语"，同时保留着"话语"的概念，从这种意义上讲，两者又成了同义词。不过，从巴黎符号学学派来看，人们越来越多地使用"话语"这个词及其基本概念，因为它还可以构成"行动中的话语"（discours en acte），即它可以与"话语"之外的"语言外现象"联系在一起，是一种"无限的"符号学实践过程。

（五）如果说结构论符号学是以研究"不连续体"的语料为特征的话，那么，巴黎符号学学派的研究则是以"连续体"的语料，甚至是语料之外的背景为考虑对象。在这一点上，巴黎符号学学派部分地与后结构主义是一致的。如果说结构论符号学过分依附语言学概念和理论的话，那么，巴黎符号学学派的符号学研究则明显地与传统的语言学研究有所区别，或者说是对于传统语言学在全新领域中的拓展，这就使得符号学研究变成独立学科成为可能。

巴黎符号学学派最初是作为结构论符号学研究的一个分支出现的，后成为独立学派，至今已有30多年。在格雷马斯去世后的几年里，这一学派曾出现过"群龙无首"的局面，格雷马斯当时身边的合作者也分奔各处，一时让人对其未来感到担忧。但是，不久之后，这些合作者就在各自所在大学带起了一大批新的学员和研究者，形成了"遍地开花"之势，从而扩大了符号学研究的队伍和领域，使人们复燃了对于这一学

[①] A. J. Greimas et J. Courtés, 1993: *Sémiotique-dictionnaire raisonné de la théorie du langage* (1979), Paris: Hachette livre, p. 102.

派的希望。这一点，我们从埃诺主编的"符号学形式"丛书的出版规模不断扩大、研究领域不断增多、理论探讨不断深入之中可以看出。目前，这一学派已经出现了大有盖过结构论符号学的声势与影响，该学派以不同名目出现的研究中心几乎遍布法国所有综合性大学和研究机构。其中以巴黎第四大学、巴黎第八大学、利摩日大学、图卢兹第二大学和里昂第二大学的研究中心最为著名，成果也最为丰硕。

第四章 展 望

在经历了超过半个多世纪的发展之后,法国符号学(我们知道,这一提法现在还很难只用一个法语名词来定名)已经成为世界符号学研究中的一支劲旅。纵观其走过的历程和当前继续做出的努力,我们尝试做出如下简要展望:

(一)法国符号学作为语言科学的一个分支,已经站住了自己的脚跟,它不仅没有像格雷马斯1973年在第一届"空间符号学"研讨会上所悲观地预言的那样,说"符号学也许是一种时髦问题,并不排除在三年以后人们不再谈论它"[①],反而得到了广泛的传播,并且具有了初步的自立地位。法国的综合性公立大学几乎都有了符号学教学,尽管有的学校讲授结构论符号学(sémiologie),有的学校教授巴黎符号学学派的符号学(sémiotique);不仅如此,一些符号学分析方法也已进入了中学的语文教学之中。符号学专业性学会和全国性学会也已出现多年,出版物数量也很可观,并在继续增加之中。可以预测,法国符号学的研究领域会越来越广,其成果也会被应用到越来越多的学科之中。

(二)回顾法国符号学走过的道路和其取得的成就,除了使我们对符号及其性质有了进一步认识之外,它在世界范围内的影响似乎集中在

---

① J.-C. Coquet, 1982: *Sémiotique*: *l'École de Paris*, Paris: Hachette, p. 5.

了两大成果方面：一是在结构主义思潮中诞生的叙述学，这一学科已为各国所接受，并在不同的历史和文化中得到了丰富；二是话语分析或话语符号学，它是巴黎符号学学派在格雷马斯符号学理论基础上集体努力的结果，这一学科正在替代符号学分析这一名称，有时甚至直接指代符号学。也许，这后一方面是我们今后要做出努力去了解和引进的。应该说明的一点是，法国的"话语分析"（analyse du discours），在名词使用上，就是英美学界自20世纪50年代以来就使用的"语篇分析"（discourse analysis）。但是，它们的分析内容有所不同：法国的"话语分析"依据"语义学"和"叙述语法"侧重于意指和意指方式的分析，英美的"语篇分析"攀附于语言学而侧重于语法与逻辑结构（例如衔接、复指、句子间连接性等）的分析。

（三）如今，巴黎符号学学派已经成为法国符号学研究的主流，它很可能在今后某个时间会将结构论符号学的研究包容进来，并以sémiotique作为统一的名称，从而涵盖对于符号及其系统、意指方式等多个方面的研究。任何科学研究都有发展阶段的划分与综合的过程，其实，这两种研究一直都处在相互渗透和相互影响之中。名称不一致，概念不统一，说明该学科尚处在初创阶段，它还有很大的发展空间，完全的综合在法国尚需时日。不过，自20世纪90年代起，一些巴黎符号学学派的学者已经开始从事普通符号学教材方面的研究与撰写，例如库尔泰斯和丰塔尼耶，他们的教材都是以论述符号的定义和性质起步的。这说明，结构论符号学与巴黎符号学学派不是不可兼容的。而且只要离开法国，它们的界限就变得更模糊起来。比利时著名符号学家克林肯伯格（J.-M. Klinkenberg）就是在统一的sémiotique名下来介绍其《普通符号学概论》（Précis de sémiotique générale）（1996）的，并且告诉我们："实际上，正像我们刚才看到的那样，sémiotique有时也被称为sémiologie（尽管后者正趋向于被前者所代替）。"① 法国电影符号学家

---

① J.-M. Klinkenberg, 1996: *Précis de la sémiotique générale*, Paris: De Boeck & S. A. Larcier, p. 23.

梅茨就是这样，他早期使用 sémiologie 一词，后期使用 sémiotique 一词。如果将所有有关符号、记号、意指、象征，甚至症候的研究在我们汉语中用一个词来表示的话，我们似乎只能用"符号学"这一名称来统而概之。

（四）近年来，不少法国符号学家开始引入和研究美国符号学家皮尔斯的理论，并尝试将源于索绪尔传统的研究与源于皮尔斯理论的研究结合起来。这是符号学研究的必然，也是人类认识过程逐渐趋同的一种必然。在这一方面，《符号学问题》一书中专门有一章谈到了两种传统在音乐符号学中的"汇合"。我们期待看到更多这种"汇合"的新成果。也许，在各国学者进行大量综合研究之后，符号学才会真正确立能够获得广泛认同的独立地位。在这一点上，符号学今后的发展还有很长的路要走。

（五）在2012年第十一届世界符号学大会期间，丰塔尼耶在与笔者交流的时候曾经提出了几个问题，其中就有"中国有无借鉴巴黎符号学学派的符号学研究？"笔者告诉他，格雷马斯的一些重要著作已经翻译成中文出版了，有的正在翻译之中，对于巴黎符号学学派的介绍虽然刚刚开始，但已看到有学者在采用巴黎符号学学派的部分概念和操作模式尝试分析作品了。可以预见的是，法国符号学会被越来越多的中国读者和研究者所了解。我们现在想要说的是，翻译也好，介绍也好，其目的在于：在了解包括法国符号学在内的国外研究成果的基础上，根据我们自己的文化认知传统来发展我们自己的符号学研究，亦即"他山之石可以攻玉"之谓。我们认为，符号学今后在国外和国内都还有很长的路要走。但愿，笔者对法国符号学所做的这种极为粗浅的，也许不无谬误的梳理，能有助于我国研究者从中学习到有益的东西，在挖掘我国古代符号学思想和借鉴国外符号学理论与实践的基础上，逐步建立起具有广泛探索领域和坚实理论基础的中国特色符号学研究，迅速地从带有外来因素的"中国制造"转型到走上充满中国智慧的"自主创新"的道路。

第三编
解读罗兰·巴特

谈罗兰·巴特著述的翻译[①]

笔者由于从事法语教学和法国文论的译介,所以对罗兰·巴特的原著阅读过一些,也对其作品在我国的翻译出版情况很是关注。近几年来,上海人民出版社陆续翻译出版了罗兰·巴特的《批评与真理》《神话》《一个解构主义的文本》《流行系统》《S/Z》几种著述。这些译本带来的阅读上的便捷,是不言而喻的。作为读者,我感谢译者和出版社的努力。现在,我想从翻译角度谈三点看法。

一、尽量采用规范的术语翻译罗兰·巴特的作品

至今,符号学研究一直采用语言学的理论模式。而且,罗兰·巴特之所以成为符号学家,也是在研究了索绪尔的《普通语言学教程》之后才逐渐转向符号学探索的。因此,语言学术语在罗兰·巴特的著述中,特别是中后期的著述中比比皆是。最基本的术语,如 langage, langue, parole,在我国语言学界早已采纳了汉译索绪尔《普通语言学教程》一书中的译法,并将其用在了一些新编大学普通语言学教材里,它们分别被译为"言语活动""语言"和"言语"。"言语活动"包括"语言"与"言语"两个方面,"语言"是集体的、社会的和潜在的词语和语法系

[①] 本文原载于《文汇读书周报》2001年6月9日。

统，"言语"是个人对语言的运用。令人惊讶的是，这些术语在上述这些书中译法各异。我们仅举最近出版的两本书中的情况。在《S/Z》中，langage一词被译为"群体语言""语言"，langue被译为"总体语言""总体语言结构"，parole被译为"个体语言""言说"。笔者认为，对于langue和parole的翻译中含有概念注释的内容，还有些可取之处，但langage一词的译文则很难反映其与langue和parole的关系。这三个词，在《流行系统》一书的正文中译法是规范的，但在其他地方则出现了某种程度的混乱：在"导读"中，langue被译成了"潜在语言结构"，parole被译成了"个人言说实现"；在"前言"中，langage被译为"语言"，而在书后的"名词对照表"中，langue被注释成"言语"，parole被注释成"语言"，这可以说是一种绝对的概念错误（但愿这只是一种笔误或排版上的疏忽）。笔者认为，由同一家出版社集中出版同一位作者的著述，应尽量就其术语采用相同的符合规范的译法，最初也许会有困难，到后来应该能做到。这就要求译者和编辑多做些努力了，其中包括要了解一些相关的学科。术语译名不当，会影响译文质量，这是我们大家都知道的。

其他术语，还可以举出一些，例如：pertinence（"相关性"）、texte（"文本"）、intertexte（"互文、关联文本"），它们在《S/Z》中依次被译为"确切性""文""文际关系"，这也是有悖于这些术语至今已经形成的译名的。

二、避免书名译名的随意性

《一个解构主义的文本》（以下简称《文本》），其法文原名为 *Fragments d'un discours amoureux*，直译应为《恋情话语的片断》，但结合书中正文之前有"这是一位恋人在说话"一语，便最初被译成《恋人絮语》，这已广为人所接受，而且不失为一个很好的译名。如果没有记错的话，最早以《恋人絮语》为书名出版该书的就是上海人民出版社（可惜笔者手头没有那本书，不知译者是否与《文本》的译者相同）。不知何故，1997年这同一本书还是在上海人民出版社出版就改成了现在的书名。一般来讲，书名的翻译，尤其是名家著述的书名翻译，大多是其原名的直译或近译，根据内容或其他方面取名的也有，但多因原作书名不好译或是有别的目的，比如在一个时期内为追求某种轰动效果等：十年前在人们还盛谈结构主义的时候，罗兰·巴特的《符号学基础》竟被辽宁一家出版社以《结构主义美学》为名出版，一时为法语界所议论。有人说，《文本》是对歌德（J. W. von Goethe）《少年维特之烦恼》（*Les souffrances du jeune werther*）一书的解读，因此可以称其是解构主义的文本。笔者认为这种看法并不准确。作者在书中开头的"本书是怎样构成的？"的文字中就告诉我们：这本书"……旨在展示一种陈述活动，而非一种分析。我们可以说，这里推荐的是一种像像；但是，这种像像不是心理学的；它是结构的：它让人读到的，是一种言语位置（place），是某个人面对另一个不说话的人（被爱的对象）在自身说话的位置。"在这段文字的结尾处，作者告诉我们，为了构成这位恋人主体，他截取了多读物（特别是歌德《少年维特之烦恼》中的片断、多种场合下的谈话，以及他个人的生活经历，从而拼凑起了这个文本。显然，这是在"拼凑"一部"新的"作品，而不是像《S/Z》一书依据不同的能指符码解构巴尔扎克的《萨拉辛》那样来分析一部作品。笔者初步统计，全书共援引了 99 位作者或作品中的内容，共有引文 328 处（多为间接引用），除来自《少年维特之烦恼》的 50 处外，被引述 10 次以上的还有鲁斯布罗卡（Rusbrock）（14 处）、《会引篇》（18 处）、词源意义（11 处）、弗洛伊德（21 处）、拉康（10 处）、普鲁斯特（12 处）、尼采（17 处）。看得出来，这不仅不是一种"解构"，反而却是某种程度的"结构化"（非严格的结构主义的意义）。解构主义是相对于结构主义而言的，它是符号学在经历了结构主义阶段之后出现的一种研究方向，这种研究方向不再追求建立一致的结构模式，而是只着眼于能指的分析。罗兰·巴特曾经把自己的写作过程概括成了四个阶段：（1）社会神话研究阶段，其代表作品是《写作的零度》《神话》；（2）符号学研究阶段，其代表作为《符号学概论》《服饰系统》；（3）文本性研究阶段，其代表作为《S/Z》《符号帝国》；（4）道德观念研究阶段，其代表作为

《文本带来的快乐》（*Le plaisir du texte*），《罗兰·巴尔特自述》。其中的第二和第三阶段正好对应于一般所说的结构主义阶段和解构主义阶段。从写作时间上讲，《恋人絮语》（1977）是紧接在《罗兰·巴尔特自述》（1975）之后写出的，应该算是第四阶段的作品，这时距离他的解构主义研究阶段已经过了七八年之久，如何还说其是解构主义的文本呢？

三、译文的随意性

搞翻译，要遵循"信、达、雅"的原则。尽管现代翻译理论多种多样，笔者认为最终还是要归为前人概括出的这三点。这三点中，"信"即"忠实于原文"是基础。我们惊异地发现《文本》一书中存在着不少"不信"的地方。仅举几例：

（一）在"本书是怎样构成的？"开始之前有一小段文字，说明了写作这部书的必要性："这本书的必要性在于以下考虑：今天，恋情话语备受冷落……"原文中并无《文本》中以黑体标出的"本书的问世"的题目，显然，这是译者或编者把"这本书的必要性在于以下考虑"一语的意思做了不加任何说明的随意性处理。

（二）这本书"拼凑了"多方面的内容，因此原作在编排上有些特殊：作者把所引片断原作者姓名或原著书名都标在了引文的左侧空白处，并在每页下方以注释的方式指明了出处或引文所在段落的相关文字。然而，《文本》不仅在引文左边无任何标注，对原书中的注释也做了无任何说明的取舍。笔者粗略统计，原书中共有注释240多处，而译文中只译出了其中的180多处，被舍去的，有的还是对理解正文很重要的注释。不要小看这些变动，这样做的结果，极大地改变了原文，它无异于译者（或编者）直接参与了原文的写作，因为在无旁注且脚注取用不全的情况下，读者会将别的引文也误认为是取自《少年维特之烦恼》，这会大大影响他们的理解。

（三）全书的译文情况，笔者也认为有多处值得商榷，这里仅举上面引述的"本书是怎样构成的？"第三部分"参考资料"的文字为例，读者便可联想到一般情况,并且为了压缩篇幅且考虑到发表时法文排版上可能存在的困难,就不引用原文了。为此,笔者只好不无愧色地请读者参照笔者自信基本是忠实的译文(包括标点符号),做些比较:"为了构成这位恋人主体,我们'拼凑'了来自各个方面的文字段落。有的来自对于歌德《少年维特之烦恼》的正规阅读,有的来自一些多次阅读的读物(柏拉图的《会饮篇》,禅宗,精神分析学,某些神秘主义者的著作,尼采的著述,德国的浪漫曲)。有的来自一些偶然遇到的读物。有的来自与朋友们的会话。最后,还有的来自我个人的生活。"[①]

《文本》中是这样翻译的:"各种各样的原材料构成了这里的恋人:<u>主要的原型是歌德的维特</u>;我们还不断地引用各类作品(柏拉图的《会饮篇》,禅宗,分析心理学,某些神秘主义者的著作,尼采的作品,德国的浪漫曲);也有偶然翻阅的或从朋友的谈话中采撷的片段;自然,<u>免不了还要从作者个人的经历中寻找一些合适的材料</u>。"画线部分为与原文出入较大的译文。笔者尤其感到遗憾的是,译者没有将原有的 monté 一词的意思翻译过来。罗兰·巴特特意为这个词加上了引号,足见有其特殊的用意。这个词为电影术语"蒙太奇"(montage)的动词 monter 的复合过去时变位形式,所以翻译成"拼凑了"更符合作者的用意和本书的结构特点。《文本》译者的做法,已经近似于编译。

说实在的,笔者很佩服译者的中文概括能力,书中有许多地方译得不错。但若从主观上不忽视"信",那岂不是更好吗?

以上三点看法,不知当否,说出来,愿与译者和编者交流。

[①] R. Barthes, 1977: *Fragments d'un discours amoureux*, Paris: Seuil, p. 12.

巴特文艺符号学观[①]
——谈其《文艺批评文集》

在 20 世纪中叶的法国文化和文学研究领域，巴特是一位重要的人物。他一生参与了多种艺术门类的探索，但是这些探索大都程度不同地贯穿着同一种理论基础，那就是他对于索绪尔语言学理论的应用和扩展。正是这种应用与扩展，使他成了法国结构主义活动的先驱者之一，也使他建立起了自己的文艺符号学体系。

《文艺批评文集》正是作者早期参与这些探索活动的部分成果集结。从内容上讲，这本书包括两大部分：一是对于文学艺术和文艺批评的论述；二是对于纯属符号学理论的探索。但说到底，这两部分都是对于当时正在出现的符号学的应用和阐发。笔者愿意结合这本书的相关文章首先对罗兰·巴特的符号学思想做一简要概述，随后，介绍一下其符号学思想在文学艺术和文艺批评中的应用情况，最后看一下他对萨特"自欺"概念的符号学解释，以期读者通过这种介绍和相关论述对其文艺符号学思想有一个大概的了解，并对普通符号学的一些相关概念有进一步的接触和理解。

[①] 本文原载于《文艺理论研究》2009 年第 2 期。

一

时至今日，人们给予符号学（sémiologie）的定义，是关于符号与意指的科学。这比索绪尔在其《普通语言学教程》一书中设想"有一门研究社会生活中符号生命的科学"① 具体和明确多了。巴特可以说是严格地继承和大胆地拓展了索绪尔的相关论述，我们从以下几个方面可以看出。

关于言语活动。按照索绪尔的理论，"言语活动有个人的一面，又有社会的一面；没有这一面就无从设想另一面"②，这便是他随后概括的"言语"概念和"语言"概念：语言是由社会确立的一套规约，言语是对于这套规约的个人使用。在这本书中，罗兰·巴特对于这两个概念的使用及它们之间关系的阐述随处可见，"我的言语只能从一种语言中脱离出来"③，他还生动和形象地将它们的关系比作"编码与游戏"④，这就使我们加深了对它们的理解。

关于符号。按照索绪尔的理论，符号是由能指（signifiant，声音形象）与所指（signifié，概念）构成的。巴特在这本书的多篇文章中论述了能指与所指的关系。首先，在这两个概念中，他更看重能指，他指出，正是"对于能指的组织情况的注意力在奠定一种真正的意指批评"⑤，其次，他认为能指是多变的、瞬间的、不稳固的，他说"能指本身则是暂时的"⑥，所指本身具有"无限变化的能指"⑦。这些提法，很像是结构主义人类学家列维-斯特劳斯提出的"不稳定的能指"的概念。再次，他认为能指与所指之间常有一定的间隔，并以此解释了布莱希特的戏剧"间距说"，他说"在所指与其能指之间有必要保持一定的

---

① ［瑞士］索绪尔：《普通语言学教程》第二版，高明凯译，北京：商务印书馆，1982年，第38页。
② 同上书，第29页。
③ R. Barthes, 1964: *Essais critiques*, Paris: Seuil, p.15.
④ Ibid., p.268.
⑤ Ibid., p.276.
⑥ Ibid., p.241.
⑦ Ibid., p.176.

间距"①。需要说明的一点是，巴特的符号概念，在多数情况下，已不是初级的符号概念，而是把一个声音形象与一个概念结合而成的初级符号当作一个新的能指再与另一个所指（新的概念）结合而成的二级符号，这在他于1957年出版的《神话》一书的《今日神话》一文中已有论述，并提出了其代表性图示。②

在那一图示中，神话已经是二级符号。作为二级符号的产生过程与结果的则是意指，巴特的意指概念更强调结合过程："意指，也就是说：可以意味的东西和被意味的东西的结合体；也还可以说：既不是形式也不是内容，而是从形式到内容的过程。"③

关于符号之间的关系。巴特在《有关符号的想象》（«L'imagination du signe»）一文中对此做了详尽的阐述。他认为，正是符号的能指与所指之间的关系，构成了符号的三种关系："首先，是一种内部的关系，这种关系将其能指与其所指结合在一起；其次，是两种外部的关系：其一是潜在的，它将符号与其他符号的一种特定的储备结合在一起……其二是现时的，它将符号与陈述的先于它或后于它的其他符号结合起来"。这三种结合方式，便是他命名的象征关系、聚合关系和组合关系。"第一种关系明显地出现在人们通常所称的一种<u>象征</u>之中；例如，十字架'象征着'基督教，公社社员墙'象征着'巴黎公社……因此，我们称这第一类型关系为<u>象征关系</u>。"不难看出，巴特在这里提到的符号也都已经是二级符号，它们已不是"十字架"的发音（声音形象=能指）与"交叉成十字形的物体"（概念=所指）的结合物了，也不是"墙"的发音与"由建筑材料构成的立体建筑物"的结合物了。"第二种关系平面对于每一个符号来说，涉及一种有组织的形式储备或'记忆'的存在性……这种关系平面是系统之平面，它有时被叫作聚合体；于是，人们便将这第二种关系平面命名为<u>聚合关系</u>"。顺便指出，"聚合体"（paradigme）一词，传统上指单词的词形变化，现在被用来指构成语义

---

① R. Barthes，1964：*Essais critiques*，Paris：Seuil，p. 90.
② R. Barthes，1957：*Mythologies*，Paris：Seuil，p. 200.
③ Ibid.，p. 160.

的语法类别、音位类别和语义类别；而在巴特的术语中，"聚合"与"系统"表达的是一个概念：例如一组同义词，就是一种聚合体，它同时也被称为一个系统，而"聚合关系"有时也被称为"选择关系"。"根据第三种关系平面，符号不再参照其（潜在的）'兄弟'来定位，而是参照其（现时的）'邻居'……这种结合平面，便是组合体的平面，于是，我们将这第三种关系称之为<u>组合关系</u>。"①

与上述三种关系直接联系的，便是由它们产生的三种意识。巴特认为，正是这三种关系构成了事物的意蕴现象，人们的意识必然集中于这三种关系中的一种："象征意识在符号的深层维度上看待符号……正是能指与所指的层级关系构成象征"，在这种关系中，"形式与内容相像（或多或少，但总有一点），就好像形式是由内容产生的……形式在不停地被内容所超出……是所指在使象征意识感兴趣"。聚合意识是建立在符号之间的比较基础上的："两个符号的形式一旦被比较，或者至少以某种多少可比较的方式被感知，那就会出现某种聚合意识"；"正是这种意识使列维-斯特劳斯得以重述了图腾问题……聚合意识在两个图腾的关系与两个部落的关系之间……建立了一种同质性。"组合意识"是在话语层上连接符号的各种关系的意识"，这种意识"在语言学之外，也标志了俄国形式主义学派的探索，而尤其是普洛普在斯拉夫民族的民间故事领域进行的探索……在这种关系中，它无疑是最放弃所指的：它更是一种结构意识，而不是一种语义意识。"巴特最后总结道："象征意识涉及对于深度的想象……相反，聚合意识是对于一种形式的想象……它从符号的透视法中看待符号；组合意识，它在符号的扩展中来预见符号：这种扩展，即是符号的先前联系与后来联系以及符号与其他符号之间搭起的桥梁。"② 需要指出的是，巴特在这里所说的"形式"与"内容"，还是习惯上的划分，而不是他写作和发表《符号学基础》前后建立的概念。

---

① R. Barthes, 1964: *Essais critiques*, Paris: Seuil, p. 214.
② Ibid., p. 218.

自然，这本书涉及的符号学知识还很多。例如行为模态概念，这是对于格雷马斯模态理论的应用。再如关于隐喻和换喻的概念，巴特在雅各布森理论的基础上做了简明的阐释："与选择方面对应的，是<u>隐喻</u>，它是用一个能指取代另一个能指，而这两个能指具有相同的意义，甚至具有相同的价值；与结合方面对应的，是<u>换喻</u>，它依据一种意义从一个能指向着另一个能指滑动。"①

这两种修辞格是与聚合意识和组合意识密切联系在一起的。总之，这本书包括了巴特初期文学符号学思想的方方面面。

二

在了解了巴特上述符号学思想之后，再来看他有关文学和文学批评的论述，似乎就比较容易了，而且，我们几乎可以直接引述巴特自己的话来说明相关的问题。

什么是文学呢？罗兰·巴特的论述一改传统的表述，提出"文学恰恰只是一种<u>言语活动</u>，也就是说一种符号系统"②。我们上面说过，巴特的符号概念，已不是让人直接想到指涉对象的初级符号的概念，而是二级符号的概念，这种概念带来的是"二级言语活动、寄生意义，以至于它只能使真实内涵化，而不是使之外延化"③。"这种言语是一种（无限地）被精心加工的材料；它有点像是一种超-言语。"④"当一种言语活动不再与一种<u>实践</u>活动合一的时候，当这种言语活动开始讲述、开始背诵真实的时候，它由于变成了一种<u>自为</u>的言语活动，便会出现被重新注入的、瞬间的二级意义，最后则产生我们恰恰将其称之为<u>文学</u>的某种东西。"⑤"正是因为符号是不确定的，所以才有文学。"⑥"文学的第一个条件，不同寻常地是去完成一种<u>间接</u>的言语活动：详细地命名事物以便

---

① R. Barthes, 1964: *Essais critiques*, Paris: Seuil, p. 218.
② Ibid., p. 261.
③ Ibid., p. 273.
④ Ibid., p. 153.
⑤ Ibid., p. 275.
⑥ Ibid., p. 146.

不去命名它们的最后意义，不过却不停地坚守着这种逼人的意义，把世界命名为一种符号的总汇，而人们又不以这种总汇说出符号所意味的东西。"① 由此，产生了对于与文学关联的其他概念的新颖阐述。

关于作品。"任何写出的文字，只是当其在某些条件下可以改变初级信息……的时候，才变成作品。这些变化条件便是文学的存在条件。"② "文学作品恰恰开始于它歪曲其模式（或者更为慎重地说：它的出发点）的地方。"③ "作品的特性不依赖其所包含的全部所指……而仅仅依赖所有意指的形式。卡夫卡的真实，并不是卡夫卡的世界……而是这个世界的符号。因此，作品从来都不是对于世界之谜的回答，文学从来都不是教理式的。"④至于属于美学范畴的作品"完善"概念，作者认为"完善一部作品，并不意味着其他的什么，而只意味着在作品马上就要意味某种东西的时刻、在它马上就要变成一种问题答案的时刻将作品停下来；应该将作品建构成一种完整的意指系统，不过这种意指却是落空的"⑤。

关于作家。"从定义上讲，作家是唯一在言语的结构中失去自己结构和世界结构的人"，"作家在把自己关闭在如何写之中的同时，最终重新发现这个问题是出色地开放着的：世界的存在是为了什么？事物的意义是什么？总之，正是在作家的工作变成其自己目的的时刻，他重新发现了一种居中调解的特征：作家把文学构想为目的，世界重新将这种目的作为手段还给他。正是在这种无限的失望之中，作家重新发现世界，即一个古怪的世界，因为文学将世界再现为一种问题，从来不最终地将其再现为一种答案。"⑥

关于写作技巧。"技巧是任何创作的存在本身。"⑦ "这些技巧是：

---

① R. Barthes, 1964：*Essais critiques*, Paris：Seuil, p.240.
② Ibid., p.14.
③ Ibid., p.257.
④ Ibid., p.145.
⑤ Ibid., p.166.
⑥ Ibid., p.154.
⑦ Ibid., p.224.

修辞学,它是借助替代和意义移动来改变平庸的艺术;安排,它可以赋予单一的信息以无限的曲折(例如在一部小说中);反语,它是作者解脱自己的形式;片段——或者人们更愿意的话——故作保留的方式,它可以让人记住意义,为的是更好地将其发散到所有开放的方向。所有这些技巧……它们的目的是建立一种间接的言语活动,也就是说,一种既固执(具有一种目的)又迂回(接受无限多样的停靠站)的言语活动。"① 那么,对于意义的一种描写技巧,意味着什么呢?"它意味着,作家在尽力增加意指,而无需填充这些意指,也不需要关闭它们;它意味着,他在使用言语活动,为的是构成一个具有夸张性意蕴的,而最终却从来什么都不意味的世界。"② "文学是一种技巧,这种技巧既比风格之技巧更为深刻,又不如思维之技巧那么直接;我们认为,文学同时是言语和思想,因为思想在词语层上被人寻觅,言语在其自身若有所思地看着。"③

关于"现实主义"。"相对于对象本身,文学在基础上和构成上是非现实主义的;文学,就是非真实本身;或者更准确一点讲,文学远不是对于真实的一种类比性复制,<u>相反,它是对于言语活动的非真实的意识本身</u>:最为'真实的'文学,是自己意识到的最为非真实的文学;在文学意识到自己是言语活动的情况下,正是对于处在事物与词语中间的一种状态的寻找、正是由词语所担负和所限制的一种意识的这种张力,借助词语而具有一种既绝对又不确定的权力。在这里,现实主义并不可能是对事物的复制,而是对于言语活动的认识。最为'现实主义的'作品将不是'描绘'现实的作品,而是在将世界当作内容……的同时,尽可能深刻地发掘言语活动的<u>非真实的现实</u>的作品。"④ 正因为作品是这样有距离地与真实联系在一起的,所以,"文学一直就是非现实主义的,但是,正是它的非现实主义使它通常向世界提出一些很好的问题,而这

---

① R. Barthes, 1964: *Essais critiques*, Paris: Seuil, p. 19.
② Ibid., p. 275.
③ Ibid., p. 240.
④ Ibid., p. 170.

些问题却不曾是被直接提出的：巴尔扎克从对于世界的一种神权政治的阐释出发，他最终所做的仅仅是对于世界的质问。"① 而且，巴特以左拉的《四福音书》(*Quatre Evangiles*)为例，认为："毒害作品的东西，是左拉回答了他所提出的问题（他说、他宣讲、他命名社会财富），但是，为其留下喘息、梦想或震撼的东西，是小说的技巧本身，是赋予记录一种符号姿态的方式。"②

关于文学与元言语活动。法语中的"元言语活动"，就是英美语言和我们汉语译入语中的"元语言"。这个概念，最早是由叶姆斯列夫从逻辑学上引入符号学的。自然语言具有不仅可以谈论"事物"（对象-言语活动），而且可以谈论自身的特性（元言语活动）。对象-言语活动，按照巴特的表述就是"在动作本身得到建立的言语活动，是表现事物的言语活动"③；元言语活动，必定是人为的言语活动，就是谈论对象-言语活动的另一种言语活动，巴特说它"是人们有关事物（或有关第一种言语活动）"④ 的言语活动。由于文学就是一种言语活动，所以，文学自然也应该包含着对象-言语活动和元言语活动。将元言语活动概念引入文学研究中来，可以说是巴特首先注意和实践的。但是，他指出，在很长的时间内，作家不曾承认写作也是一种言语活动，"大概是在资产阶级的心安理得心态首次受到动摇的同时，文学开始感觉到自身的双重性：既是对象又是对于这种对象的目光，既是言语又是对于这种言语的言语，既是对象-文学又是元-文学。这种形成过程大体上经历了这样几个阶段：首先，是文学制作的人为意识，这种意识甚至发展到了极为痛苦的审慎程度，发展到了忍受不可能性带来的折磨（福楼拜）；之后，是在同一种写作的实质中将文学与有关文学的思考混合在一起的大胆愿望（马拉美）；随后，借着不停地将文学放置到以后、借着长时间地声明马上就要写作和将这种声明变成文学本身（普鲁斯特），来寄希望于

---

① R. Barthes, 1964: *Essais critiques*, Paris: Seuil, p.154.
② Ibid., p.274.
③ Ibid., p.132.
④ Ibid.

最终躲避文学的赘述现象；再随后，借着主动和系统地无限增加对象-单词的意义和永不停止从一种单一的所指来进入文学的真诚（超现实主义）；最后，反过来，借着减少这些意义，甚至发展到了只是希望获得文学言语活动的在此存在即某种写作的空白（但并非是一种清白）：在这里，我想到了罗伯-格里耶的作品。"① 由此可见，文学中的元言语活动，就是文学创作的观念本身。巴特在书中呼吁建立的"一种文学观念史"②，似乎就是这种文学-元言语活动史。将这种概念引入文学之中，无疑会加深我们对于文学实质的认识与理解。

关于批评。"批评是有关一种话语的话语；它是在第一种言语活动（即对象-言语活动）上进行的二级的或元言语活动的言语活动（正像逻辑学家们所说的那样）。结论便是，批评活动应该与两种关系一起来计算：批评的言语活动对于被观察的作者的言语活动的关系和这种对象-言语活动对于世界的关系。正是这两种言语活动的'摩擦'在确定批评，并且赋予它与另一种精神活动即逻辑学一种很大的相像性，这种活动同样是完全建立在对于对象-言语活动与元言语活动的区分基础上的。"③ "批评家是作家……批评家并不要求人们特许他一种'观点'或一种'风格'，而仅仅要求人们承认他具有某种言语的能力，这便是一种间接言语的能力。"④ 这无疑是对于批评和批评家概念的一种全新的定义和对于批评活动的全新阐述。毋庸置疑，文学批评与文学观念自然是有联系的，但它们却不属于同一种元言语活动。

此外，罗兰·巴特在书中对于文学的两种主要题材（小说、诗歌）也做了精辟论述："小说通过一些真实成分的侥幸结合来进行；诗歌通过准确而完整地开发一些潜在成分来进行。"⑤

巴特也在书中用了不少篇幅谈论戏剧。而用符号学观点来阐述戏

---

① R. Barthes, 1964: *Essais critiques*, Paris: Seuil, p, 110.
② Ibid., p, 274.
③ Ibid., p, 264.
④ Ibid., p, 12.
⑤ Ibid., p, 247.

剧，无疑是前所未有的尝试，并且他的结论对于我们理解这一艺术体裁是有益的。何谓戏剧？"任何演出都是一种极端密实的语义行为：编码与游戏的关系（也就是说语言与言语的关系）、戏剧符号的（类比的、象征的、约定的）本质、这些符号的意蕴变化、链接制约、信息的外延与内涵，符号学的所有这些根本性问题都出现在戏剧之中。我们甚至可以说，戏剧构成一种被特别看重的符号学对象，因为它的系统（线形的）相对语言系统来说显然是怪异的（复调音乐的）。"① 何谓戏剧性呢？"那就是减去文本之后的戏剧，就是依据所写出的剧情梗概而建立起的一定密度的符号和感觉，就是对于色情技巧如姿态、声调、距离、实质、灯光的普遍感知，而这种感知以文本的全部外在言语活动来压倒文本。"② 巴特一生中写了很多有关戏剧符号学的文章，这本书中所包含的他的戏剧符号学思想无疑是最早的，也是最为基础的。

三

在这本书临近结尾处，巴特在对绘画类艺术与文学做比较时，提到了符号学的一个重要概念："实质"。他说："在（形象性的）绘画中，符号（能指与所指）的各个成分之间有一种类比性，而对象的实质与其复制品的实质之间有一种差异；相反，在文学中，两种（总是属于言语活动的）实质之间有着一种偶合性，但在真实与其文学表述之间有一种不相像，因为这之间的联系在此不是通过类比的形式进行的。"③ 那么，什么是"实质"呢？为何都属于言语活动的两种"实质"之间存在着偶合性？是哪两种"实质"呢？在此，我们不得不用一些笔墨概述一下语言符号的表达平面与内容平面都涉及的"实质"概念。

我们在介绍索绪尔的符号学理论时，曾分析过他有关"形式"与"实质"的论述。在此，我们只想重述这两者之间的关系：由于"语言"是"形式"，而"言语"被认为是对于"语言"的运用和体现即"实

---

① R. Barthes, 1964: *Essais critiques*, Paris: Seuil, p. 268.
② Ibid., p. 44.
③ Ibid., p. 273.

质",那么"实质"表现"形式"就是可以理解的了。

我们在介绍丹麦语言学家叶姆斯列夫的贡献时指出,叶姆斯列夫根据索绪尔的符号理论,将"能指"扩大为"表达"(expression),将"所指"扩大为"内容"(content),从而出现了"表达平面"与"内容平面"。不仅如此,他还认为,"表达"与"内容"都各有自己"形式"和"实质"(均按照索绪尔的定义);于是,就形成了一种上下位的层级关系:"表达"与"内容"是上位,"形式"与"实质"是下位。就语言符号来讲,"形式"是存在方式,是内在结构,而非外在表现。"实质"就是与这种存在方式关联却在其之外表现出的东西,即外在表现。在叶姆斯列夫的术语中,"实质"就相当于建立在一定"形式"基础上的"感受"或"意义"(但不是意指方式)。于是,这四个术语便形成了我们前面提到的三个层次的连对关系,他说:"我们现在主张的论点之一,在某些方面包含着在内容之实质、表达之形式、表达之实质三者之间的一种类比关系。"① 他经过论证得出了明确的三种"表现"关系。为阐明巴特两种"实质"的"偶合"之论,我们在此不得不重述这些关系:一是表达之实质表现表达之形式,二是内容之实质表现内容之形式,三是表达之形式表现内容之形式(与前两个命题相比,这是一种反向的关系)。

巴特对于叶姆斯列夫的理论有着独到而明晰的解释。他在其《符号学基础》中说:"形式,即无需借助于任何语言之外的前提就可以被语言学完全、简明和连贯地(认识论标准)描述的东西;实质,即那些不借助于语言之外的前提就不能被描述的语言现象",他接着指出:"表达之实质:例如属于语音学而非音位学研究的发音的而非功能的声音实质;表达之形式,是由聚合关系和组合关系的规则构成的(我们会注意到,同一种形式可以有两种不同的实质,一种是语音的,一种是字体的);内容的一种实质:例如属于所指的那些情绪的、意识形态的或只是概念的形态,即其'原级的'意义;内容的一种形式:便是所指之间

---

① L. Hjelmslev, 1971: *Prolégomènes à une théorie du langage*, Paris: Minuit, p. 67.

借助于有无语义标志而表现的形式组织方式。"① 不论是叶姆斯列夫，还是巴特，他们在这里论述的都是处在"原级意义"阶段的一般语言符号。那么，在文学里，又是一种什么情况呢？根据巴特的论述，文学符号是建立在直接指涉对象的初级符号（初级符号只产生"原级"意义）基础上的"二级"符号，文学作品是一种"二级"言语活动。"二级"符号，是通过把属于"原级"意义的符号作为"能指"再加入新的"概念"来产生的。因此，巴特所说的两种实质之间的偶合，应该是指属于"原级"意义的符号的"实质"与"二级"符号的"实质"之间的偶合。

为了说明这些关系，笔者试举我们汉语中的"青天"这个词来做一点浅析。这个符号的"能指"即它的"表达"平面，就是它的发音和它的写法，它的"所指"即它的"内容"，就是"蓝色天空"之意。按照叶姆斯列夫的理论，它的"表达"平面还可以分为"形式"与"实质"：不难想到，它的"形式"就是决定其发音的具有区分意义功能的最小单位——/tɕ/，/i/，/ŋ/，/t/，/i/，/a/，/n/，它们都是音位；而其"实质"就是其发音（［qing-tian］）和写法（［青-天］）。在"内容"平面上，其"形式"就是"青色＋天空"这两部分的连接方式即规则，这是一种组合关系的排列方式，但这种排列是由"表达"之"形式"即那几个音位的排列所决定的；其"实质"就是这种排列给出的意义（蓝色的天空）与感受（清澈、干净）。这些都还是对于"初级"符号的分析。但是，这样的一个符号，一旦我们在其前面加上一个"包"字，使之成为"包青天"，它就变成了一个建立在"原级"意义及其给人的感受之上的带有内涵意义的"二级"符号，喻指"清明廉洁"。那么，这个单词在"二级"符号里的情况如何呢？按照巴特有关"二级"符号建立的理论，这种符号是把一个"初级"符号当作新的"能指"，再为其增加一个新的"所指"而形成的。不难看出，它的"表达"之"形式"依然是那几个音位的排列，其"实质"依然是它的发音；它的"内容"之"形式"依然是由音位所决定的"青色＋天空"这种组合，但是它的

---

① R. Barthes，2002：*Œuvres complètes*，2，Paris：Seuil，p.658.

"实质"则在增加了一个"包"字,从而借用了隐喻手段之后却喻指为官"清明廉洁"及其给人的感受。关于修辞手段,有人也将其归为"内容"之"形式",不过多数学者认为它是独立的部分,我们在此不做介绍。我们从上面的分析中看到,"二级"符号的"内容"之"实质"是建立在"初级"符号的"内容"之"实质"基础上的。由于这两种"实质"都具有"干净"这一共同"义素",所以,说"两种(总是属于言语活动的)实质之间有着一种偶合性"或者"重叠性"或"同位素性"都是可以的。"内涵"意义只是"原级"符号"内容"之"实质"借助一定修辞手段而实现的延伸,道理便在于此。

四

这本书出版于 1964 年,从所收录文章的写作时间来看,最早是 1953 年写的,最晚是 1963 年写的。对于这一期间,巴特在后来发表的《罗兰·巴尔特自述》中说:"他始终无休止地在一种伟大的系统(马克思主义、萨特、布莱希特、符号学、文本)保护下工作。"①

按照他在这本书中为自己的写作编年史划分的阶段,其第一个阶段是以《写作的零度》(1953)和《神话》(1957)为代表的受马克思主义、萨特和布莱希特影响的阶段,其第二个阶段是以《符号学基础》(1964)和《服饰系统》(1967)为代表的参与创立符号学的阶段,其第三个阶段是以《S/Z》(1970)、《萨德、傅立叶、罗耀拉》(1971)、《符号帝国》(1970)为代表的文本分析阶段,其第四个阶段是以《文本带来的快乐》(1973)和《罗兰·巴尔特自述》(1975)为代表的道德观写作阶段。显然,《文艺批评文集》属于从第一个阶段到第二个阶段过渡时期的作品,而作者在书中频繁地引用萨特的"自欺"(mauvaise foi)概念,也说明了这部书承前启后的特点。为了便于读者理解书中这一概念,笔者愿意尝试着对这一概念和其在这本书中的使用情况做些简单的介绍。

---

① R. Barthes, 1995: *Roland Barthes par Roland Barthes* (1975), Paris: Seuil, p. 96.

何谓"自欺"呢?萨特在《存在与虚无》(L'être et le néant)第二章中确定的定义是:"自欺就是欺骗,但却是对于自身的欺骗。"他又说:自欺在于"掩盖一种令人不愉快的真实,或者将真实表现为一种令人快乐的错误"。"在自欺中,受骗的人和骗人的人,是同一个人,这就意味着,我作为骗人的人,应该懂得我在被欺骗时对我掩盖着的真实。"自欺存在于"意识的半透明状态",它在于"忘记"问题的某些蕴涵,其公式便是"我不是我所是"。萨特在这一章中主要论述了"自欺",但也将"真诚"(bonne foi)作为论述"自欺"的参照来介绍。所谓"真诚",其公式便是"就是其所是","在我意识到我的自欺这一点上,我应该是真诚的"。但是,萨特最终还是说:"真诚的结构与自欺的结构没有区别,因为真诚的人被确定为是其所是,是为了不是其所是。"萨特举出多个生活中的例子来说明"自欺":一个少女把求偶的男方伸过来抚摩她的手理解为是亲近她,而不是理解为一种性欲要求;咖啡馆的堂倌虽然是按照咖啡馆招待员的姿态出现在顾客面前,但是,他自己在日常生活并非就是这种姿态;对于演员来说,"我只能扮演他,就是说,只能想象我是他"。因此,自欺"对于很大一部分人来说,甚至就可以是生活的正常面貌。人们在自欺中生活……这意味着一种稳定而特殊的生活风格"[1]。

在简单了解了萨特有关"自欺"的概念后,我们就不难理解巴特在《文艺批评文集》中的使用情况了。我们似乎可以做如下的概括:

(一)巴特把多个概念都放在"自欺"名下来论述。关于"回顾",他说:"他过分担心,回顾从来就只不过是一类自欺。"[2] 关于"讽刺"和"严肃",他说:"我们接触到了我们可以称为嘲讽之自欺的东西,而这种自欺同样也是对于严肃之自欺的回答:这一种对于另一种,它们轮流着使对方停滞下来和<u>占有</u>对方,而从来没有决定性的胜利:嘲讽排除

---

[1] [法]萨特:《存在与虚无》(L'être et le néant),陈宣良译,北京:生活·读书·新知三联书店,1987年,第83—87页。
[2] R. Barthes, 1964: *Essais critiques*, Paris: Seuil, p.11.

严肃,而严肃包含着嘲讽。"① 关于符号学上模态理论中的"懂得",他说:"这种历史便不能以历史的术语来书写,于是我们便被交付给了懂得的无法抑制的自欺方面。这便是一种必然性,它大大地超越了疯狂与无理性的一般关系。"②

(二)巴特在这本书中,提出了"心安理得"(bonne conscience)与"自咎"(mauvaise conscience)这一对概念,并使前者与"自欺"联系起来。这似乎就是对萨特有关"自欺"就是"正常的生活面貌"的进一步阐述。他在书中《〈扎齐在地铁里〉与文学》(«"Zazie dans le métro" et la litérature»)一文的一个脚注中说道:"约内斯科的喜剧性提出了同样性质的问题。直到(包括)《阿尔玛的即兴剧》(L'Inpromptu de l'Alma),他的作品才具有真诚性,因为作者本身并不将自己排除在他所撼动的言语活动的这种恐怖主义之外。《无证据的杀手》(Tueur sans gage)标志着一种倒退,即向着一种心安理得的返回,也就是说是向着自欺的返回,因为作者抱怨他人的言语活动。"③ 他在《何谓批评》(«Qu'est-ce que la critique?»)中说:"批评上的主要罪孽,并不是意识形态,而是人们用来覆盖批评的沉默。这种有罪的沉默有一个名称,那就是心安理得,或者如果我们愿意说的话,那就是自欺。"④ "对于批评,避免我们在开始时说的'心安理得'或'自欺'的唯一方式,为了道德的目的,便是不去破释作品的意义,而是重新建构制定这种意义的规则和制约。"⑤

(三)作者对于"自欺"做了简短而直率的符号学上的诠释。萨特曾经在《存在与虚无》的同一章中试图借助精神分析学对于"自欺"的"半透明状态"给予定位,他的结论倾向于"自欺"属于"他人"(或"另一个"),"他人的意识是其所不是"。根据后人的研究,萨特的"他

---

① R. Barthes, 1964: *Essais critiques*, Paris: Seuil, p. 134.
② Ibid., p. 179.
③ Ibid., p. 135.
④ Ibid., p. 263.
⑤ Ibid., p. 264.

人"基本靠近"本我"的范畴，即潜意识。巴特只在书中的一个地方对于"自欺"的这种状态做了诠释：他在《工人与牧师》（«Ouvriers et pasteurs»）一文的脚注中这样写道："**牧师**以第一个字母大写来标记任何精神对象的方式，是我们可以在符号学言语活动上称之为内涵的东西，即强加在一种字面意义上的另一种补加意义。但是，那些大写字母通常的自欺性在文学上则变成了真实，因为自欺昭示了说那些大写字母对象的人的境遇。"① 按照"自欺"就是"我不是我所是"的公式，自欺中的半透明部分无疑就是"内涵"。这样一来，符号学上的"内涵"概念自然就与拉康在精神分析学上建立的**"他者"**（即第一个字母为大写的 Autre）概念联系起来了。

结束语

巴特在《文艺批评文集》中阐述的文艺符号学思想，为其后来的文本符号学理论做了铺垫，从而为文艺符号学的确立做出了贡献。但是，我们也不能不注意到书中显露出的过分形式化的倾向。例如，他对作家在作品中的出现，就做了似乎绝对否定的表述。他在《作家与写家》（«Écrivains et Écrivants»）一文中说："从定义上讲，作家是唯一在言语的结构中失去自己结构和世界结构的人。"② 他又在最后的《文学与意指》（«Littérature et signification»）一文中写道："一部作品不能对其作者的'真诚'做任何的保留：他的沉寂、他的遗憾、他的天真、他的谨慎、他的惧怕、一切使作品成为亲密无间的东西，这些无一可以进入被写的对象之中……作家是在其身上拒绝'真实性'的人：一种风格的文雅、辛辣、人情味，甚至诙谐，都不能战胜言语活动的绝对是恐怖主义的特征。"③ 他的这种思想后来甚至发展到宣布"作者的死亡"（1968）④。他这样说，不仅与创作实际不符，而且也在他的文艺符号学

---

① R. Barthes，1964：*Essais critiques*，Paris：Seuil，p. 138.
② Ibid.，p. 154.
③ Ibid.，p. 285.
④ R. Barthes，1984：*Le bruissement de la langue*，Paris：Seuil，p. 61.

理论上站不住脚,因为这有悖于他所阐述过的"表达之实质"与"内容之实质"之间存在着"偶合"的情况。而这些实质,无疑会以各种方式包含着作者的介入表现。后来的研究表明,"内容"的实质实际上是意指的"载体",而意指是脱离不开作为叙述者的作者的。

笔者认为,巴特在这本书中的相关论述,对于我们理解文学艺术和进行批评应该有一定的帮助。我们不一定完全同意他的观点,但这些论述至少提供了一种新角度可供我们进一步思考。

巴特互文性理论及实践[①]
——谈《如何共同生活》

我们在前面的文字中已经了解到,巴特最早接受了克里斯蒂娃有关"互文性"的论述,并在自己的《文本理论》一文和其他书籍中对于这一概念做了进一步的阐述,从而使得他也成为在互文性研究方面颇具建树的理论家之一。

一、关于"互文性"概念

什么是"互文性"呢?

首先,这一概念是由俄国文艺理论家巴赫金引入文学研究和文学批评中的。它在由保加利亚裔法国符号学克里斯蒂娃介绍到法国后,遂引起了西方知识界广泛和浓厚的兴趣。克里斯蒂娃在1969年出版的《符号学:符义分析研究》一书中概述了巴赫金的观点:"他第一个在文学理论中提到:任何一个文本的构成都像是一种语录拼合,任何一个文本都吸收和转换了其他的文本。"[②] 克里斯蒂娃进一步阐述了这一概念:"互文性这一术语指的是一个(或多个)符号系统被置换成另一个符号系统。但是由于此术语常常被庸俗地理解为对某一个文本的'起源考

[①] 本文原载于《符号与传媒》第1辑,2010年秋季号。
[②] J. Kristeva, 1969: *Sémiotiké: Recherches pour une sémanalyse*, Paris: Seuil, p.145.

据',故此我们更倾向于取置换(transposition)之意,因为后者的好处在于它明确指出了一个意蕴系统向另一个意蕴系统的过渡,出于切题的考虑,这种过渡要求重新组合文本。"① 她在此基础上提出了进行"互文性分析"(analyse intertextuelle)这一主张,指出这种分析旨在找出"一个文本中交叉出现的其他文本的表述"②。这一概念很快被应用到了当时正在兴起的比较文学的研究之中,因为它所涉及的方法似乎可以充当比较文学研究赖以建立的"影响"理论。

巴特在这一概念上深受克里斯蒂娃的影响和启发。在他为自己总结的四个研究"阶段"的第三个阶段(大约在 1968—1972 年间)即"文本性"阶段中,明确指出,他在这一阶段的"关联文本"(亦即参考体系)就是索莱尔斯、克里斯蒂娃、德里达和拉康。不过,巴特更有其深刻阐述,我们从他在 1973 年写的《文本理论》一文关于"互文性"的论述中可以看出。他说:"我们将文本定义为跨语言的手段,它重新分配了语言次序,从而把直接交流的言语和其他已有的或现有的表述联系起来。……任何文本都是一种关联文本;其他文本都在不同层次上,以或多或少可被辨认的形式出现在这一文本之中;这包括先前文化的文本、周围环境文化的文本;任何文本都是已经结束的语录的一种全新编织。一些零散规则、一些表达方式、一些节奏性模式、一些社会言语活动的片段等,都会进入这一文本,并得到重新安排。互文性作为任何文本的条件,显然不能仅仅归为起源和影响的问题;关联文本是由无从考据的一些表达方式、下意识的引用和未加标注的参考资料联合组成的广泛领域。从认识论上讲,关联文本的概念是为文本理论提供社会性容量的概念:先前的和当代的言语活动都可以进入文本之中,这种进入并非是依据可以看得出来的亲缘关系途径、自愿的模仿途径,而是依据一种分散的途径——这一形象为文本确保了一种能产性地位。"③

巴特于同一年发表的《文本带来的快乐》一书,把"互文性"与阅

---

① J. Kristeva, 1974: *La révolution du langage poétique*, Paris: Seuil, pp. 59—60.
② Ibid., p. 113.
③ R. Barthes, 1994: *Œuvres complètes*, 3, Paris: Seuil, p. 1683.

读联系了起来,指出:"我体味着各种表述无处不在、各种起因杂乱纷呈、前人的文本从后人的文本中从容而出。我明白,至少在我看来,普鲁斯特的作品就是整个文学起源说的参照作品、总体的数学体系、萨满图(mandala)——犹如赛维涅(Sévigné)夫人的书信对于叙述者的祖母、骑士小说对于唐·吉诃德所起的作用那样,等等。这丝毫不意味着我是研究普鲁斯特的'专家':普鲁斯特,是走向我的,而不是我呼之而来的;他并非是一种'权威'。他只是一种循环往复的记忆。而这,正是互文性。在无限的文本之外是无法生活的——不论是普鲁斯特的文本,还是日报,或者是电视节目:书籍产生意义,意义带来生活。"①

我们看出,巴特的"互文性"论述主要涉及文学,因此,他的思考更贴近对于文学作品的阅读和理解。有学者认为,他的这种思考"在轻微地将这种概念偏向阅读的同时,便为从双重维度上思考文学的接受打下了初步基础:一方面是通过文字来思考文学的接受,另一方面是通过阅读来思考文学的接受。这种思考可以让我们想到有一种表层互文性(对于重复举止的类型学和形式的研究),还有一种深层互文性(对于因文本之间的联系而产生的众多关系的研究)"②。

二、《如何共同生活》中的"互文性"体现

巴特非常重视"互文性"研究与实践。他在以"互文性"方式准备的这部《如何共同生活》讲稿末尾,就以"文学符号学"来概述这一讲稿的全部情况,可见这一概念在他文学符号学思想中的位置,这也说明"互文性"在某种程度上就是文学符号学的基本动力原则。巴特以"互文性"概念和方法完成的第一部作品是1977年出版的《恋人絮语》,那是他自1975年起此后两年的研究成果。那部书出版后,产生了巨大的社会轰动效应。紧接着,巴特被选为法兰西公学的文学符号学讲座教授(1976)。他从1977年至去世之前所讲授的"如何共同生活""中性"和

---

① R. Barthes, 1973: *Le plaisir du texte*, Paris: Seuil, p. 59.
② T. Samoyault, 2001: *L'intertextualité*, Paris: Armand Colin, pp. 15–16.

"小说的准备"课程均采用了这种方法。我们通过研究已经出版的《恋人絮语》和这部《如何共同生活》的结构与叙述方式,似乎可以总结出巴特"互文性写作"的几个方面:

(一)资料的分散性。《恋人絮语》采用的资料,虽以歌德《少年维特之烦恼》一书为主,但被零散引用的作品达30多部;《如何共同生活》以四、五部作品为主,其余被引述的也有20多部。这就是我们在上面引述的巴特所说的"依据一种分散的途径",而依据这一途径,"一些零散规则、一些表达方式、一些节奏性模式、一些社会言语活动的片段等,都会进入这一文本"。

(二)根据一些"外在形象"或"特征"组织起来。《恋人絮语》为自己安排了80个"外在形象",每一个外在形象都从几部书籍中选取所需要的素材来加以说明;《如何共同生活》为自己选取了大约30个"特征",所有的素材——其中甚至包括引自我国道教的素材——便都围绕着这些特征结合。巴特在这一讲稿中"所采用的方法,既是选择性的,又是离题性的。根据符号学研究工作的原理,我们曾尽力在一大堆的'共同生活'的时尚、习惯、主题和价值中找出相关的,因此甚至是不连续的特征,而每一个特征又都可以被看作是一些'外在形象'的集合,而在这些外在形象的名下,可以排列一定数目的带有历史知识、人种学知识或社会学知识的题外话"[1]。

(三)排列的"不连续性"。在确定了"外在形象"或"特征"之后,它们的连接方式是什么呢?那就是"不连续性"。巴特在这部讲稿开始部分就阐述了"不连续性"的重要性。他说:"应该破坏言语活动的固定性,我们应该靠近我们根本的不连续性('我们只靠不连续性活着')。……课程应该同意借助于那些不连续性单位来相续地完成:那些单位便是特征。……不过,(借助于)片段写作的不连续性,是可以的,是可能的,是可做的。"[2] 为了做到"不连续性",巴特主张大体上按照

---

[1] R. Barthes, 2002: *Comment vivre ensemble*? Paris: Seuil, p. 221.
[2] Ibid., pp. 51—52.

字母顺序来排列各种"外在形象"或特征，而不是按照逻辑关系。不仅如此，"不连续性"似乎是巴特符号学理论和审美思想的重要组成部分。他早在1962年发表的《文学与不连续性》（«Littérature et discontinu»）一文中就对这一概念有过详尽的论述："不连续性是任何交际的基本单位：从来都只有分散的符号。审美问题，只不过在于知道如何动员起这种必然的不连续性，如何赋予其一种喘息、一种时间、一种历史。"①显然，"互文性"写作，便是满足"不连续性"各种条件的最好方式。

（四）"互文性"的目的和关键是"能产性"。进行"互文性"写作，自然不是只满足于将各种资料进行"复制"，而是使它们在新的"拼版游戏"中产生新的意义，这便是"能产性"（productivité）。但是，如何来实现"能产性"呢？巴特要求研究者与读者（或听者）结合起来，"一种实践，在其不是过程性的而是合作性的时候，它就是能产性的"②。"因此，研究工作就在于'探讨资料'，要由听众按照自己的意愿去填充这些资料，而教授的作用主要是启发有关主题的某些联系。"③这一诠释非常重要，因为它说明了巴特的"互文性"实践与一般所理解的"互文性"实践的重大区别。人们一般认为，"互文性"实践就是写作者根据所引资料最后归纳出自己的某种观念性结论即他想说明的某个问题，而在巴特的"互文性"写作——甚至扩展到他的大部分作品中，很少找得到由他下的最终结论性的东西，因为他历来"御防"形成"固定的"观念，"他借用一些客体，而不借用一些推理"④。他的写作所追求的，就是让读者根据作者提供的材料，凭借自己的知识和经验去做各种推想。他在书中说："在这里没有终结的画面：最好，由您自己去完成它。"⑤可见，巴特主张的"能产性"更侧重于读者方面。这样做的结果，自然就为作品的多元化理解提供了条件。而这也正是巴特一直坚

---

① R. Barthes, 1964: *Essais critiques*, Paris: Seuil, p. 192.
② R. Barthes, 2002: *Comment vivre ensemble*? Paris: Seuil, p. 57.
③ Ibid., p. 221.
④ R. Barthes, 1995: *Œuvres complètes*, 3, Paris: Seuil, p. 103.
⑤ Ibid., p. 179.

持的审美主张之一。为做到这点,那就需要作者在写作时不能自以为是,而是要保持意识清醒、把握得当,为读者的想象力留出足够的空间。不过,我们注意到,在这部讲稿中的一些授课内容后面也有"结论"一项。仔细阅读后,我们发现,那都是一些"现象"小结,而非观念总结,即非完整的"所指"总结。

三、对于"互文性"的拓展认识

对于"互文性"的研究,后来又出现了各式各样的探索,从而扩大了这一概念的内涵并发现了其多种表现情况。有的研究者在同一个文本内部发现了一种互文性(因为这当中有着内容的转换),有的研究者则以一种更新的辞藻来装扮过去的"影响"。实际上,互文性包含着一些独立的符号学(或"话语")的存在,在这些符号学内部,接连地进行着或多或少是隐性的模式构建过程、复制过程或转换过程。法国符号学家热奈特对于"隐性"互文性的研究做出了特殊的贡献。他的《隐迹稿本》一书也是专门研究"隐性"互文性的杰出著述,他把克里斯蒂娃的互文性概念做了更为严格的确定,将其定义为"两个或多个文本的一种共存关系,也就是说……一个文本在另一个文本中的实际出现"[①],并确定了"互文性"从广义到狭义的过渡情况,从而使之从语言学概念过渡到了文学创作概念。近年来,我国研究者和读者对于这一概念也有了较浓厚的兴趣。笔者所在南开大学的李玉平老师近年来就以"互文性"研究为主攻方向,独立完成了天津市社科规划项目"互文性视野中的文学经典理论",目前正在进行国家社科基金青年项目"互文性与文学理论基本问题"、教育部人文社科研究青年基金项目"多元文化时代的文学经典理论"的研究。笔者最近阅读了他写的一篇相关文章,觉得很有新意。再就是,一本由天津人民出版社 2003 年翻译出版的法国学者蒂费纳·萨莫瓦约(Typhaine Samoyault)写的小册子《互文性研究》(*L'Intertextualité*)竟成了当年《中华读书报》统计的最受全国读者欢

---

① G. Genette, 1982: *Palimpeste*, Paris: Seuil, p. 8.

迎的 10 本书籍之一，这也很能说明问题。

其实，对于"互文性"现象，人们早就有所意识和总结。我国很早就有"引经据典"和"旁征博引"等成语的存在，它们已经概括了"互文性"的最基本意义。法国著名作家和政治家马尔罗（André Malraux）在"互文性"概念引入法国之前就说过，作品"是根据其他作品来创造的"，这似乎也有助于我们理解互文性这种现象。

对于巴特 "哀痛" 的浅析[①]
——对于巴特《哀痛日记》的激情分析

本文拟尝试根据有关激情的符号学理论对巴特在失去母亲后所写的《哀痛日记》做些分析。每一个人的"哀痛"都可能与其他人在某些方面是相同的,而在另一些方面却是不同的,这是因为人们所具有的历史知识、文化背景和审美价值并非都是一样的。我们知道,巴特在他刚一岁多的时候就失去了父亲,后来一直与母亲相依为命,共同生活了60多年。母亲的美德影响了他,母亲的支持使他得以安心写作,母亲成了他的"价值对象"。1977年10月25日,巴特的母亲在经历了半年疾病折磨之后辞世了。母亲的去世,使他失去了充满殷殷母爱的家庭温馨和与之交心且相互抚慰带来的快乐,从而使他此后一直与母亲处于一种"析取"的状态,无穷的哀痛便由此产生。

一、根据格雷马斯和丰塔尼耶的理论

我们在前面已经介绍了格雷马斯和丰塔尼耶有关激情的理论。

首先,我们从"构成成分的模态过程"方面来看。可以说,巴特的《哀痛日记》适宜通过多种模态过程来分析。巴特无时不在想念他的母

[①] 本文原载于笔者所译罗兰·巴特的《哀痛日记》一书的"译后记"。

亲（他在日记中亲昵地将其称为"妈姆"），非常希望像从前那样时刻与母亲在一起："早晨，不停地想念妈姆。难以忍受的悲痛。因不可补救而难以忍受"，显然，这是一种"想要（与母亲一起）存在"的情况。我们还注意到，日记中"应该（与母亲在一起）存在"的情况也非常之多，当他过去与母亲在一起的特定时间、特定地点和特定环境重又出现的时候，他非常难过，因为母亲已经不在了："早晨，还在下雪……多么让人悲痛啊！我想到我过去生病的那些早晨，我不去讲课，我幸福地与她待在一起。"巴特也"懂得"如何虚构与母亲在一起的时刻：他通过与第三人称建立"沟通"的方式"继续与妈姆'说话'（因为言语被分享就等于是出现）……尝试着继续按照她的价值来度过每一天"，"分享平静的每一天的价值……就是我与她会话的（平静的）方式"，其实，这种"懂得"很靠近一种"相信"，因为只有在这种时刻，他才认为与母亲实现了虚幻的"合取"，他的哀痛也才得到某种程度的平复。从存在模态来讲，他的"想要"和"应该"都是"潜在中的"，而他的"懂得"与"相信"是"现时中的"（而不是"实现中的"）。根据丰塔尼耶的理论，一种模态组织至少应该包含两种模态过程。其实，不论是"想要-存在"，还是"应该-存在"和"懂得-存在"，它们都对应有第二个共同的模态过程，那就是"但不可能在一起"或"不可能真正在一起"，也就是不可能实现"合取"。可见，巴特的"哀痛"，是综合了"想要-存在""应该-存在""懂得-存在"与"不可能-存在"这几种模态过程所共同产生的意义效果。

其次，我们再从"表露构成成分"即强度与数量方面来看一看。"哀痛日记"始终是作者的隐私日记，他所记录下的在旁人面前的哀痛表现不多。我们下面分别依据表露成分的六种编码来具体看一看巴特的哀痛状况。

（一）在身体（和趋向）编码方面，巴特告诉我们："我的哀痛难以描述，它来自我不能使它变得歇斯底里这一点上"，又说："也许，在表现得更为歇斯底里……的情况下，我可能就不那么悲痛了"，但他同时承认他的哀痛"只是别人刚刚看出"——这自然是一种身体上的表露，而他最突出的身体编码就是激动和默默地"哭泣":"女售货员的这句话,一时使我热泪盈眶。我(回到隔音的屋里)痛哭了好长时间","我激动不已,快哭了出来","每当涉及她、涉及她的为人……我都会哭起来","一想起妈姆的一句话,我就开始哭泣起来"等。

(二)在情绪编码方面,巴特的哀痛始终没有向"惬意"方面转化,而总是在"不悦"范围内活动:"我的哀痛难以描述……它是连续的不安",他的哀痛"趋向于沉默、趋向于内在性","哀痛:不消耗、不听命于时间"。

(三)实际上,在模态编码方面,上面所说的巴特的"懂得-存在"的实例就是在他"想要-存在"和"应该-存在"而不可能实现的情况下的一种模态语义的转换。

(四)在视角编码方面,巴特的哀痛中不乏视点的变化:移情于物、迁怒于人的情况非常之多。"从早晨,我就开始看着她的照片","今天早晨,非常难过,重新拿起妈姆的照片,我被其中的一张感动了。在那张照片上,她还是个小女孩,温顺可爱","通过那些照片的故事,我感觉真正的哀痛开始了",再有"一阵痛哭(是因为黄油和黄油碟而与拉歇尔和米歇尔闹别扭引起的):(1)为必须与另一个'家庭'生活在一起而感到痛苦……(2)任何(共同生活的)夫妻都会形成一个圈子,单独的人就会被排斥在外","今天早晨……这种伤心非常强烈。我一想,它来自于拉歇尔的表情"等。

(五)在节奏编码方面,巴特在日记中不下十次提到他"哭""哭泣""痛哭",无数次地提到他想念妈姆,这样的频次说明了他的哀痛之深。

(六)在形象编码方面,《哀痛日记》中有多处"互文照应"与"托梦见情"的情况,都是这种编码的表现。我们仅各举一例来说明:"昨天晚上,看了一部荒谬和粗俗的电影——《一二二》。故事发生在我经历过的斯塔维斯基事件时期。……突然,背景中一个细节使我情绪激动:仅仅是一只带褶皱灯罩的灯,它的细绳正在下垂。妈姆过去常做灯罩——因为她做过制作灯罩的蜡防花布。她全身突然出现在了我的面前"；"每一次我梦见她的时候（而且，只梦见她），都是为了看到她，相信她还活着，但却是另一个她，与我分开的她"。这两个场面，前者是借与自己的经历相同的其他场面来说明哀痛之所在和哀痛的程度，后者是靠一种隐喻把自己的欲望完成于梦中，它是巴特对于母亲深切思念之浓缩所致。

最后，我们要单独说一说道德说教这方面的内容。一般来说，一个人调动了他的激情，比如发了脾气，大动了肝火，最后，对于自己，或对于家人或集体，大多都要说上一句："对不起，我不该如此"；或者是其他人或集体对于发脾气的人进行规劝或发表看法："你不该发这么大的脾气，这样做，对身体也不好"，等等，这些都是"道德说教"。由于巴特的哀痛日记是写给自己看的，他的哀痛在众人面前只是"刚刚被看出"，所以，文中没有出现他面对众人承认自己做得不当的情况；倒是他的朋友们对于他的哀痛表示出了同情：比如他的一个朋友对他说："我来照顾你，我会让你慢慢平静下来"，这里包含着他人对于巴特哀痛程度的评价和劝慰。不过，我们在这部日记中却看到大量的巴特对于他的"哀痛"的分析和认识，这自然也属于"道德说教"范畴。我们似乎可以从两个方面对其总结一下：一是"哀痛"的发生点："哀痛就出现于爱的联系即'我们以往相互眷爱的情感'被重新撕开的地方。最强烈之点出现在最抽象之点上……"；"纯粹的哀痛，不能归因于生活的变化、孤独等。它是眷爱关系的一道长痕、一种裂口"；"我被缺位之抽象的本质所震动。不过，它是强烈的、令人心痛的。我由此更好地理解了抽象：它就是缺位，就是痛苦，就是缺位之痛苦——因此也许就是眷爱吧？"母亲的去世，使他们母子之间的眷爱之情出现了重大的断裂和缺位，即被抽象化了，这是失去而不可再得的珍贵价值，而这种失去所带来的结果则是"疏忽，即内心的冷漠：易激怒，无能力去爱。忧郁，因为我不知道如何在我的生活中恢复宽容，或恢复爱"；"哀痛。在所爱的人去世时，这是自恋的剧烈阶段"。二是从符号学上对于"哀痛"的认识：除了我们在开始时引用的"内心化的哀痛，不大有符号"之外，他还提到"哀痛，即遗弃之彻底的（惊慌的）换喻"。巴特失去了母亲，他感觉到被"遗弃"了，这是很好理解的，因为再也没有人像母亲那样爱护他、关心他。但为什么把这种"哀痛"（或"遗弃"）与"换喻"联系在一起呢？在符号学上，"按照在话语语义学中的解释，换喻是一种替换程序的结果，借助于这种程序，我们可以用另一个从属的（或前位的）义素来代替一个已知义素，因为这两个义素都属于同一个义位"[①]。其实，把一种"哀痛"心情写成了一本书，靠的就是"换喻"这种替换程序，"不是取消哀痛（悲伤）……而是改变、转换哀痛，使其从一种静态（停滞、堵塞、同一性的重复出现）过渡到动态"。我们至此引用过的场面，无不是换喻的结果。这样一来，"哀痛"就不会总是以同一个样子、同一种情况出现，从而提高了"哀痛"的强度。

二、根据科凯和埃诺的理论

我们在前面已经对于科凯理论和例证做了介绍，并且得出了这样的结论："非-主体"是想象情境中的主体，而"主体"是回到现实中的主体。结合我们的分析对象——巴特的《哀痛日记》，我们完全有理由说，我们前面所举巴特"哀痛"中属于"互文照应"和"托梦"的两个例子，其情感沟通实际上都是在两个"非-主体"之间进行的，读者可自行体会，这里就不再赘述了。一般认为，科凯的"主体性"理论是对格雷马斯激情模态理论的一种补充，因为后者在论述激情时只谈模态，而不涉及主体本身。

埃诺采用的作为被分析对象的日记与巴特的哀痛日记虽然都属于日记体裁，但一部是对于多年历史事件的记录，一部是对于个人"哀痛"在不到两年时间里的情感表露。我们知道，巴特的日记通篇都与"哀痛"有关，不过，也有些文字并非直接就具有哀痛的词语表现。下面，我们就按照埃诺提出的标准，试着找出一些句子：例如"每天早晨，大约 6 点半左右，外面的夜里，铁垃圾箱碰撞发出的声响。她松了口气

[①] A. J. Greimais et J. Courtés, 1993: *Sémiotique-dictionnaire raisonné de la théorie du langage* (1979), Paris: Hachette livre, p. 227.

说：'夜终于结束了。'"（这时的"被感受对象"——母亲——正忍受着病痛的折磨，每一天都在煎熬中度过）："每天早晨"和"夜终于结束了"意味着她又活过了一夜，而从这一时刻起她又开始在白天忍受煎熬。（可是，到头来这种煎熬又何尝不是巴特自己的感受呢？）"从此以后，而且永远，我都是我自己的母亲。"（这句话的前两个组合体带有很有力的"强调"效果，它说明了慈爱的母亲已经决定性地离他而去，母爱既已失去，今后只有他自己来照顾自己，但是，他能做好自己的母亲吗？这无不反映出了作者的哀痛。）"自从妈妈故去，我在消化上很脆弱——就好像我在她最关心我的地方得了病。"（现代医学告诉我们，精神压力过大会引起消化系统疾病。过去，巴特写作时很紧张，他常有消化不畅的情况，但他会得到妈妈的关心；现在，他失去了妈妈，并且很少写作，是哀痛导致他消化上的脆弱，可见，其哀痛之深。）"我在思想上，已无处可躲：巴黎没有地方，旅行中也没有地方。我已无藏身之处。"（母亲在世时，巴黎是他的家，外出旅行时也认为自己有家，因为他一回到家，就可以看到母亲；而此时，母亲不在了，巴黎只是一个住处，旅行结束时他也只能回到这个住处，使他不禁而生被"遗弃"之感。）"确认之意识，有时意外地像一种正在破裂的气泡冲撞着我：她不在了，她不在了，她永远地和完全地不在了。"（这种基本上是排比句的安排，起着强调与加深的作用。）"从早晨，我就开始看着她的照片。"（长时间地看母亲的照片，说明了长时间的思念，也暗示着哀痛之持续。）"她生病期间住的房间，是她故去时的房间，也是我现在就寝的房间。在她的床依靠过的墙壁上，我挂上了一幅圣像（并不是因为信仰），我还总是把一些花放在桌子上。我最终不再想旅行了，为的是能够待在家里，为的是让那些花永远不会凋落。"（这里使用了两个隐喻：一个是在妈妈的床靠过的墙壁上挂了一幅圣像，虽说不是因为宗教信仰，可是我们却有理由理解为巴特将母亲推至崇高；另一个隐喻是说他不再旅行和待在家里的目的是"让那些花永远不会凋落"，其实就是继续与心中的母亲长时间待在一起，此处的"花"是母亲的化身。）"从妈妈去世后，尽管——或者借助于——做出不懈的努力——去开始一项重要的写作计划，但我对于自我即对于我所写的东西的信心越来越差。"（巴特在哀痛之中常想以妈妈的照片为题写一本书，但在那段时间他无法动笔，可见他的哀痛已经在很大程度上影响了他的写作工作。）笔者下面抄录巴特在1979年9月1日写的三段日记中的一段，是他再一次从于尔特返回巴黎后当天写的，也是他这部《哀痛日记》中有日期标记的倒数第四篇："我每一次在于尔特村逗留，不能不象征性地在到达后和离开前去看一看妈姆的墓。但是，来到她的墓前，我不知该做什么。祈祷？它意味着什么呢？祈祷什么内容呢？只不过是短暂地确立一种内心活动。于是，我又立即离开。"初读，笔者一时不大理解巴特的表现，但稍做联想，也就想通了：巴特一直认为，时间"只会使哀痛的情绪性消失"，但"悲伤依然留存"，要"学会将（变得平静的）情绪性与（一直存在的）哀痛做（可怕的）分离"；在过了一年零10个多月的时间之后，巴特在母亲的墓前没有情绪性表现，可以说符合他此时的情况，那么，还要确立一种什么样的"内心活动"呢？笔者的理解是：哀痛自在不言之中。

说到此，我们也许就明白为什么埃诺的书名叫作《能够就像是激情》了：依据"感受"，在无情感词语的情况下，继续可以识辨"激情"，所靠的就是"能够"这种"现时中的模态"在情感表达中的"出现"和逻辑力量。

主体、主体情感性与巴特的激情[①]
——续谈罗兰·巴特《哀痛日记》

母亲的故去，使巴特陷入了极度悲痛之中。他从母亲逝去的翌日就开始写他的"哀痛日记"，历时近两年之久，记录下了他的哀痛经历、伴随着哀痛而对母亲的思念和他对于哀痛的思考与认识。下面，笔者拟简要地介绍一下人们对主体和主体情感性探讨的两种形式的分析方式，并尝试用每一种方式对巴特因母亲去世而导致的"哀痛"做些浅薄分析。

一、《恋人絮语》开启的分析方式

曾在1968年宣布"作者的死亡"的巴特，到了1974年于高等研究实践学院授课时，就以"恋人话语"为题将"主体"引入了陈述活动之中。我们在他依据这一授课内容于1977年整理出版的《恋人絮语》一书中，明确地看到了他的考虑与做法。

该书从一开始就声明：

> 一切都是从这种原则出发的：不应该将恋人压缩为一位普通的征兆性主体，而更应该让人去听到其非现时的，也就是说难以理解的声音中的东西。由此，需要选择一种"戏剧"方法，这种方法拒

[①] 本文原载于2012年天津人民出版社出版的《符号学论集》一书。

绝各种举例，并建立在第一人称言语活动的唯一动作（没有元语言）基础上。因此，我们用对恋人话语的激发来代替对这种话语的描写，于是，我们赋予了这种话语其基本的人称，那便是"我"，旨在展示一种陈述活动，而非一种分析。我们可以说，这里推荐的是一种像似；但是，这种像似不是心理学的；它是结构的：它让人读到的，是一种言语位置（place），是某个人面对另一个不说话的人（被爱的对象）在自身说话的位置。①

这段文字告诉我们：这本书从一开始就进入了以"我"出现的"主观性"之中，并以此同化了"作者"与"主体"；其次，它展示的话语都是直抒情怀，而没有解释性、论述性言语（元语言）；再次，它是以"戏剧"展示的方式来提供恋人话语的不同场面，即各种"位置"；最后，这些位置不是心理学的，而是"结构的"，或者更应该说是"现象学的"，因为它们都在努力重建"恋情经验"，都在恢复对其每一种场面和每一种外在形象的"感受"。

巴特是如何展示这些"位置"的呢？他在书中总共为"恋人话语"设定了 80 个位置，即 80 种"外在形象"（figures），而每一种外在形象又有其各个方面的表现："实际上，恋人不停地在他的大脑中奔跑，不停地进行着新的尝试，并不停地想方设法否定自己。他的话语从来都只是借助于阵阵言语活动才存在，这些言语活动随着最小的、偶然的场合来到他身上。我们可以称这些话语碎片为外在形象。"② 那么，这些外在形象有无"顺序"可言呢？巴特说："在恋人的整个生活中，这些外在形象突然地出现在恋人主体的大脑中，无任何顺序，因为它们每一次都取决于一种（内在的或外在的）巧合。"③ 虽然如此，但我们在书中注意到，这些"外在形象"无时不在尽力重新找回主体的激情言语。

不过，在外人看来，"这部著作仍然是一种分析架构，而且还是以

---

① R. Barthes, 1977: *Fragments d'un discours amoureux*, Paris: Seuil, p. 7.
② Ibid.
③ Ibid., p. 10.

属于爱情或至少属于恋人话语的一定数量的图画和以外在形象为中心的包含诸多观点和陈述活动平面(引语、定义、分析性展开、直接和间接的暗示)的一种万花筒……这里涉及的都是显示陈述活动的结构,其情感维度似乎构成了一个重要的平面"①。确实,我们可以在书中很容易地看到这一方面的例证:比如"在偶然事件中,我所注意和引起我共鸣的,并不是其原因,而是结构……在我看来,偶然事件就是一种符号,而不是一种标示;是一个系统的要素,而不是一种因果关系的呈现"②,再如"表白并不关系到对于恋情的承认,而是关系到恋情关系的没完没了地被评论的形式。言语活动是一张外皮……我的言语活动颤动着欲望。兴奋来自于两种接触:一方面,整个话语活动都谨慎地和间接地前来显示那唯一的所指,即'我要得到你'和解放这个所指、培育这个所指……另一方面,我用词语将对方裹住,我抚摩对方、轻轻地触碰对方,我维持着这种触碰,尽力延长对于这种关系的评述"③。结构、符号、标示、形式、言语活动、所指、关系,这些都是结构主义和符号学领域使用的概念,不难看出,《恋人絮语》也确实属于带有"结构分析"特征,甚至就是借用符号学语汇来表述的一种"情感性"文本。

再就是,《恋人絮语》的前文本,是此前他在高等研究实践学院授课的讲稿,该讲稿现在已经以《恋人话语》(*Discours amoureux*)为书名全文出版,其文字量差不多是《恋人絮语》的三倍,其中有20个外在形象(位置)未被压缩,并选入《恋人絮语》一书之中。可见,得到提炼和保留下来的外在形象不无作者的各种考虑。今天,我们已经知道,《恋人话语》是作者依据他在50岁之后追求他认为可以作为他的同性恋人的一个学生即"另一个罗兰"的经验整理写就的,而"另一个罗兰"却是一位"异性恋者",因此,"这部《恋人絮语》也是一部哀痛著述。一位深知其老师情感生活的学生说,他在这部著述的每一页都可以找到对罗兰晚年生活挥之不去的一个故事的参照:他对于另一个罗兰的

---

① A. Hénault, 2002: *Questions de sémiotique*, Paris: PUF, p. 602.
② R. Barthes, 1977: *Fragments d'un discours amoureux*, Paris: Seuil, p. 84.
③ Ibid., p. 87.

痛苦激情"①。显然，书中的"我"，绝非完全是一个虚构人物，其"情感性"表现，也自然与作者自己摆脱不了联系。

那么，相对于巴特在《恋人絮语》中的这种安排，《哀痛日记》是一种什么情况呢？我们知道，与前者一样，这也是一部完全以第一人称出现的"絮语"集合，所不同的是，《恋人絮语》的第一人称是一位以"假主体"出现的叙述者，而《哀痛日记》的第一人称既是叙述者，又是主体，他就是作者本人。

首先，开篇不久，作者就告诉我们，他的这些哀痛"絮语"是没有"顺序"的，他"像是一位忍受着精神冲击的被蹂躏的主体"，"我的哀痛是理不出头绪的"。这多么像是《恋人絮语》中的主体与絮语无"秩序"的状态。这似乎告诉我们，这是主体"情感性"表现的一种特征。那么，《哀痛日记》中有多少种"外在形象"即"位置"出现呢？我们当然可以把作者哀痛的各种情况罗列出来，但那样做，无异于大体上要将整个文本再誊写一遍。为此，笔者采用"聚合"结构的做法，将具有共同点的"场景"做了大致的综合，以方便我们的分析：

触景生情："于尔特的一切都使我想起她所维持的家庭、她的屋舍"；"下雪了，巴黎下了许多雪；这很怪。我自言自语，于是我又痛苦难忍：她永远不会再待在这儿看下雪了，永远不会再让我给她讲下雪了"；"早晨，还在下雪……多么让人悲痛啊！我想到我过去生病的那些早晨，我不去讲课，我幸福地与她待在一起"；"妈妈的照片，是她还是个小女孩的时候，她站在远方——就放在我面前办公桌上。我只需看着她、把握她生活的某一方面（我正在努力将其写出来），就可以再次获得她的仁慈、沐浴在她的仁慈之中、被她的仁慈所覆盖和淹没"，等等。巴特通常用"妈妈"这样带有亲昵意味的称呼来代替母亲和妈妈。这些场面，都会使他想起过去与母亲待在一起时感受到的幸福，而那幅照片则让他重温母亲的美德和其对于自己的情感付出。

---

① R. Algalarrondo, 2006: *Les derniers jours de Roland Barthes.*, Paris: Éditions Stock, p.38.

特定时间:"下午,悲痛";"早晨,不停地想念妈姆。难以忍受的悲痛。因不可补救而难以忍受";"(八个月之后):第二度的哀痛";"在一种无纷扰的气氛中,一想到妈姆的一句话,我就开始哭泣起来,这句话叫我冲动、使我精神空虚:我的罗!我的罗!";"今天早晨,天色灰蒙蒙的,这种伤心非常强烈";"有一些早晨,是那样的难过……"这些是他过去经常与妈姆待在一起的时刻。虽然时过境迁,但特定时间的重复,无不让作者联想起与妈姆在这种时间里的亲密关系。

特定地点:"在于尔特,悲痛、温存、低沉";"在于尔特村,强烈而连续的悲伤;不间断地引起不悦。哀痛在加剧、在加深";"在艰难的逗留之后,我离开了于尔特,乘火车到达了达克斯镇(西南方的光亮曾伴随着我的生活)。我泪流满面,因母亲的去世而感到绝望";"从于尔特返回,在飞机里。痛苦、悲伤总是那么强烈……('我的罗,我的罗')";"在于尔特,我心情不悦、难过。那么,我在巴黎就快乐了吗?不,这是人们很容易搞错的地方。一种事物的反面并不是其反面,等等。我离开我感到不快乐的地方,而离开这个地方并不使我快乐。"巴黎是作者与母亲在一起生活时间最长的地方,但在母亲去世之后,他经常提到和去看的是于尔特村,除了这是他过去与母亲和弟弟夫妇经常度假的地方之外,更因为母亲就安葬在于尔特村,到这里来可以拉近与母亲的距离。

无限怀念:"今天早晨,是她的生日。我过去总是为她献上一束玫瑰。我在苏丹海小市场上买了两束,放在了我的桌子上";"最不错的时刻,是当我处于我与她在一起的生活有某种延长的情境(住处)的时刻";"没有她的日子,是(多么)漫长的";"我非常难过地想到了妈姆最后的一句话:我的罗兰!我的罗兰!我真想哭出来";"再也不能把双唇贴上她凉爽的、皱折的面颊,我痛苦难忍……";"妈妈与贫困;她的奋斗,她的沮丧,她的勇气。这是一种无英雄姿态的史诗";"自从妈姆去世之后,我在生活中无法构筑回忆。模糊,没有颤动的光晕伴随着'我想起……'"我们说,哀痛与怀念难以分离,但后者更多的是展示被怀念对象的各种优秀品质,从而更加重了作者的哀痛。

托梦见情:"这一夜,我第一次梦见了她:她躺着,但丝毫没有病,身穿从'一价超市'买来的玫瑰色睡衣";"这一夜,净是噩梦:妈姆正忍受着折磨";"这个夜里,噩梦中又梦见了失去的妈妈。我激动不已,快哭出来了";"一连好几夜,形象——噩梦,我在其中看到了妈姆,她病着,情绪低落。可怕";"又一次梦见了妈姆。她对我说我不是很爱她——嗷,多么残忍啊。但是,我很平静,因为我知道这不是真的。我想到,死亡就是一次入睡。但是,如果需要永远地梦想,那是多么可怕呀";"昨天夜里,噩梦。与妈姆在一起。意见不合,痛苦,哭泣;某种属于精神方面的东西把我与她分了开来。(是她的决定吗?)她的决定也关系到米歇尔。她是无法靠近的";"每一次我梦见她的时候(而且,只梦见她),都是为了看到她、相信她还活着,但却是另一个她,与我分开的她";"做梦:真真切切地是她的微笑。"妈妈无数次地出现在他的梦中,做梦是使作者与母亲会合的最直接的方式。按照精神分析学原理,梦是"欲望"实现之手段,梦中多有象征。但我们在巴特的梦中,看不出任何象征,有的却是"她是无法靠近的","是另一个她,与我分开的她",这说明他的梦中依然有些许意识的存在。

互文照应:书中有不少"互文性"文字。我们用这一概念来指作者在哀痛过程中与其他文本(书籍、音乐、照片、电影等)相遇时所引起的共鸣:"今天,已经是严重的不悦,在大约傍晚的时候,正是可怕的悲痛时刻。亨德尔的一曲非常美妙的低音乐章[《塞墨勒》(Semele),第三章],使我热泪盈眶。我想起妈姆说过的话('我的罗……我的罗……')";"奇怪:非常痛苦,不过,通过那些照片的故事,我感觉真正的哀痛开始了";"我再一次想到了托尔斯泰的中篇小说《塞日大爹》(Le Père Serge)(我最近看了改编的电影,不好)。最后的情节:当他看到童年时的一个小姑娘这时已变成了一位不提任何有关外表、圣洁和教派等问题,而只是倾心照顾自己家人的祖母的时候,他获得了平静(感觉或免除感觉)。我心里想:这就是妈姆。在她身上,从来没有过一种元语言、一种姿态、一种任意的形象。这就是'圣洁'"。"互文性",实际上是一种同质比较、同一识辨的关系,是符号学意义上的语义同位素性的复现状况,它丰富了妈妈的形象,同时也是作者怀念母亲的一种延续。

其实，巴特在他1974年写作《罗兰·巴尔特自述》时就指出："他不相信情感与符号脱离。"① 这里的"他"就是"我"，是作者为建立距离感而故意安排的。既然"情感"不能脱离"符号"，那么，"符号"自然也就可以表达和以"元语言"来分析作者的"情感"。我们似乎可以这样说，巴特正是从这个时候开始正视作品中"作者"的存在，同时也开始默默地放弃"作者的死亡"的主张。如果不是这样，那么，《哀痛日记》中的"我"，就不应该是巴特，这能解释得通吗？

二、陈述活动中的"情感"表现

陈述活动，是符号学的一个重要概念，它指的是索绪尔语言概念中的"话语建立"阶段。在这方面的主要贡献，应该归功于法国语言学家本维尼斯特。他将陈述活动定义为："借助于个人的使用行为使语言运转……这种行为是为自己而调动语言对话者的行为。对话者与语言的关系确定陈述活动的语言学特征。"② 这就告诉我们，主体性可以在陈述活动中寻找，主体的"主观性"也可以在陈述活动中寻找。而有关主观性在陈述活动中的表现，本维尼斯特早在1958年就指出："人正是在言语活动之中和借助言语活动而构成主体；因为实际上只有言语活动在其作为存在之现实的现实中奠基'自我'（ego）之概念。我们在这里说的'主体性'是对话者把自己当作'主体'的能力。……我们在此看到的是'主观性'的基础，这种基础是由'人称'的语言学地位来确定的。"③ 他进一步指出："我们在此使用的词语——我与你，不应该被看作是外在形象，而应该看作是指明'人称'的语言学形式。"④ 统揽全文，我们看到，本维尼斯特所说的"主观性"只存在于会话中可以相互转换的"我"与"你"两个人称之中——实际上又只在"我"之中：

---

① R. Barthes, 1995: *Roland Barthes par Roland Barthes* (1975), Paris: Seuil, p. 154.
② É. Benveniste, 1974: *Problèmes de linguistique générale*, 2, Paris: Gallimard, p. 80.
③ Ibid., pp. 259—260.
④ É. Benveniste, 1966: *Problèmes de linguistique générale*, 1, Paris: Gallimard, p. 261.

"这样一来，我判断是一种诺言，他判断就是一种描写。"①

在本维尼斯特的影响下，20世纪80年代初，卡特琳娜·凯尔布拉-奥雷克齐奥尼（C. Kerbrat-Orecchioni）出版了《陈述活动——论言语活动中的主观性》（*L'énonciation - De la subjectivité dans le langage*）一书，确定了"陈述活动模态化"的领域，而这一概念的发展包含对于"情感主观性"的某些重要思考。根据该书的观点，情感性与陈述活动的价值表现和评价是分不开的。该书一开始就指出，现代语言学的研究，已经跨过传统的以句子为单位的局限性，进入了语言学之外的各种条件：从看重符号理论过渡到了研究意义出现的模态，从囿于现成的"陈述"（最小为句子）过渡到了研究产生陈述的"陈述活动"（即句子的产生过程）。接着，该书又展示了有关陈述活动的方方面面。作者为我们确定了陈述活动的一种广义定义和一种狭义定义。根据前者，陈述活动语言学的研究对象应该是描写陈述与陈述活动范围的各种构成成分之间的所有关系，这涉及话语的主人公（发送者与接收者）、传播的情境、时空条件、信息的生产与接收等；根据后者，陈述活动语言学只对陈述活动范围诸多构成参数中的一个参数即说话者-书写者感兴趣，它只考虑说话者-书写者在陈述内部出现的语言学痕迹、场域和本维尼斯特称之的"言语活动中主观性的存在模态"。应该说，主体的情感性在广义定义中会得到更为宽泛的研究，但那将是一项浩繁而艰巨的工程。因此，该书便将其研究工作局限在了狭义定义的范围，即仅限于文字所呈现的文本范围，并且"我们只对'主观的'单位感兴趣，因为它们都带有一种'主观性'"②。

关于"主体性"及"情感性"出现的场域，该书向我们介绍了各种"指示词"的情况。所谓"指示词"，按照格雷马斯的定义，它们"是一些语言学要素，这些要素涉及陈述活动的阶段和其时空方位……可以充当指示成分的，有代词（'我''你'），但还有副词（或副词短语）、指

---

① É. Benveniste, 1966: *Problèmes de linguistique générale*, 1, Paris: Gallimard, p. 265.
② C. Kerbrat-Orecchioni, 1990: *L'énonciation: de la subjectivité dans le langage*, Paris: Armand Colin, p. 6.

示性词类等"①。卡特琳娜·凯尔布拉-奥雷克齐奥尼向我们介绍了更多的"指示词"。在谈到人称代词时,作者告诉我们:"在'我'和'你'的情况下,传播情境是必要的和充分的,是一些纯粹的指示关系;而在'他、他们'和'她、她们'的情况下,传播情境是必要的,但却是不充分的,它们既是指示词(……因为它们只是指明个人既不是发话者,又不是接话者)又是代言人(它们要求一种语言学上的先行成分)"②,这无疑与本维尼斯特的论证是基本一致的,不同的是,第三人称也可以是主观性的载体,只不过不是"充分的";他还论述了"我们"和"你们"这些人称的情况。在接下来对于"情感性"主观素和"评估性"主观素的论述中,作者首先区分出了"客观话语"和"主观话语",前者尽力排除个体陈述者的任何存在性,后者则是"情感性"和"评估性"所出现的地方。在主观话语中,需要做的工作,便是找出其"所指包含着(主观)特征、其语义定义内容涉及它们使用者的一些能指单位"③。于是,我们看到了作者对于情感性和评估性名词、主观性形容词、主观性动词和主观性副词等的论述。关于主观性名词,它们主要是那些从动词派生出来的名词,如"爱""指责""美""借口"等;关于主观性形容词,指的是情感性和评估性两类形容词:情感性形容词如"令人痛心的""古怪的""感人的"等——"它们同时陈述它们所确定的对象的一种性质和说话主体在对象面前的一种情绪反应"④,而评估性形容词还包含着非价值性形容词和价值性形容词,前者如"大""热""数量多的",后者如"好的""美丽的""适宜的"等;关于主观性动词,该书在分析了根据场合有可能成为主观性动词的动词之外,尤其提到了情感动词,它们同时属于情感性和价值学的范畴,比如"爱""高看""希望""向往""想要"等这类 X 对于 Y 示好的动词,再如"讨厌""低

---

① A. J. Greimas et J. Courtés, 1993: *Sémiotique-dictionnaire raisonné de la théorie du langage* (1979), Paris: Hachette livre, p. 86.

② C. Kerbrat-Orecchionni, 1990: *L'énonciation: De la subjectivité dans le langage*, Paris: Armand Colin, p. 45.

③ Ibid., p. 82.

④ Ibid., p. 95.

看""害怕""怀疑"这类 X 对于 Y 表示反感的动词；至于主观性副词，它们是由主观性动词所引起的，并因此产生了"模态化"或"模态"的问题：作者所说的"模态"，并非与格雷马斯的模态概念相同，而是指表明陈述活动之主体对于所陈述内容的赞同程度的意蕴方式，比如"真实判断"的模态成分（也许、似乎、大概、肯定等），"对于现实进行判断"的成分（真实地、实际地、事实上）等。该书最后还对语义特征之外的一些主观性表现通过一个新闻体文本和一个纯粹描写性文本做了介绍。

应该说，这是一部很有价值的语言学和符号学著作，它后来多次再版，我们本应对其做更为详细的介绍。但是，由于我们的分析对象是作者也是叙述主体的巴特对于母亲的去世感到哀痛的一部日记，所以，与"哀痛"这种情感较远的论述，我们就不便去说了。不难看出，采用上述方法来分析具体的文本，似乎就是为书中所用情感性词语进行分类。巴特作为符号学研究的大家之一，在写这部日记时，对于陈述活动这一概念和运作自然是清楚的。他在 1974 年写的《我为什么喜欢本维尼斯特》（«Pourquoi j'aime Benveniste?»）一文中就明确地指出："陈述活动并不是陈述（当然是这样），它也不是主体性在话语中简单的出现（这一命题是更为微妙和变革性的）；它是说话人借以获得语言的被更新的行为。"[①] 这句话与我们前面援引的"他不相信情感与符号脱离"一语出于同一个时期，可见，此时的他，已经承认了主体性"在话语中的出现"——尽管这一命题"是更为微妙和变革性的"。我们似乎可以不客气地说，这是巴特为自己先前过激的断言在婉转地"自圆其说"。当然，我们对于先驱学者们在一门学科初创时说过一些过头的话，也是可以理解和谅解的，因为认识是不断深化的。

巴特在《哀痛日记》中是如何运用陈述活动的呢？首先，关于"指示词"。在人称上，这部日记最明显的特点是以第一人称"我"贯穿全部文本，这无疑说明其主观性之程度。但是，作为作者之思念对象的，

---

① R. Barthes, 1995: *Œuvres complète*, 3, Paris: Seuil, p. 30.

是他的母亲，即第三人称"她"。尽管第三人称是"描写性的"，但在表现"哀痛"这样的文本中，有一个很值得注意的方面，那就是"她"是作者哀痛的原因和无处不与之有联系的对象。这样一来，作者的主观性，便不只与第一人称有关，而且与不能转换成第二人称"你"的第三人称有了密不可分的关系，这似乎构成了这类自转体或自述体文本的一大特点。

那么，第一人称与第三人称之间是如何实现联系的呢？这涉及表示主体主观性的动词、名词、形容词和副词。关于动词，如"想念""梦见""说话""失去""哭泣""承受""使人消沉"等，还有些可以视为动词短语的一些成分。这些动词除了将两个人称连接起来外，还表明了两者之间一定的距离，自然，这是人间与冥世之间的距离。笔者注意到，文本中使用了大量名词来代替完整的句子，而表示哀痛的同义词、近义词和与哀痛有关的名词自然更为集中，并且重复性非常之大，如"哀痛""悲伤""悲哀""伤痛""抑郁""恼怒""无意""想望""不安""绝望""烦恼""衰竭"等；用名词代替完整句子，自然与日记这种文体的特征有关，但也让人感觉到行文短促、节奏性很强的特点，而这种特点加上名词的重复性则带给了我们"哀痛"的强烈程度，它们很好地表现了"哀痛的间断特征使我害怕"这种心路历程。日记中形容词和副词的使用不多，而且都是配合名词和动词一起使用来表明它们的程度的。

如何实现"我"（第一人称）与去世的"妈姆"（第三人称）之间"真正"的沟通呢？除了我们前面引用过的非现实化的梦境之外（从我们的举例中看出，在梦境中，不仅第一人称与第三人称之间实现了沟通，而且第三人称还可以转换成第二人称来沟通），巴特告诉我们，他能"继续与妈姆'说话'（因为言语被分享就等于是出现），这一情况不在内心话语中进行（我从未与她'说话'），但却是在生活方式上进行：我尝试着继续按照她的价值来度过每一天：由我来做她从前做的饭菜，保持她做家务的秩序，伦理学与审美相结合是她无与伦比的生活和打发每一天的方式。然而，家务经验的这种'个性'在旅行中是不可能实现的，它只在我的家里是可能的。旅行，就是我与她分离——更何况，她既然已不在家了，她仅仅成了我每天中最内在的心事"。他又说："分享平静的每一天的价值（做饭、搞卫生、整理衣服、创造美感、把东西安排得与过去一样），就是我与她会话的（平静的）方式。"可见，第一人称与第三人称的沟通，"主观性"仍然表现在第一人称方面，而实现沟通的可能方式还有在行为上与第三人称的活动一致、同一，从而像第一人称与第二人称之间那样实现一种可能的"会话"。

对于"主体"和"主体情感性"的更为全面和更为深入的研究，形成了20世纪90年代出现的"激情符号学"。笔者在前面文章中已经有过介绍。但是，这里介绍的两种方法的大胆尝试，无不为后来的发展打下了基础。今天，以"形式分析"来谈论情感、激情已成为现实。可以预想，这一领域将会为我们的文学、文化的研究带来更丰富的内容和研究成果。

巴特的"中性"思想与中国①

巴特的"中性"思想,并非在他晚年于法兰西公学讲授"中性"的时候才得以专一阐述,而是可以追溯到他踏入文坛伊始。本文拟首先介绍他"中性"观念的演变过程,遂介绍他进入 20 世纪 70 年代后从中国古典文化特别是从道家和儒家思想那里汲取营养对其"中性"观念所做的进一步阐发与完善,以及当他面对当代中国的现实时所采取的"中性"态度,从而完成这一论题。

一、巴特"中性"思想的演变

按照巴特的研究者贝纳尔·科芒(B. Comment)在其 1991 年出版的《罗兰·巴特,走向中性》(*Roland Barthes, vers le neutre*)一书"序言"中的说法,巴特的"中性"思想"是在很早的时候就出现的,并且具有惊人的连续性,因为这种观念在巴特兴致不减的写作行程的不同'阶段'中不曾有过任何收敛"②。笔者查阅了巴特三卷本的《全集》(*Œuvres complètes*)首卷(1942—1963),发现他在 1944 年发表于《存在》(*Existences*)杂志(1944 年 7 月,总第 33 期)上的《关于〈局外

---

① 本文原载于《文艺研究》2016 年第 3 期。
② B. Comment, 2002: *Roland Barthes, vers le neutre*, Paris: Christian Bourgeois Éditeur, p. 2.

人〉的风格的思考》(«Réflexion sur le style de L'Etranger»)一文中就提出了"中性"观念,指出加缪这部小说"是一种中性的实体……加缪成功地表现出一种古怪的风格,在这种风格中,古典主义手法被经常重复地使用。结果便是,这本书没有了风格,然而它却写得很好"①。他随即对于这种风格做了更为具体的解释,说这种风格"即沉默的风格,而在这种风格中,艺术家的声音(也远离哀叹、远离诽谤、远离赞美)是一种白色的声音,这是唯一与我们无法治愈的苦恼相协调的声音"②。这种"白色的"写作概念在他1953年出版的《写作的零度》一书中的《写作与沉默》一文中得到了进一步的阐述:"创立一种白色写作,这种写作排除了任何对于言语活动的一种有标记秩序的强迫性服从。从语言学借用的一种比较也许可以很好地阐述这种新的现象:我们知道,某些语言学家在一种极性(单数/复数、过去时/现在时)的两个词项之间建立起一种第三项——中性项或零度项……零度的写作实际上是一种直陈式写作……新的中性写作就位于那些叫喊声和判断之中,但却丝毫不参与叫喊和判断。"③我们由此明白,巴特当时所钟情的中性写作,就是白色写作或"零度"写作;而且由于法语动词的"直陈式"是实际地描述事物状态与动作的语式,所以,这种写作也让我们联想到"客观"写作,甚至"现实主义"写作。我们都知道,巴特的这一主张在当时是有所针对的:在那个时期,萨特根据其存在主义哲学思想而极力主张的"介入"文学处于绝对主导地位,作家"介入"的程度成为评判作品好与坏的重要尺码。但是,一般认为"'介入'是出现在各个时期的一种文学现象,作家通过'介入'而'证明'自己赞成某一舆论潮流、某一政党,或者通过其所写文字更为密切地与社会焦点问题,尤其是政治问题攀附在一起"④,这就是说,做到完全排除"介入"是困难的。根据笔者目前掌握的资料,巴特

---

① R. Barthes, 1993: *Œuvres complètes*, 1, Paris: Seuil, p. 60.
② Ibid., p. 63.
③ R. Barthes, 1953: *Le degré zéro de l'écriture*, Paris: Seuil, pp. 55—56.
④ P. Aron et D. Denis Saint-Jacques et A. Alain Viala, 2002: *Dictionnaire du littéraire*, Paris: PUF, p. 185.

似乎是质疑这种"介入"态度的第一位文艺理论家,因为他有关"中性"写作的主张早于在20世纪50年代末才出现的受结构主义影响以摈除"叙述者"(作者)和进行"客观描述"为主要特征的"新小说"。

巴特的这种主张,不仅涉及文学作品,也涉及绘画艺术。我们在巴特于同一年发表的《对象世界》(«Le monde-objet»)一文中看到,他在列举了有关行业协会的绘画借助于"技巧的强制性力量"而画出的"普遍性面孔"后指出:"这种普遍性与那些剃光胡须的中性基本面孔没有任何关系,因为那些基本面孔是完全可以自由安排的,它们随时可以接受心灵的符号,而不接受人格的符号。"① 巴特对于"中性"的这种赞赏有加的语言,无不是对过分涉入世事的"介入性"文学和艺术创作的一种轻蔑。当时他的这种主张是不入流的,但其新颖性已经开始引起人们的广泛注意。一本只包括10篇文章的薄薄的小书——《写作的零度》——出版后引起法国文学批评界的极大震动,就说明了这一点。

在随后的20世纪60年代,我们看到巴特也不断提及"中性",不过,其范围有所扩大,认识也在加深。首先,巴特把他的"中性"概念与其结构主义思想紧密地结合在了一起。他在1961年发表的《摄影信息》(«Le message photographique»)一文中多处谈到了中性,例如:"内涵信息(或编码信息)在此依据无编码的一个信息来形成。这种结构上的反常现象,恰与一种伦理学的反常现象偶合:当我们想要'中性、客观'的时候,我们就尽力细心地复制真实,就好像相似之物是影响各种价值投入的阻抗因素(这至少是美学上的'现实主义'的定义)"②;"在照片中,存在着一些'中性'部分,或者至少,照片的完全无意指活动性(insignifiance)也许是特殊的"③;"也许并不是在日常的言语活动称之为无意指活动性特征、中性、客观性的层次上,而是相反在真正创伤性的图像层次上:所谓创伤,恰恰是中止了言语活动、阻

---

① R. Barthes, 1964: *Essais critiques*, Paris: Seuil, p. 28.
② R. Barthes, 1982: *L'obvie et l'obtus*, Paris: Seuil, p. 13.
③ Ibid., p. 21.

碍了意指的东西"①。不难看出，巴特此时的"中性"概念，已经与言语活动中的无意指活动联系在了一起。从符号学上讲，"无意指活动"指的是"能指"与"所指"暂时不能实现结合的状态。按照巴特的结构主义理论，文学和艺术创作属于一种二级言语活动，也就是说，其意指活动是指向内涵层次的。无意指活动，即是指缺少带有作者主观意志的内涵性。在无意指活动的"中性"层次上，只能是对于客观事物的"直陈式"描述或反映。这种提法，在他1962年发表的《关于罗伯-格里耶》(«Le point sur Robbe-Grillet?»)一文中得到了再一次确定："人们曾经首先认为可以断定其具有中性特征即无意蕴特征。"②其次，他在同年发表的文章《文学与不连续性》中，还论述了"中性"作为一种审美问题和思维方式的重要性，例如："既然任何分类都有介入成分，既然人类注定要为形式提供一种意义（难道有比分类还纯粹的形式吗？），那么，一种秩序的中性特征，就不仅变成了一种成熟的问题，而且变成了一种难以解决的审美问题"③；又如："我们的社会总是赋予有所指的充实符号一种过分的特权，并粗野地将事物的零度与对于它们的否定混同起来。在我们这里，人们不大看重中性，它在道德规范上总是被感觉像是对于存在和破坏的无能为力。不过，我们还是可以将神力（mana）概念看成意指的一种零度，这足以说明中性在人类的一部分思维中的重要性。"④所谓"神力"，即"自然力"，是一种客观存在。这就告诉我们，中性是人类思维过程的一种状态，不仅不可以躲避，而且极为重要。

也许，巴特在1965—1968年写的有关其好友索莱尔斯的作品《戏剧、诗歌、小说》(«Drame, poème, roman»)一文中的论述和恰当比喻可以让我们更好地了解"中性"的实质与状态："《戏剧》也是对于一种黄金时代即意识的黄金时代、言语的黄金时代的追溯。这个时间，是

---

① R. Barthes, 1982: *L'obvie et l'obtus*, Paris: Seuil, p. 23.
② R. Barthes, 1964: *Essais critiques*, Paris: Seuil, p. 209.
③ Ibid., p. 185.
④ Ibid., p. 186.

刚刚醒来、尚属全新、尚保持中性、尚未被回忆和意指活动所影响的躯体的时间。……睡意是一种**前面**的外在形象，苏醒是一种**后面**的外在形象，而且苏醒是对立关系有可能被发现和被说出的中性时刻……与记忆、幻觉和想象相比，梦幻在某种程度上是被形式化了，它被用在了这样的重要交替形式之中——这种形式似乎可以在《戏剧》的各个层面上调整其话语，并且使白天和黑夜对立，使睡意和不困对立，使（棋盘上的）黑与白对立，使他与我对立，而苏醒则是这种形式的难得的中性状态。"① 既然是"苏醒"状态，那么，这种状态就有一个维持多久的时间问题，因此，"中性"应该被理解为是包含"动态"概念的。

　　进入20世纪70年代之后，巴特开始赋予"中性"更为明确的阐释。他在1973年发表的《埃尔泰或字母艺术家》(《Erté ou A la lettre»)一文中，从语言学角度对"中性"做了同样形象的确定："我们知道，在语言学上，理想的聚合体包括四个项：两个极项（A对立于B），一个混合项（既是A也是B）和一个中性项或零线（既不是A，也不是B）；书写的首要线条很容易地被安排在这种聚合关系之下：两个极项是水平线和垂直线；混合项是斜线，它是前两线的折中；但是，第四项即中性项，难道是既拒绝水平线又拒绝垂直线的线条吗？埃尔泰所喜欢的，正是这种线，即曲线（la sinueuse）；对于埃尔泰来讲，曲线显然是生命的标志，它并不是未开化的、最初的生命。"② 既然曲线是生命的标志，它自然就不是静态的。他在《罗兰·巴尔特自述》中有一处谈到了以"意义的波动"状态出现的"中性"："这种波动的形式：文本、意指活动，也许还有中性。"③ 该书甚至专门有一节谈"中性"："中性不是主动与被动的平衡状态；它更可以说是一种往返、一种非道德的震动……它是一种与二律背反相反的东西。作为价值（出自激情范畴），中性与力量相一致，社会实践借助于这种力量去清扫和不去实现那些学

---

① R. Barthes, 1979：*Sollers Écrivain*, Paris：Seuil, p. 31.
② R. Barthes, 1982：*L'obvie et l'obtus*, Paris：Seuil, p. 116.
③ R. Barthes, 1995：*Roland Barthes par Roland Barthes* (1975), Paris：Seuil, p. 93.

究式的二律背反。"① 这更说明,巴特的"中性"本质上是"动态的",它是产生变化的一种力量。

"中性"在巴特那里得到越来越多的关注。正是在这个时候,已经在法国传播开来的中国道家思想以及佛教理念,便被巴特有选择地用来作为阐述和完善其"中性"思考的可贵参照。

二、"中性"与道家思想的融合

巴特参照过的有关两千多年前道家语汇的资料,大多出自法国学者汇编在一起的有关老子、庄子、列子等篇章的译文,也有法国学者自己写的介绍和阐发道家思想的书籍。在后者的情况里,寻找相关译文的中文原文常常是件困难的事情。

巴特第一次引用道家的语录,见于他1970年出版的《符号帝国》一书中的《偶发事件》(«Incident»)一文。他在论及镜子的功能时写道:"一位道家大师说:'圣人之心犹如镜,不涉物亦不斥物,它受而不留。'"② 这句话的法语原文,似乎是法国学者根据我们在后面还会引用的《庄子·应帝王》中所说"至人之用心若镜,不将不迎,应而不藏"一语翻译过去的。这一引述说明,此时的巴特已经阅读过道家和有关道家的书籍。他开始较多引用道家的思想,见于他1976年通过严格选举程序而成为法兰西公学"文学符号学讲座"教授之后,于1976—1977年讲授的"如何共同生活"课程。在这一课程讲稿中,我们可以说是第一次看到了巴特将"中性"与道家思想联系在一起的阐述:他在指出"道教并不困难,只是它要避免选择"③ 后不久,便说"中性既不赞成权力,也不反对权力(既不是主人,也不是奴隶),中性想置身于事外"④ 以及"在道教之中,有对谷物的严格禁忌;不过,却赞成除了奢

---

① R. Barthes, 1995: *Roland Barthes par Roland Barthes* (1975), Paris: Seuil, p.119.
② [法]罗兰·巴特:《符号帝国》(*Empire des signes*),孙乃修译,北京:商务印书馆,1996年,第117页。
③ R. Barthes, 2002: *Comment vivre ensemble*, Paris: Seuil, p.92.
④ Ibid., p.133.

华、节制和错误之外的任何象征"①，等等。

巴特集中引用道家思想，见于他继前面课程之后于1977—1978年开设的"中性"（Le neutre，2002年成书出版）课程。在这部讲稿的开头部分，作者明确地告诉我们，"这门课程叫'中性'，或者不如说'对于中性的欲望'。……这个概念跨越了好几个学科"②，而在他参照的30多部"关联文本"（intertextes）中，就包括法国学者亨利·马伯乐（Henri Maspero）的《关于中国宗教和历史的遗作》（*Mélanges posthumes sur les religions et l'histoire de la Chine*）第二卷《道家》（*Le Taoïsme*）（1950）和让·格罗尼耶（Jean Gronier）的《道家精义》（*L'esprit du Tao*）（1973）两书。讲稿的题目和所采用的关联文本说明，该讲稿将专门探讨"中性"，而道家思想将作为其参照之一，并且是重要的参照，因为"我们特别重视东方哲学和神秘主义的文本"③。

作为讲稿的开端，巴特援引了四段文字来"权充题铭"。"题铭"者，即"导言"之谓也。第一段是约瑟夫·德·迈斯特德（Joseph de Maistre）的《宗教裁判所》（*L'Inquisition*），介绍的是欧洲古代宗教裁判所的种种酷刑和西班牙大法庭的公正与裁判过程的温和、慈善；第二段是托尔斯泰的《奥斯特里茨之夜》（*La Nuit d'Austerlitz*），介绍的是与在呐喊和炮声当中奔跑的样子相反的"多么安静、多么安详、多么雄伟"的高高的天空；第三段是卢梭的《1776年10月24日星期四》（*Le Jeudi 24 Octobre 1776*），介绍的是他在散步时遇到一条体型硕大的丹麦犬和一驾四轮马车向他奔来，而待他昏迷醒来后，看到自己的血在淌，他的整个生命力感到一种"令人欣悦的平静"；第四段则是"道家的《老子自画像》"（*Portrait de Lao-Tzeu*），自画像的文字出自让·格罗尼耶引用的亨利·马伯乐的译文，我在此完整引述："熙攘的世人兴高采烈，好像参享杀牲祭祀的盛宴，又像登高望春。唯有我一人安详淡泊，无动于衷；我混混沌沌，好像尚不会嬉笑的婴儿；颓丧闲散，好像

---

① R. Barthes, 2002: *Comment vivre ensemble*, Paris: Seuil, p. 146.
② R. Barthes, 2002: *Le neutre*, Paris: Seuil, p. 25.
③ Ibid., p. 261.

缺少归宿的游子。众人都满足于物有所余,而我却似乎一无所有。我只有一颗愚人的心!世人都炫耀聪颖,唯独我糊里糊涂;世人都精细苛刻,唯独我愚钝昏昧,好像被沧海所席卷,恍惚而漂泊,无处羁留。世人都有所依归,唯独我冥顽不灵。我与世人的唯一不同在于敬重生母。"① 显然,这是《道德经》第二十章部分文字的译文,原文是:"众人熙熙,如享太牢,如春登台,我独泊兮,其未兆;沌沌兮,如婴儿之未孩;儽儽兮,若无所归。众人皆有余,而我独若遗。我愚人之心也哉!俗人昭昭,我独昏昏。俗人察察,我独闷闷。澹兮,其若海;飂兮,若无止。众人皆有以,而我独顽且鄙。我独异于人,而贵食母。"笔者注意到,把最后一句"而贵食母"翻译成"敬重生母",是与笔者见到的《老子》其他汉语注释本将其理解为"用道来滋养自己"有出入的。这幅自画像,在"众人"与"我"之间做了对比,指明了"我"的"安详淡泊""恍惚而漂泊"等。这四篇题铭虽然不是出自同一位作者,更不是同一个时代的作品,但它们因阐述同一个问题而被放在了一起。不难看出,它们所包含的"温和""平静"和"安详淡泊"的表述,就是以"平和"这一相同义素联系起来的具有"同位素性"的几篇关联文本,它们之间有着"互文性"关系,能够相互说明,也具有阐述同一对象的近乎相同的功效,而且这种"平和"赋予了"中性"以基调。不过,小说家和文艺批评家托马·克莱尔(Thomas Clerc)在为巴特《中性》一书写的"序言"中指出:"老子自画像……宣告了东方神秘主义将在中性的营造过程中扮演核心角色。"② 通读全书,我们也感受到了这一点。

紧接着,巴特为"中性"给出了定义:"我把中性定义为破除聚合体之物,或者不如说,我把凡是破除聚合体的东西都叫作中性"③,他在说明了"聚合体"就"是指两个潜在的项次之间的对立"④ 后,指出

---

① R. Barthes, 2002: *Le neutre*, Paris: Seuil, p. 31.
② Ibid., p. 19.
③ Ibid., p. 30.
④ Ibid., p. 31.

"通过一个第三项，甩掉、消除或反制聚合体的僵硬的二分法：首先，在结构主义语言学上，叶姆斯列夫、布龙达尔和语音学家们的看法是：A/B→A+B（复合项），而且既非 A 亦非 B；一个无形的中性项（音位中和）或者零度"①，巴特明确地告诉我们"这个避开聚合体和冲突的形态多样的领域＝中性"②。讲稿后面的内容则谈及"中性"在包括"善意""沉默""隐退""无为"等总共 23 种"外在形象"（figures）中的表现。我们在巴特对这些"外在形象"的"既不解释，也不规定，仅是描述"③的做法之中，看到了其"中性"思想的丰富性，有些内容则是我们预想不到的。那么，它们在哪些方面参照了道家的思想呢？全书不下 50 处援引了老子和庄子的语录，当然有些表述方式是加入了格罗尼耶的理解被援引的，与原文多少有些出入，自然也免不了有理解不当的地方。我们将从以下几个方面加以介绍：

（一）将"中性"与道家思想多方面"划一"，借助后者来肯定前者。这自然是借用老子《道德经》这种关联文本所要达到的主要目的。巴特在介绍"沉默"这一外在形象时说："道教：a）老子说：'了解道的人不谈论道，谈论道的人不了解道'［笔者提示：见《道德经》第五十二章：'知者不言，言者不知'］（我本人恰好属于这种情况哦！）……b）道家的启蒙：'首先不判断，不说话'"④；在谈及"色彩"这一"外在形象"时，巴特说道："我感兴趣的是无色和中性……老子自谓：'我是无色的……中性的，就像尚无最初情感的婴儿，没有意图，没有目标'"⑤，这显然是指《老子自画像》中引用的《道德经》中的两句话："我独泊兮，其未兆……儽儽兮，若无所归"；巴特还说："中性：寻求一种与现时的正确关系，关注而不倨傲。……重提道家 ＝ 生活在世上的艺术：它带有现时性的特征"⑥；在介绍"隐退"这一"外在形

---

① R. Barthes, 2002: *Le neutre*, Paris: Seuil, pp. 31—32.
② Ibid., p. 32.
③ Ibid., p. 36.
④ Ibid., pp. 57—58.
⑤ Ibid., p. 81.
⑥ Ibid., pp. 118—119.

象"时，巴特参照道家"智慧"对于"中性"的特征做了进一步说明："中性"是在参照物之间保持良好距离的微妙艺术，它保持距离（即产生空间），但不拉大距离，只是"拒而避之"；紧接着，他就将"中性"与道家思想联系了起来："向往中性……摆脱诱惑＝顶级诱惑……由此出现一种智慧。① 道家的'智慧'……得道之人尽量不去运用什么权威……假如非得如此，也会保持距离。"② 我们还可以举出很多例证，但这些足以说明，相隔两千多年的两位大学者思想上的碰撞与融合，这种融合通过相互说明而使各自得以进一步充实，我们可以说，他的这种参照就是一种学习态度。

（二）巴特对于道家的"无为"思想表现出了极大的兴趣。在这一"外在形象"下，巴特首先指出每个人都有自己的生存意志，遂引出道家的"无为"观念。他说："于是，我们遇到了道家的根本观念。③ 无为：显而易见，并不是生存意志的对立物，不是赴死的意志，而是消除、拨开生存意志，使之改变方向。所以，从结构上……是一种中性：打破聚合体的东西。道家的无为，有时也说，比'意志'远为更重视'自发'。"④ 从这时开始，庄子的思想也在巴特的引用中频频出现。如："无为的深刻态度＝不作取舍。……道无不有所送，也无不有所迎……在道看来，无不有所毁，也无不有所成。这就是所谓'撄宁'。撄宁的意思是在外物纷扰下仍保持宁静。丰饶中的宁静意味着完美。"⑤ 这一段的原文是："其为物，无不将也，无不迎也；无不毁也，无不成也。其名为撄宁。撄宁也者，撄而后成者也。"（《庄子·大宗师》）在随后的讲稿中，他对"无为"做了进一步的挖掘："另一个概念，或者说一种投射出来的态度，与无为很接近：无动于衷。"⑥ 但是，"无动于衷"并

---

① J. Gronier, 1973：*L'esprit du Tao*, Flammarion, p. 110.
② R. Barthes, 2002：*Le neutre*, Paris：Seuil, pp. 191－192.
③ H. Maspero, 1950：*Mélanges posthumes sur les religions et l'histoire de la Chine*, Paris：SQEP, Publications du Musée Guimet, p. 38.
④ Ibid., p. 222.
⑤ Ibid., p. 223.
⑥ Ibid., p. 229.

不等于没有思考，他以使用镜子为例："庄子：'完人运用心思如同镜子①；对于外物既不引导，也不趋奉（依照礼数）；他回应外物，但不存留外物。这使他能够承受一切外物，但不会被压垮。……对于泰然自若而无所存留于心的人，事物自然会显露本来的样子；他的举止淡如止水，纹丝不动如镜，应答如同发出回声'。"② 这段引文的前一部分见于《庄子·应帝王》，原文是："至人之用心若镜，不将不迎，应而不藏，故能胜物而不伤"；后一部分见于《庄子·杂篇·天下》，原文是："在己无居，形物自著。其动若水，其静若镜，其应若响。"显然，这是庄子对于老子的道家思想的承袭。我们惊异地发现，巴特在做这种引用时，只是强调"无为"有助于"打破聚合体"，却没有接受自孔子就提出而在老子那里得到发展的"无为而治"的政治理念。看来，巴特并不完全赞成对于客观事物依其自身规律自然发展而不做任何"回应"的主张。由此看出，他的"中性"主要是"主体性"方面的一种认知和态度。

（三）参照道家的"无攫取意志"来规范和设计自己。在这一方面，巴特从老子自谓"没有意图，没有目标"谈起，颂扬道家"自我贬低"的"愚笨"表现："毫无疑问，这是道家的'美德'之一：'大智若愚'→道家的伦理学，为的是不引人瞩目。③ 摆脱名望，退出对于美好形象的迷恋"④；他还大谈"赤贫"："中性：我常常有一个梦，下决心终有一天把家什清空；预想中的举动，手边只保留最低限度的物什：什么都不留双份（钢笔一支，铅笔一支）；担心身后物什壅塞"⑤；在论及"弃绝"这一外在形象时，他谈到了"禁食"："从去年开始，我已经几次谈到道家的'弃绝'。⑥ 你们一定还记得道家所说的身躯……减肥疗

---

① H. Maspero，1950：*Mélanges posthumes sur les religions et l'histoire de la Chine*，Paris：SQEP，Publications du Musée Guimet，p. 112.
② R. Barthes，2002：*Le neutre*，Paris：Seuil，p. 229.
③ J. Gronier，1973：*L'esprit du Tao*，Flammarion，p. 30.
④ Ibid.，p. 120.
⑤ Ibid.，p. 193.
⑥ H. Maspero，1950：*Mélanges posthumes sur les religions et l'histoire de la Chine*，Paris：SQEP，Publications du Musée Guimet，p. 20.

法（……）→三条虫子＝脂肪：为了消除脂肪而'赶走谷物'；这就是'辟谷'，也就是淀粉质、卡路里。甚至 ＋ 大凡长寿者都是瘦人的想法（我的想法）：胖子死得早。这一切勾画出一个玄想的领域：活得清瘦（戒除卡路里）＝ 活得中性。"① 我们从其他介绍巴特的书籍中了解到，巴特是一个很谦虚的人，他不好为人师，包括有人发起组织有关他的作品的研讨会，他最初都是予以拒绝，而在不得已的情况下，他也是低调对待自己的成就。他的这种态度，一直坚持到晚年，我们不能不说这其中有着道家思想的影响。至于他对于物质条件的最低想法，我认为这是他在道家思想感染之下对于自己后来生活的一种设想，当然也是他对于世人的一种劝诫。

（四）巴特在尝试对于道家思想做初步符号学分析。道家的理念含有丰富的符号学思想，需要我们去挖掘，巴特早于我们看到了这一点。他说："能指与指称对象的分离：符号内部的分离。道家：大道之难。"② 在笔者此前见到的巴特有关符号性质的论述中，很少有对于美国符号学创始人皮尔斯的包括符号（表象）、指称对象和解释的"符号学三角形"的阐释。所以，笔者认为，他这里说的，还是属于索绪尔传统的语言符号的问题。这样一来，引语中所说的"符号内部的分离"，实际上就是"能指"与"所指"的分离。按照索绪尔的符号学理论，"所指"指的是"概念"，作为自然规律的"道"不正是一种"概念"吗？"大道之难"表明的是"能指"始终难以与"所指"结合而成为一个完整的符号，亦即总是以"标示"出现的一种状态。《中性》有一处谈到了道家智慧"无系统"之说："［格罗尼耶］道家的'智慧'，依旧无系统。"③ 这里需要对于"系统"概念做一点解释。在符号学理论中，"系统"概念首先"被看作诸多联想领域（现在被重新表述为'聚合体'术语）……这种集合的各个项之间维持着一些联想关系，而这些联想关

---

① H. Maspero, 1950: *Mélanges posthumes sur les religions et l'histoire de la Chine*, Paris: SQEP, Publications du Musée Guimet, p. 226.
② R. Barthes, 2002: *Le neutre*, Paris: Seuil, p. 60.
③ Ibid., p. 191.

系则显示将这些词项汇集在一起的相似性和将它们对立起来的区别性"①。我们从前面的介绍中看到，巴特的"聚合体"，主要是表示将词项对立起来的区别性。因此，道家"智慧"的"无系统"，即是说其并不以带有"对立关系"的聚合体出现。在这一点上，道家的"智慧"与巴特的"中性"是一致的：他在讲授"中性"之后于1979年2月接受美国《法语评论》(The French Review)杂志采访时就说过："说到底，中性是不成系统的东西。因此，有体系的隐退不是一种中性。"② 还有一些论述，也是带有符号学分析观点的，我们不再一一赘述。

至此，我们还需指出，巴特在《中性》中也援引了佛教，特别是其禅宗的思想。例如，他把"中性"的特征确定为"意义的波动"，并指出其具有"梯度"(degré)："相对于聚合关系的结构，梯度和中性所处的位置是相同的：二者均打破聚合关系。……我们把中性看成一个用非聚合关系的（把某种微妙性质引进聚合关系的）强度构成的领域。"③ 这种论述无不使我们想到符号学理论中表明"时间性"的"延变"(devenir)之概念："借助于延变的概念……时间性可以被确定为既不是存在，也不是不存在，而是它们两者之间的某种东西。"④ 于是，我们完全可以将"延变"概念用在理解和描述"中性"的梯度和强度方面。也正因为如此，巴特注意到，在"中性"的"延变"过程中，到了一定程度时便会出现佛教禅宗里说的"悟性"(satori)，他将其表述为"突如其来地完成一种精神变化"⑤。显然，这种发现和对于相关词语的借用无疑又是对于中国古代思想的有益借鉴。

在参照包括道家著述在内的三十余种"关联文本"、广泛而深入地阐述了"中性"之后，巴特在讲稿结尾处以"文学符号学"为名为法兰

---

① A. J. Greimas et J. Courtés, 1993: *Sémiotique-dictionnaire raisonné de la théorie du langage* (1979), Paris: Hachette livre, p. 384.

② R. Barthes, 1995: *Œuvres complètes*, 3, Paris: Seuil, p. 1063.

③ R. Barthes, 2002: *Le neutre*, Paris: Seuil, p. 246.

④ A. J. Greimas et J. Courtés, 1993: *Sémiotique-dictionnaire raisonné de la théorie du langage* (1979), Paris: Hachette livre, p. 67.

⑤ R. Barthes, 2002: *Le neutre*, Paris: Seuil, p. 220.

西公学的"年鉴"提供了有关"中性"课程的"本课概述":"很自然,文学符号学研究接受语言学所阐明的范畴的引导。我们从'中性'语法属性当中归纳出一个更为普遍的范畴。……一切曲折变化,只要避开或打破意义的聚合体和对立性结构,以便搁置话语的冲突性现象,我们都认为属于中性。……我们力图使人理解:中性并非像定见所认为的那样,只反映一个平庸的、毫无内在价值的意象,相反,它可以具有重要的和积极的意义。"①

三、面对当代中国的现实:"中性"态度

"道家。……'认识道并不难,难在不谈论道'(永远是这个难题:认识中性易,既认识又说中性难——至少如此)。"② 这是巴特在接近《中性》尾声的6月3日的讲稿中说过的一句话。笔者理解,这一引文括号中的"说"是"说明""解释",甚至是"表现"或"实践"的意思。那么,他的"中性"主张在其中国之行中是如何表现的呢?

巴特曾于1974年4月11日至5月4日随《原样》代表团一行五人来到中国参观访问。当时,中国正经历"文化大革命"后期的"批林批孔运动"。他们到过北京、上海、苏州、南京、洛阳、西安,参观了工厂、农村和学校等。所到之处,他听、他看,他每天都在日记本上"零散地描述一次旅行",做着属于"现象学"的事情。不过,他在记录下的事实之外,常常在括号中写下自己的评价。笔者有幸翻译了巴特汇集在《中国行日记》一书中的这些日记,并撰文就巴特在中国观察到的各种"俗套"表现和所做评注做了归纳。笔者现在想分析的,是巴特面对中国的现实时所采取的与他人不同的态度。

首先,要补充说明的一点是,巴特对于当时泛滥于中国各地和各行业的"俗套"的批评,都是他对于这种言语活动的结构形式出自其内心的批判,但他从来没有对利用这种结构形式所表述的内容公开发表意

---

① R. Barthes, 2002: *Le neutre*, Paris: Seuil, pp. 261—262.
② Ibid., p. 232.

见。我们引用他最后离开中国时写的日记为例:"在我为整理出一种索引而重读这几本日记的时候,我发现,如果我发表它们……实际上,我只能……零散地描述一次出行。现象学。"① 为此,他首先采用了"流水账"式的方式,记录下了每一天的参观内容,包括喝茶、吃饭的细节等;其次,他"迁就大部分多格扎"②(即"俗套"),只把自己的评论写在括号之中,而不在讨论中说出来;再次,对于索莱尔斯等人的激烈态度表现出不满,持一种否定态度,例如:"唯一需要我们对其有点耐心的人,肯定是索莱尔斯"③;最后,巴特在《中国行日记》中有两处提到了"认同"(assentiment),基本上可以算是其刚到中国时就抱定的态度,这一态度后来虽然有所变化,但没有走向反面:第一次是他到达北京后的第二天参观一所农村学校时,他写道:"开心、认同、接受:两个班级,一个班在上英语,一个班在上物理(关于力的内容)"④;第二次是4月15日傍晚在旅馆里几个法国人之间进行讨论时,"索莱尔斯提出了中国人的爱情问题。我只提了一点:言语活动问题,或者说:认同"⑤。如果说,第一次是一种内心"认同"即"主动的"接受的话,那么第二次就不是很好理解:言语活动怎么与认同相等呢?在日记文体中常见的情况是以词代句,只有作日记的本人可以将其连成句子。笔者的解释是:"俗套"是当时中国人出言必用的结构形式,作为外国人,他不能对其说三道四,只能认同,这是一种"被动的"接受。这种认同,似乎可以延伸为对于外交活动上"不干涉内政"的一种诠释。

代表团于5月4日返回法国,巴特于5月24日在《世界报》上发表的文章《那么,这就是中国吗?》(«Alors, la Chine?»)可以让我们更好地理解他访问中国时的心态。文章一上来就写道:"在寂静、昏暗的接待室里,我们的对话者们(工人、教师、农民)表现出了耐心、投入

---

① R. Barthes, 2009: *Carnets du voyage en Chine*, Paris: Christian Bourgeois Éditeur, p. 215.
② Ibid., p. 28.
③ Ibid., p. 174.
④ Ibid., p. 27.
⑤ Ibid., p. 46.

(大家都在做记录:没有任何烦恼,只有共同工作的一种平静感觉),他们尤其关注,特别地关注——不是关注我们的身份——而是关注我们说什么:在这一人数众多的人民看来,面对几位不认识的知识分子,就好像他们被承认和被理解仍然是很重要的事情那样,就好像这是在要求外国朋友——不是给予战斗般赞同的回答——而是给予认同的回答那样。"① 那么,如何来理解这种"认同"呢?也许,我们援引巴特在访问中国后于同一年写的《罗兰·巴尔特自述》中有关"认同,而不是选择"的一节可以明确地理解其意义:"'朝鲜战争,为的是什么呢?一小股法国志愿兵无目标地在朝鲜的树丛中巡逻。他们中的一个受伤后被一位朝鲜小姑娘看到,小姑娘把他带回村庄,他又受到村民们的接纳:这个士兵选择留下来,与他们一起生活。……实际上,我们不是在目睹一种选择,也不是在目睹一次谈话,更不是在目睹一次开小差,我们目睹的是一种逐渐的<u>认同</u>:士兵接受了他所发现的朝鲜……'(引自米歇尔·维纳弗[Michel Vinaver]的《今天或朝鲜人》[*Aujourd'hui ou les Coréens*,1956])。后来,过了很久(1974),在他(指巴特本人——笔者注)去中国旅行之际,他曾经试图重新采用<u>认同</u>一词,来使《世界报》的读者们即他的范围内的读者们理解他并不'选择'中国(当时缺少许多因素来明确这种选择),而是像维纳弗的那个士兵一样,在不吭不响之中(他称之为'平淡'之中)<u>接受</u>着那里正在做着的事情。这一点不大被人所理解:知识界所要求的,是一种<u>选择</u>:必须离开中国,就像一头公牛离开门栏,冲入满是观众的斗牛场那样:怒不可遏或是盛气凌人。"②

由此,也许我们已经开始对于"认同"有些理解了。不过,巴特在其返回法国前夕即5月3日写的日记,想必会帮助我们将其与我们的中心论题——巴特的"中性"思想与中国——更好地联系起来。他写道:"回想昨天的事:吕齐奥尼在吃饭时说的话:他在一个劲儿地以中国的

---

① R. Barthes, 1995: *Œuvres complètes*, 3, Paris: Seuil, p. 32.
② R. Barthes, 1995: *Roland Barthes par Roland Barthes* (1975), Paris: Seuil, pp. 53—54.

观点来谈中国。……而在另一端，蒂阿尔与留学生们则继续以西方人的观点来看待中国。在我看来，这两种观点都是错误的。好的目光是一种斜视目光。"① 在这里，巴特将"中国的观点"与"法国的观点"结合在了一起，构成了一个具有对立关系的聚合体。那么，斜视的目光又是什么呢？我们结合巴特有关"凡是破除聚合体的东西都叫作中性"和中性项"既不是 A，也不是 B"的论述，可以肯定地说，"斜视的目光"就是对于"中性"的另一种表述。不言而喻，巴特所说的"认同"，就是"中性"的态度，而他在中国之行过程中的表现也做到了"中性"。说到这里，我们似乎也不难理解巴特在1968年法国"红五月"运动中面对当时学生与政府极度的对立而说过的"结构不上街"这一名言的思想背景及其含义了。

权当结束语

巴特在其后期作品《恋人絮语》和继《中性》之后的《小说的准备》（*La préparation du roman*）（1978—1980）讲稿中也对道家的思想有所引用，可见道家思想在其后期研究中的重要性。不过，这些引用也大多是伴随着对于"中性"的进一步阐述来进行的。

"中性"思想于巴特如此重要，那么，最能体现他这种思想的智力活动是什么呢？这使笔者想到了他重要的美学思想——"片段式"写作，因为这种写作就是由与意义攀附在一起的"价值的波动"所引起的，他指出："任何对立关系都是可疑的……价值（意义便与价值在一起）就是这样波动，没有休止。"② ——不难看出，这种对于"片段式"写作的阐释与"中性"的论述简直如出一辙，我们不妨说，"片段式"写作就是他"中性"思想的实践与载体。不仅如此，巴特在写作"片段"时，大多不做意义上的排序，而是按照"片段"的第一个字母来安排。巴特早在《罗兰·巴尔特自述》中就说过"字母排列的顺序消除了

---

① R. Barthes, 2009: *Carnets du voyage en Chine*, Paris: Christian Bourgeois Éditeur, p. 196.
② R. Barthes, 1995: *Roland Barthes par Roland Barthes*（1975），Paris: Seuil, p. 125.

一切，使任何起因退居到第二位"①，而他在《中性》中的论述则使我们对此有了更为清晰的认识："只因中性没有确定的意义：任何关于中性的'方案'（主题的组合）都不可避免地会使中性与傲慢形成对立，也就是说，都会重建一个聚合体，这正是中性要破除的东西：中性会在话语中变成对立的两项之一：展示它反而会加强它打算化解的意义。因此才有了随意排序的方法。去年，字母表。今年的随机性更大：标题→按字母顺序→编号→抽签。"② 显然，按照"字母"排序或按"抽签"排序而不是按照"意义"排列，也是为了实现"中性"而选用的一种手段或技巧。

我们顺便指出，巴特在"文学符号学"范畴内对于"中性"所做的探讨与实践，后来受到人们越来越多的关注和认可，之后的学者在巴特进行的多方面的结构论符号学研究基础上，也在普通符号学范围内对其做了更为深入的阐述，并在符号学矩阵上为其找到了相应解释，在文学创作上明示了其作用："中性这一术语便被构想为既是任何不属于被提出的语义轴上的东西（复合项的矛盾项），也是总在被确定的某种东西——即在相反项轴的矛盾关系之外是不可构想的东西。……它在符号学理论上的重要性是明显的。有多种叙事把中性当作启动叙述序列的动力来使用，尤其是在表示怀疑、表示质问和表示不安等的诗性创作情况里。"③ 这一总结，让我们想到了巴特分析过的新小说作家罗伯-格里耶的作品。看来，理解和把握"中性"对于文学批评和文学创作是具有一定指导意义的。对于"中性"的这种研究成果，也许会为我们的创作意识带来某种启迪。

概括说来，巴特的"中性"思想，最早表现为对于文学和艺术上的"反介入"的"零度"主张，后来表现为对于一种"无意指活动性特征、中性、客观性"的认识，再后来它被从结构论符号学上定义为对二元对

---

① R. Barthes, 1995: *Roland Barthes par Roland Barthes* (1975), Paris: Seuil, p. 131.
② R. Barthes, 2002: *Le neutre*, Paris: Seuil, p. 37.
③ A. J. Greimas et J. Courtés, 1993: *Sémiotique-dictionnaire raisonné de la théorie du langage* (1979), Paris: Hachette livre, p. 152.

立的词项构成的聚合体的"破除"以及在此认识基础上形成的"片段式"写作风格与审美追求,最后它甚至可以被我们理解为是他的人生态度。巴特对于"中性"的"欲望"如此之持久,研究如此之深入,我们不禁要问,他的用意何在呢?他自己是这样说的:

"对于中性的思考是我在与时代的抗争中一种寻求自身风格的方式——一种自由的方式"①,而在摆脱冲突性的二元思维模式以避开非此即彼的意指的同时,"我希望依循这种细微的差异去生活"②。显然,这就需要不断地调整自己的行为与心态,不论是在理论研究还是在为人处世方面,他的这种努力无异于一种"修炼"。这一点,似乎也可以帮助我们理解巴特在学术上不断地修正自己的思考且谦恭向别人学习的原因所在。而在这个过程中,中国古代文化中以道家思想为主的一部分观念为其坚持和不断完善"中性"思考起到了一定的借鉴和印证作用,他的中国之行也为他实践自己的这种思考提供了场所。

笔者认为,"中性"作为一个认知范畴,在符号学研究中占据一定的位置。巴特在"文学符号学"名下对于"中性"的阐释是丰富的、诱人的,这种阐释无不让我们去做更多的联想与思考。当然,其许多方面(哲学基础、普适性等)还有待做进一步探讨。本篇拙文,仅限于就一个论题做初步探讨。一己之言,不无偏颇,企望有更多读者参与讨论。

---

① R. Barthes, 2002: *Le neutre*, Paris: Seuil, p. 33.
② Ibid., p. 37.

罗兰·巴特谈音乐符号学[①]

《显义与晦义》（*L'obvie et l'obtus*）一书第二大部分是对于音乐符号学的阐述，共收录七篇文章，我们在此就它们涉及的几方面问题做概括的介绍。

关于"听音乐"的符号学认识。罗兰·巴特首先把**听到**（entendre）和**听**（écouter）做了区分，认为前者是一种生理现象，后者是一种心理行为；听到，可以借助于听觉的声学和生理学来描述听力（audition）的物理条件（其机制）；但是，听，只能依靠被听的对象即其目标（visée）才可以得到确定。罗兰·巴特就此提出了有关听的三种类型。他认为，属于"听到"的生理学表现，都是一些**标示**，而标示尚未构成包括能指与所指在内的完整符号，"在这个层次上，没有任何东西可以将动物与人分开"[②]。"第二种听是一种**识辨**（déchiffrement）；我们通过耳朵尽力接收的东西，都是些符号；无疑，人就是在此开始：我听，就如同我阅读。"[③] 最后，还有第三种听，它"并不针对（或者并不期待）一些确定的、分出类别的符号：不是被说出的东西，或者被发送的东西，而是正在说、正在发送的东西；它被认为形成于一种跨主观的空

[①] 本文原载于笔者所译罗兰·巴特的《显义与晦义》的"导读"部分。
[②] R. Barthes, 1982: *L'obvie et l'obtus*, Paris: Seuil, p. 279.
[③] Ibid., p. 217.

间，而在这种空间里，'我听'也意味着'请听我'；它所占有的以便进行转换和无限地在转移游戏中重新启动的东西，是一种总体的'意指活动'，这种意指活动在潜意识得不到确定的情况下是不可构想的"①。这里所说"跨主观的"，实际上是指至少两位主体之间的关系，所以，才有"我听"即意味着"请听我"。潜意识，是属于精神分析学研究的内容。"而这样被确定为是交付给精神分析者的听的主要成分，是一个术语、一个单词、一种指向一种身体运动的字母整体：即一个能指。"②因此，对于另一个人的欲望的辨认，就是"辨认这种欲望，要求人们进入欲望之中、在中摇摆，最终陷入其中"③。精神分析学与符号学的结合，始于拉康的相关论述。他的名言是"潜意识也是像言语活动那样被结构的"④。由于言语活动也是建立在符号与符号之间关系基础上的，所以，对于潜意识的分析也是依据符号。但是，根据罗兰·巴特的符号学思想，这种符号只能是寻找内涵意义的"二级符号"。这样被说的东西，源自于一种潜意识知识，这种知识被转移到另一个主体上，而这个主体的知识又是被假设的，我们在相关文字中会读到进一步的阐述。并且，精神分析的"听开向所有的多义形式、多因决定形式、叠加形式"⑤。

关于意指活动（signifiance），这是作者从克里斯蒂娃那里接受的概念。克里斯蒂娃1965年来到法国后，不久就加入了《原样》杂志所聚拢的"新批评派"行列之中，她参加罗兰·巴特的研讨班，遂发表融苏联符号学家巴赫金的理论和结构主义理论为一体的文章，逐步引起了人们的关注。1969年她出版了《符号学：符义分析研究》一书，该书汇集了她那时所写的全部文章，系统地介绍了她的符号学思想，而她的理论也影响了罗兰·巴特。她的符号学研究叫作"符义分析"（sémanalyse），《符

---

① R. Barthes，1982：*L'obvie et l'obtus*，Paris：Seuil，p. 217.
② Ibid.，p. 225.
③ Ibid.，p. 227.
④ J. Lacan，1966：*Écrits*，Paris：Seuil，p. 268.
⑤ R. Barthes，1982：*L'obvie et l'obtus*，Paris：Seuil，p. 229.

号学：符号分析研究》是以"互文性"（intertextualité）和"复变性"（paragramme）等为核心内容，以"意指活动"为基础理论组织起来的一部著作。那么，什么是意指活动呢？克里斯蒂娃这样论述道："我们以意指活动来定名区分出层次和进行对比的工作，这种工作在语言中进行，并在说话主体的线上放置一条属于传播学的和在语法上是结构的意指链。符义分析将研究文本中意指活动及其类型，因此它需要借助能指、主体和符号，以及话语的语法结构。"① 这样听起来有些复杂。她后来又写道："对于文本的研究属于符义分析，这意味着不再用符号来封锁对于意指实践的研究，而是把符号分解并在其内部开辟一个新的外部，'即一种新的可能进一步讨论和组合的场所空间，也就是意指活动的空间'（索莱尔斯）。在不忘记文本表现一种符号系统的情况下，符义分析在这一系统之内又打开了一个新的场面。"② 克里斯蒂娃很注重精神分析学的学习与研究，作为她的"符义分析"之核心的"意指分析"就包含着精神分析方法的运用。我们仅以她在分析马拉美《骰子一掷永远消除不了偶然》一诗中的例证来说明一下。在谈到诗句中 N'abolira（"永不消除"）时，她说道，abolir（消除）一词引起了马拉美的注意，他似乎在把 abolir 与 bol（碗）、bassin（盆地）、récipient creux（空心器具）联系在一起，作为意蕴微分的 abol，带有"空""空心""深"之义素。因此，又与全诗开头部分的"深渊"（abîme）相呼应。在对 abolira（"消除"）一词的分析时，克里斯蒂娃说，abolira 从构成成分上来讲，还包含 lira（rage：疯狂）、ira（folie：癫狂）、lyra（lyrique：抒情）几方面的联想。"该词想必是指现存表面的空心底部，这里是能量的汇集之地，在这个地方，疯狂地，当然是富有诗意地进行着意指活动的工作。"③ 这样被分析的符号，由于可以为多种联想提供可能，因此克里斯蒂娃借用了索绪尔研究过的 anagramme（原意为"改变其中一个

---

① J. Kristeva, 1969: *Sémiotiké: Recherches pour une sémanalyse*, Paris: Seuil, p. 9.
② J. Kristeva, 1971: «Sémanalyse et production du sens», in *Essais de la sémiotique poétique* (sous dir. de A. J. Greimas), Paris: Larousse, p. 210.
③ Ibid., p. 231.

字母就变为新词")的同义词 paragramme 予以定名,笔者将其翻译成"复变词"。那么,意指活动,显然就是在一个符号上进行多种意义联想的活动,而多个符号的意指活动,便构成克里斯蒂娃称之的文本"能产性",这是读者参与意指活动的结果。我们看到,这样的分析离不开语言学单位,离不开主体(即作者)、离不开"互文性"(作者的其他作品与社会文化背景),离不开词源学上的论述和精神分析学上的推论。罗兰·巴特在对音乐的符号学分析中,强调了听者的参与性。

关于嗓音的微粒。这本书中专门有一篇同名文章。乍听起来,"微粒"一词很不好理解。作者是从总结此前的音乐批评说起的。他指出,传统的批评都是对音乐演出进行的"形容词式的"批评。而他所希望的"最好是改变音乐对象本身,就像这种对象自愿承受言语那样:变动它的感受或理解层面;移动音乐与言语活动的接触边缘"[1]。他认为:"在这种空间中,**一种语言与一种嗓音相遇**。我将立即赋予这种能指一个名称,在这个能指上,我认为,民族习性的意图可以被清除,因此,形容词也就没有了:那将是**微粒**(grain):当嗓音处于语言和音乐两种姿态、两种生产状态的时候,就是嗓音的微粒。"[2] 在这里,"语言"还是我们前面介绍的概念,即它是"形式",换句话说,就是当我听歌曲演唱时,从歌者那里所感受到的是形式和音乐的结合体。"我试图对于'微粒'说出的东西,当然只能是我在听歌的时候连续感受到的属于个人享乐方面的那种表面上抽象的内容,即不可阐述的内容……嗓音的微粒并不是——或者不仅仅是——它的音色;它所开启的意指活动,恰恰只能借助于音乐与其他东西即语言(而绝不是信息)的摩擦本身来得到更好的确定"[3],至此,结合作者在其他地方的相关论述(例如,"不大带有意味的'微粒'的嗓音")[4],我们似乎可以给"微粒"换上一个比较通俗易懂的名称:本色。"为了从发声音乐的被人承认的价值中找

---

[1] R. Barthes,1982:*L'obvie et l'obtus*,Paris:Seuil,p. 237.
[2] Ibid.,p. 227.
[3] Ibid.,p. 228.
[4] Ibid.,p. 242.

出这种'微粒',我将使用一种双重对立:从理论上讲,就是现象-文本和生成-文本。"① 这里,罗兰·巴特又借用了克里斯蒂娃在进行符义分析时区分的"现象-文本"和"生成-文本"两个概念;前者指呈现在读者面前的文本,后者指经过对"意指活动"分析获得多重可能意义的文本。而在随后的分析中,他把两个概念转换成"现象-歌曲"和"生成-歌曲"。他明确地指出,"**现象-歌曲**(phéno-chant)(如果我们确实想接受这种移用的话)涵盖着所有的现象,即关系到被唱出的语言的结构、体裁的规律、装饰音的编码形式、作曲家的个人习惯用语、演唱风格的所有特征。总之,是在演唱过程中服务于沟通、再现、表达的全部东西"②,而**生成-歌曲**(géno-chant),"便是歌唱着的、有距离的嗓音的音量,即所有的意指'在语言的内部和其物质性本身'得以萌生的空间"③,说得直白一些,就是嗓音依靠其本色容纳所有内容之形式的空间,也就是说意指活动的空间。在这里,我们又一次看到了对于符义分析的运用。需要说明的一点是,"意指活动"与"意指"(或"意指过程")是有区别的。"意指"(或索绪尔称之为"意义")是从结构语言学一开始就有的一个概念,它表明依据"能指"与"所指"之间的连带关系所产生的"内涵意义"或这种意义产生的过程。格雷马斯给出的定义是:"意指可以有时指作为(意指就像是过程),有时指状态(即被意味的东西),因此它揭示了所涉及理论动态的或静态的概念。根据这种观点,意义可以被释义为或者像是'意义之产生过程',或者像是'被产生的意义'。"④ 罗兰·巴特早期习惯使用"意义之产生过程"的定义,而在他后期的符号学研究中基本上采用的是"意指活动"。这一概念,正像我们前面说的那样,指的是在一个符号区域上进行多种可能意义探讨的活动。两个概念程度不同地都有一种"动态"含义,这也揭示了为

---

① R. Barthes, 1982: *L'obvie et l'obtus*, Paris: Seuil, p. 238.
② Ibid.
③ Ibid., p. 239.
④ A. J. Greimas et J. Courtés, 1993: *Sémiotique-dictionnaire raisonné de la théorie du langage* (1979), Paris: Hachette livre, p. 352.

什么罗兰·巴特很快就接受克里斯蒂娃"符义分析"的原因。但是，前者基本表现为"组合"（横向）的特征，后者则基本属于"聚合"（竖向）的呈现。符号学家若赛特·雷-德博夫（Josette Rey-Debove）在她的《符号学词汇》（*Lexique sémiotique*）一书中，对于"意指活动"的定义及其在音乐方面的应用有过明确的阐述："有所意味的特征（但不确定意义），在音乐上，指多元意指活动区域，即音乐陈述的区域，这种区域在于借助同时性和相续性来集中各种特征，而这些特征将间接地并相互独立地发展。"[1]

---

[1] J. Rey-Debove, 1979: *Lexiique sémiotique*, Paris: PUF, p.135.

我看巴特的生命之末[①]

《罗兰·巴尔特最后的日子》（*Les derniers jours de B. Roland*），是一本介绍巴特晚年写作与生活境况的书。作为巴特多部书的译者，我曾希望更多地知道一些其生命过程中的细节。可以说，这本书除了有助于我们了解他的某些作品，特别是较晚时期作品的写作背景外，也为我们了解其晚年生活的各个方面，特别是其精神状态方面提供了可贵资料。

这本书从巴特进入法兰西公学之后于1977年9月1日"首次开课"写起，介绍了当时的场景和与会人员的情况。可以说，这一时刻是巴特声誉和影响力的巅峰，因为他终于被请上了属于法国高等教育最高荣誉的殿堂——法兰西公学。这是一所不发学位证书、不需注册的免费高等教育机构，任何人都可以前来听课。但是，它的教授却是法国各个学科最高水平的学者。它通常设有50个左右的教授"讲座"。巴特是通过教授们投票，并以高于竞争对手一票的结果被聘请为该公学"文学符号学讲座"教授的。而且，在这一过程中，正是他青年时的熟人和情场对手米歇尔·福柯帮了忙。联想到巴特因为年轻时长期身患肺结核病而没有获得过可以进入大学从教的足够的文凭，但最后却能登上法兰西公学的讲座，这真是件不容易的事。这本书为我们提供了这一过程的某些细

[①] 本文原载于笔者所著《论法国符号学》一书。

节，是难能可贵的。从符号学角度来看待这一过程，如果我们为巴特的成功设定一种语义轴的话，那就是从"奋斗"到"成功"，而它的"诚信模态"的符号学矩阵便是：

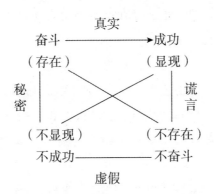

需要指出的一点是，巴特在登上这一巅峰之前并不是完全"秘密"的。他当时已经很出名，早已经历过了叙述符号学上称之的"品质考验"（即水平考验）、"关键考验"（即代表性作品的出版），只是还没有获得一种标志性的确认。那么，被聘为法兰西公学的教授，则等于拿到了证书。在这一过程中，由于他在投票前拜托了米歇尔·福柯，后者很可能是"违心地"（即"谎言"过程）为他投了赞同票，使他比对手以一票之多得以当选。书中，对于这一过程有所分析。不过，我们要说，福柯的这一票并没有投错，巴特当选后没有辜负听众的期望，"一连三年，公学的第八教室都座无虚席。行政部门只好在另一间教室安装上音响设备，以便让所有在学院街上急速奔跑的人听得到罗兰的讲话。到了20世纪70年代末，巴特的独角戏真正成了必修课"。他在这一段时间里完成了"如何共同生活""中性"和"小说的准备"三个课题的讲授，为人们了解他的思想和理解文学符号学提供了丰富的信息和思路。这说明，他成功地经历了叙述符号学的最后阶段——"荣誉考验"。

我们从这本书中不无惊讶地了解到，他1977年出版的畅销书《恋人絮语》竟是根据他的同性恋经验写成的。作者写道："这部《恋人絮语》也是一部哀痛著述。一位深知其老师情感生活的学生说，他在这部著述的每一页都可以找到对罗兰晚年生活挥之不去的一个故事的参照：

他对于另一个罗兰的痛苦激情。"为了使读者在书中看不出他之所爱是一位女性还是男性,巴特使用了一个中性对象名词 être aimé("所爱之人"),足见作者的用心。这使我们进一步理解,文学作品是离不开作品的创作主体(作者)的。主体性在这本书中表现得非常明显。首先,它以单数第一人称"我"来讲述所有的"絮语",这在巴特进入结构主义研究以后的著述中是没有的,包括他自转体的《罗兰·巴尔特自述》也是以第三人称"他"来讲述由一位"小说人物讲述的"故事,因为他早在 1968 年就宣布了"作者的死亡"。其次,我们在这部书中明显地看到了一位恋人主体想要与其所爱对象结合的强烈"欲望"("合取关系")而又不能与之结合("析取关系")的可悲结果,而与这种情况相对应的陈述活动的"模态"便是"想要–欲望""非想要–欲望",于是便出现了"期待""不出现""想象""晦气"等几十种场景。尽管我们知道书中的"我"就应该是巴特本人,但是处于这些场景中的主体无不是法国符号学家科凯主体符号学理论中的"非–主体"即处于想象之中的主体,而"非–主体"的想象结果在与现实结合时总是破灭的。《罗兰·巴尔特最后的日子》一书告诉我们,巴特在写作《恋人絮语》之前一直追逐一名也叫罗兰的他的一位男学生,而这另一位罗兰却是一位异性恋者,从而使他的"欲望"与其对象无法实现"合取"。《恋人絮语》中的某些场景,我们完全可以从《罗兰·巴尔特最后的日子》一书中对这两位师生的关系介绍上得到印证。

　　巴特与母亲的感情是很深的,按照索莱尔斯的说法,是"他最伟大和唯一的爱"。他把已经身衰力竭的母亲接到他在法兰西公学首次开课的大厅,让母亲分享他的最高荣誉。而在平时,他对于母亲的关怀达到了无微不至的程度,他曾对他的几个学生说:"自从妈妈生病以来,我的生活变了。我不仅自己没有时间,而且也感觉没有了别人的那种悠闲自在了","只有一件事放心不下:妈妈的健康。妈妈的心力越来越疲惫,两条腿越来越沉重,她实际上已经是肢体不灵便了。罗兰拒绝送妈妈住院。妈妈将在他身边死去。"而他最后的出版物《明室》(La chambre claire)中的整个第二部分,就是他为母亲而写的。他写道:

"在妈妈生命的晚期，身体虚弱，非常虚弱……在她生病期间，我照顾她，把盛有她喜爱的茶的碗送到他嘴边，因为这比端起茶杯更容易喝"，"我可以在没有母亲的情况下活着……但是，我所剩下的生活直到最后肯定是没有质量的。"而且，这本书告诉我们，他1970年出版的《S/Z》一书之所以包含93章，就是因为"妈妈出生于1893年"。他对母亲如此之爱，首先是因为他在不到一岁时就失去了父亲，他根本就没有保留对于父亲的记忆；其次，是因为他和母亲一起度过了艰难的岁月，是母亲依靠微薄的战争抚恤金把他和比他小11岁的同母异父的弟弟养大成人；再就是母亲伟大的品格影响了他并获得了他的尊重，成了他为人做事的参照，"她能够把塞尔旺多尼街变成一处充满眷爱的港湾。她的两个儿子经常泊于其他的大陆：但他们总还是返回她的怀抱拴缆停靠"。这本书可以看作是对于《哀痛日记》的补充材料。我们中国读者不好理解的是，书中介绍说，巴特把母亲比作了"我的女儿"以及别人认为他们母子就是一对"情人"，这显然是基于自弗洛伊德以来的精神分析学概念所建立的判断。关于这种判断，我发电子邮件请教我曾翻译过的小册子《精神分析学导论》（天津人民出版社，2008）的作者、法国精神分析学家阿兰·瓦尼埃（Alain Vanier）教授。他回复说："描述同性恋者对于母亲有着深沉和特殊的爱并不让人感到司空见惯。这种爱，因其达到了近似乱伦的程度（并不意味着真正的乱伦）而使他们转移了对于其他女人的兴趣。这在临床观察上很普遍，并且因人不同而差别很大。罗兰·巴特属于那种极为强烈的情况。"这种解释也许有助于我们的理解。

这本书中多处谈到了巴特的同性恋表现，叫我们无法回避。不过，本书作者是怀着惋惜，甚至嗔怪的心情去写的，因为巴特越来越失败的同性恋追求加快了他走向死亡的速度。关于这种同性恋的原因，作者写道："在70年代，性自由并不是内容空洞的表达方式。其后果是：走调了"（原书第47页）。我们知道，20世纪70年代，正是1968年"红五月"运动之后，这一运动带来的法国家庭解体和性解放使法国社会进入了"反本性"（即"反自然"）发展的状态。人们后来虽然有所反思，但已无回天之力。作者哀叹，曾为他投赞成票让其进入法兰西公学的哲学家米歇尔·福柯因同性恋染疾过早地故去了。作者想告诉我们的是，同性恋同样成了巴特这位学术明星陨落的原因之一。通过这本书，我们也知道了他喜欢去摩洛哥度假的目的，而《偶遇琐记》则是他在那里"寻艳"时的零散记录。出于进一步了解的兴趣，我想到了巴特开始其同性恋行为的时间问题。因为《罗兰·巴尔特自述》一书中说他青少年时曾在树下隐蔽处玩两性游戏，这说明他本是个无同性恋表现的男性儿童，那么，他从什么时候成了同性恋者了呢？《罗兰·巴尔特最后的日子》中谈到了两个时间：一个是他经历了七年的肺结核病康复疗养后于1948—1949年在罗马尼亚担任法语学校管理员时就已经"夜游"了，但书中没有明确他就是去找同性伙伴，而他离开布加勒斯特之后又去埃及当了两年的亚历山大大学法语教员；另一次是他年轻时曾与福柯在追求同一位同性恋对象上产生过不悦，而与福柯的相遇只能是在他1951年从埃及回到法国之后，因为比他小11岁的福柯这时刚进入青年阶段不久。如果巴特在布加勒斯特时期的"夜游"无法进一步考证清楚的话，那么可以肯定的是，巴特起码从20世纪50年代起就已经是同性恋者了。笔者在法国工作期间，曾接触过一位法国同性恋研究者，按照他的说法，尽管某些人体内雌雄激素的多少可能与一般人有所不同，因而会表现出一定的同性"性倾向"，但这是可以通过与异性生活在一起克服的问题，因此个人的"选择"是决定因素。如果是这样，那么巴特为什么选择同性恋呢？这恐怕要与他年轻时家庭经济拮据和那个年代在萨特存在主义哲学思潮影响之下产生的"个体主义"行为价值有关，因为这种价值观主张追求个人独立、个人幸福，从而也为后来的性解放做了铺垫。同性恋是一种没有家庭负担和义务而只有个人快乐追求的激情付出，这似乎可以说是部分法国同性恋者迈出这一步的重要原因之一。

这部书告诉我们，巴特在度过了其声望巅峰之后，便沿着一条下行线步入了他的死亡。作者并没有突出他被小卡车撞倒是他故去的主要原因，而是强调他身体和精神的多方面因素已经致使他走到了自己生命的终点：母亲的病逝给了他沉重的打击，他为母亲而写的《明室》一书没有得到社会的强烈反应；他虽然大谈特谈他的"小说的准备"，但已自感无力写出小说；他的那些男友一个个相继离去。这一切，使他患上了"精神分裂症"，甚至让他产生了"死的欲望"。而且，也正是由于精神恍惚，他才被小卡车撞倒，以至于住院期间又诱发了他过去的肺病，从而失去了生命。这些内容，使我们可以根据从"巅峰"走向"死亡"的语义轴为他制定一个新的"诚信模态矩阵"，而被小卡车撞倒则仅仅被看作是这个过程中的一个"谎言"（外在条件），因为连他弟弟也没有起诉小卡车司机的打算。

最后，这本书告诉我们，巴特是一位谦虚的学者，"他并不把自己看作大师"——包括为他组织研讨会活动时他也不是很主动，"他厌恶傲慢，拒绝以榜样自居"，"他越是成熟，越是受人尊敬，就越是既想毁掉他的塑像，也想毁掉他的地位"，对于"频频出现在电视节目上，这使他倍感压力"，他甚至主张"要想活得快乐，就让我们隐蔽地生活"。巴特的这一面，我们不曾在他的其他作品中看到。我想，这对于后人和作为外国读者的我们来说，是很有教益的。

瞻仰巴特的墓[①]

我在中国驻法国大使馆商务处工作期间，曾于1995年3月26日（巴特逝世15周年纪念日）在巴约纳市参加了由市政府举办的"纪念巴特国际研讨会"。我之所以被邀，是因为此前翻译的《罗兰·巴特随笔选》刚刚在国内出版，是法国色伊出版社向会议主办单位推荐的。我是前一天下午赶到巴约纳市的，在旅馆稍做安顿之后，便出门随便走走，特别想领略一下巴特在书中描写过的巴约纳市。巴约纳市西临大海，一条入海的河水穿城而过，城市不大，但建筑古老，已有历史。我在距旅馆不远的一个海边广场上停了下来，环视着四周的楼房、桥梁和海面，街道的入口处差不多都横挂着"与罗兰·巴特会晤"的法文条幅，显然，人们都以巴约纳市出了巴特而自豪。不论是海面上还是街道里，人们都忙碌着。我想起巴特在自述中的一幅照片下面写的字："巴约纳，巴约纳，完美的城市……四周有着响亮的生活气息……童年时的主要想象物：外省是风景，故事是气味，资产阶级就是话题。"会议是26日上午在市图书馆的报告厅举行的。说是国际会议，其实前来做报告的，包括我在内，也只有5个人：除了我之外，一位是西班牙人，一位是葡萄牙人（葡萄牙前教育部长，已定居巴黎），一位是意大利人，还有一位

[①] 本文原载于笔者所著《论法国符号学》一书。

是省会波城（Pau）大学的讲师。大学讲师是会议主持人，与会者大都谈的是在各自国家里翻译和介绍巴特著述的情况，听众都是当地的社会上层人士，其中有几位老年人还说当年曾与巴特认识。会上，我成了被提问最多的报告人，人们对于巴特的著述能翻译成汉语和被中国读者所阅读感到特别惊奇，有的甚至说，连他们都读不懂巴特，大有为自己未能深入研究家乡名人而感到愧疚之意。我向巴约纳市图书馆赠送了两册百花文艺出版社出版的《罗兰·巴特随笔选》，受到了大家的热烈欢迎。那天下午，在我的请求下，主办单位安排了一位熟悉巴特家乡的工作人员陪同我去了巴特在20世纪60年代以后与母亲常去居住的于尔特村（Urt），在那栋据说已经不再属于巴特家族的略显破旧的二层小楼门前留了影。我看到了他描写过的屋后的阿杜尔河（Adour），并沿着他可能走过的公路驱车走了一段。巴斯克地区风景是很美的，重峦叠嶂，郁郁葱葱，令人心悦，令人遐想。无怪乎它很早就培育了巴特丰富的想象力，这种想象力无不构成了他后来超凡的创造力。陪同的人看到我如此痴情于巴特生活过的地方，便问我愿不愿意去看一看巴特的坟墓。我自然愿意。我们在公墓外停车，缓步而静穆地走进公墓，就在公墓的南端，我们找到了他的墓。在陪同人告诉我"我们到了"时，我简直惊呆了：那里没有大理石的墓体、墓碑，而只有茅草围绕着的一块白色石板。盖板上刻有两部分文字，上面是 Henriette Barthes, Née Binger, 1893—1977（"昂利耶特·巴特，父姓：班热，1893—1977"），下面是 Roland Barthes, 1915—1980（"罗兰·巴特，1915—1980"）。这是他与母亲合用的墓穴。墓前甚至没有花盆。与四周相比，这个墓近乎于平地，近乎于泥土。

照片1：罗兰·巴特生前与母亲和弟弟在于尔特的故居，门前是作者（读者可与《罗兰·巴尔特自述》中的相关照片比对）

照片2：罗兰·巴特与母亲在于尔特故居附近墓地中的合穴墓

我半晌没有说话，陪同的人可能已经看出了我的内心活动，马上解释，说巴特在弥留之际，不让亲友为他修建永久坚固的坟墓，并希望与母亲合用墓穴。我拿出了照相机，让镜头为我留下这处今后也会令我久久不能平静的珍奇景物。我只有感慨，不尽的感慨。在随后返回巴黎的高速列车上，我将自己前后的感悟捋了捋，记在了本子上，不想，竟捋出了一首小诗：

瞻仰罗兰·巴特墓

不是墓

分明是与路同样的路

一样的沙石板块

一样的茅草拥簇

斜阳中，鲜亮而明突

不是墓

分明是奇特的书

一生笔耕不辍

安息处也是打开的一篇珍贵笔录

冥世间仍在追求"零度"

后来，每当我翻阅巴约纳之行拍摄的照片时，我都回想起于尔特之行的一些细节，回想起面对巴特坟墓时的无限感慨。

第四编
符号学分析实践

《赵氏孤儿》与《中国孤儿》的人物分析[①]

伏尔泰的《中国孤儿》虽然是根据纪君祥的《赵氏孤儿》改编的，但从思想内容到艺术形式都做了全新的安排，其中尤以人物的变化最为突出。因此，对《中国孤儿》（下称伏剧）和《赵氏孤儿》（下称纪剧）的人物进行分析比较，对于全面把握和理解这两部作品有着十分重要的意义。

人物的符号学研究，是把作品中的人物（也可以是起一定人物作用的物件）当作一种符号，当作构成叙述过程中的一种单位来看待。目前，这种研究集中在人物符号的类属、描写层次、行为模态及其所反映的创作者的动机等方面。那么，纪剧与伏剧中的人物符号是一种什么情况呢？笔者在此试做分析与比较。

一、符号的类属分析与比较

我们已经介绍过，符号学家们通常把文学作品中的人物分为三类：(1) 指称性人物、(2) 标示性人物、(3) 照应性人物。而且，一个人物可以同时属于这三种类型，也可以交替地属于其中一种。

下面，我们分别看一看纪剧与伏剧人物的符号类属情况。

---

① 本文原载于《国外文学》1991年第2期。

纪剧的人物可按赵家与屠家分为两大部分。

在赵家一侧，有：赵盾，晋灵公文官，与屠岸贾不和，被屠谋算暗害；赵朔，赵盾之子，灵公驸马，屠诈传灵公之命将其害死；公主，灵公之女，赵朔之妻，为保护程婴救孤自缢而死；灵辄，赵盾救过的饿夫，在赵盾危难之际又帮助赵盾；程婴，草泽医生，驸马门下常客，是他一直保护着赵氏孤儿并帮助他报了家仇；提弥明，殿前太尉，"一爪槌打死了獒"，从而帮助赵盾逃走；公孙杵臼，灵公位下中大夫，见屠岸贾专权，罢职归农；赵氏孤儿，赵朔与公主之子；画卷，在剧中起着代人为言的作用。

在屠家一侧，有：屠岸贾，晋国大将，曾杀赵盾一家三百余口，又追杀赵家唯一的根苗赵氏孤儿；灵公，晋王，昏君，听信屠的谗言，助屠灭赵；韩厥，下将军，在屠岸贾麾下，为救孤而自刎；钽麑，勇士，被屠派去追杀赵盾，因不忍做不义之士"触树而死"；神獒，西戎国进贡的大犬，屠对其驯化之后用来陷害赵盾。

根据上面确定的类属定义，我们可以得出下面的结果：

（一）纪剧中可以说无指称性人物。虽然赵盾、赵朔、公孙杵臼和程婴四人史书上确有记载，但他们在剧中已不同于《史记·赵世家》中所记载的诸公，所以，他们不是指称性人物。

（二）纪剧中的标示人物是赵盾、赵朔、公主、灵辄、公孙杵臼、提弥明、赵氏孤儿、灵公、神獒、画卷、韩厥和钽麑，共 12 个。他们从正面或反面显示着屠岸贾的凶残和奸诈，这种强化了的标示作用可以使人预想到屠岸贾的最后结局。当然，公主、公孙杵臼和画卷也起着显示程婴的美德和智慧的作用。

（三）程婴和屠岸贾是剧中的两个照应性人物，正是他们两人之间的救孤与搜孤的斗争，构成了全剧前后照应的整体。

我们再看伏剧中的情况。伏剧中的人物可分为大宋一侧和成吉思汗一侧。

在大宋一侧，有：张惕，宋朝儒臣，伊达梅之夫，受大宋皇帝之托保护皇孤；伊达梅，张惕之妻，成吉思汗旧日向她求过婚；阿塞莉，伊达梅的女侍官；艾当，张惕的侍官；中国孤儿，大宋皇帝之遗孤。

在成吉思汗一侧，有：成吉思汗，原名铁木真，入侵者首领，曾向伊达梅求过婚；奥斯曼，鞑靼武士；奥克塔，鞑靼武士。

不难看出，伏剧的人物符号类属包括了下述三种：

（一）成吉思汗是指称性人物，因为在18世纪的欧洲，人们对他已经有了较多的了解，这种了解已经构成了剧中这个人物的内涵的一部分。

（二）大宋一侧的标示性人物有阿塞莉、艾当和中国孤儿，在成吉思汗一侧的标示性人物有奥斯曼和奥克塔。他们均以自己的言行（中国孤儿以自己处境）显示着所属主人的态度与精神，同时起着某种叙事组织者的作用。与纪剧的异侧标示相比，伏剧具有标示性人物少且是同侧标示的明显特点。

（三）伏剧中的照应人物是张惕夫妇和成吉思汗。后者虽然首先以指称性人物出现，但由于他的品质和性格在剧中是逐步具体化的，因此他又是照应性人物。这是各类作品中历史人物的特点。当然，如果在张惕夫妇之间做进一步分析的话，我们还会发现，张惕在某种程度上起着标示伊达梅的作用，这一点是与伏剧主题的变化紧密相关的。

这里，我们有必要为标示性人物的作用多说几句。一般说来，标示性人物多，剧情动作就多，时间跨度也会大，反之则是另一种情况。从纪剧和伏剧中可以清楚地看出这一点。伏尔泰对《赵氏孤儿》的重大改动之一，就是压缩标示性人物的数目。这是因为伏尔泰在进行戏剧创作时比其同代人更坚持"三一律"，减少标示性人物，正是实现"时间一致""地点一致"和"动作一致"所必要的。当然，这种减少又无一不与主题的变化相关联。

二、人物的行为者层的分析比较

行为者，是法国符号学家格雷马斯在修订了法国美学家苏里约的六种戏剧角色和俄国文艺理论家普洛普的七种人物角色之后提出的概念，并为之建立了包括六个行为者的"行为者模式"。我们在前面已有介绍。

这一模式，格雷马斯本来是用于分析神话的，但现在，"人们几乎把它当作文本的一致的组织形式"[①]。行为者，即功能的承担者。行为者的确立，依据的是功能的聚合关系，即凡是承担着相同功能的人物，便属于同一个行为者，而这一切又是围绕着作品中行为对象（即价值对象）的人物进行的。主体是价值对象的持有者，他们之间维系着一种合取或析取关系。在主体与价值对象析取时，主体就变成了发送者，而此时与价值对象合取的人物则成了接收者（或"第二主体"）。助手是主体与价值对象合取或析取的协助者，对手则是其阻碍者。人物与行为者可有三种关系：对等关系（一个人物对应于一个行为者）、减变关系（几个人物对应于一个行为者）和同时混合关系（一个人物同时对应于几个行为者）。纪剧和伏剧在行为者层上是一种什么情况呢？

在纪剧中，赵氏孤儿是"价值对象"，这是明显的。我们首先从主体与这一价值对象的合取与析取情况来看。这一价值对象最初持有者是驸马与公主，在驸马赵朔死后则是公主，因此，在托孤之前，公主是第一主体。托孤之后，程婴成了第二主体，而屠岸贾自认已经杀死了赵氏孤儿时则成了第三主体。在这一过程中，公主由主体转为发送者，程婴由接收者转为主体遂又转为（假的价值对象的）发送者，屠岸贾是最后的接收者和主体。

我们再从"助手"（当然也是对立面人物的"对手"）这方面来看。最初帮助赵氏孤儿逃出的是公主，她为了让程婴带孤"去得放心"自缢而死。接着是韩厥，他也为了让程婴"去得放心"而拔剑自刎。然后又是公孙杵臼，他为了救孤而舍生取义。在屠岸贾一侧充当"助手"的只有几个作用相同的士卒，因而可视为一个"助手"人物。

我们不难看出，纪剧在"助手"方面的一个明显特点：程婴一侧的"助手"人物众多，甚至包含了屠岸贾一侧的韩厥下将军，而屠岸贾的"助手"人物很少。指出这一点是有意义的，因为它有力地体现了"得道多助，失道寡助"这一中国的传统道德与审美观念。如果我们再联系

[①] *Le Français*, n°61, 1984, p. 123.

托孤前赵盾的命运，这一点便看得更加清楚：饿夫灵辄、勇士钼麂和太尉提弥明都是赵盾的"助手"，而在屠岸贾一侧，则只有不具人形的神獒。这一情况可使我们预想到全剧的结局。

我们再看伏剧中的情况。

伏剧中与赵氏孤儿对应的价值对象是"中国孤儿"。在伏剧中，我们可以把张惕夫妇直接看作第一主体，虽然在伊达梅的言辞中也有中国大宋皇帝和皇后"他们把小儿子托付给我们照管"一语，但他们并未真实地出现。成吉思汗最后发现了中国孤儿，拥有了中国孤儿，他可以看作是第二主体。这当中，张惕夫妇由主体变成了发送者，成吉思汗由接收者变成为主体，但随后他又把中国孤儿还给了张惕夫妇，由主体变成了发送者，而张惕夫妇又变成了接收者和主体。这一情况与纪剧大不相同。

在伏剧中，我们还注意到另一价值对象的出现：张惕夫妇的儿子。价值对象是由对象与价值两部分构成的。中国孤儿是"历代君王留下的儿子"，是"帝国的继承人"，这是一种民族的价值；张惕夫妇的儿子"那是我的血肉"，是"上天赐予的权利"，这是一种人性的价值。这两种价值与赵氏孤儿（赵家的"命根"，长大后"给赵家报仇"）所体现的道德价值是不同的，因此，伏剧的主题出现了多向发展便自然可以理解。

在"助手"方面，伏剧也呈现出一种新的情况。张惕夫妇一侧的"助手"是阿塞莉和艾当，成吉思汗一侧的"助手"是奥斯曼和奥克塔及几名士卒。不难看出，伏剧中的"助手"是同侧相助，而且与标示性人物一致。

三、人物的行为模态的分析比较

与行为者和行为者模式有关的是行为模态。格雷马斯把它确定为"可以改变陈述的谓语的东西"。他把人的行为归纳为"想要进行""能够进行""懂得进行"三种"作为模态"和"想要存在""能够存在""懂得存在"三种"存在模态"。对于上面提到的行为者模式，格雷马斯明确地指出了各个行为者连对之间的行为模态：主体与对象之间表现为"想要"关系，发送者与接收者之间表现为"懂得"关系，助手与对手之间表现为"能够"关系。

下面我们先来分析和比较一下两剧在"作为模态"方面的异同。

首先是主体与对象之间的"想要"关系。纪剧中，主体程婴"甘将自己亲生子，偷换他家赵氏孤，这本程婴义分应该得"，这是一种"想要进行"的模态。而在伏剧中，由于张惕与伊达梅共同构成主体而且态度有别，便出现了复杂的情况：张惕的态度是"我唯一的责任就是拯救皇孤，我们的生命和整个人，一切，直至亲生儿子都属于他"，伊达梅则主张"每个人的痛苦自己去承担"，这便给张惕的"想要进行"带来了困难，终使中国孤儿被发现。

再看发送者与接收者之间的"懂得"关系。"懂得"是智慧的体现。在纪剧中，程婴与公孙杵臼设下骗局，使屠岸贾收下真正的赵氏孤儿为义子，又以画代口教导长大后的赵氏孤儿报仇雪恨，充分体现了"懂得进行"的智慧。在伏剧中，张惕把皇孤藏在了墓穴之中，而以子替孤去死，这与程婴不相上下。但这种"懂得进行"的表现被只靠眼泪和感情化的伊达梅打乱了，终使张惕的计谋归于失败。

最后，我们看一看"助手"与"对手"的"能够"关系。"能够"是一种能力。在纪剧中，程婴一侧的"助手"在协助他保护赵氏孤儿方面，表现出了"成功的"能力。而在屠岸贾一侧的"助手"（当然也是程婴的"对手"）只是一些作用相同的士卒，他们始终没有找到真正的孤儿，表现出一种"失败的"能力。这对理解纪剧的结局是有帮助的。在伏剧中，张惕夫妇一侧的"助手"的能力都可以说是"失败的"，而成吉思汗的"助手"的能力都可以说是"成功的"，这对理解剧情和结局也是很有帮助的。

下面，我们再分析一下两剧在"存在模态"方面的情况。在这方面，目前的研究主要集中在"懂得存在"这一模态方面，这里我们采用格雷马斯确定的"诚信状况模态"理论。格雷马斯认为："真实与失败的关系（这种关系在口头文学和其他方面应用很广），依靠一种语法范畴，即存在对于显现的语法范畴。"[①] 他根据这种基本的二分法，为诚

---

① A. J. Greimas, 1970: *Du sens*, I, Paris: Seuil, p. 192.

信状况模态制定了在前面已经介绍过的符号学矩阵。矩阵分两层：第一层（内层）是存在状态，它可根据具体文本的语义轴来确定；第二层（外层）是存在关系，这是一种逻辑-语义关系，它是不变的。那么，两剧中两孤儿的"诚信状况模态"各是怎样一种情况呢？

在纪剧中，全剧的语义轴是掩护赵氏孤儿及最后由赵氏孤儿为全家报仇，于是其矩阵便是：

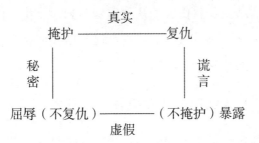

这一矩阵可以做如下描述：赵氏孤儿在开始时一直处于"屈辱"＋"暴露"的地位，这一地位对驸马和公主所生的孩子来说，自然是"虚假"的。但是，在程婴等人的掩护之下，他逐渐地从"屈辱"走向"复仇"，也就是说由"虚假"的地位走向"真实"。但这中间必须经过"谎言"阶段。纪剧中，程婴舍子救孤（即以假乱真）就是这种"谎言"过程。正是借助这种谎言，屠岸贾才认了假的程婴之子（即真的赵氏孤儿）为养子，从而使其得以成长为"甚有机谋、熟娴弓马"的程勃，为他复仇创造了条件。

伏剧的语义轴是"掩护—解救"，于是，中国孤儿的符号学矩阵便是：

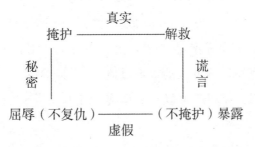

对这一矩阵的描述可以是这样的：中国孤儿在开始时也处于"屈辱"＋

"暴露"的不利地位，这与他作为皇孤的身份相比，自然是"虚假"的。在张惕与艾当的掩护下，他开始走向"解救"，即从"虚假"走向"真实"。由于伊达梅不肯舍子，致使张惕以假乱真的计谋未得以成功实现，也就是说，中国孤儿的最后解救没有经过实际的"谎言"阶段。他的最后得救完全靠的是"人性"的力量。

把赵氏孤儿的诚信状况模态与中国孤儿的诚信状况模态加以比较，我们得到这样的结论：赵氏孤儿从"屈辱"到"复仇"的过程具有真实的存在性。指出这一点是重要的，它可以帮助我们认识伏尔泰在剧中所宣扬的"人性"的抽象的实质。

四、《中国孤儿》人物符号的动机性

人物符号的选定带有创作者的动机，这是很容易理解的。伏剧在这方面具有明显的特点。

像其他符号一样，人物符号也是由能指与所指两个部分结合而成的。能指是其文字和声音即表现部分，所指是其内容部分。

首先来看其能指部分，它包括两个方面：

（一）名称的拼读构成特点。伏剧中的人物都是东方人，除成吉思汗一人的名称之外，其余的人物名称都是伏尔泰杜撰的。那么伏尔泰是根据什么确定这些名称的呢？我们似乎可以从人物名称的拼读构成方面推想出伏尔泰的确定依据。我们注意到，伏剧中国孤儿一侧的人物名称，除艾当（ETAN）之外，张惕（ZAMTI）、伊达梅（IDDAME）和阿塞莉（ASSELI），他们的名字中都有字母"I"，而无一名字有字母"O"。而成吉思汗一侧的两位武士奥斯曼（OSMAN）和奥克塔（OCTAR）的名字中有字母"O"，无一有字母"I"。这种安排绝非偶然。我们知道，按照西方人的审美习惯，"字母O可以与一位肥胖和强壮的人物相联系，字母I可以与一位瘦人相联系"[①]。这种安排的结果，

[①] Ph. Hamon, 1977: «Statut sémiotique des personnages», in *Poétique du récit* (sous dir. de G. Genette et Tz. Todorov), Paris: Seuil, p. 148.

就会在西方人的想象中出现三个瘦人面对两个胖而壮的人的场面。艾当的名字中由于没有这两个字母,则会以一个不瘦不胖的形象出现。

"瘦"可以产生两种视觉效果。一是美,这主要是女性(伊达梅和阿塞莉)的情况,成吉思汗在其对伊达梅的多数赞颂中就包含着对这种美的肯定。但是,我们必须想到,在中国宋朝,仕女们并未完全摆脱自唐朝沿袭下来的以胖为美的旧习,因此,伏剧中的女子更像是欧洲人。我们说,伏尔泰是按照欧洲人的审美习惯确定了剧中东方女子的名字,这并非毫无道理。二是弱,这是两位女子和张惕共有的情况,(艾当可视为不强不弱的人),而这正是剧中两侧的力量对比所需要的。

(二)人物称谓的丰富性。人物符号的能指不是一次性给定的,它表现为一组分散的标志,即各种不同的称谓。伏剧在这方面是很有特点的。我们举两个人物名称为例:

成吉思汗:暴君、王中之王、傲慢的成吉思汗、斯基泰人、铁木真、流浪汉、这头雄狮、无人管束的鞑子、北方的骄子、我们的征服者、杀人不眨眼的魔王,等等。

中国孤儿:小儿子、年幼的孩子、王子、不容侵犯的孩子、孤儿、历代君王留下的孩子、皇室的儿子、我们的君王、圣物、宋王的孩子、可怜的孩子、皇孤,祭品,等等。

能指的这种丰富性,除了反映作者的审美要求和习惯之外,也是作者意欲在伏剧中反映新的主题动机的体现。

我们再来看所指部分。

由于所指一直是语义关系与读者记忆活动相互作用的结果,因此,对人物符号所指的确定通常依据两点:一是依靠历史和文化背景,二是依靠语义关系的累加。这里,我们举两个人物为例。

我们先来看成吉思汗这个人物。伏尔泰在选用这个人物时,显然是依靠了当时人们对这个人物已有的历史了解。伏剧一开始,伊达梅和阿塞莉的对话就反映了18世纪人们对成吉思汗的了解程度:"人们称此暴君为王中之王","他一来,国家将加速灭亡"等。但是,剧中成吉思汗的形象主要是靠语义关系的累加树立起来的。他由立誓杀死皇孤到把皇孤归还给张惕夫妇，由想报复伊达梅拒绝他的求爱到在张惕夫妇的美德感化之下自认"你们终于将我战胜"，有了这些，成吉思汗的形象就丰富了。那么，伏尔泰为什么要杜撰这些毫无历史根据的内容呢？这是与他一心要塑造一位"开明的"专制王的思想分不开的，因为他认为世上并无暴君，"所谓暴君，是指除了自己的私欲以外不知有法律，侵夺臣民财产，然后把臣民编成军队去侵夺邻国财产的主权者。这样的暴君，在欧洲根本没有"①。

伏剧中的伊达梅，在纪剧中并无对应角色。对于这个人物的设立，人们有着各种说法。从符号学角度看，这个人物在《赵氏孤儿》中已有其原型，因为，如果马若瑟神父的法文译本在删去了唱词之后保留了其余所有内容的话，那译文中必应有下面这些话的意思："俺一家死了也罢"，"念程婴年近四旬有五，所生一子，未经满月"，这些话的指涉意义告诉我们，程婴的妻子当时活着，至于伏尔泰塑造这个人物的用意，我们根据伊达梅在剧中的全部语义关系并结合伏尔泰的有关言论，似乎可以认为伏尔泰是在把伊达梅当作自己的代言人。我们看到，伊达梅声称"不管哪个民族，人性都能使之信奉宗教和这至高无上的主宰"，伏尔泰则说："说人性是堕落的，这是不真实的……人性不曾堕落；因此，它不需要救世主。"②

从上面的分析中可以看出，人物的符号学方法可以帮助我们了解一些对理解作品有益的东西。我们似乎可以这样说：

（一）《中国孤儿》虽是根据《赵氏孤儿》改编的，但从人物到剧情来看，它是一部真正的法国剧。

（二）《中国孤儿》对《赵氏孤儿》在主题上有继承、有扩展。

（三）《中国孤儿》过分宣扬人性，把它夸大到改变侵略者初衷的地步，降低了它的真实性和艺术感染力。

---

① 北京大学哲学系外国哲学史教研室编：《十八世纪法国哲学》，北京：商务印书馆，1979年，第102页。

② Pierre Abraham et Roland Desne (sous dir.), 1971: *Manuel de l'histoire de la littérature française*, Paris: Les Édition sociales, p. 246.

解读"罗马柱"[1]

改革开放 30 多年来，不少外国文化进入了我国，它们在一定程度上开阔了国人的眼界，丰富了我们的日常文化生活，但也引起了社会面貌和人们思想、观念等多方面的变化。总的来说，有交流，就会增进不同文化之间的相互了解，最终促进世界的共同进步与融合。但是，也有一些引进就不是那么容易让人理解和被人接受的。在一座大城市的一个行政区管辖内的标志性建筑物——"罗马柱"——就让人颇感错愕，不得不对之进行挖掘式思考。

"学府园"向北展示的图像

---

[1] 本文原载于《符号与传媒》第 6 辑，2013 年春季号。

"学府园"入口处图像

一、"罗马柱"描述

从这个大城市向南出外环线走一段路程,远远就见一排突兀而起的柱子,它们便是被誉为当地市镇标志性建筑物的"罗马柱":前面是一片空旷,后面可见探出几块高地之上的这个市镇西北部的楼宇轮廓。待比较靠近的时候,看出这排"罗马柱"是由瞬间难以数清的高大立柱组成的,中间有一座建立在十几根立柱之上的近乎圆形的大型建筑物,其每一侧沿东西方向排列的立柱通过连梁曲折地连接起四座形状相同、高度相同的建筑体,端部建筑体旁边还有一座与之相同但却脱离连梁的并行建筑体。而真正从西北面入口走进去,我一下子就被这排庞大的建筑群惊呆了——雄奇壮观,气势压人:上百根几十米高,带有竖槽的立柱拔地而起,核心之处是一座大型的六边形穹顶,其每一个角都由两根立柱支撑,其顶部每一面都还有浮雕。这排罗马柱,虽有折线,但从整体上看呈弧状向北弯曲;立柱的北面是湖泊,湖泊北边是一条宽敞的东西向大道。瞻望赞叹之后,我才注意到入口不远处有一块长方形石碑,石碑的正面镌刻着从右向左的"学府园"三个描红大字。我一时不禁脱口而出:"原来这个地方叫'学府园'啊!"石碑下方没有落款,背面刻有说明文字,让人不无兴致地俯身去看:

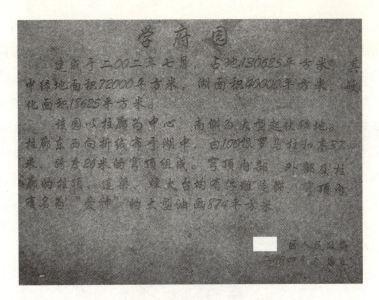

由于担心照片可能不清楚,我也把文字抄录了下来:

学府园

建成于二〇〇二年七月,占地 130625 平方米,其中绿地面积 72000 平方米,湖面积 40000 平方米,硬化面积 18625 平方米。

该园以柱廊为中心,南侧为大型起伏绿地。柱廊东西向折线布于湖中,由 100 根罗马柱和高 37 米、跨度 26 米的穹顶组成。穹顶内部、外部及柱廊的柱顶、连梁、烽火台均有浮雕装饰,穹顶内有名为"爱神"的大型油画 874 平方米。

×××区人民政府
二〇〇四年六月立

既然已经身在其中,不向里面走一走是可惜的。从西向东走去,首先是迎面的柱廊端部那两座形状相同、高度相同,均由四根立柱支撑的建筑体,它们的不同之处就是只有右边的建筑体与其他立柱之间有连梁。我不明白它们分立的原因,但我注意到,如果在两者之间也架起连梁的话,那么这座建筑体则与柱廊之间形成一个向内的钝角。它们应该就是碑文中所说的烽火台。从右边的烽火台开始向东,便进入由单排罗马柱连接起的柱廊。只有这时方可近距离地观看罗马柱:只见每根柱子均矗立于圆形石头底座之上，底座直径足有两米甚至更多；再看柱子本身，粗大得两人难以张臂合围，它们都由像是花岗岩的石头分层次雕刻而成（但也不排除按照现在的工艺，其内里是钢筋混凝土），上下竖槽整齐一致，那做工之细腻、嵌砌之精准，堪比真正的罗马柱。我注意到，每隔五根直线排列的立柱就有一座烽火台，烽火台之后的立柱则改变了方向，经过三座烽火台即三折之后便到了核心处的穹顶；穹顶是由外侧的12根立柱和内侧的六面拱形大门支起的庞然大物，而穹顶之后又是三折四排的罗马柱。

跨度26米的穹顶外视图

我进入穹顶内部，去看那幅874平方米的油画：可能是由于阴湿和10年来从未有过修复的缘故，油彩已经变质，画面模糊得辨不出非常确定的图案；加之我本人丝毫没有绘画方面的素养和历史知识，真不知这幅《爱神》应该是个什么样子。

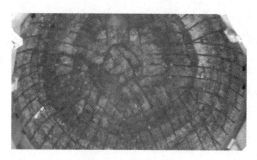

穹顶内油画《爱神》

我注意到，穹顶外边的六个面上确实有浮雕，由于拍照角度的原因，我只拍下了两幅。我不知它们的底样是意大利的什么画作，但见其构图基本上都是母亲与孩子的画面，所以我猜想，它们也应该属于"爱神"的主题：

穹顶外的浮雕

我第一次注意到，在穹顶的每两个侧面交接之处，重复出现一尊我猜想也是爱神的浮雕，她持站立姿势，怀中似有所抱（由于是远距离拍照和天气的原因，没有拍清楚，虽有遗憾，但并不影响说明问题）：

穹顶侧面之间的浮雕

以上，便是这排罗马柱的基本情况。限于自己的知识，我无法观察到更为细致的方面，因此也就难于做更为详尽的描述。不过，在观瞻的过程中，我始终没有忘记寻找哪怕是一点与学府有关系的东西，比如可供坐下来读书的长椅或是凉亭等，这些，我一样都没有见到，包括穹顶之下也无可依坐就读的地方。所见，只是湖边有不少闲者在垂钓，不时爆发出有所捕获的欢声笑语。

这就是我在某年秋季实地见过的"学府园"。但是，每当与人谈起这个地方的时候，我几乎不能马上想起它的真正名字，而总是代之以"罗马柱"。

二、古罗马柱与"爱神"

既然是"学府园"，总该有与高等学府有关的东西吧。不错，"学府园"北面那条宽广的大道就叫"学府路"，路北面有几所市区大学在此设立的分校，而且以前我就曾在其中一所分校中教过四年书。但是，从碑文上明确的面积来讲，它们并不包括在这个"学府园"之中。

那么，罗马柱与高等学府有什么关系呢？那烽火台又意味着什么呢？难道一见罗马柱和烽火台就会让人想到这里是个学府园吗？每当我经过这里时，总是想到这些问题。由于我喜欢刨根问底，最终还是想从罗马柱在意大利的蕴意寻找突破口，于是我便把意大利的罗马柱作为参照文本来开始我的解读。我虽然不曾在意大利常住，但我保留着对于几次去过意大利的比较清晰的记忆和所带回的照片及画册。现在的罗马城内到处都有外露的作为古迹保护的柱子。我们从下面古罗马的一处广场的遗址照片中可以看到：高与低的柱子大多都呈一定几何形状组合在一起，让人想到它们过去是一座建筑物的支撑部分。当然，也有独立的立柱；从高矮上分，矮的柱子是一般建筑物的遗迹，高的柱子都是神殿的遗迹（我从图下的文字注释中，未发现一处与高等学府有关的建筑物名称）。

古罗马广场的遗址照片

现在罗马市内一些广场中还有完好的独立的高大罗马柱,那是一些个人功绩纪念碑,例如特拉让广场上的纪念碑,那是为意大利古代一位战功卓著的皇帝 M. U. 特拉让(Marcus Ulplus Trajan,52—117 年在位)建立的。其实,作为纪念碑,意大利水城威尼斯市马可(Marc)广场上的两座纪念碑是很著名的:一座叫马可纪念碑,另一座叫泰奥多尔(Théodore)纪念碑:前者与附近的马可教堂及马可运河同名,后者则是为当时非常受人尊敬的一位主教而立。

罗马特拉让广场上的纪念碑

威尼斯马可广场两尊纪念碑

当然,罗马柱的原型似乎可以推到更远的时间,因为古希腊乃至古埃及的高大石柱也很多。我想,在眼下中国大地上建立的这排罗马柱,从其高度来讲,其原型该是古罗马神殿或纪念碑的立柱,而不会是一般建筑物的立柱。

小爱神丘比特　　　阿弗洛狄忒（爱情的维纳斯）

至于爱神，这可要从古希腊神话说起，并且有小爱神与大爱神之分。在奥林匹斯山的众神中，最叫人无可奈何的，就是小爱神厄洛斯（Eros），他一直被人们喻为情欲的象征，他的这个名字后来也成了多种西方语言中表示"色情"的单词的词根；他是爱情和美丽的女神阿弗洛狄忒（Aphrodite）与战神阿瑞斯（Ares）所生的小儿子。而到了古罗马神话中，小爱神被叫作丘比特（Cupid），他的母亲阿弗洛狄忒就是后来一般被称为"爱情的维纳斯"的爱神。"爱神"或"爱情的维纳斯"（法文：Venus de l'amour），是"爱情、诱惑、美丽、情欲"之神，她最早以一尊雕塑出现，到了中世纪才以不同形式或名称出现在绘画之中，代表着"美、生命、生育"。我不是搞美术的，不太了解这方面更多的情况。我从网上搜罗到我们中国人认为是《爱神》的一幅油画，那是瑞典画家佐恩（A. Zorn，1860—1920）画的，被称为"第一名画"：画面的中心位置是一位裸体女神，其身后树下见两三个小孩子，后景是一些植物，呈一派生机盎然的景象。我在穹顶侧面看到的一幅浮雕，所呈现的画面与佐恩这幅《爱神》的画面有点相像。

那么，按照"爱神"的寓意，她与高等学府有什么关系呢？我想了好久，还是无法搭上边。

三、"罗马柱"的推测意指

既然，罗马柱不能代表高等学府，那么，这排罗马柱放在这里，会有什么寓意呢？我认为，标志性建筑物应该是一个地方历史、文化的集中体现或升华。这个地方与古代罗马有什么关系呢？我联想到我曾在一份晚报上看到的一条转载消息，说是古代有一支罗马军队战败后来到了中国，到了甘肃一带。我当时没有做剪报，完整的信息也就记不清了。前不久，在一次学术会议上，我结识了西北师范大学的曹进教授，向他谈起了这件事，他回去后热心地为我寄来了相关几篇文章的复印件。我从其中兰州大学历史系汪受宽所写《驳古罗马军团安置骊靬城说》一文引述的1998年9月25日《兰州晚报》上的文字中了解到："公元前53年，即西汉甘露年，罗马帝国的执政官克拉苏所率侵略安息（即今伊朗）的大军，在卡尔莱遭到安息军队的围歼，克拉苏被俘斩首。其第一军团首领、克拉苏的长子普布利乌斯率领六千余众拼命突围，后来失踪……从《汉书·陈汤传》得知，普布利乌斯率领的逃亡大军流迁中亚，投奔郅支单于，公元前36年陈汤率军攻灭郅支，将这支罗马残兵收降，带回中国。"[①] 我记得，在那份晚报转载的信息中还说，在我国甘肃省发现了一个村镇，那里的人鼻子都大，眼睛也有些蓝灰色，有学者开始推测这些村民就是那支罗马军队的后人。但是根据我的浅薄见识，意大利属于南部欧洲，南欧人大多是黑眼睛。现在看来，我可以延伸这样的猜想，那支军队会不会最终来到了沿海这座大城市的这个市镇呢？答案显然距离真实更远，因为我观察过，这里的人既没有大鼻子，也没有蓝灰色的眼睛。

至此，也许我们可以得出一个结论：这种引进是盲目的，偌大一个学府园，花了那么多的钱，作为中心建筑物的罗马柱却与当地历史、文化，甚至与中国的历史、文化无任何联系，即没有任何可在稍加思索之后就能悟出的寓意。然而，我确信，作为标志性建筑物即具有代表性符

---

① 见《甘肃社会科学》1999年第6期，第34页，在此向曹进教授和原文作者致谢。

号来建造的这排罗马柱,肯定是有其一定用意的。

那么,我们能否从符号学上找出一点解释来呢?符号学是关于符号及其相互关系的学科,也是研究产生意指的内在结构的方法论。

我们还是从学府园入口处的石碑说起吧。石碑上有两处是可以做些探讨的。首先是"学府园"三个字的书写顺序:按照我们现在的书写习惯,凡是构成"组合体"的文字都是从左向右写,而这里的顺序却是从右向左。对于上了点年纪的我来说,这种顺序立即产生了符号学上叫作"时间固位"的意义效果,因为它立即把我拉回到了1949年之前并想到了孙中山先生的横幅牌匾题词"天下为公"。但由于这里仅仅是几年之前的题词,这样的顺序便产生了另外的意指:一是它让人联想到题词人具有超越当今的文化素养与意识;二是设计者在利用这种时间固位所带来的追溯以往的意义效果,让人进入这里后瞬间就会产生一种怀古的情思,因为这里是古代的罗马柱嘛。但不论是哪一种,都是一种有意安排。其次,依据中国的现时做法,在题词后有落款的,要么是知名书法家,要么是国家领导人。这种不加落款的做法,就将题词人划定在了地方文人或地方官员之列。

至于"罗马柱"这个符号,其能指即它的表达平面,显然就是这排雄伟、高大的立柱,那么,我们能否尝试从其表达平面开始做些探讨呢?人类很早就懂得垂直维度具有发生学上的作用,高与低很早以前就在不同的文化中各自确立了可以说大致稳定的意义:高在上,低在下;高贵不分,低劣相伴。从高度上讲,越高便越高贵。我们上面说过,这排如此高大的罗马柱其原型应该是古罗马的圣殿立柱或独立的纪念碑。从两个文本之间的联系上讲,它们应该具有"互文性";它们在表达平面上总体上相似(我无法进入它们的细节之中),即基本上处于能指"同构"的状态,因此一般说来它们应该包含着意大利罗马柱原有的所指即内容平面,也就是"高贵""神圣"和"伟大"(当然,这并不包括"旧瓶装新酒"或符号学上称之的"伪装"等情况);如果不是这样,那么,我们就应该按照罗兰·巴特的"符号层级"理论,把原先的罗马柱作为"一级符号",再为它加上新的所指(概念),使之成为"二级符号"去理解。然而,新的概念是什么呢?我想来想去,也还是无法脱离意大利罗马柱原有的所指,因为竖立在这里的罗马柱只有意味着"神圣"与"伟大"才能讲得通。并且,如果从同样属于表达平面的高度上来讲,罗马市内的特拉让立柱高 29.78 米,而这里的罗马柱高 37 米(它们与穹顶高度相同),后者高出前者近 8 米,应该说其在内容平面上更"神圣"、"伟大"。但是,罗马柱原有的所指能够如此机械地移用到这里来吗?要知道,这个地方无任何与宗教圣地和圣人有关的历史与文化。不过,我们知道,符号之间完全可以借助隐喻手段而达到相互指涉。结合这个地方的发展历史,我要说,用罗马柱这个喻体来说明这个地方之"伟大"是当之无愧的,因为在这个原先是海边沼泽和滩涂的不毛之地建立起了现在模样的市镇,确实是件很不容易的事情。我的老家就在这个市镇南面 50 千米的地方,记得小时候随母亲经常乘烧木炭的汽车经过这里到这座大城市里来,那时的这里水泽连天,芦苇无边,张着白帆的小船似乎不用划桨就悠然地依靠风的推动穿行在芦苇荡之中,令我至今记忆犹新(我现在甚至有时为这一景象不能再现而略感遗憾)。后来,政府组织移民,包括从我老家那里动员了许多人来到这里,治水开荒,建村设镇,终于成了现在的规模;30 多年前,这里又发现了石油,经济上有了大发展;几年前,这里的政府要求家家户户把居住的土坯房、砖瓦房都改建成楼房,从硬件上向着城镇化大跨了一步,可谓旧貌彻底换了新颜。这能说不伟大吗?而这样的事业与成就又能说不"神圣"吗?毛泽东主席在"六亿神州尽舜尧"一句诗中把战天斗地的中国人民比作舜尧,而舜尧在中国历史上就是"圣人"。所以,我认为,"罗马柱"的寓意是完全地搬到了这个地方,以一百根罗马柱来代表在这块土地上建功立业的大众百姓并不是不可以的。所不同的是,意大利的罗马柱有的是为个人立的,而在这里是为多数人立的。沿着这种理解,那座位处核心的穹顶与一百根罗马柱之间的关系也似乎明朗了一些:它给人以一统百之寓意。

关于那总共八座的"烽火台",我只能从其现在的构成形状来谈,因为我在手头现有的罗马资料中找不到冠以这个名称的建筑物,但我又不能肯定其在古代罗马就不存在。在我看来，它们通体更像是门，因为只有顶部才有点像中国的古代烽火台。我认为，这完全可能是设计者想象出来的造型和特意安排的中文名称，它们是一种艺术构思的产物。不过，这个名称在我们的语言习惯中却不是多余的，因为"烽火台"是与"战役"相联系的：它们在古代是真正战役的标志和警示，现在则可以比作打响经济发展战役的动员令或号召书。从形状上讲，我说它们更像是门，或者更像是意大利和法国都有的"凯旋门"。将一种对象改造成像是两种对象的结合体，并用其中一个对象的名称来称谓改造后的对象，这就等于是整合或掩盖了另一种对象，即是将一个能指同时用在了两个所指上，这样做是有其特殊意义效果的：能指是烽火台，所指却同时是战争信息和凯旋门；既在警示又在标志胜利，这似乎是在透露某种意志。我记得我当年从巴黎开车去罗马旅游，去的时候没有怎么注意，从罗马返回巴黎的途中，我看到了不少凯旋门，而且越向北它们的体形越大，我当时真觉得是在重走古罗马征战之路；到了巴黎，法国的凯旋门则高 50 米。凯旋门，就是胜利之门，是一种阶段性胜利的标志，巴黎的凯旋门就是拿破仑攻占巴黎之后所建。那么，沿着这一思路，把眼下这几座高 37 米的"凯旋门"与这个地方经济发展的不同阶段联系起来，似乎也就是顺理成章的事。这样一来，穹顶两侧曲折连起的柱廊，也应该在这一方面具有一定的寓意，它们是否意味着在前进道路上"百折不挠"和"步步凯旋"呢？

长城烽火台

意大利蒂图斯（Titus）凯旋门

巴黎的凯旋门

"学府园"的烽火台

　　那么,油画《爱神》在这里的寓意又是什么呢?当然,现在这里变得比从前美丽多了,这无疑可以与"爱神"之美联系起来。至于"爱神"后来有关"生育"和从前有关"诱惑""情欲"等寓意自然与当时的"计划生育"政策和一直提倡的社会主义价值观、道德观相抵触。但是,我却想到,可能由于"爱神"这个名称(能指)的翻译不当,在我们的文化中产生了另外的所指。由于翻译上的原因,在译入语中产生新的"所指",在各种文化中都是屡见不鲜的。正如我们所知道的,马克思和恩格斯 1847 年为德国共产主义者同盟写的《共产党宣言》的准确译名似乎应为《共产主义宣言》;法国诗人波德莱尔的诗集《恶之花》(*Fleur du mal*),很容易让我们理解为诗集中都是对于"恶"的赞美,但实际上,将 mal 一词理解为"痛苦"更为贴切,更符合诗集的整体内容。不过,人们已经习惯于这些译名,也就不便更改了。正如我前面所说,"爱神"的原文名称翻译过来应该是"爱情之神""情爱之神",所以她首先有爱情、诱惑、情欲等所指,至于其后来在艺术创作中的寓意,也是建立在其最初寓意基础上的一种扩张。由于汉语这种译入语的安排和人们的理解习惯,现在的译名很容易让人想到是"爱人之神",是"把爱撒向人间的神";特别是结合浮雕和画面中都是母与子的图像和穹顶身处罗马柱整体中心的位置,人们产生这种理解也是可能的。如果情况真是这样,我觉得那倒是可以有所解释的:中国的地方官员自古以来就有"一方父母"或"父母官"的称谓,这是否正是设计者把这幅油画放在这里所安排的用意呢?

　　这个"学府园"的说明文字,很值得一提:"该园以柱廊为中心,南侧为大型起伏绿地。"我在文章开始时也介绍过,这排罗马柱的南面是突出于几块高地之上的这个市镇西北面的楼宇轮廓，这说明，这个园地或者说这排罗马柱并不是向南敞开的，因为其南边的楼宇和大型起伏的绿地会阻挡或干扰从南边来的人或者说从附近省份来的人的视线，他们不能立即看到罗马柱的全部，不会对其倾注最大的注意力。用一个符号学上的术语，那就是，从南边来的人都身处一种被"剥夺"的位置，他们与这排罗马柱始终处于"析取"的状态。结合这排罗马柱的北面是一片开阔之地，我们可以说，这排罗马柱或者说这个园地主要是给这座大城市的人们看的，城里的人对其具有"获得"的权利，也可以说，这个市镇的人通过这排罗马柱一心要与这座大城市维持着一种"合取"的关系。可以说，这种设计和布局，潜在性地暗示了"想要合取"和"想要被合取"的模态。说明文字中还有"柱廊……布于湖中"的提法，我甚至想到，该罗马柱的设计者是否参照了意大利威尼斯马可广场上的那两尊纪念碑，因为威尼斯市本身就是座水城，两尊纪念碑可以说就立于水面之上。

我们再来看这排罗马柱的折线形状，它们虽是折线，但总体上呈弧形向北弯曲，如果稍加注意，罗马柱西端和东端连梁的延长线正好包容了这座大城市的整体范围；而如果将两端没有连梁的两座烽火台接起来的话，那将是一个半径更小的弧线，形如一个凹形镜面。据此，如果为这个小半径的弧线寻找圆心或将这个凹形镜面进行聚焦连线的话，其圆心或焦点正在市中心。不要忘记穹顶两侧立柱所呈现的折线数量，我要说它们可能还具有让人进一步联想的寓意：每一侧都有四条折线，两侧加在一起是八条，而"四"与"八"合在一起，正与中国的成语"四平八稳"相啮合，用在这里似乎含有企望"吉利""顺达"之意。

"学府园"石碑上注明的时间点，也似乎可以让人有所联想："建成于二〇〇二年七月"，而立碑则是在 2004 年，这不同于其他建筑物在建成之后就立即刻上铭文的习惯。据说，"学府园"建成之时，这个地方正好完成了领导换届，而在此几个月之后，也就是来年之初，原先的领导便进入了这座城市的领导层。稍加思索，大脑中出现了一个令人不敢相信的闪念：这排罗马柱似有借修建"标志性建筑物"为领导歌功颂德之嫌。歌颂人民的伟大与神圣，自然无可厚非，但若借以彰显个人或小集体则有悖于党的宗旨和优良传统。如果真是这样，这里采用的基本上是符号学上叫作"嵌入"（或"嵌套"）的一种手法，即把一种义素（或叙事）加入并不属于自己的一种外在表现之中。格雷马斯在论述叙述符号学上的嵌入时说："嵌入这个术语有时被用来指一个叙事插入另一个更为宽泛的叙事之中，而不需要为此去明确微观叙事的本质或准确的功能。"[①] 这似乎指出了这种操作的特征。至于为什么没有在"学府园"建成之初而是在过了近两年之后才刻碑说明，根据"时间性"的不同意义效果，推迟可以产生淡化前事或提醒后人的作用。

最后，再说一说"学府园"这个名称。按照索绪尔的理论，符号是由能指（声音形象）与所指（概念）结合而成的，缺一就不为符号。他又说符号是任意的，即能指与所指的最初结合是人为的。但是，符号一经确定，它就具有相对的固定性。关于能指与所指之间的关系，列维-斯特劳斯的研究告诉我们，能指是"不稳定的"，由此为艺术创作提供了广阔空间。然而，根据格雷马斯的理论，当一个能指脱离原先的所指被用于（即通过隐喻手段）另一个所指的时候，其原先的所指与后来的所指之间一定要具备某种程度的"语义等值性"。依照上述分析，"学府园"与"罗马柱"之间并不满足这种条件。那么，这是一种什么样的符号学操作呢？不难看出，根据这里"罗马柱"的多重寓意，它们显然是对"学府园"这个名称的否定，即所指对于能指或信息对于载体的否定，而这种否定在符号学"诚信模态"矩阵上所呈现的，则是"显现"与"不存在"两项归一的"谎言"（或"伪装"）。说得直接一点就是，这里并不存在能够冠以"学府园"的真正的学府园。这便是为什么人们很少提及或者难以记住这个名称的根本原因。反之，对于"罗马柱"来说，它们是实际的、显赫的"存在"，但其名称却不正式地被"显现"，而是被代之以"学府园"，根据"诚信模态"矩阵的推断，这其中有一

[①] A. J. Greimas et J. Courtès, 1993: *Sémiotique-dictionnaire raisonné de la théorie du langage* (1979), Paris: Hachette livre, p.123.

种"秘密"在主导着。那么,是什么秘密呢?

时代变了,歌功颂德的方式也在变。中国古时候是修庙宇、立牌坊,但那大多都是后人为前人所建。我想,"学府园"的设计者和知情人对于采用罗马柱这种形式及其在整体布局上的安排用意肯定是清楚的。符号的寓意,一般都涉及符号的使用主体即发送者与观看主体即接收者:使用主体在这里自然是当地政府,观看主体则包括当地百姓和外来观看者。我们不能要求符号的隐喻功能必须提供非常明确的寓意(意指),但作为当时区政府的一个投资项目,如此大方地使用纳税人的钱搞了一个名实不符的"学府园",如此不吝地让他人去费力解码,却是不应该的。如果我的分析有点在理的话,"学府园"更名为"功德园"也许更合适些。

符号学是描述性的,其根据描述结果所得意指是推测性的,而不是严格意义上的"判断"或"结论"。我怀疑我的解码是否"中的",因此邀读者一起来讨论;我也欢迎另有推测,甚至是完全否定的推测,因为符号学分析本身是开放性的;如果当年的设计师能出面指点迷津的话,自然是求之不得的好事。

莫言闪小说 《狼》 的符号学解读①

  2012年12月9日,北京时间21时,获得该年诺贝尔文学奖的中国作家莫言在瑞典斯德哥尔摩大学发表了演讲。期间,他朗诵了自己的闪小说②《狼》和长篇小说《生死疲劳》中的片段。我当时在电视上看到,他的演讲引起听众不断的笑声。于是,我随后也满怀兴致地阅读了网上转载的《狼》这篇小说:

  那匹狼偷拍了我家那头肥猪的照片。我知道它会拿到桥头的照相馆去冲印,就提前去了那里,躲在门后等待着。我家的狗也跟着我,蹲在我的身旁。上午十点来钟,狼来了。它变成了一个白脸的中年男子,穿着一套洗得发了白的蓝色咔叽布中山服,衣袖上还沾着一些粉笔末子,像是一个中学里的数学老师。我知道它是狼。它俯身在柜台前,从怀里摸出胶卷,刚要递给营业员。我的狗冲上去,对准它的屁股咬了一口。它大叫一声,声音很凄厉。它的尾巴在裤子里边膨胀开来,但随即就平复了。我于是知道它已经道行很深,能够在瞬间稳住心神。我的狗松开口就跑了。我一个箭步冲上去将胶卷夺了过来。柜台后的营业员打抱不平地说:"你这个人,

---

① 本文原载于《文艺研究》2015年第8期。
② "闪小说"之名译自英文"flashfiction",指字数一般在六百字以内的微型小说。这种体裁虽然非常短小,但仍适合进行符号学方面的结构研究。

怎么这样霸道?"我大声说:"它是狼!"它装出一副可怜巴巴的样子,无声地苦笑着。营业员大声喊叫着:"把胶卷还给人家!"但是它已经转身往门口走去。等我追到门口时,大街上空空荡荡,连一个人影也没有,只有一只麻雀在啄着一摊热腾腾的马粪。

等我回到家里时,那头肥猪已经被狼开了膛。我的狗,受了重伤,蹲在墙角舔舐伤口。①

全文只有四百余字,但讲了一个非常有趣和完整的故事。我试着在网上搜寻相关评论,发现人们大多说不太理解这篇文字,甚至还有人发帖"求解";后来,我也读到一则赏析文字,认为这篇闪小说就是借杜撰人与兽的斗智故事来喻指人与人之间的关系。我对此是赞同的。不过,在反复阅读中,我在这样一个很短的故事中,却看到了一幅几乎涉及叙事符号学全部重要概念的网络图,而从符号学上做点分析即进行描述,就可以挖掘出更多字面所掩盖的东西:不是内涵,而是带有意义的结构方式。

一、句法描述

首先,我们从表现层面来看一下这个故事的句法结构。句法结构,指的是陈述活动的句法组织形式。句法结构在这篇文字中涉及以下几个方面:

(一)变指结构。在符号学上,变指成分指的是叙事过程中改变叙述空间和时间的成分,它们可以是表明时间和空间的指示词,也可以是人称代词等。这种改变又可分为"接合"与"脱离"两个方面。前者指进入某一时间与空间,后者指离开某一时间与空间。

在《狼》这篇叙事中:

(1)接合:"那匹狼偷拍了我家那头肥猪的照片",这是故事的第一句,"那匹狼"相当于由一个指示代词"那"引导的确定成分,由此进入了整个故事;"等我回到家里时",即"我"从"照相馆"返回了"住

---

① http://news.163.com/12/1210/81COO9LQ00011229.html

所",这等于改变了时间和地点,由此进入了故事的第二部分。这两次接合,使全篇故事分成了两个部分,也可以将其看作是两个相对独立,但又是因果相续的部分。

(2)脱离:故事中有两处可以看作是脱离:一是"我的狗松开口就跑了"(相当于狗离开了现场);二是"等我追到门口时,大街上空空荡荡"(指"我"离开了现场),由此结束了上一段故事,并为下一段故事的时空和语义变化做了铺垫。

在这么短的故事中,有总共四次的"接合"与"脱离",而且"接合"与"脱离"之间有的就相差一两句话,这说明叙事的紧凑和关系变化之快,为缩短故事打下了句法结构基础。

(二)叙述频率。在符号学上,叙述频率是其叙事符号学理论的重要概念,它指的是同一个陈述(句子)所陈述的事实在文本中的复现情况。著名符号学家热拉尔·热奈特对于这一现象做过详细研究,并为其分出了类别,其中,他援引法国作家马塞·普鲁斯特《追忆似水年华》一书中"一周中的每一天,我都睡得很早"一句话,总结出"一次性讲述 n 次发生的事情"[①] 一类。莫言这篇微型故事的第一句话,就近似于这种频率类型:"那匹狼"一语,说明叙述者"我"已经与这匹狼彼此相遇过多次,虽然狼不一定每一次都是为了给肥猪偷拍照片,但这一次是成功地"偷拍了"。这种频率的使用省去了许多需要交代的话,从而保证了故事的简短。

(三)叙述程式。叙述程式是一篇文本中的最小叙事单位,而整篇叙事便是由此通过各种转换所实现的展开,它从叙事模式上表现为"使-做";当然,一篇文本中也可以根据不同人物,从不同角度而具有两个叙述程式,甚至多个更小的微型程式。我们在《狼》这篇故事中可以从两个方面来看。从作为猪的主人和"叙述发送者"的"我"来看,他的叙述程式概括起来就是"使我的肥猪不被狼吃掉"这样一句话,后面的情节便是据此扩展而成的:"我知道它会拿到桥头的照相馆去冲印,

---

① G. Genette, 1972: *Figures*, III, Paris: Seuil, p. 145.

就提前去了那里",是空间和时间的转换;"我一个箭步冲上去将胶卷夺了过来",是由"状态主体"到"作为主体"的转换。当然,若从狼的角度来看,它的叙述程式则是"想方设法吃掉肥猪",它的叙述程式的展开则是从偷拍照片(以作为主体出现)、去照相馆洗照片(以先是作为主体后是状态主体出现),变成了"一个白脸的中年男子……像是一个中学里的数学老师"(像似手段,以状态主体出现),"转身往门口走去",后来又咬伤了狗,咬死了猪和叼走了猪的内脏(均为作为主体)。不难看出,从叙述程式的展开手段来讲,狼的"作为手段"远比肥猪的主人"我"多,结果不言自明。

(四)叙事的"对话"。这篇短文中有两句对话:"你这个人,怎么这样霸道?"我大声说:"它是狼!"前者是营业员对于场景中一方行为的判断和评价,据此,表明了他站到了"我"的对立面即狼的一侧,成了狼的助手;在这种背景下,"我"说出的"它是狼!"丝毫没有改变营业员的态度,这是狼的成功和"我"的失败,从而部分地预示了后面的结果。

二、语义分析

语义分析可在三个层次上进行:

(一)形象层。该层次是通过我们的感官对于文本中在线型连接上具有感知特征的成分(组合体)进行划分的,而这种划分则依据语义分析的一个重要概念——"同位素性"。同位素性可以借助于罗列叙事形象层上两个或多个具有至少一个共同义素的组合体来获得,同位素性也就是"类义素"。我们看:

(1)"我"、营业员、由狼变成的"中学数学老师",他们都具有"人形"这个义素,其同位素性便是"人类";

(2)狼、狗、马、麻雀,它们都属于"动物";

(3)照相馆、大街、家,它们虽然都没有生命,但都属于人的活动场所,也就是人们生活与建立各种关系的空间;

(4)上午十点来钟和晌午时分:人的活动时间。

不难理解，建立"同位素性"，基本上就是寻找"上位词"的过程。

从以上可以看出，这是一篇由人与动物共同作为其人物并以人的社会活动场所为"场景"且涉及社会中多种关系的故事。而这种故事，就我所知道的体裁来讲，属于寓言、传说、民间故事、神话。

（二）主题层。这里的主题，并非我们习惯上理解的"中心思想"，而是文本让我们所理解的概念总体。这种主题可分为"种属主题"和"特定主题"。在这篇故事中，种属主题表面上是人与动物（或人与自然）之间的关系，其特定主题表面上是食肉动物与其食物之间的关系。但是，由于这是一篇在我看来属于寓言、传说、民间故事、神话之类的故事，所以，它应该被理解为是一种"类比"借用。从符号学上讲，这类故事的特点，"似乎在深层次上为两种相对异质的语义范畴建立起了相关性"[①]。所以，对于这类故事的解读，常常是不顾形象层的表面实际，而是进行纵向的聚合关系的"内容组织"的探讨。那么，这类故事是在建立一种什么样的关联性呢？我要说，它就是借助于"拟人化"为表现人类社会而创新写作手法和拓展写作空间。

（三）价值层。与主题层密不可分的是价值层。一般说来，文学作品中的价值可以有道德价值、审美价值、生命价值、对象价值等多种。它们常常体现在主体与对象之间的关系上，而故事中主体所表现出的情绪，则是反映价值转移与变化的重要方面。符号学根据"二元对立"原则将人类情绪从总体上划分为"惬意"与"不悦"两大范畴，其他情绪表现均可归纳在这两个范畴之中。在《狼》这个故事中，同样表现出"惬意/不悦"的情绪范畴。这个故事的主要价值对象是"肥猪"，而在第一段中，直接的价值对象则是拍有肥猪照片的"胶卷"。在对于胶卷的争夺中，猪的主人"我""一个箭步冲上去将胶卷夺了过来"，显然是一种"愤怒"表现，属于"不悦"。关于"愤怒"，格雷马斯根据模态理论把其分析为是从"期待"（想要"合取"或想要"被合取"）到"不高

[①] A. J. Greimas et J. Courtés, 1993: *Sémiotique-dictionnaire raisonné de la théorie du langage* (1979), Paris: Hachette livre, p. 241.

兴"（因为一直处于"非合取"即"析取"的状态，文中"提前去了那里，躲在门后等待着"便是这种状态），再到"报复"（对于感受到"侵犯"的反应）的过程。另有学者将"愤怒"总结为"它表明的是一位主体相对于一个对象的被剥夺状况（该主体失去了这一对象），而他又'认为有权享有'这一对象，因此，愤怒在强化析取状态"①，故事中猪的主人的判断与动作基本符合这种概括。而狼的化身"中学里的数学老师"则"无声地苦笑着"。对于"苦笑"，我们没有看到符号学家对其进行过分析，我国《现代汉语词典》中的注解是"心情不愉快而勉强做出笑容"②。但结合这篇故事，我们似乎可以将其概括为本应受人尊敬的老师失去尊严（与价值对象"析取"），但又无法申述（听任"析取"情况持续存在）时的一种难堪表现。在这个故事中，狼的这种人形蜕变显然是一种伪装，其结果便是赢得了同情和帮助（道德价值），并为最终实现与其真正的价值对象（肥猪）的"合取"增加了有利条件。

在语义层方面，我们还要看到其深层的语义逻辑结构，我们尝试借助"符号学矩阵"在狼身上做点演示。建立语义逻辑矩阵，首先要确定贯穿整篇文本语义发展的一种语义轴，然后为语义轴两端词项找出其各自的下相反项，以此建立起矛盾关系、对比关系、互补关系。《狼》这一故事的语义轴在狼的方面可以设定为：从狼以前多次寻机偷吃肥猪到这一次的成功，而它们的下相反项分别为非寻机和非成功。于是，我们结合"懂得存在"的"诚信模态"，便得到了下面的矩阵：

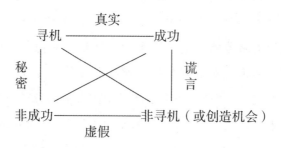

---

① D. Bertrand, 2000: *Précis de sémiotique littéraire*, Paris: Nathan Université, p. 227.
② 中国社会科学院语言研究所词典编辑室编:《现代汉语词典》第 7 版，北京：商务印书馆，2017 年，第 754 页。

在这个矩阵中,"寻机"与"成功"是对比关系;"寻机"与"非寻机"、"成功"与"非成功"都是矛盾关系;"寻机"与"非成功"、"成功"与"非寻机"是互补关系。我的解释是:狼在这一次出现之前,一直处于"寻机"和"非成功"的藏匿状态(秘密),经历过多次失败之后,它终于想出了办法,制造了这一次行动中的"胶卷"事件,把猪的主人骗出了家门,并变成中学老师的模样骗得了营业员的信任并为其充当助手,从而创造了机会,终于在经过了这种"谎言"(或"伪装")过程后,实现了从"寻机"到"成功"的"真实"结果。这种"谎言",从狼"装出一副可怜巴巴的样子"一语中可以得到印证。

这里描述的狼"变成了一个白脸的中年男子,穿着一套洗得发了白的蓝色咔叽布中山服,衣袖上还沾着一些粉笔末子,像是一个中学里的数学老师",需要多做一点分析。这是符号学上叫作"像似"的一种手段。通过这种像似,我们看到了故事作者对于生活的观察与价值判断。首先,在这几个分句中,一连出现了三处与"白色"有关的情况:"一个白脸的中年男子""洗得发了白的蓝色咔叽布中山服""一些粉笔末子"(一般也是白色的)。白色,在汉语文化中有表现"文弱"的意义效果,例如"白面书生"的称谓;至于衣服,在严重退色之后也就接近被扔掉了;"咔叽布中山服"给人以改革开放前一般干部和知识分子装束的形象,是正派与保守的标志,距离今天也相去远矣;数学是科学中最为抽象、最为严谨的学科,中学老师该算得上以"桥头"为商业活动网点的一个不大的人类生活区域中最高级的知识分子,而"中年"的定语更给人以"成熟"的认可。概括来说,这一像似给了人以行为拘谨、敬业勤奋的可敬形象和遇事无以应对的可怜作态,而具有这种形象和作态的人自然是可信和容易获得同情的。若不是"它的尾巴在裤子里边膨胀开来",包括作为读者的我也几乎认为猪的主人的判断可能有误,这是陈述发送者(注意:此时为狼)对于陈述接收者(照相馆营业员和读者)具有超凡"说服作为"的体现,它说明狼的"欺骗"是非常成功的。至于"无声地苦笑着",我作为读者即陈述接收者还有另外一种解读(接收者应该具有自己的"解释作为"的能力)。首先,我认为这是猪的主人的一种主观判断，多少带有其因夺过胶卷而暗自庆幸的表现，而在这种心态支配下，他可能会低估对手。其次，我认为这种"苦笑"就是出自狼一侧的一种"冷笑"，按照《现代汉语词典》的释义，"冷笑"是"含有讽刺、不满意、无可奈何、不屑、不以为然等意味或怒意的笑"①，毋庸置疑，这该是狼此时的内心活动。我们可以对比一下这同一部汉语词典对于"苦笑"和"冷笑"两种状态的注解，其中，"不愉快"和"不满意"是基本相同的义素，也就是说，这两种注解之间具有一定同位素性的关系，所以，我将作者说的"苦笑"理解为是"冷笑"，这在语义分析上也是有依据的。从符号学模态上来讲，我们似乎可以结合这个故事对"冷笑"作这样的概括："冷笑"，是狼在看到对手因中了自己设下的圈套（对象与圈套"合取"）从此失去了正确判断和施展能力的手段（与潜在能力和运用能力"析取"）后，从内心对于对方之无能的一种讽刺或蔑视的外在表现（对方缺乏对圈套的足够的"解释作为"），它是"智慧"与"愚昧"的较量结果。

三、人物关系及模态分析

符号学中的人物，并不局限于人形范畴，所有参与故事发展的人与事物都是人物。于是，这篇故事中的人物，除了我们已经列举的"我"、狼、肥猪、狗、营业员、"中学里的数学老师"、鸟之外，还应该加入"胶卷"和"热腾腾的马粪"。按照格雷马斯的理论，文本中的人物都可归入符号学上的六个"行为者"，即六个"符号学主体"，并组成"行为者模式"。我们来看：

发送者（或陈述发送者）与接收者（或陈述接收者）：在这则故事中，总的来说，发送者就是作者，它与文中的主体"我"化为了一体，这便是第一人称叙事的特点；陈述接收者是广大读者（包括我）和莫言演讲时的听众。

---

① 中国社会科学院语言研究所词典编辑室编：《现代汉语词典》第 7 版，北京：商务印书馆，2017 年，第 794 页。

主体与对象：显然，以"我"出现的猪的主人是文中主体，我们称之为 S1；以狼出现的主体为 S2。他们的对象都是猪。前者要保护猪不被狼吃掉，后者则想方设法把猪吃掉。我们也可以将这一对主体称为主体与反-主体。

助手和对手：它们根据在 S1 一侧还是在 S2 一侧而选边。在 S1 一侧，助手有狗（"我的狗冲上去，对准它的屁股咬了一口"）；在 S2 一侧，助手有照相馆营业员（他在"我"夺过胶卷后为狼"抱打不平"）；而这些助手又都是对立面主体的对手。表面上看，由于每一侧都只有一位助手，而且能力上难以比出什么高低，他们便处于势均力敌的状态。但是，符号学理论又告诉我们，助手实际上是主体个人"潜在能力"和"运用能力"的体现。正是在这一点上，两位主体表现出了较大差异。在 S1 方面，助手"狗"表现出的是一种本能；而在 S2 方面，在营业员成为狼的助手之前，胶卷和"中学里的数学老师"扮相起到了特殊的作用：胶卷里面有猪的照片，它首先可以在冲洗后让狼时刻惦记着猪，其次它也许就是狼为了把猪的主人从家里引出而施展的"调虎离山计"的诱饵或道具，以此削弱猪的主人的警觉意识并使其失去在家中可依仗的各种条件；而在关键时刻，营业员的表现起到了否定他的同类"我"的作用。这样一来，狼一侧的助手数量多，作用更大；助手多、作用大，主体的运用能力就大，这也预示着故事的结局。

这里，狗在咬了狼的屁股一口之后，"松开口就跑了"，非常耐人寻味，我们一时不知道它跑开的原因或动机，在这种情况下，这一举动属于符号学上叫作"标示"的一类符号，它最初表现为一种"能指"，其"所指"需要随后的逐步确定或经过"推测"才能知道。那么，它为什么不待在主人身边继续帮助主人与狼恶斗呢？我们都知道，狗的嗅觉是非常灵敏的。我的推测是，狗在与狼这样接触之后，很可能判定这并非就是主人所熟悉的那只狼，而它立即想到的是，很可能这时有其他的狼进入了主人的家门，于是，它便赶紧跑了回去。我们都有这样的常识，同类之间是好分辨的（狗是狼驯化而来的），异类之间则难以相互判断，正是在这一点上，猪的主人显示出了"能力"之低下，从而未能根据狗

"松开口就跑了"这一提示及时做出恰当理解,最终导致不可挽回的后果。我的结论是,狗作为其主人"我"之助手,充分发挥了它应该发挥的作用,错误在于"我"未能充分运用这位助手的作用。后来,狗被狼咬伤了,这也印证了狗的动机和其主人的失误。我们不禁要问,狗是被"那只狼"也就是猪的主人认定的那只狼咬伤的还是被包括那只狼在内的两只或多只狼咬伤的呢?我认为是后者,因为狗是先于"那只狼"而跑回家中的,在有准备的一对一的恶斗中,狗不一定败阵;那么,狼是否有成群攻击猎物和"分工协作"的本事呢?这一点从科学知识方面加以印证也许是有益的。

在第一段故事结束之后,出现了"只有一只麻雀在啄着一摊热腾腾的马粪"的句子。读(或听)到这里,没有人不会开怀一笑,按照我的理解,这种笑似乎就该是歌德所说的界于"真实"与"非真实"之间的一种戏谑之笑;而在刚才的略有紧张之后,也应该让读者(听者)笑一笑了。我要补充的是,麻雀和马粪虽然都没有参与照相馆里的场景,因此它们便不是其中的人物,也就无法将其归入哪一类行为者,但是,它们同样属于"标示"符号。通过它们,我们首先可以推测故事发生的季节和时辰。如果说"穿着一套洗得发了白的蓝色咔叽布中山服"已经基本告诉我们,故事发生在一个不冷不热的季节即春季或秋季的话,那么,麻雀啄食马粪则进一步明确,那是一个春季,而且是在接近中午时分。我小时候在农村老家,常在清晨去田里放驴,晌午前回来,吃饱了肚子的驴在回村的路上常拉下粪便,由于外部空气温度不高,所以还是热腾腾的;文中说的"上午十点来钟",我的理解不是"还不到十点钟",它在北方的用语中应该是"十点钟前后"这个时间区段,这与农村中习惯上称的"晌午"已经很接近,这大体告诉了我们照相馆场景所经历的时间。而如果是在秋季,麻雀是不会啄食牲畜粪便的,因为那是个农作物收割后到处留下穗粒的季节。只有在冬天和春天,因谷物缺乏,麻雀才会饥不择食。当然,在春天这个季节的牲畜,由于白天还要忙于干活,主人也多会在每天傍晚给它们的草料中拌上一些粮食,以抚慰和壮身,而没有被嚼碎的颗粒也就成了麻雀们后来的美食。其次,通过联觉的作用，当我读到"一摊热腾腾的马粪"时，除了刚才的戏谑之笑，那"一摊"和"热腾腾"的描述还使我产生了嗅觉上的一种"拒绝"反应，似乎真有一股马粪的臊臭气味袭来，不禁有一种立即卒读和大体预知结果的感觉，而这种反应会不会就是作为陈述发送者的作者所期待达到的一种意义效果呢？我想，可能就是这样，因为，他在第二段只用了一句话就表明了结局。可见，我的"拒绝"正与作者准备"放弃"讲述联系在了一起。在符号学上，"放弃"表明的是"当一个状态陈述之主体失去了价值对象的时候"其所处的位置，而这种位置是"自我析取"的位置。我认为，也正是在这里，作者与文中猪的主人的"我"（此处的"我"这一人称被看作是陈述发送者利用的"价值对象"）实现了"分离"。

这个故事中的叙述模态，当然主要是体现在主体与反-主体身上。在符号学上，"模态"指的是"改变一个陈述之谓语的东西"[①]，它主要依靠一些特殊动词与"作为"动词和"状态"动词之间的肯定与否定结合而构成对于人的各种行为与状态的表述。根据格雷马斯的模态理论，叙述模态主要体现在"想要""应该""懂得"（或"知道""会"）、"能够"和"相信"（或"认为"）这几个法语中叫作"半-助动词"，现在也称为"模态动词"和与之相近的一些动词性表达方式上。这些动词与我们汉语中的"能愿动词"大体相当。我们来看，在猪的主人一侧，他很想保护他的猪，也应该保护他的猪，他在助手狗的帮助下也能保护猪，他也懂得保护猪（知道狼偷拍了肥猪的照片，"提前去了"照相馆，"躲在门后等待着"，随后把胶卷夺了过来）。但是，他的错误就在于把夺了胶卷（实现了与胶卷的"合取"）就认定能够保住他的猪的这种潜在的"相信"模态上，而没有考虑到其他风险。狼，则是很想吃掉猪，由于饥饿且猪就在它的食物链上，它也有理由以猪为充饥对象，由于它比猪的主人更富有智慧，通过把猪的主人骗出家门（即骗取了猪的主人的

[①] A. J. Greimas et J. Courtés, 1993: *Sémiotique-dictionnaire raisonné de la théorie du langage* (1979), Paris: Hachette livre, p. 230.

"相信")且获得了更多的助手,从而有机会独自或与其他同类先对付狗,然后再咬死猪(或者两者相反,因为中间有个时间差),最终叼走了猪的内脏。经历了这样的过程,狼这个反-主体,反而成了整个故事的主体,而猪的主人因其判断失误则变成了协助狼成功的助手。可见,这则故事展现的主要是不同主体在"懂得"这种模态方面的多方较量。这种"模态"便是对于"智取"或"斗智"操作的概括,它常常构成作品中最为精彩的情节,而读者或听众的期待往往也就在这一方面。

这则故事的"主体特征",也是需要一谈的。首先,这是一篇以第一人称"我"为叙述主体的短小故事。以第一人称出现的陈述活动多有"判断"("我知道它会拿到桥头的照相馆去冲印","我于是知道它已经道行很深,能够在瞬间稳住心神"),而这种人称无法实现与第三人称的直接言语沟通,它们之间的"沟通"只能是第一人称对于第三人称行为的评价和对其在过程中的检验,《狼》中的"我"始终处于评价和检验第三者的地位,也符合这一规律。但是在寓言、传说、民间故事、神话故事中,第一人称的判断常常是错误的或与实际不符的,否则便无故事可讲;这则《狼》的故事也是这种情况,因此,说其具有寓言、传说、民间故事与神话成分便不是没有根据。其次,根据符号学家科凯有关主体的理论,文学作品中的主体,在其参与陈述活动之"过程"的时候,是主体,而在其"没有模态动词"[①]的情况下就是"非-主体"。贝特朗概括说:"有三种标准确定着非-主体:没有判断、没有历史、作为执行者的过程之次数也不多。寓言故事中的狼被分析为像是一种非-主体,该非-主体……服从于其捕食性本质的机械性的安排"[②],并且主体与非-主体两者之间的关系则是主体确保对于非-主体的控制。在《狼》这则故事的第一段,作为"主体"的"我"始终处于支配"非-主体"狼的地位。但是,主体与非-主体之间的关系又是辨证的,他们可以互相转换。《狼》的第二段的主体当然是狼,因为是它结束了整个叙事,而

[①] J.-C. Coquet, 1984: *Le discours et son sujet*, Paris: Klincksieck, p. 63.
[②] D. Bertrand, 2000: *Précis de sémiotique littéraire*, Paris: Nathan Université, p. 229.

不是猪的主人"我"。我们进一步说，即便在第一段中，"我"也不是纯粹的主体，因为"我"已经落入了狼布置的整个圈套之中，在大范围的陈述活动中，是狼所安排的"过程"在支配着猪的主人"我"，而到第一段结束时，"我"已经开始向着"非-主体"转变，所以狼成了整个故事的真正主体。莫言《狼》这则故事中的狼，正是在其能够转变为"主体"的能力上，不同于一般西方寓言故事中以"捕食性本质"出现的狼。最后，这则故事在介绍叙事主体的叙述模态时，更为强调的是"我"对于狼的"懂得"（见文中的三次"我知道"），而在"人"与"动物"之间实现心理沟通的情况下，是人被"动物化"的一种表现。在我看来，主体的这些特征，或许就是有的评论家说莫言的小说"人鬼不分、人物和动物不分"[①]的内在基础，而这些特征在莫言于斯德哥尔摩大学演讲时紧随《狼》之后朗诵的《生死疲劳》片段中也不难看出。我甚至说，《狼》这则闪小说同样印证了诺贝尔文学奖评奖委员会对于莫言的授奖词："他用魔幻般的现实主义将民间故事、历史和现代融为一体"。

当然，符号学分析不是一成不变的，不是只有一种模式，它会根据被分析对象和分析者的着眼点不同而表现为多种情况。对于《狼》这篇闪小说，我们还可以从"共时性"方面分析其与作者同时期其他作品之间的多方面联系，也可以从"历时性"方面分析其在作者整个创作生涯中的地位，还可以从"互文性"方面分析其与作者所喜爱的整部《聊斋志异》或其中某篇故事的各种连带性等。但是，那些不属于本篇拙文的解读任务。

结束语：一则开放的虚构故事

法国著名文艺符号学家罗兰·巴特在他的著作《S/Z》中，"提出了一种对立关系：可读的/可写的。我不能重写的文本是可读的（今天，我还能像巴尔扎克那样写作吗？）；我阅读起来有困难的文本是可写的，

[①] 参见2012年第8期《作家通讯》第62页李洱的发言。

除非完全改变我的阅读习惯"①。既然相当一部分读者不理解《狼》这则故事,说明它具有一定的理解难度,因此,它应该属于"可写的"一类。而可写的,也就是"开放的"。

我认为,《狼》是一则开放的故事。从上面的解读来看,它有许多可以展开、可以续写的地方:文本第一句话的"那匹狼",我们就可以为其增加几次与猪的主人相遇的介绍与描述;为什么是偷拍照片而不是别的呢?狗跑回家里与狼恶斗是一种什么惨烈场景呢?猪的主人是以一种什么精神状态和速度回家的呢?"我"是否对自己的表现悔恨莫及呢?到底是同一只狼还是几只狼咬死了猪?等等,都可以大做文章。一般意义上的"改编",就是建立在文本原有"能指"给出的和其内在结构预留的开放性基础上的,而好的作品就应该具有这种开放性。

《狼》,借助于特殊手法和相宜叙事结构博人会心一笑,并颇有余味,这与批评界对于莫言非常"会讲故事"的评价是一致的。借助于文学符号学这种元语言,将"会讲"的各种要素展示出来,是叙事符号学描述的最终目的。而根据这种描述所获得的理解,是以文本内在结构为基础并联系历史与文化而进行推测的结果,而且通常也不是只有一种结果。所以,我在阐述《狼》这则故事"生成文本"之结构的同时,也是在继续讲着我个人依据《狼》的内在组织机制而演绎的多方面故事。在西方寓言故事中,最后都总结出一种"寓意",它其实就是对于文本的语义"主题"的概括和深化。结合这则故事,我给出的是:

  人兽结缘说尘世,
  点滴寓意笑中识。

---

① R. Barthes, 1995: *Roland Barthes par Roland Barthes* (1975), Paris: Seuil, p. 108.

对于微小说 《病》 的解读[①]

近日,在微信朋友圈内看到了转自"2017-04-27 养老管家"的一篇没有署名的微小说,除了篇名前面的溢美之词外,小说本身的名称只是一个字:"病"。读后,笔者拟从符号学的几个方面做一下解读,并谈点个人看法。微小说原文如下:

又住进了医院,病是老毛病,单位、邻居、朋友见惯不惊,没有几个来看望他的,很是落寞。住院没几天,他就有了不祥的预感,人们开始络绎不绝地来看他。有单位的领导、同事,有邻居、朋友,有些过去从不来往,甚至很少说话的人也来了。大家都是大包小包的拿着,鲜花、水果、各种包装精美的营养品堆了一病房。大家还都说着同样的安慰话,连医院领导也亲自过来问长问短,医护人员从未有过的热情周到,更使他惶恐不安。他喃喃自语,看来这回是真的不行了!看望他的人愈是宽慰他,他愈是心冷……很快,在外地工作整年很难回家的儿子也都赶了过来,事情不是明摆着的吗?他拉着儿子的手,绝望地问:"儿啊,你老实告诉我,我还有多少日子?"儿子俯下身,轻轻说:"爸,你说什么呢?没事的!院长都说了,你身体无大碍,再住几天就可以回家了。"他情

---

① 本文原载于《语言与符号》第 4 期,2018 年 3 月。

绪更糟，不能自抑："儿啊，你不要再骗我了！这次这么多人来看我，你那么忙都专程赶回来了，我一定是大限到了，活不了几天了！"儿子笑了笑，在他耳边轻轻地说："爸，我调回本市当市委书记了。"

微小说，也叫作"闪小说"，来自英文的 flashfiction，是指字数不超过 600 字的微型小说。这篇微小说，包括标点符号，只有 433 个字，讲的是一位老爷子旧病复发住院，最初因前来看望的人不多而感到"落寞"，但"没几天"，来的人越来越多、礼物越来越重而且说着同样的安慰话，这使他产生了不祥预感，最终因儿子说出他"调回本市当市委书记"之后而释然。这个故事，反映和折射出人们趋炎附势和官员不能自律的社会现象。

一、句法描述

这篇短文的叙事很简单。它可以大体分为以下几个层次：

（一）老爷子旧病复发"又住进了医院，病是老毛病"，这里面，一个"又"字让我们看到了法国符号学家热奈特在研究法国作家普鲁斯特的小说《追忆似水年华》时总结出的"一次性讲述 N 次性发生的事情"[①]的叙事方法，给人以同一件事发生的"频率"感。既然如此，"单位、邻居、朋友见惯不惊，没有几个来看望他的"，似在情理之中。从语法作用上讲，第一句中省略了一个在这里起着"变指词"（shifter）作用的人称代词"他"。"变指词"是随不同环境得到确定并引起叙述变化的一些人称代词或指示词，其主要作用是"接合"或"脱离"不同的叙事程序。在这里，"他"字虽然没有出现，但紧随其后的"又"字告诉我们，关于"他"的一次新的重复过程开始了，起到了"接合"新的叙事的作用。在开始的这一小段文字中，老爷子没有推动任何叙事，如果我们把他设定为主体 S1，那么，这个 S1 所处的位置还是一种"状况"，也就是说，主体 S1 在此是"状态主体"，对于他的"叙述"也只

---

① G. Genette, 1972: *Figures*, III, Paris: Seuil, p. 147.

是一种状态陈述。

（二）但是，"住院没几天……人们开始络绎不绝地来看他"，句中的"人们"也是变指词，由此开启了一次新的叙述"接合"，进入了新的叙述过程。"有些过去从不来往，甚至很少说话的人也来了。大家都是大包小包的拿着，鲜花、水果、各种包装精美的营养品堆了一病房。大家还都说着同样的安慰话，连医院领导也亲自过来问长问短，医护人员从未有过的热情周到"，这一情况对于 S1 后来的理解产生了重大作用。既然是一种叙述，那就应该有一位主体出现。很显然，这几行文字中的主体是一再重复的"人们"（或"大家"），是上面罗列的所有人。我们将这一主体设定为 S2，应该说是 S2 推动了叙事的发展，而且随着他们的到来，病房里有了满屋的鲜花、水果和营养品。可见，S2 不是以"状态"出现的，而是有了"作为"，因此它是"作为主体"。"作为主体"是使叙事和"状态主体"实现发展或"转换"的主体，因此，他就有了"叙述程式"（PN）。按照法国著名符号学家格雷马斯在其《符号学：言语活动理论的系统思考词典》一书中阐释的理论，"叙述程式""是表层叙述句法的基本组合体，它是由主导着一个状态陈述的一个作为陈述构成的"①。从全文来看，S2 的作为主导着 S1 的状态，这个"叙述程式"在全文中是唯一的，因为再也没有符合这一定义的其他陈述活动。

（三）任何叙事，都少不了有"主体"和"对象"（以 O 来代替）这一对"行为者"，两者无时无刻不处于"附连关系"之中，两者的结合（"合取"，以符号"∩"来代表）与分离（"析取"，以符号"∪"来代表）是"附连关系"的两种基本形式。在这篇短文中，我们说有三位主体：一是生病的老爷子 S1，二是前来看望和送礼的人们 S2，还有一位是老爷子"调回本市当市委书记"的儿子 S3。三位主体各有其自己的对象，并处于与对象的一定关系之中。我们先看一看 S1 与对象的关系。

---

① A. J. Greimas et J. Courtés, 1993: *Sémiotique-dictionnaire raisonné de la théorie du langage* (1979), Paris: Hachette livre, p. 297.

他刚住院的时候，没有多少人去看望和送上慰问品，是与他自己的愿望（对象）处于"析取"的阶段，我们用 S1∪O 来代表，但是"没过几天"，他就与其对象实现了"合取"，我们用 S1∩O 来代表。这样，对于 S1 来讲，我们就得到了下面的表述形式：

$$(S1 \cup O) \rightarrow (S1 \cap O)$$

后面的"合取"状态一直持续到故事结束。但是，使 S1 与对象从"析取"到"合取"的推动者却是 S2。这一情况可以用下列函数式表述出来：

$$F[S2 \rightarrow (S1 \cap O)]$$

其中，F 表示函数关系，[ ] 代表"作为陈述"，( ) 代表"状态陈述"，→代表"作为功能"。这个函数式表明的是：S2 借助于其"功能"（"作用"）而使得 S1 实现了与其对象的结合。至于 S2 的动因和对象是什么，后面的文字清楚地告诉我们：动因是老爷子的"调回本市当市委书记"的 S3 的出现，S2 的意图首先是以提供自己的出现和送上礼物来满足 S1 的愿望，从而讨好 S3，以期以后获得自己的所求利益。由于 S2 是由多种人员组成的，这种利益可能是自己官职的晋升，也可能是商业发展的利益，或者还可能是其他。显然，S1 和 S3 是 S2 与自己的对象实现"合取"的借力点，这时的 S2 已经变成了符号学"操纵"概念中的"操纵者"，而 S1 和 S3 都成了"被操纵者"。

那么，S3 在这里有什么作用呢？其实，正是因为 S3 恰好在这时"调回本市当市委书记"而推动了这篇故事的发展，是他的出现调动了 S2 的作为，所以，S3 是最大的"作为主体"——尽管不是直接的"作为主体"。因此，S3 与 S2 之间的关系则是：

$$F[S3 \rightarrow (S2 \cup Ov)]$$

其中，"Ov"代表的是价值对象，指的是 S2 的出现和其所购买的慰问品，而这正是 S1 所希求的对象。该式表示的是，S3 以自己的影响致使 S2 有了"放弃"作为（价值对象与 S2"析取"）。在这里，S2 起着"赠与者"的作用。这样一种情况在符号学上的解释是,"赠与是引起一种给予和一种伴随着放弃的转换过程。因此,在叙述平面,它同时对应于一种传递的'合取'和一种自反的'析取'"①。从"行为者模式"上讲,这时的 S2 是"发送者",并且是唯一的发送者,S1 是对象的"接收者"。这样一来,三位主体之间的关系,就构成了如下函数形式:

$$F\,[S3\rightarrow (S2\cup Ov) \rightarrow (S1\cap O)]$$,其中 Ov=O。

也就是说,是"市委书记"S3 的出现使 S2 与价值对象"析取",进而使 S1 与自己希求的对象"合取"。那么,S3 自己的对象是什么呢?他当然希望父亲的病不是要命的病,是使父亲获得更好的治疗;此外,他刚刚回到这座城市,也需要得到市民的拥戴,包括市民对于自己家属的态度,而他把 S2 对于自己父亲的厚待视为自己与这种拥戴实现的部分"合取"。除此之外,我们还看不出 S3 有其他什么对象。

二、"模态"表现

"模态"理论,是格雷马斯的重要贡献之一。在符号学上,"模态"是指可以"改变一个陈述之谓语的东西"②,说得直白一点,就是可以改变主要谓语动词之方式的东西,是指由几个法语中的"半-助动词"(相当于我们汉语中的"能愿动词")所引起的"行为方式",而这些行为方式常常与主体的叙述以及情感表现有着密不可分的联系。这几个动词分别是"想要""应该""懂得"和"能够",有时还需要加上"相信"(或"认为")。这几个模态动词的肯定与否定形式以及它们在各种情况下的结合,便可以构成陈述活动及情感表达的各种情况。

我们先看一下主体 S1 的模态情况。在短文的开始,我们首先注意到的"模态"是"想要"。主体 S1 因在住院后"没有几个来看望他的,很是落寞",而这一描述告诉我们,他所"想要"的是有人来看望他

---

① A. J. Greimas et J. Courtés,1993:*Sémiotique-dictionnaire raisonné de la théorie du langage* (1979),Paris:Hachette livre,p. 111.
② Ibid.,p. 230.

（当然，来者不会空手）；除此之外，"落寞"的寓意还暗示出，S1似乎也认为自己"应该"得到人们的看望，因为此前住院时来看望的人是多的。从激情符号学上讲，"想要"与认为自己"应该"或认为别人"应该"的结合或这种结合的缺失，其"意义效果"之一是"虚荣"。按照一般的理解，在旧病复发住院的情况下，来看望的人不多，完全可以不去在意。但是，在个人的虚荣心驱使下，"落寞"感便油然而生。这一愿望，在几天之后，因人们"开始络绎不绝地来看他"而获得实现。除了这种"想要"和认为"应该"的模态结合或缺失外，他还有一定的"懂得"能力，而这种"懂得"通常表现为对于"发送者"发送的信息（或对象）在接受时的"解释"能力。在这里，发送者是"人们"，即S2。主体S1在看到来的人和送来的慰问品超出他的预想时，他没有朝着"盛情"方面去想，而是对其做了负面的解释，并一直摆脱不了对一种厄运的推测："他就有了不祥的预感"，而这种预感在"大家还都说着同样的安慰话，连医院领导也亲自过来问长问短，医护人员从未有过的热情周到"的情况下，"更使他惶恐不安"，甚至连"在外地工作整年很难回家的儿子也都赶了过来"。"他喃喃自语，看来这回是真的不行了！看望他的人愈是宽慰他，他愈是心冷"。这时的他，已经深陷对于身患绝症的恐怖之中。限于自己的社会地位，他无法理解超出他的最低愿望的其他事情。他的这种有限的"懂得"，继续加深着他的"不祥的预感"，以致他只好问他的儿子是否是"大限到了，活不了几天了"。

在这里，主体S2的"想要"表现，最初是隐蔽的，我们一时看不出其用意。在我们知道了老人的儿子回城当了市委书记之后，便完全理解了。人们来看望老人，"各种包装精美的营养品堆了一病房"，以致院长都来了，这是人们借助于老人家向"书记"买好的表现。实际上，这时住院中的老爷子，已经变成了社会上的人们"想要"靠近市里第一把手的机会，变成了他们"想要"向书记传递信息的"载体"，显示出了他们的"别有用意"，体现出了这些人更宽、更高的"懂得"。但是在文中，S2始终未与其对象实现"合取"。通过我们看到的近几年揭露出来的腐败情况，借助于向官员家属送礼或买通官员的家属，是让官员为自己而用的"敲门砖"或重要途径(而官员藏赃于家人和亲属也是他们惯用的手法)。在文中,S1始终处于"状态陈述"位置上,但却轻而易举地与自己的对象实现了"合取"。这种情况可以帮助我们理解官员家属坐享其成和期许其为官的成员继续高升的心态。S2的命运最不可预测,它可能会与自己所期待的对象实现"合取",也可能枉费心机,白白地破费,但又不得不破费。在此,我们假设S2就是想方设法改变自己权小位低以实现其官职得到晋升的话,那么,他的"动机"语义轴似乎就是"从卑微到显贵"。因此,我们可以为其建立如下的"符号学矩阵":

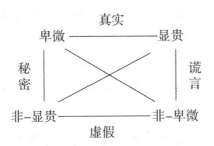

我们只对这一矩阵与我们所论相关的部分做一点解释。如果是走正常途径的话,一个官位较低(处于"卑微"位置)的官员的晋升,过程会漫长,而且充满变数;现实中不少见的是,某些人不走正道,虽然能力低下,却不安于自己的"卑微"地位(表现出"非-卑微"),想方设法,借助各种手段(处于"谎言"位置)来实现达到"显贵"的目的。S2的探望和送礼,就是其采用的"谎言"手段。

至于作为新的市委书记的主体S3,文中没有对他做更多的介绍。但是,他是叙事发展的最大推动者,因此具有更多的"模态"。首先,他希望("想要")父亲的病得到更好的治疗而直接或让秘书找过院长,他也相信,在他出面后,院长会做出更大的努力,这里有他说的"院长都说了,你身体无大碍,再住几天就可以回家了"一语可以作证。其次,我们从他默认人们给父亲送礼、没有制止这种不正当行为上看出,他认为自己的父亲在他身为当地父母官的情况下"应该"获得人们的尊重,认为"人们"也是在做他们"应该"做的事。他的出现,展示了他对于今后决定该市发展与个人升迁所具有的巨大"能力",是他的"能够"模态的体现。在法语中,模态动词"能够"(pouvoir)的名词意义正好是"权力",所以他作为"市委书记"的"能够"就是他在这一职务上的权力,可以说就是这种模态在支配着他的其他模态并主导着全文的叙事。再次,他竟然以"爸,我调回本市当市委书记了"这样的"懂得"来向父亲解释所发生的一切。我们进一步的理解和猜想是,父亲最终明白了全部原因,不仅释然,而且还可能会夸奖儿子一番,从而实现了父子两人在"懂得"上的一致。最后,也是我们最想指出的一点,那就是S3的出现对于叙事的推动和所引起的人们的判断是几千年来中国社会"官本位"观念(即官的"能够"模态)的遗毒。老爷子之所以不能正确地解读S2的用意以致向着不好的方向理解这种用意,是他在住院之初还不知道儿子"衣锦还乡"、身居显位。而当他知道自己是当地第一把手的父亲之后,便获得了一种心安理得的慰藉,以一种沉默结束了这个故事。

我们从模态的三种存在方式(潜在性、现时性、实现性)来看,这样一个故事的模态存在结构,会使我们获得对于这篇微小说更为明确的理解。按照格雷马斯的模态理论,在这四个模态动词中,"想要"与"应该"属于"潜在性","懂得"和"能够"属于"现时性",而表示动作的动词"做"(或"进行")和表示状态的动词"是"(或"成为""存在")属于"实现性";这三种模态存在方式之间的关系是,"实现性模态以现时性模态为前提,而现时性模态又以潜在性模态为前提"①。主体S1的"想要"和认为"应该"属于"潜在性",但是他很快就通过别人的行为获得了"实现性";S2的"想要"和认为"应该"也属于"潜在性",他借助于他"懂得-做"和"能够-做"而达到了"现时性"。当然,他的"实现性"是要打问号的,因为他的所作所为首先是为别人服务的;S3只有"潜在性",但他以他的高位调动了S3的"现时性",从而使S1和他都过渡到了"实现性"。虽然这三种模态存在方式并不是发生在同一位主体身上,但是,它们之间的前后单向前提关系没有改变。

---

① J. Courtés, 2007: *La sémiotique du langage*, Paris: Armand Colin, p. 88.

那么，在一个特定语境转折点上，老爷子为什么会与当了市委书记的儿子之间实现了认识（"懂得"）上的一致呢？这就涉及对于精神分析学上的一个概念——"理想的自我"——的解释了。这一概念首先是由弗洛伊德在其研究"自恋"问题时提出的，目的是"为主体定名构成其模式的一个阶段，该阶段取决于主体尽力与之相符的对于父母和社会群体的同一识别过程。……自我的理想通常表现为与超我（le sur-moi）混合在一起"①，这里的超我就是社会规约。拉康的结构精神分析学研究亦即心理符号学研究，在"重返弗洛伊德"的同时，也发展了弗洛伊德在这一方面的论述。他告诉我们，婴儿在 6—18 个月期间，开始在镜子中认出自己，这便是"镜像阶段"。婴儿在镜子中认出了与自己相像的"另一个"，以后便会喜欢照镜子，特别是女孩子，将来主要是依靠镜子来美化自己，以实现"理想的自我"（即与"另一个"实现"合取"）。但是，随着年龄的增长，小孩子会逐渐地把身边抱着自己与自己一起看镜子的大人当作自己行为的规范和成长的榜样，尽力与之看齐，也就是使自己成为自己想象中的"他者"，以实现"自我的理想"（与"他者"实现"合取"）。"拉康在重读弗洛伊德的同时，把作为相像之物的理想的自我与作为'他者'的自我的理想区别了开来，后者属于象征，并且在主体的生活中起着引导的作用。"② 这位"他者"，可以是母亲，也可以是父亲。但在以"父权"为主的家庭和社会中，常常是父亲。于是，这篇微小说中的老爷子于日常生活中表现出的以"想要"和认为"应该"为基础形成的虚荣心，自然会影响到成长中的儿子，并逐渐地形成儿子潜意识中的一部分，父子两人会在近乎相同的生活节点上有着相同的心理需求和行为表现，这就是人们通常所说的"有什么样的父亲，就有什么样的儿子"的道理：不能不说，就是老爷子的"虚荣心"奠基了儿子的思想起步。所以，作为儿子的市委书记不仅没有阻止人们前来医院看望和送礼，而且还以他地位的高升来打消父亲对于身患

---

① A. Vanier, 2003: *Lexique de psychanalyse*. Paris: Armand Colin, p.40.
② Ibid.

绝症的心理负担，也就好理解了。

至此，我们还可以看一看，在故事所展示的情节中，在 S2 所体现出的社会上的"趋炎附势"与 S3 所显示的"官本位"之间，即在"低"与"高"这一聚合体中，谁是主要方呢？从 S3 决定 S2 的叙述程式和 S1 的状态叙事来看，自然是 S3 为主要方。这里也涉及"高"与"低"这种符号学上叫作"半-象征符号"的功能问题。格雷马斯对于半-象征有过概括的论述："半-象征的言语活动……是因范畴之间的符合性而具有特点；例如，韵律范畴和举止范畴……'是'和'不'在我们的文化语境中对应于垂直性/水平性的对立"[①]；法国图像符号学家弗洛什在其著名的《邦雅曼·拉比耶的〈舒适的巢〉》一文中，把半-象征与"地形学"联系在一起，认为高与低（或上与下）、左与右在社会文化中均具有特定的范畴语义。[②] 在人类社会发展过程中所形成的文化价值里，几乎一致的观念是，"高"与"高贵"和"权威"是联系在一起的，它具有物理学上说的"势能"。权高则势重，"官大一级压死人"就是这个意思。文中的主体 S3 并非是直接的"作为主体"，而是他的"权威"在发挥作用和产生强大推动力。所以，在我们看到的这个反映腐败现象的微小说中，处于高位的官员是引起和助长社会腐败的主要因素。俗语"上梁不正下梁歪"，是对于两者关系的很好诠释。如果说 S1 的心态和 S2 的作为在特定社会条件下反映了某个时期一定的社会价值取向的话，那么 S3 则是造成这一错误取向的根本原因。因为，如果 S3 从一开始就表现出一身正气，及时制止不良现象，那么关系到 S2 和 S1 的叙事都不会发生。

三、对这篇微小说的看法

笔者在微信上看到的这篇微型小说的标题是：《2017 年全国最佳微小说：〈病〉。无以言表，令人深思……》。在阅读和分析它的时候，笔

[①] A. J. Greimas et J. Courtés，1993：*Sémiotique-dictionnaire raisonné de la théorie du langage* (1979)，Paris：Hachette livre，p. 343.

[②] A. Hénault，2002：*Questions de sémiotique*，Paris：PUF，p. 161.

者是读者即"接收者",而在对其发表看法的时候,笔者已经转换成了一位发送者。由于是评论一篇作品,要说出自己的看法或判断,因此,笔者的模态动词则是"认为"(或"相信"),"相信表现为一种认知行为,它是由确信模态范畴来多方面决定的"①。自己对于这样一篇微小说的"认识论判断"是:

(一)由于笔者看到这篇微小说的时间是 2017 年的 5 月初,距离 2017 年年底还有 7 个月,这篇微小说采取了符号学上叫作"在先"安排的做法,现在就以"最佳"来"封杀"以后更长时间内还有可能出现的优秀作品,是不合理的;而且这个帖子上也没有说明是被什么相关机构或评奖单位评定为"最佳"的,带有着转帖人的随意性,因此它缺少符号学上叫作"确认"的阶段。既然没有被"确认",何来"最佳"之谓?所以,这一标题难脱吹捧(即上面符号学矩阵中的"谎言")之嫌。也许有人说,对于微信上的文章,不必认真。可是,它既然已经进入了大众传播,就会影响到一定数量的受众,也就不能被视为只是引人一笑,引起读者的不同解读("懂得")是自然的。

(二)该故事的逻辑性似乎是合理的,或者说在严厉打击腐败之前情况就是这样的也不过分。但是,"2017 年"这个时间点,则是对于其可能的社会真实性的一种否定。这里涉及符号学上叫作"历史固位"的概念,"我们将历史固位理解为一整套时空标示,特别是建立一整套地名和时名,目的在于构成一种外在指称对象的假象和产生'现实性'的意义效果。……固位的作用在于将一种符号单体转换成语境中的参照,从而可以排除另一种符号单体的歧义"②。2017 年的"现实性"是,以习近平同志为核心的中共中央已经连续 5 年严厉打击官员腐败,"老虎苍蝇一起打"了,而且还有八项规定昭示于世。把这样一个时间点作为这一微小说"语境中的参照",无疑会动摇小说中的外在指称对象(腐败现象)在读者心中的可信度,从而产生接受上的一种排斥或阻抗。对

---

① A. J. Greimas et J. Courtés, 1993: *Sémiotique-dictionnaire raisonné de la théorie du langage* (1979), Paris: Hachette livre, p. 76.
② Ibid., p. 13.

于一位"调回本市当市委书记"——哪怕是当最低的县级市市委书记——的官员来说,到了这个时候,对于反腐形势和相关规定没有任何的了解即"懂得",对于低俗的"买好"和变相的"行贿"这些"谎言"手段没有任何的"懂得"和制止,甚至连一点"伪装"(即符号学上的"秘密操作")都没有,笔者认为这是不具现实性和代表性的。不仅如此,此文还会让我们推想到,由于 S3 对于腐败现象熟视无睹并以自己的地位来解释一切,所以,他也是靠其不正当途径获得高升的,结论便是:在 2017 年的这篇微小说所设计的故事中,干部的提升依旧是腐败畅行。微小说属于文学作品,文学作品的创作规律是以"特殊"来反映或折射"一般",条件是前者寓于后者之中,若前者脱离了后者而成为"个案",也就不能正确地反映或折射后者。当然,文学作品与其所反映的社会"现实性"之间会在时间上有一定的错位,常常是故事发生在前,写出作品在后,这种错位会在作品中通过"历史固位"(比如说"故事发生在哪一年、哪个地方"等)来明确。这篇微小说的文本中没有时间上的固位,笔者也只能依据题目外的"2017 年"来做思考了。

(三)反腐斗争,已经进入深水区,而且应该借此机会将造成腐败的一切根基包括旧观念进行比较彻底的批判和清除,逐渐地形成"不敢腐、不能腐、不想腐"的风清气正的社会风尚。当前,反腐斗争已经"取得了压倒性态势"。不难预想,这篇微小说中回城当市委书记的这个儿子,若置几年以来的反腐力度于不顾,以后肯定是个大贪、巨贪,直至成为旧观念的牺牲品。从预防腐败和对于腐败零容忍的意义上讲,反腐永远在路上,我们还有许多东西需要"深思"(即"懂得"),包括结合这篇故事中的情节进行"深思"。但是与此同时,我们也应该对于已经取得的成绩有所总结、有所肯定,以获得更多的"懂得",在巩固"现时性"的同时获得阶段性的"实现性",不然就没有更为明确的反腐方向和有力措施。

这篇微小说很短,但提供了符号学分析的诸多概念。此文作为符号学分析的实践练习,拿出来,恭听大家指正。

解读父亲《给女儿的一封信》①

最近，从微信群内看到了一位父亲 2016 写的《给女儿的一封信》。作为父亲的吴辉老师通过在几个议题方面的个人观点阐述，为马上步入大学的女儿送去了谆谆教诲。据转帖文字介绍，这封信不仅打动了千万父母，甚至还惊动了教育部，《人民日报》也转发荐读。笔者读后，也有所启发，遂产生了对这封信尝试做一点符号学分析的想法，以加深理解。笔者说"尝试"，是因为现阶段符号学研究尚未触及信中的全部议题，笔者只能根据符号学一般原理做些许探讨。为了分析上的方便且易于读者进行对照理解，笔者将全信分段地放在相关的分析标题之下。

一、关于"导论"

宝贝，光阴似箭，日月如梭。襁褓中咿呀学语，庭院里蹒跚学步，都早已是很久以前的事了。不知不觉你已长大，转眼你就上大学了。按理说，18 岁就是成年人，我本不该有什么担心。只是你自从出生以来，从来没有离开过家，我总担心你在外面照顾不好自己。你说不希望在本地上大学，我理解，也支持。外面海阔天空，你可以任意飞翔。你很讨厌说教，但在你外出求学之际，我仍要啰

---

① 本文原载于《语言与符号》第 4 期，2018 年 9 月。

唆几句。对你未必有效，对我却是安慰。

这一部分就是一般所说的文章前面的"导论"，是概括性地介绍下文的写作背景和基本内容等。这里面有几层意思：

（一）"宝贝，光阴似箭，日月如梭。……不知不觉你已长大，转眼你就上大学了。"这里说的是女儿的成长过程，其实也是家长付出的过程。在符号学上，这是一种"认知照应"，指的是一个"显性的"词项与另一个"隐性的"词项在形式上的照应关系，其作用就是推进理解。在父母与子女的关系上，孩子的显性"成长"即是父母的多为隐性的默默"付出"。其中"不知不觉你已长大"说明了父母的付出既具有隐性的，也具有"连续性的"特征；"转眼你就上大学了"说明孩子将要进入一个新的发展阶段，与之而来的还有身份的独立，而此时已不再具有"监护权"的父亲，在看到包括自己在内的隐性付出有了成果，是很高兴且很有成就感的。

（二）"18岁就是成年人……只是你自从出生以来，从来没有离开过家，我总担心你在外面照顾不好自己。"这里是担心孩子离开家庭因环境改变不能适应。这里的环境，在符号学上就是背景，就是语境。在这里，父亲将家庭中的小语境与社会的大语境做了对立。由于社会的大语境比较复杂，所以"我总担心你在外面照顾不好自己"。这句话带有双重语义，除了生活方面的牵挂，也有安全上的担心，这是不言而喻的。

（三）"你说不希望在本地上大学，我理解，也支持。外面海阔天空，你可以任意飞翔。"到外地去读大学，自然也是环境的改变，但这里没有了父亲的"担心"，而是指创造了经世面、励人心，有利于扩大符号学上名为"懂得"和"能够"的模态的一种环境改变。"懂得"是扩大和强化"潜在能力"（compétence）的必要过程和条件，"能够"是"运用能力"（performance）的体现。这两方面都会带来扩大视野和经受各种锻炼或"考验"的条件，有利于女儿的成熟，因此获得了父亲的支持。

（四）"你很讨厌说教，但在你外出求学之际，我仍要啰唆几句。对你未必有效，对我却是安慰。"借助"认知照应"的理解方式，我们从信中看出，父亲平时没有少向女儿说教，甚至使女儿达到了"很讨厌"的程度。从符号学上讲，"说教"（moralisation）是主体的一种情绪叙述活动，是一种价值投入过程。女儿"很讨厌说教"反映了作为父亲的"说教"多被女儿看作是重复的"冗余信息"，即我们平时说的"唠叨"和女儿认为的"啰唆"。这种情况在家庭教育中是比较多见的，它体现了长辈的关心，同时也是长辈以自己为标准来使儿女建立起"自我的理想"的一种努力。由于家长都在"相信"模态上认为他们的话不会白说，所以在说过之后会有一种自我安慰。不过，在女儿即将上大学的这一特定时刻，父亲的话却未必没有作用，因为从心理学上讲，在特定时刻、特定场合中的"教诲"即"精神投入"能强化"注意力"。

二、关于道德

道德首先是一种实践，善良不能仅存于内心。

做一个有道德的人，这个说法并不新鲜，我主要是想说怎么做的问题。道德首先是一种实践，善良不能仅存于内心。

记得有一次坐公交车，我主动给一位老人让座。当时你和君姐都说，没想到我会给人让座。我问你们，老师不就是这样教你们的？你们说是，只是觉得做的时候有点不好意思。我理解年轻人的这种心理，我第一次帮助别人时，也很在乎别人的眼光。

现在想来，根本不必。一件好事，不存私利，有何担心，怕啥议论？生活中有很多小事，只要信手拈来，就是一种善行。

当你可以帮助别人时，不要吝啬。世界将因你的举手之劳，变得更加美好。爸爸受过别人的恩惠，我们要懂得反哺社会的道理。

道德属于价值体系。从符号学属于对于意义之形式的研究这一基本原理出发，我们似乎可以从意义建构的纵向关系（即聚合关系）和横向关系（即组合关系或句法关系）两个方面来探讨价值体系的特征。从聚合关系上讲，价值体系表现为"范畴"体系，即种类体系，那就可以分出好多方面的"内感化的"道德观念、道德规范；而从横向的句法关系来讲，道德是应该在话语和行为中得以体现的价值规范。按照父亲的道德观念,"道德首先是一种实践,善良不能仅存于内心",而这正是句法关系所体现的。

在符号学上,"道德"观念依附于"应该"模态,其存在方式是潜在性的;而道德实践,笔者认为则是"想要-做""应该-做"和"能够-做"三种模态的结合,其中"想要-做"(即善心)是意愿,"应该-做"是判断,"能够-做"是能力。在父亲的语言里,道德实践就是"善良"的行为,因此可以说,这三种模态的结合就是对于"善"的最好诠释。符号学上对于践行道德规范,已经总结出了"规定"与"禁止"两个方面的形式:"规定"就是"应该-做","禁止"就是"应该-不做"。比如乘公交车,都有为老人、儿童、孕妇和残疾人让座的规劝提示,也有不准随地吐痰和乱扔垃圾的禁止条文。

父亲希望女儿在帮助别人时"不要吝啬",这就是说要心甘情愿地去付出,也就是实现符号学上的"赠与"行为。从符号学上讲,"赠与"是"引起一种给予和一种伴随着放弃的转换过程。因此,在叙述平面上,它同时对应于一种传递的'合取'和一种自反的'析取'"[1]。这就是说,在帮助别人时,就是发送者要与给出的东西实现"析取",而使得被帮助之人即接收者与发送者给出的东西实现"合取"。父亲的教诲是,在帮助别人时,要直快和不计数量。

不过,文中出现了一种在笔者这样的年纪不大好理解的情况,那就是"只是觉得做的时候有点不好意思……我第一次帮助别人时,也很在乎别人的眼光"。帮助别人,是一种社会公德,是中华民族几千年来根基深厚的美德,在这方面的成语有很多:慷慨解囊、拔刀相助、雪中送炭、成人之美、舍己救人等,这些不是今天才有,而且笔者也不曾注意到有在帮助别人之后出现难为情的文字记载。想来想去,笔者把这种现象归因于我国社会里在一段时间内出现的否认传统美德、否定革命英雄主义(例如董存瑞、黄继光、邱少云的大无畏献身精神)和否定为人民

---

[1] A. J. Greimas et J. Courtés, 1993: *Sémiotique-dictionnaire raisonné de la théorie du langage* (1979), Paris: Hachette livre, p. 111.

服务的高尚情操（例如雷锋等的榜样）的别有用心的"灭偶像"的虚无主义思潮。一些"公知精英"们把上述精神和助人为乐的行为说成是"弄虚作假"，从而颠覆了传统信念，颠覆了符号学上作为文化背景来理解的"元语言"的概念，致使人们在帮助别人时却又怕被说成不是出自真心实意。我想，由于女儿在2016年刚上大学，这个年龄的年轻人的父母大多还处在中年，正是经历这种虚无主义思潮泛滥和影响的年龄。

三、关于专业

挑专业就是挑兴趣，不要用利益标准衡量。

专业的好坏是相对的、辩证的。今天的好专业不等于永远的好专业。不要用利益的标准来衡量专业好坏。挑专业就是挑兴趣，专业再热，学科再强，你不喜欢，没有意义。

兴趣的标准更稳定，利益的标准不长久。

做自己喜欢的事，看自己喜欢的书，是人生一大享受。挑你喜欢的，学你热爱的，工作应有更多快乐，生活会有更高品质。

任何专业，只要学得足够好，不愁得不到别人不曾得到的东西。好比旅行，只要走得足够远，就能看得见别人未曾看见的风景。人类社会不断发展，专业分工更为精细，但专业分工不能分得井水不犯河水。各种专业都是解释世界的方式，广泛涉猎，你会更具智慧。

专业，即某一方面的学科知识。从符号学上讲，一种学科知识就是某一领域的"元语言"。元语言就是在一定领域内，用以理解和解释该领域各种内在关系的工具性概念，信中父亲说的"各种专业都是解释世界的方式"，就是这个意思。

信中父亲的主张是"挑专业就是挑兴趣，不要用利益标准衡量"。到目前，我们还没有看到符号学研究对于"兴趣"有什么阐述。但是，我们似乎可以将其与"意愿"概念做些联系。根据《符号学词汇》一书的解释,"该词有时用作理解"①。格雷马斯认为,"该概念被认为可以使交流富有动机……我们更倾向于意愿性这个概念",而且意愿性通常带有"一种自愿的行为"和"一种有意识的行为"的特征,"它既不等同于动机概念,也不等同于目的性概念,而是将两种概念归在一起"②。笔者认为,可以把这两种阐释结合起来,也就是说,把"兴趣"确定为在具有一定"理解"的基础上对于某一学科所表现出的自愿的和有意识的行为,似乎说得过去。的确,学好一门专业,兴趣非常重要,因为这种兴趣里面已经包含了以往就有的一定的理解,而且伴随着自愿的和有意识的主动性。凭着"兴趣"学习,就可以更有效地利用时间。但是,任何事情都不是绝对的,兴趣也是可以转换的。通过初步学习,就可以对于一门学科具有一定的理解,主动性和自愿性也就随之而来,这其中需要的时间也不会太久,这也是相当一部分新生的情况。

四、关于知识

知识使人生拥有更多可能。

"读书无用论"是存在的,没有读书也发横财的人也是有的。但个案不能说明问题,普遍现象才有说服力。稍懂常识的人就知道,即使用金钱衡量,知识作用也不可忽视。

只要做一个简单的统计,就会发现知识与收入的正相关关系。读书到底有没有用,关键是如何看待有用,不能只用"金钱"这一个标准。知识使人生拥有更多可能。

知识决定一个人的气质、趣味、眼界、欣赏水平、价值观……这些都是影响生活质量的关键因素。这些都是知识熏陶的结果,而不是金钱交换的产物。

如果你大学毕业后,能认识到还有很多更有意义的生活方式,那这个大学就没有白上。

---

① J. Rey-Debove, 1979: *Lexique sémiotique*, Paris: PUF, p. 81.
② A. J. Greimas et J. Courtés, 1993: *Sémiotique-dictionnaire raisonné de la théorie du langage* (1979), Paris: Hachette livre, p. 190.

《现代汉语词典》给出"知识"的解释是"①人们在社会实践中所获得的认识和经验的总和。②指学术、文化或学问"①。说得更为直接一些,知识就是对于自然世界和人类社会的总体了解。按照这样的解释,现有符号学术语中的"文化"概念似乎大体与之对应,因为"依据符号学概念,文化概念可以被看作与关系到一个已知社会符号群体的语义总域是同外延的"②。"语义总域"就是知识总体;所谓同外延的,就是相同一的。这样一来,有文化,就等于有知识,反过来亦然,这也符合汉语的一般理解。

不过,笔者要说的是,信中的"知识"更与符号学的"懂得"概念接近。根据符号学的观点,"懂得""首先表现为一种传递结构,即它总是对于某种东西的懂得,没有懂得之对象,它是不可设想的"③,这便与父亲所说的"知识使人生拥有更多可能"一致起来了,这时的"懂得"表现为"懂得-做",是一种作为。此外,它还表现为"懂得-存在",是一种状态呈现,信中所说"知识决定一个人的气质、趣味、眼界、欣赏水平、价值观……这些都是影响生活质量的关键因素。这些都是知识熏陶的结果……"就是这种状态的具体展示。

五、关于阅读

读经典,经典是时间选择的产物。

大学与高中最大的区别是,自由很多,挥霍自由的人也很多。希望你能利用这难得的自由,多读些书。现在很多年轻人不喜欢阅读,他们可以花很多时间逛街、淘宝、打游戏、网聊……就是不肯花时间安安静静地阅读。

我曾给学生写过一条读书寄语:"趁年轻,认认真真跟好书来

---

① 中国社会科学院语言研究所词典编辑室编:《现代汉语词典》第 7 版,北京:商务印书馆,2017 年,第 1678 页。

② A. J. Greimas et J. Courtés, 1993:*Sémiotique-dictionnaire raisonné de la théorie du langage* (1979),Paris:Hachette livre, p. 77.

③ Ibid., p. 321.

一次热恋。"我强调趁年轻,走上社会你就知道,抽出时间来读书是多么不易。

我还强调读好书,有些书确实害人,思想贫乏,内容平庸。

读书像交友,要仔细甄别,非善勿近。一个简单的方法是读经典,经典是时间选择的产物,读者挑剔的结果。

一本书之所以成为经典,肯定有它的道理。只要是经典,只要你想读,都可以去读。

信中父亲希望女儿在大学期间利用时间多读书、读好书。

从符号学上讲,"阅读"首先是一种"辨认"过程,而"辨认"属于一种认知活动,所以,"阅读"通常被理解为"解读"。在阅读中,作为读者的陈述接收者常常进行的是一种接收和解释的隐性活动,而在这种活动中,读者需要根据文本所提供的信息和自己对于这种信息的理解进行一种语义重构活动。这样一来,面对相同的信息,不同的读者会出现不同的语义重构情况,而且即便是对于同一文本,同一位读者也可以有多种解读,这要看读者所具备的认知能力如何。青年学生中常常出现的情况是,"接收"有余,"解释"不足。"接收"表现为理解,而"解释作为"是认知作为的形式之一,"它与陈述活动阶段相连接,存在于陈述接收者对于各种模态的求助之中……诚信模态范畴构成了总的范围,解释活动就在这个范围之内进行……并恳请认知主体的逐步和最后的介入。解释的认知作为,可以扩展,它通常采用复杂的认知程式的方式,甚至覆盖完整的话语(评注、批评、某些科学话语形式等)。"[①] 笔者认为,信中父亲的阅读愿望,基本上停留在"接收"方面,还没有发展到鼓励女儿去评注和批评即"解释"或"运用"的程度,或者说,父亲的愿望,是在女儿获得知识积累之后具备这样的能力。如果我们把"阅读"扩展到一般所说的"读书"的话,大学生不但要学习知识、获得知识,还应该在学习的同时培养一定的"运用"能力。其实,缺乏

---

① A. J. Greimas et J. Courtés, 1993: *Sémiotique-dictionnaire raisonné de la théorie du langage* (1979), Paris: Hachette livre, p. 192.

"运用"能力,是我们大学教育目前较为普遍存在的情况,这是需要花大力气去改善的地方。

父亲建议女儿要读经典书籍,因为"经典是时间选择的产物,读者挑剔的结果"。但是,笔者想补充的是,从经典作品本身来讲,它们必须具备三个内在特征:一是具有人生认知价值,从而符合共同价值观念;二是具有时代认知价值,从而增强人们对于作品赖以"固位"的时代背景的了解;三是在叙述方面有新的方式探索,从而获知意义赖以得到表达的全新形式。以往,人们注意更多的是前二者,是符号学告诉我们第三方面也是很重要的,因为它是意义的载体和结构。结构(内在形式)具有意义,这是符号学研究的共识。人们会逐渐认识到,这第三个方面将是重要的认识工具和认知发展的标志,是最终实现认知行为智能化的决定因素。

六、关于竞争

不靠人情关系,就靠本事竞争。

如今这个年代,需用实力说话。规则应该会越来越公平,竞争肯定会越来越残酷。爸爸是个倔强的人,办事不喜欢求人,也很少求过别人。

当初我从小学调到初中,是因为校长觉得我有教初中的水平。后来,县城的学校招聘6名老师,我考了第3名,可没有被录取,没有关系,我不求别人。第二年我就考上了研究生,离开了那个地方。

不靠人情关系,就靠本事竞争。虽然这样比较辛苦,但于外能赢得别人尊重,于内能得到心里安稳,多好!你要知道,一个人如果不想过低三下四的生活,就必须有能让自己抬头挺胸的资本。

你要抓住机会,提高自己。直面风雨人生,迎接时代挑战。

信中父亲在这一点上一开始就说,"不靠人情关系,就靠本事竞争","如今这个年代,需用实力说话"。那么,什么是"本事"和"实力"呢?笔者认为,这两个词语都是对于知识的运用能力,是"懂得-

做"和"能够-做"的整体体现。

信中父亲把这种整体体现与在社会上的求职能力联系在了一起,认为应该是靠这种整体能力来求得社会的认可。但是,在现实生活中,有些人却是通过不正当手段取代了真正有本事的人,包括前几年社会上揭露的冒名顶替别人上大学的事。我们介绍过"诚信模态",按照这种模态关系,那些采用不正当手段谋得位置的人,是通过"秘密"的安排、借助于"谎言"手段,而达到目的的。而这样的人,由于自己知识准备不足,则很难胜任工作。父亲希望女儿靠本事吃饭,靠本事服务于社会,并且通过竞争成为真正对社会有用的人,亦即成为"诚信模态"中的从"存在"到"显现"而实现"真实"的人。

七、关于漂亮

内外兼修很重要,不要追求花瓶式的漂亮。

爱美之心,人皆有之,女孩子就更是如此吧。人要懂得修饰自己。遗憾的是,这方面我没有什么经验可以传授给你。适当买些新衣服,戴首饰点缀,用化妆增色,都是可以的。

当然,漂亮、有魅力不仅仅是指外表。言谈举止,会传递一个人的风度;待人接物,可泄露一个人的修养。

内外兼修很重要,我可不希望你追求花瓶式的漂亮。再说,我们家里还没有一个人有当花瓶的资本。

知识是最好的化妆品,良好的素养会让人更有魅力,这是一种岁月都无法剥夺的吸引力。

在这一点上,父亲主张"内外兼修很重要,不要追求花瓶式的漂亮"。

我们从符号的"能指"与"所指"的关系上,可以做简单阐释。按照索绪尔关于语言符号的理论,能指是符号的"音响"即读音部分,或是文字的书写部分;而所指是符号的"概念"部分。后来,丹麦语言学家叶姆斯列夫把符号的这两个方面表述为符号的"表达平面"和"内容平面"。这后一种表述更容易理解一些。结合我们的日常生活,我们就可以把这两个方面说成是"外表"与"素质"。索绪尔将符号的这两个方面比作一页纸的正面和背面,两者相伴相随,不可分开。

但是,两者之间的关系却可以有多种情况。归纳起来,似乎可归纳为以下几种:

(一)全等关系。这样的举例比较多,例如交通指示牌,一个牌子上如果有向右的拐弯图像的话,你行车时,就该向右走。再如地名、事物的各种名称等。在符号学分类上讲,这属于"单平面符号"。结合我们的日常生活和信中内容,我们可以把人们的"素颜""素装"理解为这种全等关系。

(二)错位关系。这种关系说的是能指与所指之间相互超越的情况,也就是说,有时候是能指超越所指,有时候是所指超越能指。前者的适用词是"夸大",后者的适用词是"谦虚"。对于前者,最明显的举例就是广告,广告词语常常是比其产品品质有所超出的;再如人的化妆和整容,也属于这种情况;如果过分,那就更属于这种情况。信中的父亲所希望的,就是女儿可以适度化妆,可以在"能指"上略有突出,但不要过分。对于"谦虚"之谓,历史上有"韬光养晦"之说,现在则有"委曲求全"之论。从信中可以看出,父亲不希望女儿出现这两种极端情况。

笔者想补充说的是,根据情况,适度地夸大某一方面,不仅是允许的,而且是解决问题所必需的。女孩子化妆和提高服饰品质,是必要的;我国作为在各个方面均具备较强实力的大国,在国际交往中却表现出令人敬重的谦虚与平等待人的态度,赢得了各国人民的赞扬,我们的朋友遍天下。

(三)隐喻关系。这是"二级符号"的特征,特别是文学语言和艺术创作的情况。这就是在一级符号或原级符号的基础上再增加一个所指即"概念"而形成的。笔者经常举"青天"一词的例子,就这个词本身来讲,它是指"蓝色的天空"。但是,如果我们说"青天大老爷",那这个"青天"一词就具有了"廉洁奉公"的意思。中国戏剧中的化妆和脸谱,均属于隐喻关系。在戏剧中,包公均是以黑色面孔出现的,这时的黑色已不是指一种颜色，而是寓意"铁面无私"了。当然，这种关系不属于信中所说的情况。不过，在现实生活中，个别女孩子平时就在化"戏妆"，至于其寓意什么，我们很难猜出。

（四）偏正关系。也就是说，能指是"偏"，所指是"正"。这是我们大多数中国学者根据汉字的特征认定的关系。偏正结构的体现形式，常常是偏正短语，又叫偏正词组，是由修饰语和中心语组成的，结构成分之间有修饰与被修饰关系。这样一来，能指就是起修饰作用的，而所指是被修饰的对象。将这种理解与人的外表和素质联系起来，似乎比较合适。信中父亲所主张的"内外兼修"，指的是两者兼顾：作为女孩子，"适当买些新衣服，戴首饰点缀，用化妆增色，都是可以的。"但是，"漂亮、有魅力不仅仅是指外表。言谈举止，会传递一个人的风度；待人接物，可泄露一个人的修养"。那么，如何提高"修养"呢？"知识是最好的化妆品，良好的素养会让人更有魅力，这是一种岁月都无法剥夺的吸引力。"可以说，父亲更看重修养。

八、关于恋爱

真爱深沉而非浅薄，真心无私而不贪婪。

爱情很美好，爸爸希望你能找到意中人。孩子，只要你幸福，我的一生就圆满了。恋爱很严肃，对待需认真。

感情不是拿来玩的，恩爱不是用来秀的。真爱深沉而非浅薄，真心无私而不贪婪。

你的爱人不是你的私有品。你可以想他，但不要轻易打扰他，你可以爱他，但不要牢牢限制他。

恋爱会让人做出各种傻事而不自知，你是女孩子，要懂得洁身自好，什么事可以做，什么事不可以做，在去约会的路上就要想清楚。

爱的决定应该基于平时细致的考察，而不是一时的冲动。希望你将来的男朋友正直、有涵养。如果你们是认真的，我会祝福你们。

年轻人到了一定年龄，都要恋爱结婚，组成家庭，生养子女，从而使人类得以继续存在。这是人类作为一个高智能物种传统的也是最为基本的生命意义。因此，对于家长来说，儿女成年后的恋爱，则是他们甚为关心的事。

从符号学作为形式研究来讲，它尚未能对恋爱这一主要是情感表现和结果的研究对象做出完全的形式探讨。因此，我们只好将现有与之相关的一些研究成果做些介绍，并尝试与之做些联系。

我们可以把恋爱看作符号学中以"行为者"身份出现的主体与对象之间的关系。在符号学上，主体可以分为"作为主体"和"状态主体"。前者是主导发展和转换的主体，是动作操纵者，是主动者；后者是处于被发展和被转换地位的主体，是被动者。

从自由恋爱的角度看，男女青年之间，总的说来都是男青年追求女青年，反过来的情况也有，应该说比较少。通过对于信中相关文字的解读，笔者认为，父亲主张女儿在恋爱问题上去当"作为主体"，而不是"状态主体"。请看："爸爸希望你能找到意中人"（等于是"寻找"作为），"爱的决定应该基于平时细致的考察，而不是一时的冲动"（"平时细致的考察"也是"寻找"的必要准备和过程），这就是说，找到意中人要有一定的时间，需要慎重行事。在符号学上，"寻找"，"同时指主体与所考虑的价值对象之间的张力和主体向着价值对象的移动"①。从模态的存在方式上讲，"它是现时化过程（对应于主体与对象之间的一种析取关系），尤其是'想要'模态以'运动'和持续方式出现的一种空间表象：寻找的终结对应于实现（即主体与对象的合取）。"②

对于父亲的一句话，我们在符号学上可以找到较为恰当的解释。他说："恋爱会让人做出各种傻事而不自知"。激情主体的这种状态，自20世纪80年代就从符号学上得到了研究。法国著名符号学家科凯把激情主体的这种容易"做出各种傻事而不自知"的状况，叫作"非-主体"

---

① A. J. Greimas, et J. Courtés, 1993: *Sémiotique-dictionnaire raisonné de la théorie du langage* (1979), Paris: Hachette livre, p. 305.

② Ibid.

(non-sujet)的表现。

科凯在其《寻找意义》一书中认为，激情结构以其更是意义之闯入而不是意义之控制的方式，来确定话语的顺序。因此，激情是与非-主体阶段联系在一起的。在话语中，主体与非-主体之间的关系是最为重要的：主体是一种作为主体。是他主导着故事的发展；非-主体只是体现功能的一种状态主体，是作为主体在某个阶段的一种状态表现。一个主体可以交替地是主体和非-主体。有三种标准可以确定一个主体在什么情况下可以变为非-主体：没有判断、没有历史、作为执行者的过程之次数不多。在文学作品中，非-主体就是处于回忆中、想象中和情绪缠身或发泄中的主体。这就是说，激情主体或非-主体是不能控制自己的一种状态主体，他进入并受制于身体自身的绝对需要。根据这种定义，处于恋爱中的主体就是一种非-主体，因为他"不能控制自己"，所以，才会出现"会让人做出各种傻事而不自知"的情况。我想，这种符号学解释，也可能不失为对于心理学解释的一种补充和印证。

九、关于交友

遇事能让则让，有难可帮就帮。

大学是读书之所，也是交友之地。人的一生一定要有几个交情过命的朋友。幸福人生不是取决于金钱财富，而是取决于社会关系。

朋友是广泛的社会关系中的一种。

快乐有人分享，你会更快乐；悲伤有人分担，你不会太悲伤。各地都有人值得你牵挂，到处都有牵挂你的人，你会觉得世界充满阳光，心里如沐春风。

世界上没有无缘无故的爱，也没有无缘无故的恨。希望别人对自己好一点，自己首先就要对别人好一点。

大学宿舍，四人一寝，大家远道而来，是前世定下的相遇。遇事能让则让，有难可帮就帮。予人玫瑰，手有余香。

在符号学上，交友，就是建立"连带关系"（solidarité），格雷马斯说，符号学"引入连带关系这个术语，来命名在组合关系链中被辨认出的互为前提关系。这种用法倾向于也将这种概念用于聚合关系"①。

父亲首先肯定，"大学是读书之所，也是交友之地"。由于大学的特殊条件，使得人们具有几乎相同水平的知识和认知能力，从而比较容易具有共同语言。交友会给人的一生带来益处，"人的一生一定要有几个交情过命的朋友"，而且"各地都有人值得你牵挂，到处都有牵挂你的人，你会觉得世界充满阳光，心里如沐春风"。这基本上是从时间发展的组合关系方面讲的。至于交友在大学生活和日常生活中带来的益处那就更多了。"大学宿舍，四人一寝"，在有朋友的情况下，"快乐有人分享，你会更快乐；悲伤有人分担，你不会太悲伤"。这是从日常相处的聚合关系方面来讲的。为了更好地交友，父亲让女儿"遇事能让则让，有难可帮就帮。予人玫瑰，手有余香"。这与我们前面谈到的"赠与"具有了相关性。其实，父亲所一再强调的，就是建立符号学"行为者模式"中的"助手"关系。获得了多位"助手"的帮助，"主体"做事就容易成功。交友，即建立人与人之间的连带关系、互为"助手"的关系，也就是我们平常所说的搞好"团结"。现代符号学研究，认为"助手"实际上是"主体"的一种"能力"："能力"强的主体，不仅会很好地发挥"助手"的作用，而且也可以使"对手"为自己所用。这种例子很多，我们不再赘述。

十、关于时间

不要总觉得年轻，干什么事都还早。

时间最公平，每个人的一天都是 24 小时。时光最易得，但也最不为人所珍惜。生活中常常听人说，要把时间补回来。

时间是补不回来的，浪费了就是浪费了。不要总觉得自己还年轻，干什么事都觉得还早。

---

① A. J. Greimas et J. Courtés, 1993: *Sémiotique-dictionnaire raisonné de la théorie du langage* (1979), Paris: Hachette livre, p. 358.

有道是"记得少年骑木马,转眼已是白头人"。大学生的时间往往会消耗在两个方面,一是社团活动,二是上网。适当参加社团活动,广交朋友,增长见识,确是好事。但太多的课外活动,会使时间以各种光明正大的名义被浪费。

网络很便利,也很误事。电脑、手机让你时刻与外界保持联系,也让你时刻受到外界干扰。不妨在适当的时候,把网络关闭,让时间花在更有意义的事情上。

宝贝,说一千道一万,都不如你亲自去实践。爸爸不能教会你所有,也不能陪伴你一生。

时光流逝,生命不会常在;总有一天,别离会成永远。希望这些建议能有益于你。

无论何时何地,都要快乐幸福。你若安好,我便幸福。

在这里,父亲主要是强调时间的"历时性"和其"延变特征"。

(一)关于历时性。时间是呈线性特征向前发展的。在时间的前进中,对于每一个人都是"最公平"的。对于时间,每一个人每时每刻都与它呈现"合取"状态,因为每一个人都是在时间中度过的。但是,如果在属于自己的时间里不能做成事情的话,又与时间处于"析取"状态,这就是平时所说的"时间失去了"的意思。对于上大学的女儿来说,其在大学中的空间定位,也带来了时间上的定位,符号学上叫作时间"固位"。也就是说,女儿应该尽量利用大学这个空间,利用自己占有的时间,"让时间花在更有意义的事情上",并以此为出发点,安排适当的其他活动:参加社会活动、上网等;这也从"认知照应"方面告诉人们,大学期间,重要的任务是学习好应该掌握的各科知识,并以掌握知识来衡量与时间的合取程度。

(二)关于"延变特征"。这就是父亲说的"记得少年骑木马,转眼已是白头人"的情况,也还有"少壮不努力,老大徒伤悲"的古训。"延变特征"最先是用于音乐符号学方面的,指的是旋律的时间性变化,现在也用以说明处于变化中的事物在一定时间内的变化过程和达到的结果。这种特征,是动词"是"或"成为"(即不变状态)与动词"做"

或"进行"（即变化作为）交替发挥作用的结果：表示状态的"是"对于"延变"的作用结果，就是放缓，就是停滞不前；而表示作为的"做"对于"延变"的作用结果，就是加快，就是积极主动。"延变"在一定时间点上要有阶段性成果，不然就看不出变化。在"延变"过程中无所作为，就会一事无成。处理好"延变"的这两个方面之间的关系，做到"张""驰"合理结合，是人们的终身课题。其实，在学校里，个人学习的好坏，除了部分天资上的因素和来自教育方面的原因，更多的是能够在不同阶段很好地、科学地利用时间的结果。而要更好地利用时间，早一些明白时间的"延变特征"和要求是重要的。其实，做其他事情，也是如此。

十一、关于"父亲"的角色

这是父亲写给马上去读大学的女儿的信，父亲自然在其中扮演一定的角色。

我们的直觉是，父亲是一位"说教者"，他在向女儿进行"道德说教"。但是，如果我们将女儿以后的发展看作一个"过程"的话，那么，这种"说教"就参与了文本研究中的一个"叙述程式"的准备阶段。从符号学上讲，一个"叙述程式"（PN）"是表层叙述句法的基本组合体，它是由主导着一个状态陈述的一个作为陈述来构成的"[1]，或者像其他符号学家说的那样："我们把围绕着主体与对象之间的关系和这种关系的转换而链接在一起的状态与转换的接续称为叙述程式。"[2] 那么，一个叙述程式都包含哪些阶段呢？从逻辑上讲，它包括四个阶段，那就是"操纵""能力""运用"（或"实施"）和"确认"。每一个阶段都需要其他阶段，或者说，从第二个阶段开始，每一个阶段都以其前面的阶段为前提。在这封信中，在女儿以后发展的这个"叙述程式"中，会涉及作

---

[1] A. J. Greimas et J. Courtés, 1993: *Sémiotique-dictionnaire raisonné de la théorie du langage* (1979), Paris: Hachette livre, p. 297.

[2] Groupe d'Entrevernes, 1979: *Analyse sémiotique des textes*, Lyon: Presse Universitaire de Lyon, p. 16.

为"操纵者"或说教内容"发送者"的父亲、父亲希望女儿接受的来自其说教内容的各项品质、女儿的具体"实施",以及到最后来自父亲的"确认"。何谓"操纵"呢?在符号学上,它"是一个人对于其他人的影响,旨在使其实施一种既定程序:……在操纵的情况里,关键在于'使进行'……属于认知维度"①。信中的父亲虽然没有强迫女儿去做这做那,但他希望女儿接受他的"说服"作为,希望女儿接受其说教内容并使之变成自己"能力"的一部分,然后去"实施"相关的作为,最后再得到他这个"判官"的"确认"即"评价":"如果你大学毕业后,能认识到还有很多更有意义的生活方式,那这个大学就没有白上";"如果你们是认真的,我会祝福你们";"你若安好,我便幸福"。笔者想补充的是:首先,女儿面对父亲的这种"说服",在接受过程中,会有一种相应的"解释"活动,以建立自己的理解,就像我们在前面介绍的"阅读"过程那样,因此,某些内容在女儿方面仍可能难脱"啰唆"之嫌。其次,父亲这样说教,当然是希望女儿能听得进去,也就是说,作为一种"对象"被女儿所接受,即与之"合取",亦即成为其"能力"的一部分。但是,这种对象与作为操作者的女儿在今后成长过程中真正想与之实现合取的"价值对象"("主要对象")是不同的。从符号学上讲,由于主体的"能力"是在外来影响——在信中是作为操纵者的父亲想传达给女儿的各种模态考虑(例如信中的"希望你……""要懂得……"等,以及可以转换成"应该"和"能够"的多种表述方式)——作用下建立起来的,因此,为建立这种"能力"而获得的对象被定名为"模态对象"。所谓"模态","被理解为'改变一个陈述之谓语的东西'"②,或者"模态过程是一种'二级'操作,因为这种操作改变承担叙述转换的操作主体"③,这就是本身为助动词的几个"模态动词"(想要、应

---

① A. J. Greimas, et J. Courtés, 1993: *Sémiotique-dictionnaire raisonné de la théorie du langage* (1979), Paris: Hachette livre, p.220.

② Ibid. p.230.

③ Groupe d'Entrevernes, 1979: *Analyse sémiotique des textes*, Lyon: Presse Universitaire de Lyon, p.31.

该、懂得、能够、相信）即汉语中同样是助动词的几个"能愿动词"的作用。至于"模态对象"，在符号学上是这样被定义的："在能力层上，所获得的对象（还）不是实施方面的主要对象，但它是获得主要对象的必要条件，我们称之为模态对象"①，而且为获得这种"模态对象"所建立的"叙述程式"相对于为获得"价值对象"所实施的"主要程式"，只是"从属性的"。这也就是说，父亲的说教作用在女儿方面是"从属性的"。这似乎从符号学上也印证了我们平时所说的"内因"与"外因"之间的主从关系。对于这一点，父亲似乎有所意识，他不无感慨地说："说一千道一万，都不如你亲自去实践。"

  不难看出，这样的父亲对于女儿以后的成长很有责任心，在我国具有普遍性、代表性。笔者向这样的父亲致敬。不过，笔者要说的是，儿女在18岁获得独立身份之后，父母不仅要承认儿女的这种独立身份，还要尊重儿女的这种独立身份，尊重也是一种爱。在这个时候，父母应该多鼓励儿女培养独立的人格，自主去面对社会，自主去处理各种问题，以获得社会的确认为主要追求，而不是以长辈的确认来取代社会的确认，更何况社会总是不断发展的，价值取向也处于变化之中。在这一点上，这封《写给女儿的信》似乎表述得不足。反过来说，小于这个年龄的年轻人也应该对于自己负起责任，不然的话，就永远长不大，成熟不起来。我们的社会教育、法治教育似乎应该承担起一定的义务，使人们逐渐地建立起相应的意识。在我国，要做到这一点，似乎还有较长的路要走。

---

① Groupe d'Entrevernes，1979：*Analyse sémiotique des textes*，Lyon：Presse Universitaire de Lyon，p. 18.

一只板鸭的故事[1]

　　学兄李宝生前几天问我，能否用符号学方法分析一下我们大学同学53年以来的同窗情谊，我回答说可以，但要找到合适的故事。从那时起，我便留意我们大学微信群内有无适合做分析的素材。以下是2017年7月12日鹰击与王京生老伴儿在我们微信群里对话时互发的帖子，我将它们接合了起来，个别文字做了点变动，就变成了一篇感人至深的故事，我为其取名为《一只板鸭的故事》。现在，尝试对其做一点简单的符号学分析（本篇文字已获得相关人员的同意）。

　　鹰击：王京生老伴儿，1972年，我在济南一所中学教体育，京生去南京探亲返回北京途中，专程绕道去济南看我，还带了一只南京板鸭。他走后，我召集学校穷哥们儿共享美食，可其他老师们同我一样是傻帽儿，没见过板鸭，不辨生熟，大家一起生撕生吃了，还说怎么那么韧啊！后来才知道要蒸熟了吃，直到现在那个学校的老朋友们提起来，大家还笑成一团。当年我无家可归，流落他乡，京生重情重义，终生难忘啊！

　　王京生老伴儿：鹰击，我跟王京生说了，他笑了半天，回忆起你和焦桂云及其他同学在兵团的往事……斗转星移，半个多世纪过

---

[1] 本文写于2017年7月16日。

去了，我们都老了！大家天各一方，古稀之年多多保重吧。我生于1947年，我们是同龄人。我高中的班主任是李乃庄的父亲……

一、关于对话者及其关系

这篇文字主要有两位对话者：鹰击和王京生老伴儿。但实际上，还要算上没有直接参与微信聊天的王京生、济南一所中学的老师们、焦桂云、李乃庄和李乃庄的父亲。他们虽然没有参与聊天，但都对对话起到了一定的作用。我的分析，先从鹰击与王京生老伴儿这两位直接对话者谈起。

关于鹰击。在他入群的时候，我曾发帖问他为什么起这么一个微信名称，来代替他的原名，他的回答是引用了毛主席的一句诗词："鹰击长空，鱼翔浅底，万类霜天竞自由。"我顿时觉得这很适合他，他比我年轻，过去就喜欢踢腿耍拳，现在依然是举止利落、潇洒，年轻得令人羡慕。后来，在几次微信争论中，他鲜明地亮出自己的观点，使我想到他与我们大家在一起上学时的样子，叶老师给出的评价是："鹰击立场坚定，政治敏锐，敢于站出来"；而我给出的评价是：还是当年的combattant（"战士"）和"我们村的年轻人"。这就告诉我们，一个人的一生可能会有变化，但一般不会发生根本变化，特别是当其重回过去所熟悉的群内的时候，常常露出原形。对于鹰击的这种"认知"，在叶老师方面是逐渐地"懂得"，而在我的方面，则是通过鹰击在微信话语中的自我表白在我身上产生的"说服"作用和我对他的语言和行为的"解释"作用，印证了我过去对他的"懂得"。

关于王京生老伴儿。一看，这就是以他人来冠自己的一种称谓。由于王京生身体欠佳，而且（根据我的了解）他不勤于动笔，由他的老伴儿来沟通他与老同学之间的关系，是很好的一种处理方式。我们当中，已有王俊兰医生代替老范（老范对我说过，他退休后就几乎不用手机了，当然后来也与身体有恙有关。）和叶老师代替李望望（叶老师如是说："因为WW的电脑只会用来切分文本"，做不了别的了。）的例子。这里，就出现了符号学上叫作"置信"即"诚信"的概念，由于都是相濡以沫几十年的老夫老妻，这种替代是可信的，能够做到"忠实"。但是，从语言学和符号学观点来看，这种替代的作用，解决了第一人称与第三人称之间的对话问题，因为这两个人称实际上永远不能直接对话；若非要对话，就必须借助第二人称（"你"或"您"）：大家可以注意一下，王京生老伴儿、王俊兰医生、叶老师在我们的微信群内，都是以第二人称"你"或"您"来称谓我们群内的对话者的，有时谈到其所代替的配偶时，就像这一次王京生老伴儿说的："鹰击（你），我跟王京生（他）说了，他（王京生）笑了半天"，这就出现了符号学上的"转述"情况；在作为配偶的情况下，"转述"不会失真，所以，王京生笑了半天，达到了直接传播的效果，我们是相信的。看得出，我们这个微信群，不仅有老同学之间的直接对话，而且还有老同学的老伴儿代替老同学热情参与的先是"直接"后是"转述"的对话，以此实现了符号学上称为不可能的第一和第三人称之间的交流，情深谊重的程度，可见一斑。

其他人物在这篇对话中也都各有其用。王京生是板鸭的直接赠与者，我们需要在下面单独说一说他的作用；济南一所中学的老师们是鹰击过去的同事，也分享了赠送的礼物，一同参与了一次认知上的错误行动；焦桂云和李乃庄都是鹰击在兵团中的密友；李乃庄的父亲既是群内老同学李乃庄的父亲，又是王京生老伴儿过去的班主任。这一切，都强化了两位主要对话者之间的关系。除了王京生之外，其他几人都起到了符号学上叫作"助手"的作用。在这个故事中，没有"对手"，因为没有人或事在破坏大家的友情。

二、对王京生赠送板鸭行为的分析

鹰击与王京生老伴儿的微信对话，就是从45年前王京生向鹰击赠送板鸭开始的。这个故事非常感人。鹰击回忆道："1972年，我在济南一所中学教体育，京生去南京探亲返回北京途中，专程绕道去济南看我，还带了一只南京板鸭。""1972年"这个时间点，在符号学上叫作"历史固位"，它一下子就把我们拉回到"文化大革命"开始之后的第六个年头。我是1968年6月份分配到了交通部援外办公室的,2个月后即8月份就去了西非几内亚,在那里持续工作了5年多,因此,对于老同学们后来的分配情况和去向不甚了解。应该说,1972年还是处在"文化大革命"之中,或者说是后期。这里,还有一个"空间固位",那就是"济南一所中学"。鹰击家在北京,他却被分配到济南,并从事了一项与我们所学毫不相干的工作,这也带有那个年代的特征。从对话的介绍中,我们了解到,王京生在分配时留在了北京。北京是首都,济南是一个省会城市,这就存在着一个地域"位势"之差。当然,那个年代的"位势"之差在人们的观念中还不像现在这么深,特别是在老同学当中。如果当年"位势"之差像现在这么深,我可能就不会弃北京而回天津了。但不管怎样,能在北京工作,还是叫人仰慕的。王京生在南京探亲后回北京的途中,专程绕道去济南看望一位老同学,说明在同学之间世俗的"位势"之差是不存在的,或者说是很弱的。并且,他没有空着手去看望,而是带去了南京的特色美食——板鸭,足见老同学情谊之深、之真,超越了世俗观念,达到了"走亲"的程度。王京生对于老同学的这种情谊,随着"专程绕道去济南"的叙述和"还带了一只板鸭"而得到加强。王京生这么做,具有多种"模态"价值,"模态"被理解为"改变一个陈述之谓语的东西"。模态动词一般被认为是四个或五个我们汉语中叫作"能愿动词"的动词,它们是"想要""应该""懂得""能够"和"相信":首先,王京生"想要-做"这件事。基于老同学的情谊,他认为"应该"顺路看一看老同学,即"应该-做",这正是同学之间真诚友谊表现的基础。他既然去看望老同学,他也认为"应该"带上点家乡的特产去看望。我们说,如果他的"想要-做"和"应该-做"还是一种潜在方式的话,那么,他绕道去了济南,送出了板鸭,就实现了"能够-做",从而使他的整个行为从"潜在性"模态方式经"现时性"模态方式最终过渡到了"实现性"模态方式。只有潜在的愿望和道义考虑,而无实际行动,常常是"口惠而不实"的人的作为。从符号学的行为者模式上讲,王京生的身份在这里出现了变化:他是礼物发送者和赠送者,而"赠送"在符号学上被确定为是完成"价值对象"的转换过程，它必然伴有一种给予和一种自身放弃的行为；王京生"给予"的那一刻是使"价值对象"与他人"合取"（结合），而在自己方面则是使"价值对象"与自己"析取"（分离）。王京生的作为，充分诠释了在大学同窗期间老同学之间建立的深情厚谊，后来的表现是此前积淀的自然延续。

我在 2016 年 5 月加入了我们大学微信群后，知道了多起在大家分手后互帮互助的事情，张胜燕说陈正槐从南京向北京给爱吃米的她背大米，2016 年张胜燕不远万里为大家寄送摩洛哥的阿尔甘油，还说今后继续按需供给。而在此前多年，当焦桂云去世后，凡是知道这一噩耗的同学都给予了赠款，等等。这说明，我们的同窗友情经得住时间和历史的"考验"——这是叙事符号学中的一个重要概念。

三、鹰击方面的激情表露

在这篇故事中，鹰击的激情表现是最突出的。所谓激情，是对人的各种情感表现的总称。符号学上采用二元对立原则把激情分为"惬意"与"不悦"。所有属于正面的情感都归为"惬意"，所有负面的情感都归为"不悦"。不难理解，老同学之间的互相看望属于"惬意"范畴。我们可以想象在 1972 年的一个特定时日，王京生与鹰击联系好去济南看他。从这时开始，鹰击便"期待"和等候王京生的到来，情绪上便具有了一定的"张力度"，这从鹰击说出的京生"专程绕道去济南看我"中就可以看出。两人见面后，肯定是相拥相抱，相互问寒问暖，相互表达别后的思念和通报其他同学的情况，这便是激情的表现阶段。如果是在某种特定场合，在情感表达之后，还有一个"道德评价"阶段，比如说，两人高兴得忘乎所以，大声唱歌，大声说话，是否招来了别人的提醒或不满的评论等。这些，就是情感表现过程中的话语前准备阶段、话语交流阶段和交流后"道德评价阶段"。到底当时两人是怎么表现的，我们不得而知。我们可以说的是，在鹰击与王京生的会面过程中，王京生方面可以说只是高兴（自然属于"惬意"），而在鹰击方面，除了高兴，还有感激之情在里面，因为王京生"专程绕道去济南看我，还带了一只南京板鸭"。在符号学上,"感激"是在自己与所喜爱的"赠品"实现了"合取"而又无以还赠对方时所产生的情感。在当时工资很低的年代,一只南京板鸭对于以教体育为职业的教师来说,是珍贵的。所以,鹰击感慨地说出了"当年我无家可归,流落他乡",至此,鹰击的情感张力度达到了更高值。接着他又说出了"京生重情重义,终生难忘啊!"的肺腑之言。看到此处,我也被感动了。可以猜想,当时,我们的"战士"已被感化,"我们村的年轻人"也近乎泪花滚滚。

在此之后,即在王京生登上回北京的火车之后,当鹰击"召集学校穷哥们儿共享美食"时,闹出了笑话:"可其他老师们同我一样是傻帽儿,没见过板鸭,不辨生熟,大家一起生撕生吃了,还说怎么那么韧啊!"为什么会这样?鹰击告诉我,他当时连一把菜刀都没有。对于这个笑话的出现,可做几方面的解释。(1)在当时交通不如今天方便和信息不大畅通的年代,住在北京或山东,不了解南京的特产美食板鸭,不足为怪,这是历史局限带来的认知局限。(2)中国人接受礼品时,没有像西方人那样要当面打开礼品并送上惊喜或几句赞美评语的习惯,而一般是先放在旁边,等客人走后再打开礼品,否则就会被认为是"没出息"。我想,如果当时打开,自然会问及是生的还是熟的及如何进一步加工的问题,但这是有悖于中国文化习惯的,这是一种文化局限。(3)鹰击作为激情主体,这时其自身出现了变化:他没有以"作为主体"出现,而是一直以"状态主体"即"非-主体"出现。"非-主体"是不参与情节发展过程的主体。在他与王京生之间,只有王京生是作为主体:他来到济南,他送来板鸭,他离开济南登上去北京的火车,这些都是"作为主体"的行为。一般说来,激情作为一种"心灵状态",它对立于认知、对立于动作或更为通常地对立于理性。在只顾高兴和充满感激之情的鹰击方面,当时他是顾不上别的什么的。这种情况在我们日常生活中也并不少见,比如"胜利冲昏头脑"时犯下的错误,比如热恋中的年轻人魂不守舍等,都是"非-主体"的非理性的表现。只有在王京生离开济南之后,鹰击才可能于兴奋未尽之中,想到看一看板鸭是什么样子,才可能唤来他的穷哥儿们一起共享。于是,加之我们前面说过的第一和第二两方面原因，便出现了近似"茹毛饮血"的生吃场面，感觉到"那么韧"是自然的。有一点可以肯定，他们当时还没有"笑成一团"，只是到了后来了解到板鸭的正确吃法之后，认识到了自己此前认知上的欠缺，自己才会笑，相关人员凑在一起才会"笑成一团"。

四、关于"笑"及其他

这个故事中，出现了两次笑。

一次是鹰击的那些穷哥儿们"后来才知道要蒸熟了吃，直到现在那个学校的老朋友们提起来，大家还笑成一团。"这是对于自己缺乏正确认知的自我嘲笑，是对于自己近乎荒诞，但又未造成严重后果的行为的一种否定，带有自我讽刺意味。在符号学上，嘲笑传播属于陈述活动方面的某种"游戏范围"，它总是参照一些规范、正统观念，而自我嘲笑显然是在知道自己的行为违反了规范之后的自我否定。但是，这种自我否定是在正面的惬意范畴之内，所以，它的影响还是积极的，并没有对老同学之间的友情产生负面作用。唯一的可能是，在"笑成一团"之后，只为没有真正品尝到板鸭应该有的香味儿而流露出遗憾。

另一次，是王京生在听到他老伴儿向他转述了鹰击和其穷哥儿们生吃板鸭之后，发出的半天之笑。基于过去对王京生的了解，我想象，他可能先是一惊，然后扣手大笑起来，同时晃动着上身和脑袋，最后以说出"真笨！"而结束。这也是一种嘲笑，但却是对于他人愚蠢行为的嘲笑，最后他会总结说："当时告诉他一下就好了。"（这就是激情的"道德评价"阶段。）他的笑也没有对老同学之间的友谊产生负面影响，而如果大家听到了这一声"真笨！"每一个人的心中定会是充满幸福的！

这就是老同学的真实情感。

王京生老伴儿最后说出"我生于1947年，我们是同龄人。我高中的班主任是李乃庄的父亲"，也很感人。这里也有一个历史固位点，那就是出生于1947年。一位女士，直率地说出自己的出生时间，在西方文明中是不可思议的。即便是在我们中国，一些年轻女性已接受了西方的文化观，而一部分老年女性也开始有了这方面的意识，使得我们在说话时不得不引起注意。但是，王京生的老伴儿不顾这些，她随之又说出"我们是同龄人"，同时她还说出李乃庄的父亲是她高三时的班主任，这就更增加了与我们老同学之间的联系层次，强化了彼此之间的亲近感。从符号学方法学上看，这就是在构筑"聚合关系"（其中包含了"互文性"关系），我立即想到了我们是"命运共同体"的这一结论。我要说的是：王京生老伴儿，你没有把包括鹰击在内的"我们大家"当成外人，我们也不会把你当成外人！还有王俊兰医生、叶老师，你们都是我们圈里的人！

总之，这是一篇很感人的故事。鉴于老同学们尚不具备更深的符号学知识，不应涉及过多符号学概念，而且由于是发到老同学微信群里的文章，也不宜太长，这里只能更多地采用"描述"，而没有求助于符号学的各种"图示"或方程式。

应李宝生学兄之邀，写出以上文字，并以此纪念和颂扬 53 年来老同学之间保持和深化的深情厚谊。

访谈录：法国符号学面面观[1]

采访人：陕西师范大学文学院讲师 张颖
采访时间：2016年11月

张 颖：张智庭教授，您好！感谢您能拨冗接受我的采访。您当初是因为怎样的契机对法国文艺批评感兴趣，并进入符号学研究领域的呢？

张智庭：我1964年高中毕业后被国家选派到当时独立不久的阿尔及利亚留学，进入阿尔及尔大学法语语言文学专业学习（当时的阿尔及尔大学具有法国国内大学同等资质）。毕业后，被分配到交通部援外办公室担任翻译。此后，我去非洲的几内亚和马达加斯加连续工作了近11年。由于家庭团聚的原因，我于1979年9月调至天津，进入大学教育系统，讲授法语。我认为，在大学任教，除了要教好本科生所需掌握的法语语言知识，作为老师，还应该有自己的科研方向。在当时学校仅有的法语资料中，我看到了有所聘法国专家（现在叫"外教"）留下或寄赠的一些语言学和文学理论书籍，由于上学期间学习过相关知识，我

---

[1] 本篇原载于2017年四川大学出版社出版的《传播符号学访谈录》。

便贪婪地阅读起来，遂确定把法国文学批评特别是 20 世纪的文学批评作为我的研究方向，并尝试做点翻译和介绍工作。

不久，我见到了法国大学出版社（PUF）出版的"我知道什么？"（Que sais-je?）丛书中的 *Sémiologie* 一书，阅读后我翻译了此书，随后联系了出版单位。这本书，当时取名为《符号学概论》，1985 年由四川人民出版社出版，而如果现在再版，我会将其更名为《结构论符号学》。那是我翻译的第一本符号学书籍。在这一过程中，我也翻译了巴黎高等师范学院罗杰·法约尔教授的重要书籍 *La critique*，其最初译名为《法国文学评论史》（1992 年由四川文艺出版社出版，后来在百花文艺出版社再版时改名为《批评：方法与历史》）。通过翻译这本书，我对于当时在文学研究和文学批评中已经盛行的以语言学、符号学和精神分析学为主体的"新批评"产生了浓厚兴趣。随后，我又受百花文艺出版社之约，翻译了《罗兰·巴特随笔选》。在这当中，我参加了 1988 年由李幼蒸先生发起的京津符号学研讨会，结识了赵毅衡先生。进入 20 世纪 90 年代，我决心将法国符号学介绍过来，于是，所译大部分书籍为符号学专著。与此同时，我也写了一些关于法国符号学的介绍文章，于翻译之中，真正开始了学习和研究工作。

张　颖：除了在符号学领域的译介和理论批评，您还发表了一些文学作品和国情研究文章，比如《欢乐的手鼓》《近观法国》等。我注意到，您发表的作品大多是使用笔名，这有什么特殊原因吗？您在 2006 年获得法国"紫棕榈教育骑士勋章"，这是一项怎样的荣誉？

张智庭：我从 20 世纪 70 年代开始发表一点诗歌作品。由于当时援外工作属于外交工作的一部分，所以根据纪律要求我不便使用实名，想来想去，取了"怀宇"这个笔名，意为"胸怀宇宙"，很有点时代特色。我于 1977 年出版了第一部诗集《欢乐的手鼓》，内容是描写我在上述两国参加的援外工作及歌颂与当地人民之间友谊的。现在看来，受当时的政治思潮的影响，口号性的东西还是有的。

1986 年我从天津外国语学院调入当时的天津对外经济贸易学院教书，而这个学院直属国家对外经济贸易部。几年后，我于 1993 年年初被该部派往我国驻法国大使馆商务处担任一等秘书，到 1998 年春天结束工作。那是我一段真正的外交工作经历。在法国期间，我写了不少关于法国问题的研究文章，也写了不少外交体裁的诗，回国后便有了《近观法国》（2001）和《外交诗情》（2002）两书的出版。由于我原先所在学院于 1995 年并入了南开大学，所以我回国后就成了南开大学外国语学院的一名法语教师。到这时，我翻译和写作了近 20 部书籍。2002 年春天，我代表国内一家国有公司去法国马赛常驻，又在法国工作了三年多时间，到 2005 年 8 月底止。这期间，我又写了一些诗歌，回国后，由于诗歌出版遭遇寒冬，已经做完编辑工作的诗稿被搁置下来，再后来，我将其大部分编入了《怀宇域外诗选》之中。由于我写的诗歌都是关于国际体裁的，也都是在国外写的，所以才有了上面的书名。

我是 2002 年秋天获得法国"紫棕榈教育骑士勋章"的，但当时我已在法国，法国驻华使馆文化处一时找不到我，到了 2006 年才向我颁发勋章和证书。据我了解，这种勋章是法国政府颁发给在法语教学和法国文化介绍方面有所贡献的法语教师的，我将其理解为是法国方面对于我个人在这些领域努力的一种肯定。

张　颖：法国的符号学研究，无论从广度、深度和影响力来看，在世界范围内都是举足轻重的。您在著作中将这一领域研究誉为"20 世纪人文社会科学研究领域所取得的重大成果之一"，能否请您谈谈法国符号学研究是如何发生和发展起来的，是否具有明显的分期？如果存在分期，不同时期结构论符号学和结构主义之间的关系是否有变化？

张智庭：索绪尔在《普通语言学教程》中预言的符号学（sémiologie），20 世纪 50 年代首先在法国以结构主义思潮的出现为标志逐步发展并形成了声势。这当中，有一位并非是法国人的学者起到了重要的作用，那便是美籍俄裔语言学家罗曼·雅各布森。根据《结构主义史》一书的介绍，正是由于雅各布森 40 年代在美国与列维-斯特劳斯结识并成为好友以及 50 年代在法国与拉康相遇，结构语言学的基本理论在人文社会科学领域中的应用才通过他们二位学者在法国开展起来，并形成了名噪一时的结构主义。

这里面有一个问题，那就是雅各布森在很年轻时就接触到了索绪尔的结构语言学，他是如何接触到的呢？我曾通过电子邮件向国际符号学学会副会长安娜·埃诺教授请教，她回复我说，索绪尔当年的学生中有两名俄罗斯人，是他们回国后传播开了索绪尔的结构语言学思想。这一点很重要，因为它既解释了雅各布森接触索绪尔结构语言学和这种语言学在俄国传播的时间问题，也解释了为什么符号学思想在 20 世纪上半叶的俄国得到了发展并出现了像巴赫金和洛特曼等著名符号学学者的问题。

法国的符号学发展，应该分为两个时期来谈。首先是在 20 世纪 50 年代发展起来的结构主义（structuralisme）或结构论符号学（sémiologie）阶段。这个阶段的初期准备工作，就是列维-斯特劳斯对于南美洲土著民族的亲属关系和图腾文化的研究成果和拉康从 1953 年开始"重返弗洛伊德"的结构研究工作。罗兰·巴特也以出版《写作的零度》一书并在书中突显的新颖视角开始了在文学领域的结构主义探讨。从这时起直到 20 世纪 60 年代，结构主义与结构论符号学具有同一性。在这一时期，结构主义或结构论符号学的研究出现了多种方向，有主要研究符号系统即以符号的"能指"为特征的符号类型学研究，例如对于交通信号、徽章系统的研究，在这方面做出突出成绩的有乔治·穆楠等，我翻译的那本《符号学概论》集中地显示了这种研究方向的成果。列维-斯特劳斯和罗兰·巴特的结构主义（或结构论符号学）则是从符号的"所指"入手，从而探讨符号的"意指"；前者发现了亲属关系中的对应性和土著民族文化的"二分原则"，后者发现了文学和艺术作品中的"二级符号"特征，明确地建立了"能指""所指"和"意指"之间的"三角形关系"。

60 年代中期，是结构主义或结构论符号学发展的顶峰时期。福柯对"疯癫话语"的研究开启了对于历史和考古文化的结构研究；阿尔都塞对马克思理论进行了结构主义的解读，认为马克思主义是唯一能够综合人类知识并立足于结构论概念中心的；德里达是在法国结构主义达到顶峰时期以其"解构论"对于结构主义表现出怀疑的哲学家。60年代中期，由托多罗夫和热奈特两人开启并由托多罗夫首先定名为"叙述学"（narratologie）、以研究文本"词语表现"特征为对象的结构性研究，后来取得了辉煌的成果，并从此引起了世界范围内对于"叙事方法"的系统研究，从而形成了现在意义上的叙述学。

从起源上讲，叙述学是结构论符号学研究的一个分支，作为叙述学理论之基础的托多罗夫的《诗学》一书就曾是《何谓结构主义》一书的一个分册，那套丛书的主编弗朗索瓦·瓦尔在"总论"中就说，该书是"论知识的最新变化和将其汇总为结构主义的东西"①；再就是，托多罗夫与热奈特两人创立的"诗学"，从一开始就认为"每一个特殊文本都被看作是对于一种抽象结构的表现。"②

张　颖：如果我们将差异理解为结构主义的最根本原则，那么结构主义者进一步向后结构主义发展，是否本身是属于结构主义自身的逻辑？您如何看待结构主义的分期问题？

张智庭：前面已提到，法国结构主义产生于20世纪50年代，至60年代中期达到巅峰。在这一时期，结构主义与结构论符号学同一，即它们的研究方法和内容是一致的。但1968年的"红五月"运动，严重地冲击了结构主义，原因是结构语言学和结构主义所标榜的作为"形式系统"的"语言"概念，正符合人们当时要破坏的"体制"概念，以至于从事结构研究的学者们都被冠以旧制度的"维护者"。罗兰·巴特就曾因为说过"结构不上街"一句话而在那年5月16日的讨论会上遭到猛

---

① ［法］茨维坦·托多罗夫：《诗学》（Poétique）"导言"，怀宇译，北京：商务印书馆，2016年，第3页。
② 同上。

烈攻击①。于是，不论什么都被时髦地戴上"结构主义"标签的时期过去了，可以说，到此，最初意义上的结构主义就结束了。此后，便没有人再提结构主义，甚至此前自我标榜为"结构主义者"的人也赶紧与结构主义划清界限。但是，在结构主义时期逐步建立起来的结构论符号学研究方法，在稍作调整后仍没有止步，或者说是做了多种的"转向"。按照研究者们的划分，从德里达的"解构论"开始，结构主义进入了"后结构主义"（post-structuralisme）时期。我将这个名称理解为"在结构主义之后"，意即"余音"阶段，或者说是结构论符号学与结构主义开始脱钩，但对于前者仍有所继承的阶段。除了时间上的分期之外，还有一个研究内容和方法上的不同。前期是以分析"散在单位"即"不连续性"为主要对象，后期则涉及"连续性"即文本。但是，随着后结构主义代表人物相继去世，"后结构主义"的提法也寿终正寝。不过，结构论符号学的研究方法在被后来的符号学研究筛选之后仍在被人使用。

顺便说一下，我 10 年前从法国带回一本法文原版书籍《结构主义史》（*Histoire du structuralisme*），分上下两部。后来知道，这部书在国内已经有了中文译本，遂将其购买了来。不知出于什么考虑，这上下两部被分别冠以《结构主义史》和《解构主义史》。我仔细地看了原版的书籍，该书上部的副标题是《符号之歌》（*Le chant du signe*），下部的副标题为《哀鸣之歌》（*Le chant du cygne*）。两个副标题的发音完全一样，但意义不同，按照作者的划分，它们分别代表着结构主义发展时期和衰落后的"余音"时期，其下部就是指"后结构主义"时期。作者告诉我们，"后结构主义"虽然是从德里达提出"解构论"开始的（1967），但德里达并不代表全部的"后结构主义"时期的研究。包括罗兰·巴特、福柯等人后期的研究活动，甚至茱莉娅·克里斯蒂娃的研究工作也属于"后结构主义"。德里达的"解构论"是在美国被叫响的，在美国的文学批评上有过"文学批评的解构主义"这一提法，但这一名

---

① T. Samoyault, 2015：*Roland Barthes*, Paris：Seuil, p. 432.

称在法国并未被广泛接受,人们更愿意称其为"超结构主义"(ultra-structuralisme)。"解构",是指破解内在的形式即结构系统,而不是指一般在词语表现上呈"分散式"或"片段式"的写作风格,我在相关文章中做过分析。

张　颖:20世纪六七十年代的法国,涌现出了许多杰出的符号学家,能否请您谈谈其中的代表人物罗兰·巴特和茱莉娅·克里斯蒂娃的理论贡献?

张智庭:可以说,罗兰·巴特是至今被人们广泛记住和传播的结构主义和结构论符号学最重要的学者。他对于结构论符号学的贡献,我个人认为主要可归纳为三个方面:一是全面地阐述了索绪尔的符号学思想,并结合后来的叶姆斯列夫和雅各布森的思想,第一次系统地整理了初步的结构论符号学构架,这便是见于其《符号学基础》中的全部论述;二是在索绪尔有关语言符号的"能指"与"所指"之间"连带关系"的论述基础上,明确地提出了符号的层级特征,从而建立起"二级符号"以及"能指""所指"与"意指"的三角形关系;三是他对于"中性"的深入研究,这项研究后来才为人所知,但其影响却越来越大。罗兰·巴特著述在法国的再版情况大大超出其他结构论符号学代表人物的作品,他也是在我国国内被介绍最多的符号学家。

茱莉娅·克里斯蒂娃,原籍保加利亚,1966年来到巴黎注册她的博士学位。但她很快就成为先锋派杂志《原样》的积极撰稿人。她去听巴特的讲课,也参加相关讨论。她到法国之前接受过巴赫金等学者的理论影响,这有利于她在比较俄国和法国的符号学研究之中提出自己的全新看法。她于1969年出版的《符号学:符义分析研究》一书,汇总了她几年中的研究成果,后来出版的《诗性语言的革命》(*La révolution du langage poétique*)(1974)也在对诗歌语言的分析上延续了其第一部书籍中的基本主张,只是更多地采纳了精神分析学和转换生成语法的概念和操作方法。根据我的看法,克里斯蒂娃的符号学思想,集中在她建立的"意指活动"(signifiance)概念上，以此为纲，就可以把她的全部论述联系起来。与表明"能指"与"所指"之间连带关系的"意指"(signification)不同，她的"意指活动"是指对文本所呈现的每一处都做词源学、形态学、句法学、转换生成语法、精神分析学，甚至是与其他文本之间的关系的联想，而且读者的各种能力也在其中起着重要的作用，因此读者也成了意义的生产者。这样做，就必须把每一个被分析单位看作"复变单位"。由此，我们从她那里获得了"互文性""现象-文本""生成-文本""否定性"等对于推动符号学发展（特别是影响到了罗兰·巴特有关文本的概念）具有重大意义的诸多概念。需要指出的是，她在其符号学研究中引入精神分析学的概念和分析方法，但她的做法仍然属于符号学的研究方法。因为拉康早就说过："潜意识……是像言语活动那样被结构的"[1]，而且在《何谓结构主义》一书中就包括一个《结构精神分析学》（或译为《精神分析学方面的结构主义》）(*Le structuralisme en psychanalyse*) 分册（是我翻译过来的，天津社会科学院出版社，2001年），所以，根据结构观点对于作品中作者的潜意识活动进行分析，自然不能被排除在符号学范畴之外。由于她在这方面的努力，1987年她被巴黎精神分析学学会接纳为会员。克里斯蒂娃的"符义研究"不失为一种符号学研究方法，但由于操作比较复杂且读者方面的知识限制，今天看来，在法国和我国从者不多。

张　颖：以结构研究为主的格雷马斯等人的"巴黎符号学学派"是一个怎样的群体，有怎样的发展轨迹，与结构论符号学关系如何？

张智庭：巴黎符号学学派或"巴黎学派的符号学"，最初也是结构主义研究的一个分支，它的创立者格雷马斯只比罗兰·巴特小两岁，而且两人曾经在埃及的亚历山大大学相遇相知，遂成为好朋友。格雷马斯在1970年以前也曾使用 sémiologie 一词来定名自己的研究。只是，随

---

[1] J. Lacan, 1966: *Écrits*, Paris: Seuil, p. 268.

着研究方法上的差异越来越大，而且 1969 年国际符号学学会在法国成立时使用的是 sémiotique 一词，格雷马斯和跟随他理论的学者们便确定以 sémiotique 作为该学派符号学研究的名称。

追本溯源，巴黎符号学学派秉承了列维-斯特劳斯和罗兰·巴特从意义入手来研究符号学的做法，但它却不是将结构语言学概念套用在对于社会文化现象的分析上，而是对于社会文化已有编码直接进行语言学的总结。比如，格雷马斯就在进一步研究了俄国学者普洛普的民间故事 31 种功能和 7 种角色基础上总结出了包括 6 个行为者的言语活动的"行为者模式"，依据布拉格语言学派和人类学的研究成果归纳出可以理解内在语义逻辑结构的"符号学矩阵"，并在本维尼斯特对于动词的"助动词性"的研究成果基础上，总结出了主要包括由四个助动词（想要、能够、懂得、应该）组成的"模态理论"等。可以说，巴黎符号学学派的研究始终是一种语言学研究，这也是有别于结构论符号学的根本特征之一。

巴黎符号学学派的发展可概括地分为三个阶段。第一个阶段是以出版格雷马斯的《结构语义学》为标志、以深化"义素分析"和建立"行为者模式"为主要内容的阶段。这一重要著作奠定了巴黎符号学学派学者们的研究基础。第二个阶段是创立叙述语法、符号学矩阵和建立模态理论的时期，主要见于格雷马斯的两部《论意义》之中。第三个阶段是建立激情符号学，主要见于他与其学生丰塔尼耶合著的《激情符号学》一书之中。我国学者对于巴黎符号学学派在激情符号学方面的研究方法很感兴趣。其实，激情符号学的重要理论基础，就是主体与对象的关系和这种关系与模态动词之间的各种肯定与否定的复杂结合形式以及其张力情况。当然，关于激情的研究还在继续，也有从"感受"方面去研究激情的。在这一方面，我写过几篇介绍文章，也打算安排时间把《激情符号学》一书尽早翻译过来。

巴黎学派的符号学对于结构论符号学有继承，比如从意义研究入手的做法；但它更体现为创新及与语言学的密切结合。国际符号学学会副会长安娜·埃诺就说过，巴黎符号学学派的符号学研究从未脱离语言学，因此，这一学派的研究被定名为"符号语言学"（sémio-linguistique）。我过去曾将该词翻译为"语言符号学"，现在我更倾向于前者。如果我们要在结构论符号学与巴黎学派的符号学之间做出基本划分的话，除了上面说的内容外，我认为还有两点是重要的：一是结构论符号学基本围绕着散在的符号做研究，而巴黎学派的符号学则认为符号是已经被确定的东西，因而注重符号之间的联系和意义所赖以产生的形式（即结构）；二是结构论符号学曾被视为传播学，因为在对符号的解释中一般都要涉及符号的发送者、发送渠道和接收者，而巴黎学派的符号学则认为它包含了传播学，后者是它的下位词，因为有些"意指"是没有发送者的，比如由于自然条件差而让人们看到的"贫困地区"状况，就无特意使其贫困的制造者即发送者，但这种状况却可以成为巴黎符号学学派的研究对象。还有一点，似乎需要提一下，那就是结构论符号学的研究者们都不是语言学家，而巴黎符号学学派的研究者们都是语言学家，这也许可以提醒我们，为推动我国符号学研究的发展，研究者掌握扎实的语言学知识，甚至使自己成为语言学研究者是非常重要的。

如果说结构论符号学的最明显成果是"叙述学"的话，那么巴黎学派的符号学最大成果也许就是现在正在形成的"话语符号学"。这种符号学，就是以格雷马斯不同时期阐发的理论为基础并结合后来学者的研究成果建立起来的。它包括话语的基本结构、话语图示、行为者、动作、激情和认知，以及陈述活动等。不同的研究者侧重点不同，这方面的综合介绍书籍已陆续出版。有符号学家预测，巴黎学派的符号学研究最终将会是一种广泛意义上的"文本修辞学"，这是值得我们注意和思考的。

毋庸置疑，巴黎学派的符号学现在已经占据法国符号学研究的主导地位。不过，对于"结构"进行研究仍然是它的使命。此外，我们也不能不注意到，结构论符号学（sémiologie）这一名称到了20世纪90年代仍在被使用，并且对某些领域的探讨也离不开对符号本身的研究。比如《戏剧符号学》（1992）一书就依然使用 sémiologie 一词，有的符号学家虽然改用了 sémiotique 一词，但他们的研究方法却未脱结构论符号学研究之旧巢，例如克里斯蒂昂·梅斯的电影符号学研究，基本还是研究"不连续性"的。现在的趋势是，人们有可能最终以 sémiotique 作为符号学诸多方面研究的总称，但它也将包括属于结构论符号学的研究范围，因为对于某些领域，例如对于图像的研究就很难只用巴黎学派的符号学来阐释完整。

张　颖：您如何看待符号学的理论成果运用于文学研究，尤其是文学作品分析的作用？

张智庭：符号学对于文学研究的贡献，应该说是巨大的。首先，现在形成气候或作为单独学科的"叙述学"始终是在研究文学作品"词语表现"的内在结构，其成果已被我国批评界所公认和采用。再就是，罗兰·巴特对于文学作品进行研究的大部分著述（包括《神话》和汇编成册的几部文学批评文集），深化了人们对于文学本质的认识。他的著述让我们看到了文学言语活动属于"二级符号"系统，而对于文学作品的符号学分析最为重要的工作，就是在由"能指"与"所指"建立的第一级符号基础上，结合作者在作为新"能指"的这个第一级符号之上增加的新概念，探讨新符号的"意指"即"内涵"，并以此阐释了多种文学现象。其中，对于我本人很有冲击力的是罗兰·巴特依据其符号学探索对于"现实主义"提出的定义。他认为，文学作品是言语活动的产物，由于被描述的对象自被作者纳入其言语活动时起就带有作者自身的选择和意愿，而其所选用的事件也多是搬用的或臆造的，所以便无真正的"现实"而言，这样一来，文学作品中的"现实"只能在其所反映的时代中是"可能的"。我认为，这样的定义，具有启发和参考作用。至于巴黎学派的符号学，它从一开始就依据民间故事和文学作品作为研究素材。依据文学作品的内在结构或形式建立的"文学性"概念，曾经是文学符号学在一个阶段中研究的中心。后来，文学符号学的研究转向了"陈述活动""主体性"和"激情"等方面。在法国大学出版社出版的"符号学形式"丛书中，多数也都是涉及文学符号学研究的。这说明，文学作品仍然是法国符号学研究的重要对象，同时也告诉我们，符号学在文学研究中成果最为丰硕。

我认为，将巴黎符号学学派的符号学方法应用到比较文学和我国文学作品研究中，有可能会开辟不少新的研究领域，也会带来一些新的发现。25年前，我在《国外文学》丛刊（1991年第2期）上发表过《〈赵氏孤儿〉与〈中国孤儿〉人物的符号学分析》一文，从比较两个剧本中人物的符号学特征入手，阐释了两个剧本所包含的不同文化内涵，当时社会反应还可以。2015年，我在《文艺研究》第8期上发表了《莫言闪小说〈狼〉的符号学解读》一文，从话语符号学的几个方面分析了这一微型小说的内在结构，现在看来，还是得到了一定的肯定。我最近在阅读鲁迅的作品，也发现其不少作品中体现出建立在"应该"模态基础上的"道义模态"，计划以后也写成文章。需要指出的是，符号学的某些观点，例如"互文性"概念（这一概念由克里斯蒂娃根据巴赫金的理论提出，后被巴黎符号学学派接受并得到深入阐释），已经被我国文学批评家用在了对于作者与作品之间关系的研究和分析上。这说明，我国的文学研究工作正在接受来自符号学的理论和方法。

张　颖：现代社会，传媒变革日新月异，您如何看待这一领域的发展对符号学研究的影响？

张智庭：我对这方面关注不多，只能根据自己的一点感受来谈。我觉得，随着科学技术的进步，特别是传媒手段的日益革新，符号的复杂性突出地显示了出来。我们现在见到的，多是通过各种手段而产生的复合符号。就法国符号学来讲，只采用结构论符号学的研究方法，或只采用巴黎学派的符号学研究方法，都是难以完成分析任务的。面对传媒领域，在统一的一个名称之下，把两种符号学方法结合起来，应该是今后努力的方向。

张　颖：如今视觉文化作为一种新型的文化形态飞速发展，图像日益成为当代文化的重心。我注意到,在罗兰·巴特的研究中,早在20世纪五六十年代就已经开始对图像进行符号学分析。他的研究取得了怎样的成果?

张智庭:法国的符号学研究,在许多领域都取得了引人注目的成就,这似乎与符号学研究进入社会文化研究领域的先后相一致,那就是神话文本领域、文学文本领域、图像领域和社会政治学领域等。

对于图像进行符号学分析,当属罗兰·巴特为先。在这方面,他在1957年出版的《神话》一书中,就已经大量涉及对于广告、刊物封面人物的符号学分析。而在他生前有所安排和去世后由他的朋友弗朗索瓦·瓦尔整理出版的专门论述艺术作品的《显义与晦义》一书中,谈论图像的符号学分析的文章占据大部分,并有三篇重要的文章在相当长的时间内被奉为图像符号学分析的"典范",那便是《摄影信息》《图像修辞学》(«Rhétorique de l'image»)和《第三层意义》(«Le troisième sens»)。我在此对其重点内容做些许介绍:

罗兰·巴特首先认为,作为图像之一的摄影(照片)是一种信息存在方式。信息(message)一词,指的是符号呈现状态中那个"能指"部分,并不是符号所传达的信息(information)即"所指"部分。这两个概念,在我国的使用中,常常混淆。这种信息的特点是,在其类比性内容(场面、对象、景物)之外,都直接和明显地形成着被说成是摄影"风格"的一种"补充信息"。那么,这种补充信息作为一种新的能指与在原先所指基础上增加的新的概念的结合,便形成了第二层意义。显然,这还是罗兰·巴特"二级符号"概念在艺术符号学研究上的应用。这时的第二层意义,就是与各种手段相结合而形成的审美的或意识形态的观念,即某种社会"文化"。于是,我们可以说,包括摄影在内的所谓模仿性"艺术"或再现性艺术,"都包含着两种信息:一种是外延的,即相似物本身,另一种是内涵的,它是社会在一定程度上借以让人解读它所想象事物的方式"①。

那么,摄影图像的内涵手段有哪些呢?罗兰·巴特为我们列举了特技摄影、姿势、对象选择、上镜头处理、审美处理和多幅照片组成的"组图"之间的连接"句法";其实,这些手段,按照叶姆斯列夫的理论,就是"内容之形式"。这几项,在罗兰·巴特看来,都是摄影者(作者)依据一定的文化背景人为安排的。同样的情况还有,与摄影作品(照片)可能在一起的配文,罗兰·巴特将其叫作文本,是由不同程度的言语构成的,"言语越是接近图像,它就越不大使图像具有内涵",而且,文本与照片之间的关系,则是"词语信息由于在某种程度上被肖像信息死死抓住,所以它似乎参与其客观性,而言语活动的内涵则借助于照片的外延来'自我辩解'"②。在这篇文章中,罗兰·巴特对于"意指"(即内涵)的论述值得我们去认真理解,他说:"意指总是通过一种确定的社会和一种确定的历史来建立的;总之,意指是解决文化的人与自然的人之间矛盾的辨证运动。"③ 可见,照片(或泛指的图像)的意指,是不能只依靠照片本身来寻找的,而是要联系社会、个人(但是,罗兰·巴特当时并不承认有个人[作者]的参与)和整体文化的背景(或关联文本),这也就为针对同一图像作品出现不同的解释提供了可能。作者在这篇文章的末尾对于图像符号学的未来做了预测,认为"技术越是发展信息(尤其是图像)的传播,它就越提供可以掩盖以既定意义之外表来构成的意义的所有方式"④。现代摄影技巧的发展说明了这一点。

对于图像的修辞学的论述,是罗兰·巴特有关图像符号学的重要组成部分。他以"内涵特征性"为核心,结合一幅意大利面品牌(Panzani)的广告,从语言信息(专有名词的意大利语发音)、造型信息(各种颜色)和像似信息(代表社会文化的各种对象)出发,分析了

---

① R. Barthes, 1982: *L'obvie et l'obtus*, Paris: Seuil, p. 12.
② Ibid., p. 20.
③ Ibid., p. 21.
④ Ibid., p. 37.

该产品的"意大利特征"。罗兰·巴特在此采用的方法,"即从所指开始去寻找能指进而找出构成图像符号的方法"①,后来形成了从意义(内容之实质)出发去寻找产生意义之结构(内容之形式)的符号学研究方法,对于巴黎符号学学派的研究起到了推动作用,从而使罗兰·巴特也成了后者形成的先驱者之一。

《第三层意义》一文,借助对爱森斯坦的几幅剧照的分析,进一步探讨了图像的特征。作者指出,图像(照片)由三个层次构成。第一个层次是信息层:也就是说前面说的"信息"层或传播层所给出的东西,它只提供画面可以直观看到的东西。第二个层次是"象征层",即"主题层""意指"层或"内涵"层,因为剧照中那从头上向下泼出的金子就是财富和皇权的象征。他明确指出,有关第二层次的符号学,不再向信息科学开放,而是向象征科学(精神分析学、经济学、戏剧理论)开放。然而,这还不是全部,因为罗兰·巴特还感觉已"收到(甚至是首先收到)第三种明显的、游移的和固执的意义"②。他无法明确指出其所指,但是他"清楚地看到了组成这个今后是不完整符号的那些特征即那些意蕴活动变化:那便是两位朝臣面部施粉的厚薄状况,一个浓妆艳抹,一个轻淡雅致;那便是这一位有着'愚蠢的'鼻子,那一位有着细描的眉毛;这一位皮肤黄而暗淡,那一位皮肤白而无光——其发型平塌,看得出是假发,一直披到抹灰的皮鞋底处并盖到涂粉的鼻头上部"③。其实,这种一时间找不到其所指即第三层意义的符号,在符号学一般分类中就属于"标示"或"指示"(indice)。这类符号只有明显的能指,但是人们无法一下子找到其所指,更无法发现其进一步的内涵意义。罗兰·巴特遂对于图像中"显义"与"晦义"给出了定义。"我建议把这种完整的符号称为显义(sens obvie)。显义意味着来到面前"④,根据他的论述,第二层意义即内涵意义也属于这种显义。而

---

① R. Barthes, 1982: *L'obvie et l'obtus*, Paris: Seuil, p. 46.
② Ibid., p. 44.
③ Ibid., p. 45.
④ Ibid.

"晦义"则是"第三层意义……它就像是我的理解力所不能吸收的一种多余的东西,它既顽固又琢磨不定,既平滑又逃逸,我建议把它称为晦义(sens obtus)"①。

张　颖：能否请您介绍一下巴黎符号学学派的图像研究是如何发生和发展起来的,取得了怎样的理论成果？

张智庭：在这一方面,我要说得多一些。巴黎学派的符号学对于图像的研究开始于法国著名图像研究学者让-马利·弗洛什。他的第一部有关符号学的著作《造型符号学与广告语言》(*Sémiotique plastique et langage publicitaire*)（1981）,是对于一种香烟广告做的符号学分析。他总共写过9部图像符号学的专著,但我们无法都弄到手。我面前只有他的两篇文章和一本书。两篇文章是《康定斯基的〈构成之四〉》和《邦雅曼·拉比耶的〈舒适的巢〉》,一本书是《解读〈丁丁在西藏〉》。

我们先来看一下作者为《康定斯基的〈构成之四〉》制定的分析原则。弗洛什首先指出,分析绘画作品的表现平面,"要求人们具有一种更为丰富和建构更好的描述性元语言,以便来谈论形式、线条和色彩区域的复杂安排,以及谈论由这些要素所实现的造型品质。但是,这幅绘画的抽象特征,尤其提出了为切分而保留的各项标准和对于被切分出的各种散在单位的意蕴本质进行符号学分析的相关性是否正确的问题。……唯独对于所指的研究才可以将符号学的某种地位赋予那些散在单位。因此,我们选定把这幅《构成之四》重新放入康定斯基在同一时代的绘画活动之中,并试图借助于把这幅绘画与其他作品进行比较来辨认其表现。"② 这就告诉我们,对于这幅绘画的分析,涉及为这幅绘画的表现平面确定恰当的切分原则,而这种原则又是参照康定斯基在同一时期所创作的其他作品的切分情况和意蕴本质来制定的。我们在此不难

---

① R. Barthes, 1982: *L'obvie et l'obtus*, Paris: Seuil, p. 45.
② A. Hénault, 2002: *Questions de sémiotique*, Paris: PUF, p. 121.

看到，对于作为图像的绘画的分析，也还是继承了结构论符号学的散在单位和切分原则，也可以说巴黎学派的符号学在此做了一定转向，或者说，两种符号学研究在图像分析上实现了综合。

对于分析对象的描述，在符号学分析中是重要的，也是第一步要做的工作。弗洛什首先对于这幅绘画做了初步描述："画作表现为一个封闭的空间，它是由一系列黑色线条和一定数量的彩色表面连接起来的，而某些表面在边沿部分采用的是线条，其他表面则依据其构成成分的拓扑学布局组织成一些单位。"① 第一步切分，就是把画面看成左右两个部分，并且把中心部分看成是特殊的。根据视觉要素的对立与联系做出的初步切分可以让人辨认出一定数量的大小不一的临时性散在单位，即画面的组合关系单位，亦即画面的"构形成分"，而这些构形成分都对应于内容平面上的相应单位。为了确保通过初步切分所获得的散在单位具有意蕴单位的地位，那就要把这幅绘画当作康定斯基在1907—1916年间所完成的全部作品中的一幅特殊作品来看待，并通过这些作品的主题特征的一致性来确定这幅绘画的主题。被分析的素材一旦确定，那就要研究所切分出来的散在单位在何种程度上可以在其他作品中被辨认出来。随后，弗洛什对于画作的左侧部分、右侧部分、中间部分所包含的构形成分与其同期其他作品中的构形成分做了比较，并结合其他作品中构形成分的意义对于这幅作品中相关构形成分的意义做了确定。

对于构形成分的线形组织的研究，可以分出一定数量的类别：直线对立于曲线，长对立于短，连续对立于不连续，或者切分对立于非切分。这些类别与色调类别构成表达平面的深层。而在表层，出现的则是各种外在形象，它们就像是由前面那些类别构成的，而在语言学上相当于各种"位素"（phème）那样的组合体。由此，可以在这幅绘画中获得多种线形组合体，而这些组合体与色调组合体之间可以建立多种关系，正是这些关系确定各种类型的"图案"。在将散在单位构建成意蕴单位且完成对于这幅绘画作品的表达平面的构建之后，就可以过问在这

---

① A. Hénault, 2002: *Questions de sémiotique*, Paris: PUF, p. 125.

幅绘画中实现的言语活动的两个平面之间的相符性或不相符性这种符号学关系了，而真正的绘画符号学都是被两个平面之间的不相符性所确定的。这就涉及绘画作品符号的"半-象征系统"概念，这种概念包括要素之间的对称性、非对称性、相关性以及它们之间的位置关系等。

关于绘画作品的半-象征特征，弗洛什在另一篇文章《邦雅曼·拉比耶的〈舒适的巢〉》中介绍得更为全面与清楚。这篇文章分析的是插图画家和幽默画家邦雅曼·拉比耶的三联共六幅画面（每一联有两幅），讲述的是一个戴着帽子的小孩在村庄斜坡上推着铁环玩耍，先是铁环被乌鸦叼走了，后是帽子也被乌鸦叼走了，最后，乌鸦把铁环挂在树杈上，又把帽子卡在铁环中间做成了一个鸟巢；乌鸦在孵出雏鸟之后，自己又栖息在铁环的下面；画面简明诙谐，故事有趣动人。现在，我们来看一下绘画中所使用的半-象征编码。这篇故事所依据的是"自然"与"文化"这两种范畴。其具有意蕴的半-象征系统包括：自然对立于文化、高对立于低，这两种对立都可以利用"符号学矩阵"来获得他们的相反项，并在分析出该作品中高对应于自然和低对应于文化的这种对应等值的情况下，产生了一种价值分布。可见，这些半-象征系统也是参与意蕴活动的，它们同样是符号学分析的对象。

张　颖：弗洛什是怎样从叙述学切入图像研究的，能否请您具体分析一下？

张智庭：关于图像的叙述学研究，在我们的资料中，涉及这一点的，是上面提及的弗洛什的文章《邦雅曼·拉比耶的〈舒适的巢〉》和他的《解读〈丁丁在西藏〉》。

对于《舒适的巢》这样的图像作品，弗洛什告诉我们，在进行图像的半-象征系统分析的同时，还要进行图像序列的符号学-叙述学结构的分析。这种叙事相继在两个不同的地方展开：一个是在长草的斜坡上，另一个是在一棵树的高处。这种空间上的切分，可以将前两联连环画看成一组，并使其对立于最后一联。在前两联中，是一只乌鸦与一个男孩的不期而遇；在最后一联中，是乌鸦与它的几只雏鸟的温存惬意，完全是鸟的世界，但这一世界又是依靠小男孩的物件构成的。因此，时间上的顺序便表现出两个序列在逻辑上和叙述上的接续。

弗洛什把乌鸦获得铁环和帽子的叙述程式（PN），看作建筑舒适鸟巢的一种双重局部程式：相对于叙事的总体行程来说，铁环和帽子构成了在局部程式中被考虑的双重价值对象。舒适是一种抽象的价值，这种舒适，本身也构成了基本程式的对象。局部叙述程式，可以被分析为像是乌鸦即主体 S1 的一种获取，它是与男孩子即主体 S2 的失去相关联的。由此，便得到了对于一种"考验"的规范表述。"考验"是一种合取的自反作为（faire réfléchi）与一种析取（disjonction）的传递作为（faire transitif）的关联关系，它不同于赠与。

接着，弗洛什分析了这种叙事中的模态关系。在乌鸦夺取了铁环和帽子即实际上实现了反叙述程式（anti-programme narratif）之后，无论是根据<u>想要</u>（它很希望获得这些它与之析取的物件），还是根据<u>应该</u>（对于父母来讲，这种"应该"就是指对于后代在物质生活条件上应尽的"社会"义务，在此就是主题化过程），它首先是一种<u>潜在的反-主体</u>。最终，这次相遇的论争性特征，不仅仅在于乌鸦与孩子都想获有这两样价值对象，而且尤其在于他们都把"身外之物"当作希求对象。此外，乌鸦在"应该"方面的模态化过程只是在两种物件被偷和鸟巢被建好之后才表现了出来。

至于反-主体的<u>现时化过程</u>，它是模态化过程根据懂得和能够所产生的结果。乌鸦的<u>懂得</u>，便是一位善于把握机会和"做零活"的人的懂得，它懂得利用时机并且在与自己将利用的范围不同的范围中抓取物件。正是借助于人的空间与动物的空间两者的中间空间，论争性的叙事才得以现时化：到头来，在话语层上，空间化过程还要承担起合取与析取的句法关系，因为这些关系可以阐述提供给乌鸦夺取物件的可能性。弗洛什遂根据符号学矩阵对于铁环和帽子的获得进行了分析。

弗洛什最后分析了两位论争主体的运动，来证明乌鸦的（模态的）能力，并指出，他们的运动可以被解释为空间附连关系的转换外在形象,也可以被解释为传递作为或自反作为,但不管是哪一种,都有利于乌鸦各种模态的实现。

对于符号学-叙述学能力的分析,还需要探究语义构成成分(composante sémantique),这便涉及对于半-象征编码的研究。

至于《解读〈丁丁在西藏〉》,连环画《丁丁在西藏》讲述的是丁丁在西藏旅行时解救被困在喜马拉雅山后又被叶蒂所扣留的张先生的故事。作者在书中一开始就说,"以我的方式来讲述这个故事,那就是进行一次符号学解读。……因此,我将只阐明一种符号学探讨情况"[1],也就是进行一种符号学分析。这种分析"只打算指出,丁丁的探险具有一种内在的组织机制即一种总体的安排,而这种安排使得其探险成了可从多个方面进行解读——当然并非是任意解读——的一种意义对象。最终,《丁丁在西藏》便表现为像是可比之于一种语言的,包括多种限制在内的一个系统"[2]。索绪尔告诉我们,语言是一种形式,那么,弗洛什对于《丁丁在西藏》的解读,最终显示的将是一种形式系统。由于符号学的使命就是描述事物具有意指的各种条件,所以,像在解读《丁丁在西藏》这样的特定作品中,那就是尽力找出产生意指的各种关系之网系。为此,符号学家就必须标记在表面上构成作品的所有符号之间的关系、其区别性和相似性等,然后尽力确定符号的各种构成成分在深层次所维系的全部不变关系。实际上,正是这些关系在确保故事的连贯性并且为构成作品之表现的各种单位提供意义与价值。而在有关连环画的情况中,这些单位便是画联、画幅、包含安排对话的气泡、"指明时间的文字"(一般出现在画面左上角,例如"三天之后……"等)。

那么,如果进行符号学的分析呢?在弗洛什看来,首先就是"把画册看成一种意义整体,并在对于一定数量的部分进行区分和分出层次以及在尽力理解这些部分连接的方式的情况下,对于历险进行初步结构化"[3]。因此,这便涉及了对于空间的、时间的、故事的不同方面的切

---

[1] J.-M. Floch, 2002: *Une lecture de Tintin au Tibet*, Paris: PUF, p.1.
[2] Ibid., p.2.
[3] Ibid., p.7.

分。这种切分,在空间上带来的是对于三种大的叙述单位的辨认,而它们又按照地点(欧洲、新德里和尼泊尔、西藏)分配62个版面;在时间上的切分,可以分出在欧洲出发前、接近西藏和完全在西藏三个部分花费的时间;而《丁丁在西藏》的故事则是紧密地与空间和时间结合在一起的。但是,弗洛什告诉我们,这种切分是远远不够的,因为"即便发端于这种切分的那些序列看起来等同于丁丁历险的各个阶段,但是,这些序列也同样是根据一种严格的叙述逻辑组织起来的:它们之间的链接以及它们之间的各种对比和对称关系也使人辨认出一种真正的结构,换句话说,就是有一种关系网在支持着整个故事并赋予其意义"[1]。因此,《解读〈丁丁在西藏〉》的主要任务则是找出这种关系网,并确定地告诉读者,正是这种关系网提供了故事的全部意义。

张 颖:您怎样看待符号学理论成果运用于视觉艺术或者图像分析的研究前景?

张智庭:在我翻译出版的《视觉艺术符号学》一书中,有学者还为图像的色彩分析确定"色彩维度"的概念,这种维度涉及对于所用各种颜色、明暗和多少的分析。这种分析也将各个国家、不同民族和地区对于色彩文化的使用纳入了形式分析,致使对于图像的符号学分析日臻完善。在我翻译的《符号学问题》一书中,也有依据美国符号学鼻祖皮尔斯的理论对于城市公园和城市建筑比例这类图像进行分析的例证,那种分析就像皮尔斯的符号学理论那样,近似于有关图像的一种分类学。

我认为,符号学对于发展图像分析在今后将大有作为,而且对于经济建设和生产也会带来积极的促进效果。罗兰·巴特就曾为法国雪铁龙汽车公司1955年推出的作为法国经济发展"辉煌30年"标志之一的一款新型轿车"雪铁龙DS"型号汽车做过广告图像分析,适应了当时的社会需要。弗洛什在这一方面似乎做得更多、更好。《符号学问题》一

---

[1] J.-M. Floch, 2002: *Une lecture de Tintin au Tibet*, Paris: PUF, p.14.

书有这样的记载,说他乐于参与符号学实践活动,"因为他清楚地指出,一项严格而轻松的实际应用可以带来令人信服的结果:例如著名服装设计大师伊夫·圣洛朗(Yves Saint-Laurent)曾把他创意中的一项研究工作交给了弗洛什,他对后者在很短时间内完成的深刻发现公开表现出惊讶"[1]。我个人认为,对于图像的符号学研究,不应该只限于在大学里进行,而是应该与生产实践结合起来,这将会大大扩展和深化这种研究。在法国,有一些符号学研究者参与商业广告公司的业务和城市规划的活动,这对于我们不啻一种启示。

---

[1] A. Hénault, 2002: *Questions de sémiotique*, Paris: PUF, p. 98.

怀宇（张智庭）著述、译作表

（按出版时间排序，截至 2018 年 3 月）

一、著述

1. 《欢乐的手鼓》（诗集），1977 年，天津人民出版社。

2. 《近观法国》（法国研究论文集），2001 年，百花文艺出版社。

3. 《外交诗情》（诗集），2002 年，百花文艺出版社。

4. 为汝信主编的《西方美学史》第四卷编写的第十二章"结构主义美学"（全章），2008 年，中国社会科学出版社。

5. 《怀宇域外诗选》（诗选集），2010 年，天津人民出版社。

6. 《符号学论集》（署名张智庭），2012 年，天津人民出版社。

7. 《论法国符号学》（专著），2016 年，南开大学出版社。

8. 《法国符号学论集》（署名张智庭，专著，南开百年学术文库），2018 年，南开大学出版社。

二、译作

1. 《铁面人疑案》，1985 年，辽宁人民出版社。

2. 《符号学概论》，1988 年，四川人民出版社。

3. 《列维-斯特劳斯的美学观》，1990 年，中国社会科学出版社；2003 年天津人民出版社再版。

4. 《法国文学评论史》，1992 年，四川文艺出版社；后改名为《批评：历史与方法》，2002 年，百花文艺出版社再版。
5. 《波德莱尔散文选》，1992 年，百花文艺出版社；2005 年再版。
6. 《罗兰·巴特随笔选》，1995 年，百花文艺出版社，获 1997 年国家外国文学图书二等奖；2005 年再版。
7. 《跨国公司的大亨们》（小说），1996 年，百花文艺出版社。
8. 《第一口啤酒》（散文诗），1999 年，百花文艺出版社；1999 年再版。
9. 《结构精神分析学》，2001 年，天津社会科学院出版社。
10. 《叙述与话语符号学》，2001 年，天津社会科学院出版社。
11. 《情有独钟的人们》（小说），2002 年，百花文艺出版社。
12. 《十九世纪艺术》，2002 年，吉林美术出版社。
13. 《罗兰·巴特自述》（包括《自述》《作家索莱尔斯》《偶遇琐记》），2002 年，百花文艺出版社；2006 年再版。
14. 《被打扰的午睡》（散文诗），2004 年，天津人民出版社。
15. 《符号学简史》，2005 年，百花文艺出版社。
16. 《显义与晦义》，2005 年，百花文艺出版社；2017 年中国人民大学出版社再版。
17. 《精神分析学导论》，2008 年，天津人民出版社。
18. 《卢浮宫朝圣》，2008 年，百花文艺出版社。
19. 《文艺批评文集》，2010 年，中国人民大学出版社。
20. 《如何共同生活》，2010 年，中国人民大学出版社。
21. 《罗兰·巴尔特自述（修订版）》，2010 年，中国人民大学出版社。
22. 《哀痛日记》，2011 年，中国人民大学出版社。
23. 《中国行日记》，2011 年，中国人民大学出版社。
24. 《图像分析》，2012 年，天津人民出版社。
25. 《巴黎的忧郁》（原为《波德莱尔散文选》的一部分，现独立出版），2011 年，北京新星出版社。
26. 《罗兰·巴尔特最后的日子》，2012 年，中国人民大学出版社。
27. 《作家索莱尔斯》，见《偶遇琐记（修订版）》，2012 年，中国人民大学出版社。

28. 《视觉艺术符号学》,2014 年,四川大学出版社。
29. 《第一口啤酒(修订版)》(内含《被打扰的午休(修订版)》和另一译者的译文《狄更斯,棉花糖》),2014 年,上海文艺出版社。
30. 《诗学》,2016 年,商务印书馆。
31. 《符号学,言语活动理论的系统思考词典》,2018 年,百花文艺出版社。
32. 《符号学问题》,2018 年,中国人民大学出版社。
33. 《罗兰·巴特传》,2018 年,华东师范大学出版社。